옛이야기의 힘

Power of Folk Tale

대담하고 자유로운 스토리의 원형을 찾아서

Power
of
Folk Tale

옛이야기의
힘

신동흔 지음

나무의철학

일러두기

1. 이 책에서 직접 인용한 그림형제 민담의 텍스트는 저자가 독일어 원전을 반영해 우리말로 옮긴 것입니다. 저본은 1857년 본 최종판이며, 참고한 출판본은 Brüder Grimm(Autor), Heinz Rölleke(Herausgeber), *Kinder-und Hausmärchen: Ausgabe letzter Hand mit den Originalanmerkungen der Brüder Grimm*, Band 1-3, Stuttgart: Philipp Reclam jun. GmbH&Co., 1980입니다. 이 책에서는 관례에 따라 KHM으로 표기했습니다. B.1, B.2는 권수를 나타냅니다. B.3은 주석 모음집입니다. 부족한 독일어 실력에도 이야기를 재번역한 것은 저자의 방식으로 이야기를 살리기 위함입니다.

2. 그림형제 민담 내용의 이해와 번역은 김경연, 이은자 선생님 등이 작업한《그림형제 민담집》,《그림형제 옛이야기 모음집》등을 참고했습니다. 별도의 주석 없이 제시하는 이야기 텍스트는 저자가 원전과 번역본들을 함께 참고해 내용을 간추린 것들입니다. 김경연 선생님이 번역하신《그림형제 민담집》(현암사, 2012)을 주로 참고했음을 밝힙니다. 이야기 제목도 김경연 번역본을 따랐습니다. 이 자리를 빌려 감사드립니다.

알면 알수록
놀라운 옛이야기의 힘

어느새 2년 가까이 지났네요. JTBC 〈차이나는 클라스〉에 출연해 "옛날이야기의 힘: 이야기를 이야기하다"라는 주제로 강연을 했지요. 방송에 나가야 할지 좀 고민했어요. 이야기를 전공했지만 말을 그리 잘하는 사람이 아니거든요. 목소리가 작고 약한데다 군더더기가 많고 청중을 장악하는 카리스마가 부족해요.

하지만 옛날이야기에 대한 편견을 깨고 싶은 마음이 컸습니다. 많은 사람들이 옛날이야기 같은 건 없어도 그만이라고 생각하는데 그렇지 않거든요. 세월이 흐르고 세상이 바뀌어도 가치가 사라지지 않는 귀한 보물이 옛이야기입니다. 그림형제가 옛날이야기를 두고 "인류의 삶을 촉촉히 적시는 영원한 샘"이라고 했는데, 그 말대로입니다.

옛날이야기는 늘 기대 이상을 보여줍니다. 잘 안다고 여겼던 이야기가 어느 날 뜻밖의 모습으로 다가오지요. 겉과 속이 아주 다릅니다.

전래동화로 유명한 〈팥죽할머니와 호랑이〉가 있어요. 해학이 숨 쉬는 유쾌한 이야기지요. 어느 날 이 이야기를 읽으면서 눈물이 맺혔다면 믿어질까요?

옛날에 어느 할머니가 밭에서 김을 매고 있었어요. 그때 호랑이가 나타나 쭉쭉 밭고랑을 헤쳐놓더니 발톱을 세우고 덤벼들었지요. "내가 밭을 갈아줬으니 너를 잡아먹어야겠다!" 그러자 할머니가 덜덜 떨면서 말합니다. "이 밭에서 난 팥으로 동짓날에 팥죽을 끓이면 그걸 먹고서 잡아먹으시구려." "그래? 팥죽도 먹고 너도 먹고, 좋지!"

시간이 흘러 동짓날이 되자 할머니가 부엌에서 죽을 쑤면서 눈물을 줄줄 흘렸지요. 그 모습을 보고서 송곳이 묻습니다. "할머니, 왜 울어?" "응, 호랑이가 와서 날 잡아먹을 거야." "그래? 울지 마. 내가 도와줄게." 또 밤톨이 나서서 묻지요, "할머니, 왜 울어?" "호랑이가 나를 죽이려고 해." "내가 도와줄게." 이어서 개똥과 맷돌, 멍석, 지게가 차례로 나서면서, "걱정 마. 우리가 도와줄게!"

죽이 끓고 있을 때 호랑이가 찾아와서 가마솥으로 다가갔지요. 그때 아궁이에 있던 밤톨이 툭 튀어서 호랑이 눈을 때리고, 자빠지는 호랑이 엉덩이를 송곳이 푹 찌르고, 펄쩍 뛰는 호랑이 머리를 맷돌이 쾅 때렸어요. 쓰러진 호랑이를 멍석이 둥둥 말고 지게가 훌쩍 짊어져 강물에 풍덩 빠뜨렸지요. 호랑이를 물리친 할머니는 친구들과 함께 잘 살았다고 합니다.

할머니를 괴롭히던 호랑이가 보기 좋게 당하는 모습이 통쾌합니다. 그 과정이 재미있어서 절로 입이 벙그러져요. 교훈도 담겨 있지요. 약자들이 힘을 합치면 강자의 폭력을 물리칠 수 있다는 식으로요. 확실히 아이들한테 유익한 이야기입니다. 그런데 이 이야기에 눈물이 배어 있다는 건 무슨 말일까요?

함께 공부하는 연구자 중에 동화 구연을 하는 분이 있어요. 몇 년 동안 치매 노인들에게 옛이야기를 들려주는 봉사활동을 했는데 다른 활동에는 관심이 없던 노인들이 옛날이야기에는 좀 특별한 반응을 보였대요. 어느새 이야기에 집중하면서 고개를 끄덕이거나 웃곤 했답니다. 그러던 어느 날 할머니 한 분이 〈팥죽할머니와 호랑이〉에 뜻밖의 반응을 보이신 거예요. 논문에서 그 대목을 인용해봅니다.[1]

구연자 : (……) 그래서 호랑이가 그만 한강에 빠져 죽었대요.

A : 잘 죽었어!

구연자 : 네, 호랑이가 한강에 빠져 죽었죠.

A : 응, 우리 남편도 한강에 빠져 죽었잖아. 잘 죽었어.

구연자 : 남편분이요? 에구, 어쩌다가요?

A : 응, 내가 아들을 못 낳는다고 남편이 엄청 구박했거든. 딸만 낳았어. 그런데 어느 날 여자를 하나 데려온 거야. 여자 손을 잡고 마당을 걸어 들어와.

구연자 : 남편분이요?

A : 응, 그런데 내가 방에서 자고 있는데. 밤에 여자를 데리고 내
가 자는 방으로 들어와서 내 옆에서 같이 자는데. 내가 눈 감
고 있다가 부아가 치밀어서 뛰쳐나갔어. 근처 친척집으로 가
서 내가 이러고는 못 살겠다고 울고 그랬지. 그러고 여자랑 살
다가 한강에 빠져 죽었어.

A로 표현된 할머니의 이야기, 눈물 나지 않나요? 그분한테는 팥죽
할머니가 바로 자기였던 거예요. 호랑이는 남편이고요. 늘 발톱을 세
우고 으르렁대는 내 곁의 호랑이. 계속되는 폭력에 갇힌 삶이란 어떤
것일지…… 살아도 산 것이 아닐 거예요. 고통이 너무 컸던지라 할머
니는 치매에 걸린 상태에서도 그 일을 기억하고 말합니다. 어쩌면 그
고통과 억울함 때문에 치매가 온 걸지도 몰라요.

팥죽할머니는 지금도 무척 많습니다. 어둠 속에서 폭력을 당하는
아내들이 있어요. 이주민 여성들 중에도 그런 사례가 많지요. 남자
친구가 호랑이로 변하기도 합니다. 학교에서 괴롭힘을 당하는 아이
에게는 '일진'이 꼭 호랑이 같을 거예요. 불시에 찾아와 돈을 갚으라
고 협박하는 사채업자, 힘없는 노동자를 쥐고 흔드는 사용자, 갑질을
하는 교수나 직장 상사도 모두 팥죽할머니를 괴롭히는 호랑이일 수
있습니다. 국민 위에 군림하는 권력자나 약소국을 으르대는 강대국
도 마찬가지지요.

그냥 마구 갖다붙인 것이 아닙니다. 이렇게 자유로운 연상이 가능

한 게 옛날이야기의 특징이에요. 설화의 화소와 스토리는 개방적 다의성을 지닙니다. 듣는 사람이 연상하고 느끼는 것이 곧 이야기의 의미가 되지요. 옛날이야기는 그렇게 현재적으로 살아서 움직입니다.

이 이야기가 현실을 반영한 것이라 해도 송곳이나 밤톨, 멍석 따위가 호랑이를 물리치는 것은 비현실적인 과장이라고 볼 수 있겠어요. 표면적으로 보면 허구가 맞습니다. 하지만 서사적 은유와 상징으로 보면 달라요. 그 속에 진실이 담겨 있지요. 강자가 호랑이처럼 괴롭힐 때 우리는 어떻게 맞서야 할까요? 일대일로 맞붙어 싸우는 건 답이 아닙니다. 팥죽할머니가 호랑이를 이길 수는 없어요. 주변에서 관심을 갖고 함께 나서야 합니다. 학교 폭력을 예로 들면 친구와 가족, 교사, 경찰 등이 각각 제 몫을 해야지요. 주변의 관심과 사회적 연대만이 강자의 부당한 폭력을 물리칠 수 있다는 사실, 딱 맞지 않나요?

오랜 세월에 걸쳐서 전해온 옛날이야기는 대개 이렇다고 생각하면 틀림없습니다. 그 속에는 수많은 사람들의 경험과 철학이 응축돼 있지요. 이야기의 구비전승 과정에는 일종의 '자동 필터링'이 작용합니다. 평범하고 뻔한 것은 걸러지고 특별하고 의미 있는 것들만 살아남지요. 그런 과정을 통해 삶의 진실을 꿰뚫는 핵심 스토리로 남은 것이 옛날이야기입니다.

이 책은 그간 제가 진행해온 옛이야기 탐구의 결산이자 새로운 도전입니다. 한국을 넘어 세계로 눈을 돌렸지요. 인류 최고의 이야기라 할 만한 것들을 널리 찾아서 그 안에 숨은 의미를 꿰뚫어보고자 했어요. 즐겁고도 벅찬 여정이었습니다. 마음을 촉촉하게 적셔주는 계시적인 이야기들이 세상에 얼마나 많은지요!

이번 작업의 출발은 10여 년 전으로 거슬러 올라갑니다. 어느 날 그림형제 민담집을 다시 펼쳤다가 완전히 충격에 빠졌지요. 혼자 비명을 지를 정도였습니다. "굉장한 이야기잖아! 이걸 밀쳐두고 있었다니!" 그야말로 버릴 이야기, 무심히 넘길 대목이 없었습니다. 우리 정서에 안 맞는 잔인한 이야기라는 생각은 완전한 오해이고 편견이었지요. 200번째 이야기까지 읽기를 마쳤을 때 벅찬 무게감에 머리가 띵할 정도였습니다.

그때부터 세계의 옛이야기를 본격적으로 탐구하기 시작했습니다. 그림형제 민담을 하나씩 파고드는 한편으로 각국의 설화를 이리저리 찾아 살폈지요. 세계 설화에 대한 글을 여러 편 써서 월간지에 싣기도 했습니다. 2014년 연구년에는 그림형제가 활동했던 독일 카셀(Kassel)로 무작정 날아갔지요. 1년간 독일에서 살면서 동화가도(Märchen Straße)를 구석구석 찾아다니고 유럽의 여러 동화 마을을 방문했습니다. 2016년부터는 이주민을 대상으로 대규모 구술조사 사업을 해서 1,000편이 넘는 설화를 모으기도 했습니다. 옛날이야기의 재미와 가치를 다시금 실감하는 소중한 시간이었지요.

이 책에서 펼칠 이야기 여행은 명실상부한 '세계여행'이 될 겁니다. 최고의 이야기들을 가려 뽑아 정성껏 풀이했습니다. 상상의 여행이지만, 실제 여행 못지않은 뜻깊은 여정이 될 거라고 믿습니다. 어쩌면 코로나 시대에 어울리는 최고의 여행이 될 수도 있겠어요. 이 여행을 통해 자신을 발견하고 성공과 행복을 여는 힘을 찾을 수 있다면 더할 나위가 없겠습니다.

　나름대로 추렸는데도 워낙 볼 곳이 많아서 책이 두꺼워졌어요. 순서대로 읽어도 좋고, 마음 가는 곳부터 아무 데나 들춰도 됩니다. 다만, 이야기들이 들려주는 말에 마음을 활짝 열면 좋겠습니다. 때로 이야기와 마주앉아 대화를 나누는 시간을 가져도 좋겠어요. 마음을 담아서 말을 건네면 그들은 숨겨진 또 다른 이야기를 들려줄 겁니다. 그렇게 나만의 새로운 이야기가 만들어지게 되지요.

　개인적으로 오래전부터 마음에 품고 있는 꿈이 있습니다. 한국 인문학의 세계 진출이에요. 그 길이 옛날이야기에 있다는 것이 저의 믿음입니다. 원형 서사에 대한 보편적이고 심층적인 해석이 그러하고, 이야기를 매개로 한 자기발견과 치유 활동이 그러합니다. 이름조차 없는 'K-HUMANITAS(K-인문학)'가 힘을 내는 일에 이 책이 의미 있는 시발점이 되기를 꿈꿔봅니다. 허튼 꿈일지 모르지만 어느 날 문득 이루어져 있을지도 모릅니다. 옛날이야기 속의 일들이 늘 그러한 것처럼요.

　"그들은 그렇게 오래오래 행복하게 잘 살았습니다."

2020년 가을, 양평 풀무골에서

신동흔

Part 3

호모 에로스 사랑하니까 인간이다

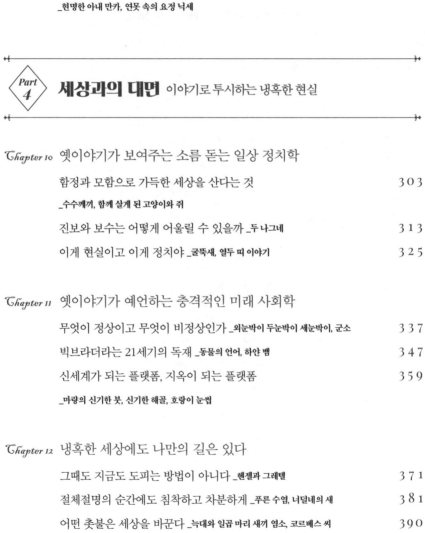

Part 4 **세상과의 대면** 이야기로 투시하는 냉혹한 현실

Part 5 성공과 행복 인생의 진리는 멀리 있지 않다

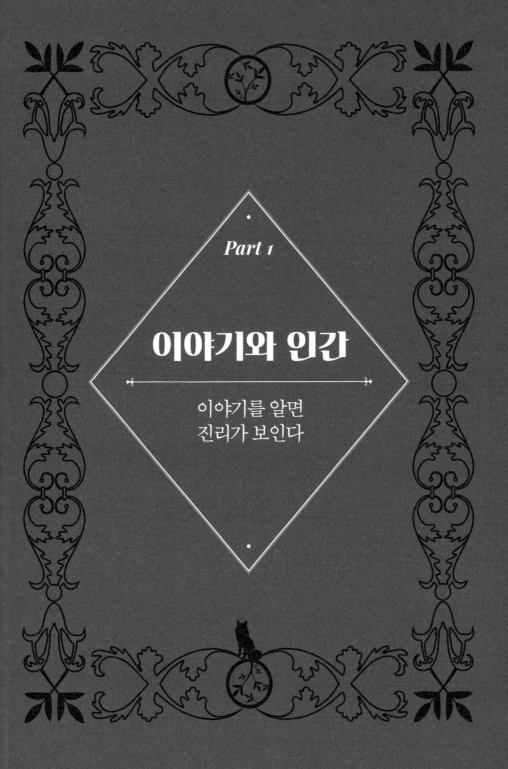

Part 1

이야기와 인간

이야기를 알면
진리가 보인다

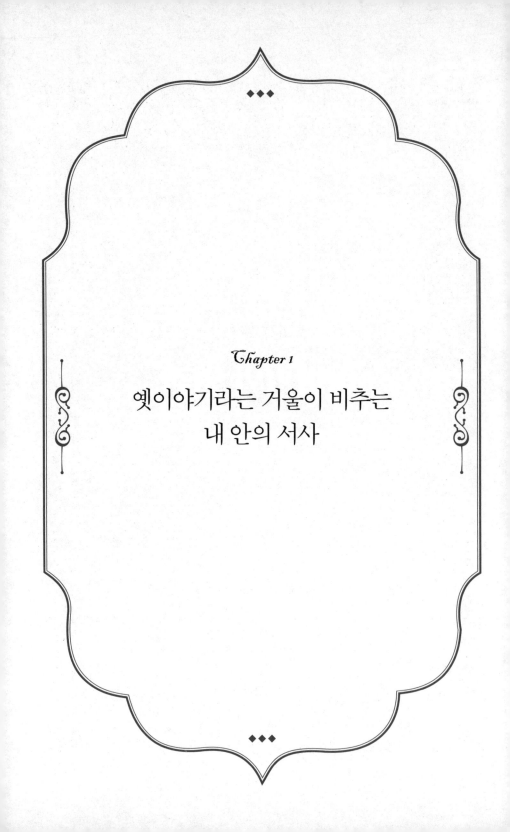

Chapter 1

옛이야기라는 거울이 비추는
내 안의 서사

거울 앞에 선 왕비와
이야기 앞에 선 우리

세상에서 제일 유명한 옛날이야기를 꼽으면 어떤 것일까요? 아마 〈백설공주〉가 빠지지 않을 겁니다. 다섯 손가락 안에 들 거예요. 그럼 모든 옛날이야기 가운데 가장 마음에 안 드는 것을 꼽으면? 아마 여기도 〈백설공주〉가 빠지지 않을 거예요. 한국인을 대상으로 조사하면 어김없습니다. 실제로 〈백설공주〉에 대한 부정적인 반응이 많습니다. 공주의 미모에 왕자가 반하는 모습이나 백설공주가 자꾸 문을 열어서 난쟁이들에게 민폐를 끼치는 모습에 화가 난다는 의견이 많지요. 백설공주 같은 사람과 살면 스트레스를 받을 것 같다는 이들도 많습니다.

사실 이건 저의 반응이기도 했습니다. 설화를 처음 공부할 무렵, 그림형제 민담을 비롯한 유럽 설화는 외면과 배척의 대상이었지요. 〈백설공주〉도 예외가 아니었습니다. 공주와 왕자라는 설정이 마음에 안들었고, '누가 더 예쁘냐'로 죽자 사자 하는 일이 싫었습니다. 계모가 어린 딸을 죽여서 간을 꺼내 오라고 하는 일은 극단적 잔인함 자체였지요. 아이들이 이런 이야기를 읽는 현실이 착잡했어요.

지금은 그 반대입니다. 〈백설공주〉는 세계 최고의 이야기로 꼽기에 부족함이 없다고 믿지요. 〈백설공주〉에 인생의 원형적 이치가 깃들어 있음을 실감하면서 제 자신을 비춰보곤 합니다.

〈백설공주〉가 어느 나라 이야기인지 아시나요? 인류 전체의 이야기라고 할 정도이지만, 출처는 있습니다. 〈백설공주〉를 처음 수록한 책은 '아이들과 가정을 위한 옛이야기'(Kinder-und Hausmärchen)로 1812년에 초판이 출간된 《그림형제 민담집》입니다. 스노우 화이트(Snow White)라는 영어 표기로 많이 알려져 있는데 독일어 원어는 '슈네비트헨Sneewittchen'이지요. 우리말로는 〈백설공주〉, 기호로는 KHM 53입니다. 이 책에서는 〈백설공주〉(Sneewittchen, KHM 53)로 표기합니다. 참고로 〈백설공주〉는 1857년에 출간된 최종판 기준으로 그림형제 민담집에 53번째로 실려 있어서 'KHM 53'이라는 약호로 나타내지요. 앞으로도 그림형제 민담은 이 방식으로 표기할 것입니다.

〈백설공주〉는 워낙 유명해서 모르는 사람이 없지만, 정작 제대로 아는 사람은 많지 않습니다. 사람들이 이 이야기에 반감을 갖는 데는 잘못된 내용으로 기억하는 탓도 큰 것 같아요. 내용을 미화한 동화책의 영향이 크겠고, 한때 위세를 떨친 성인용 엽기 동화도 한몫했지요.

무엇보다도 원전에 실린 진짜 이야기를 제대로 접할 기회를 못 가진 탓이 큽니다.

그럼 원전으로 들어가볼까요? 특별히 눈여겨볼 요소는 '마법의 거울'입니다.

한 해가 지난 뒤 왕은 새 왕비를 얻었다. 그녀는 아름다운 여인이었지만, 거만하고 콧대가 높았다. 누가 자기보다 미모가 앞서면 참지 못했다. 그녀는 신비한 거울을 하나 가지고 있었다. 거울 앞으로 다가가 바라보면서, "거울아, 벽에 걸린 거울아. 온 나라에서 누가 제일 예쁘지?" 이렇게 물으면 거울이 대답했다. "왕비님, 당신이 이 나라에서 제일 예쁘십니다." 그러면 왕비는 만족했다. 그 거울이 진실을 말한다는 것을 알고 있었기 때문이다.

그러나 백설공주가 자라면서 점점 예뻐졌고, 일곱 살이 되자 맑은 햇살만큼 아름다워서 왕비를 능가했다. 어느 날 왕비가 거울에게 "거울아, 벽에 걸린 거울아. 온 나라에서 누가 제일 예쁘지?" 하고 묻자 거울이 대답했다. "왕비님, 당신이 여기서 제일 예쁘시지만, 백설공주는 당신보다 천 배나 더 예쁘답니다." 그 말에 놀란 왕비는 질투심에 얼굴이 붉으락푸르락했다. 그 순간부터 왕비는 백설공주를 보면 심장이 몸속에서 쏠려 다니는 것 같았다. 소녀가 그토록 미웠다. 질투심과 거만함이 마음속에서 잡초처럼 자라나 낮이든 밤이든 편할 때가 없었다.(KHM B.1, p.258)

옛이야기라는 거울이 비추는 내 안의 서사

문제의 장면입니다. 이전까지 왕비와 공주 사이에 갈등이 있었다는 내용은 원전에 없어요. 왕비라는 지위에 미모까지, 그녀는 모든 것을 지닌 사람이었지요. 어쩌면 거울이 저렇게 말하기 전까지, 왕비는 콧대는 높지만 여유롭고 너그러운 사람이었을지도 모릅니다. 그게 더 폼 나게 자기도취를 누리는 방법이니까요.

하지만 언젠가는 문제가 발생하게 돼 있습니다. 도취가 영원할 수는 없지요. 누군가가 늘 세상에서 가장 예쁘거나 잘날 수는 없으니까요. 그럼에도 '잘난 사람'이 그 진실을 받아들이기란 얼마나 어려운지요. 특히 바로 가까이에 더 잘난 사람이 등장해서 보란 듯이 명예를 누릴 때 문제가 됩니다. 좋은 일로 여기고 넘어가면 그만이고, 또 그렇게 해야 하는 일이지만 왕비는 그렇게 하지 못하고 질투와 미움에 휩싸입니다. 계모가 '마녀'가 되는 순간이지요.

왕비의 모습은 우리와 상관이 없을까요? 나보다 한 수 아래로 보고 신경도 안 썼던 지인이 어느 날 나를 제치고 승진하거나, 돈을 엄청나게 벌거나, 좋은 배우자를 만나 결혼하거나, 자녀가 명문대에 합격해서 행복해할 때 여러분은 진심으로 축하할 수 있나요? 만약 그렇다면 이 이야기는 건너뛰어도 좋습니다.

상황이 좀 다르다고 할 수도 있어요. 엄마가 딸한테 그럴 수는 없는 것 아니냐고요. 우리가 생각해야 할 것은 옛날이야기 특유의 어법입니다. 민담은 인상적이고 파격적인 화소를 통해 문제 상황을 부각해서 강렬하게 각인시킵니다. 여기서 '딸'은 내 곁의 가까운 사람, 내가 보호하고 챙겨야 할 사람에 해당합니다. '미워하거나 질투해서는 안 되는 사람'의 상징이지요. 문제는 사람들이 그런 상대에게도 경쟁심을 느끼고 질투한다는 거예요. 때로는 더 강렬하게 말이지요.

'내 인생에 쟤만 없었다면……!'

내 주변의 가까운 사람을 보면서 이런 생각을 해본 적이 있다면 〈백설공주〉는 남의 이야기라고 할 수 없습니다. 만약 이런 마음이 마음속 깊이 자리하고 있다면 왕비의 이야기는 오롯한 '나의 이야기'가 될 수 있지요.

이야기에서 자기 충족감을 누리던 왕비가 흉한 마녀로 변한 원인은 무엇일까요? 저는 그 요인이 '거울'이라고 생각합니다. 더 정확히 말하면 거울 앞에 서서 "이 세상에서 누가 제일 예쁘지?" 하고 묻는 행동이지요. 이 질문은 "세상에서 내가 제일 예쁜 것 맞지?"라거나 "세상에 나보다 더 잘나가는 사람은 없지?"와 같습니다. 늘 누군가와 비교하면서 자기가 더 낫다는 것을 확인해야 하는 사람이 왕비였지요. 지위와 미모에 재력까지 갖추었지만, 그에게는 가장 중요한 한 가지가 없었어요. '있는 그대로의 자기 삶'이라는 자기중심이요.

늘 자기가 먼저이고 최고여야 했던 왕비는 스스로 만들어낸 경쟁자를 죽이려 합니다. 독이 묻은 칼을 빼어들고 칼춤을 추지요. 왕비가 찌르려 한 것은 백설공주였지만 사실은 자기 자신을 찌른 것이라고 할 수 있습니다. 그가 노파로 변장해서 백설공주를 찾아가는 장면에는 역설적인 진실이 담겨 있어요. 화려한 왕비와 흉한 노파 중 진짜는 어느 쪽일까요? 화려하고 아름다운 왕비는 허울이었고, 살의에 휩싸여 칼춤을 추는 노파가 참모습이라 할 수 있습니다.

> 안으로 들어간 왕비는 백설공주를 알아보았다. 고통과 놀라움에 멈춰
> 선 왕비는 움직일 수가 없었다. 그때 그녀 앞에는 석탄불에 올렸다가
> 불집게로 옮겨놓은 쇠 신발이 놓여 있었다. 그녀는 시뻘겋게 달궈진
> 신발을 신은 채로 죽어서 땅에 쓰러질 때까지 춤을 추어야 했다.(KHM
> B.1, p.266)

〈백설공주〉의 마지막 장면입니다. 원전에서 왕비는 이처럼 시뻘겋
게 달궈진 신발을 신고 춤을 추다 죽습니다. 사람들이 신발을 갖다놨
다고 돼 있지만, 누가 억지로 신긴 것이 아니었어요. 실은 왕비가 이때
처음 신었던 것도 아닙니다. 다른 사람보다 자기가 더 잘났음을 확인
받고자 수단과 방법을 가리지 않고 발버둥친 삶이 곧 달궈진 신발을
신고 춤을 춘 일이었지요. 왕비는 오래전부터 스스로를 파괴하는 죽
음의 길을 걷고 있었던 것입니다. 백설공주가 자신보다 예쁘다는 말
을 듣고 질투에 휩싸인 순간부터, 아니 거울을 보면서 세상에서 누가
제일 예쁘냐고 묻던 순간부터 말입니다.

마법의 거울은 왕비에게 치명적인 저주였다고 할 수 있습니다. 진
실을 말해주는 거울이 어쩌다 저주의 물건이 되었을까요? 거울을 보
는 사람이 색안경을 쓰고 있었기 때문입니다. 거울이 말해주는 진실
을 받아들이고 스스로를 성찰하는 대신, 진실을 부정하고 거스르려
했기 때문이지요. 화려한 삶에 취해 있던 잘난 사람의 숨겨진 실상이

자 〈백설공주〉가 비추는 인간사의 진실입니다.

그렇다면 백설공주는 어떨까요? 많은 사람들이 그가 스스로의 노력 없이 남의 도움만 받아서 인생이 풀렸다고 생각하는데, 이는 오해입니다. 백설공주는 저절로 성공한 사람이 아닙니다. 그는 어려서 어머니를 잃은 아이였으며, 보호자에게 내쳐지고 죽음으로 내몰린 최고 약자였습니다. 그런 상황에서도 특유의 순수함과 자유로움, 선의와 믿음을 잃지 않고 '자기 삶'을 살아간 사람이지요. 사냥꾼에게 간절히 빌어서 죽음을 모면하고 혼자가 됐을 때 그녀가 어떻게 했는지 살펴보지요.

겨우 죽음을 피해 숲속에 홀로 버려진 백설공주는 달리고 또 달렸다. 돌에 걸려 넘어지기도 하고 가시덤불을 지나기도 했다. 막 날이 어두워지려 할 때, 작은 집 한 채가 나타났다. 공주가 안으로 들어가니 모든 것이 작으면서도 깔끔했다. 하얀 식탁보가 덮인 식탁에 일곱 개의 작은 접시와 잔이 놓여 있고, 작은 숟가락과 나이프와 포크도 있었다. 일곱 개의 작은 침대에는 하얀 침대보가 덮여 있었다. 너무 배가 고프고 목이 말랐던 공주는 모든 접시에서 조금씩 야채와 빵을 덜어 먹고, 모든 잔에서 한 모금씩 포도주를 마셨다. 공주는 일곱 개 침대에 차례로 누워본 뒤 자기에게 맞는 일곱 번째 침대에 누워서 잠이 들었다.

날이 완전히 어두워지자 주인들이 돌아왔다. 일곱 난쟁이들이 산에서 땅을 파고 광석을 캐다가 온 것이었다. 그들은 집에 변화가 있음을 깨달았다. 모든 것이 떠날 때와 달랐다. "누가 내 의자에 앉았지?" "누가

옛이야기라는 거울이 비추는 내 안의 서사

내 접시에 손을 댔어." "내 빵을 먹은 게 누구야?", "누가 내 포크를 썼는걸!", "내 칼도 누가 썼어.", "누가 내 잔을 마셨지?"

그들은 자기 침대에도 누운 자국이 있는 것을 발견했다. 그때 일곱 번째 난쟁이가 침대 속에 누워서 잠자고 있는 공주를 발견했다. 난쟁이들은 일곱 개의 작은 촛불로 소녀를 비춰보았다. "오, 이런!", "이렇게 예쁜 아이라니!" 난쟁이들은 공주를 깨우지 않고 그대로 잠을 자도록 내버려두었다.

숲속의 낯선 집으로 들어간 백설공주는 아무 거리낌 없이 행동합니다. 마치 오랜 친구의 집에 찾아온 것처럼 말이지요. 방금 전 죽임을 당할 뻔했던 사람이라고 생각하기 어려울 정도입니다. 그릇에 담긴 음식을 하나하나 맛보고 침대에 누워서 평화롭게 잠든 소녀, 사랑스럽지 않나요?

그렇습니다. 백설공주는 살결이 눈처럼 희고 입술이 피처럼 붉어서 아름다운 것이 아닙니다. 어떤 망설임도 없이 투명하고 순수한데다 최악의 상황에서도 선의에 대한 믿음으로 밝게 행동해서 아름다운 것이지요. 까탈스럽기로 소문 난 난쟁이들이지만 저 소녀를 어찌 사랑하지 않을 수 있었을까요! 마치 자기 일인 양 보살피고 챙기는 게 당연합니다.

더구나 백설공주는 가만히 앉아서 의지하는 사람이 아닙니다. 난쟁이들이 일하러 가면 청소를 하고 음식을 만드는 등 제 몫을 합니다. 어디서든 즐거운 마음으로 자기 할 일을 찾아 기꺼이 하는 사람이 백설공주였지요. 그렇게 그들의 행복한 공생은 시작됩니다. 난쟁이들은 힘든 일을 마치고 돌아올 때 발걸음이 나비처럼 가벼웠을 거예요.

문제가 되는 것은 이어지는 장면입니다. 노파로 변장해서 찾아온 왕비에게 공주가 거듭 문을 열어준 일 말입니다. 순수와 선의로 한 행동이라지만 자꾸 문제를 일으키는 모습을 변호하기란 쉽지 않습니다. 실제로 많은 사람들이 주변 사람들을 힘들게 하는 백설공주의 행동에 어이없고 화가 난다고 말합니다.

하지만 잘못을 백설공주에게 돌리는 건 편파적입니다. 누군가의 말을 믿고 선의로 다가간 사람보다 그 선의를 악용해서 교활하게 폭력을 휘두른 사람에게 더 문제가 있는 것 아닐까요? 강자가 마음먹고 해치려 들 때 약자가 어떻게 이겨낼 수 있을까요. 백설공주가 문을 열지 않았어도 왕비는 어떻게든 그를 해칠 방법을 찾았을 것입니다. 백설공주가 쓰러져 죽을 때까지요. 악랄하고도 집요한 것이 강자의 폭력입니다.

다행한 일은 결국 백설공주가 살아나고 왕비가 죗값을 치른다는 사실입니다. 악의가 선의를 이길 수 없고, '남의 삶'을 사는 사람이 '나의 삶'을 사는 사람을 누를 수 없다는 것이 〈백설공주〉가 우리에게 전하는 메시지지요. 선의의 삶을 사는 이에게는 돕는 이가 나타나기 마련이고, 시간은 결국 그의 편이라는 인식도 빼놓을 수 없습니다.

왕자에 대해서도 살펴볼까요? 많은 사람들이 왕자가 백설공주의 외모에 반했다고 생각하는데 정말 그럴까요? 왕자가 백설공주를 만난 것은 공주가 죽어서 관 속에 들어간 뒤였습니다. 기류 미사오는

옛이야기라는 거울이 비추는 내 안의 서사

《알고 보면 무시무시한 그림 동화》에서 왕자를 시체 성애자처럼 풀이했는데 언어도단 급의 막말입니다. 민담은 민담으로 읽어야지요.

관 속의 백설공주는 '기득권의 가차 없는 폭력에 쓰러진 가엾은 약자'의 표상으로 보는 게 합당합니다. 왕자는 공주의 슬픈 사연을 듣고 그것을 자기 일처럼 여긴 사람이었지요. 이야기는 난쟁이들이 백설공주를 차마 땅에 묻을 수 없어 유리관에 넣어 산 위에 올려놓았다고 합니다. 공주의 '안타까운 역사'를 세상이 알도록 한 것이지요. 왕자가 나서서 관을 지키려 한 것은 그 역사를 잊지 않고 기리려 한 일로 볼 수 있습니다. 그 애도의 마음을 이야기는 '사랑'이라고 표현합니다.

왕자가 관을 넘겨받을 때 놀라운 반전이 일어납니다. 백설공주의 목에서 독사과 조각이 튀어나와 공주가 되살아나지요. 현실로 보면 말이 안 되지만 설화의 상징으로 보면 얘기가 달라집니다. 자신과 상관없는 누군가의 슬프고 억울한 사건을 외면하지 않고 같은 편이 되어 나서자, 숨겨진 음모가 드러나면서 왜곡됐던 일이 제자리로 돌아온 상황으로 볼 만합니다. 진실의 승리인 셈이지요.

〈백설공주〉를 보면서, 거짓과 폭력에 맞서 진실을 밝히고 정의를 세워온 인류의 역사를 떠올리게 됩니다. 부조리를 외면하지 않고 자기 일처럼 나선 사람들이 있었기에 가능한 일이었지요. 왕자처럼 말입니다.

〈백설공주〉에서 역사를 떠올리게 되는 것은 공주나 왕자보다도 왕비 때문입니다. 마음에 들지 않는 상대에 대한 집요한 추적과 공격, 교활한 술수로 꾀한 역사 왜곡과 국정농단……. 누군가가 떠오르지 않나요? 촛불의 힘으로 쫓겨난 권력자가 지냈던 방의 사면에 커다란 거울이 가득 걸려 있었다는 뉴스를 접하면서 〈백설공주〉 속 거울의 메타포를 떠올리지 않을 수 없었습니다. 무엇이 부족해서 그랬을까요. 왜 그렇게 거울을 보면서 웃고 울다가 불에 달군 쇠 신발을 신게 된 것일까요.

〈백설공주〉에서는 왕비가 거울 앞에 섰지만, 우리에게는 백설공주 이야기가 하나의 거울입니다. 숨겨진 이면을 여지없이 보여주는 마법의 거울이자, 늘 진실만을 말하기에 무서운 거울이지요. 그 거울 앞에 선 우리의 모습은 어떨까요? 우리의 내면은 왕비와 백설공주 중 누구와 더 가까울까요?

제 경우를 말하자면, 왕비에게서 스스로의 모습을 보고 충격과 우울에 빠진 쪽입니다. 거울을 보면서 스스로 얼마나 잘났는지 거듭 확인하는 것은 어김없는 저의 일이었습니다. 사람들이 나를 어떻게 생각하는지 신경 쓰면서 이리저리 휘둘렸지요. 인터넷 검색창에 이름 석 자를 치면서 어떤 기사나 게시물이 올라왔는지 확인할 때의 모습이 거울 앞의 왕비와 흡사해서 오싹합니다. 다행인 것은 이런 모습을 늦게나마 깨달았다는 점입니다. 옛날이야기라는 거울 덕분이지요.

옛이야기라는 거울이 비추는 내 안의 서사

내면 깊은 곳에서
삶을 결정하는 것들

오늘날의 중요한 화두 가운데 하나는 '치유'입니다. 다양한 치유 활동이 활성화되어 있지요. 음악치료와 미술치료, 놀이치료에 이어 독서치료도 널리 행해지고 있습니다. 최근에는 '문학치료'에 대한 관심도 커지고 있지요. 폭넓은 연구를 거쳐서 현장에서의 활동도 본격화되고 있습니다.

문학치료학은 무엇일까요? 문학으로 마음을 치료하는 학문? 틀린 말은 아니지만 정답도 아닙니다. 정답은 '문학을 치료하는 학문'입니다. "아니, 문학을 왜 치료해?" 하실지 모르겠어요. 여기서 치료 대상이 되는 문학은 시나 소설 같은 작품이 아니라 인간 내면에 있는 문학입니다. 문학치료학에서는 이를 '자기서사'라고 일컫습니다.

자기서사는 단순한 '나의 이야기'와 다릅니다. 마음 깊은 곳에 깃들어 삶을 좌우하는 이야기가 자기서사입니다. 문학치료학은 이를 '셀프 내러티브(self narrative)'가 아닌 '스토리 인 뎁스 오브 셀프(story-in-depth of self, SIDS)'로 표현하지요. 사람은 본래 스토리를 가진 존재라는 것, 어떤 스토리로 살아가는가에 따라 인생의 질이 달라진다는 것, 이 것이 문학치료의 기본 전제입니다.[1]

문학치료에서는 한 사람의 자기서사를 '백설공주의 서사', '왕비의 서사', '콩쥐의 서사', '팥쥐의 서사' 등으로 설명합니다. 한 사람의 정체성과 삶의 궤적이 백설공주와 통하면 백설공주의 서사를 자기서사로 지닌다고 할 수 있지요. 물론 설화 속 인물만이 아닙니다. 햄릿의 서사, 돈키호테의 서사, 라이언 일병의 서사 등도 가능하지요. 캐릭터의 특징이 강할수록 자기서사와 의미 있게 연결됩니다.

콩쥐와 팥쥐를 예로 들어볼까요? 혹시 주변에서 콩쥐 같은 사람을 본 적 있으신지요? 부모에게 차별받으면서 힘들게 살아온 사람은 자기서사가 콩쥐의 서사와 통할 가능성이 큽니다. 만약 콩쥐가 겪는 일들에 강렬한 감정을 나타낸다면 거의 틀림없지요.

자기서사를 짚어내는 데는 겉으로 드러난 유사성보다 이면의 질적 관련성이 중요합니다. '콩쥐의 서사'의 경우 '엄마에게 차별당하는 딸'보다 '힘을 가진 윗사람의 차별로 받은 상처와 고통'이 더 중요하지요. 아버지나 스승, 직장 상사 등에게 심각한 차별을 겪는 사람이 전형적으로 콩쥐의 서사를 지닐 수 있습니다.

세상에는 서로 다른 수많은 콩쥐가 있습니다. 여자 콩쥐와 남자 콩쥐, 집안 콩쥐와 직장 콩쥐, 혼자 사는 콩쥐와 결혼한 콩쥐, 슬픈 콩쥐와 행복한 콩쥐…… 어떤 콩쥐인가에 따라 자기서사의 속성과 좌표가 달라지며 삶의 방향이 달라지지요. 〈콩쥐 팥쥐〉만이 아닙니다. 세계 곳곳에 이와 내용이 통하는 많은 이야기가 있습니다. 프랑스의 〈신데렐라〉와 독일의 〈아셴푸텔〉, 러시아의 〈황금 구두〉, 이란의 〈휘테메 아가씨〉, 태국의 〈황금 망고〉, 베트남의 〈떰 깜〉 등 수많은 이야기가 차별당한 약자가 역경을 헤쳐 나가는 과정을 전형적으로 그려내고 있어요. 이를 거울 삼아 우리의 자기서사를 다양하게 투시할 수 있습니다. 과거와 현재는 물론 미래까지도요.

많은 사람들이 콩쥐나 신데렐라를 운이 좋아서 인생 역전을 이룬 캐릭터로 여기는데, 완전한 오해입니다. 콩쥐나 신데렐라는 일하는 사람이었어요. 스스로 제 앞가림을 하면서 살았지요. 그 덕에 세상과 연결되고 좋은 인연도 만납니다. 이에 비하면 장화홍련 자매는 아주 다릅니다. 장화와 홍련은 집 안에 꽁꽁 들어박혀서 울기만 했지요. 외갓집에 가라는 아버지 말에 눈앞이 깜깜해질 정도로 대처능력이 부족합니다. 결국 울분과 증오심을 가슴 가득 쌓아두다 귀신이 돼버리지요. 콩쥐의 결말이 장화 홍련의 결말과 다른 것은 당연합니다.

콩쥐와 신데렐라의 서사도 똑같지는 않습니다. 두 이야기의 차이는 결말에서 뚜렷이 나타납니다. 신데렐라는 결혼과 함께 시련이 끝나고 행복이 펼쳐집니다. 그런데 콩쥐는 달라요. 결혼한 집에까지 엄마와 동생이 찾아와 괴롭히고, 콩쥐를 속여서 물에 빠뜨립니다. 콩쥐가 그 손아귀에서 벗어나기까지의 힘든 과정이 길게 이어지지요. 콩쥐와 신데렐라는 이처럼 처지와 성격상 꽤 차이가 있습니다. 그것을 서로 다른 거울로 삼아서 자기서사를 더 정확히 비춰볼 수 있지요.

나쁜 엄마 밑에서 고생하는 딸은 콩쥐일 수도, 신데렐라일 수도 있습니다. 장화와 홍련일 수도 있고, 라푼첼이나 그레텔일 수도 있지요. 언뜻 비슷해 보이는 딸들의 자기서사는 옛날이야기라는 거울을 통해 참모습을 가늠할 수 있습니다. 이야기에는 과거와 현재를 거쳐 미래로 이어지는 맥락이 있어서, 그 맥락을 통해 우리의 삶이 앞으로 어떻게 전개될지, 또는 삶을 어떻게 펼쳐나가야 할지 가늠할 수가 있지요. 이 귀한 거울들이 오랜 세월의 풍파를 거치면서 살아남았다는 것은 커다란 축복입니다.

빨간 모자가 알려주는
진정한 자존감

세상에는 무수한 옛날이야기가 있습니다. 그 이야기들로 제 안의 서사를 다양하게 비춰볼 수 있었지요. 그중 놀랍고 강렬했던 사례를 소개하려고 합니다.

주인공은 〈빨간 모자〉(Rotkäppchen, KHM 26)입니다. 그림형제 민담집에 26번째로 실린 이야기지요. 늘 빨간색 모자를 쓰고 다닌 어린 여자아이가 주인공입니다. 이 소녀의 서사를 통해 저의 숨은 서사를 보았다는 게 다소 의아할 수 있지만, 그리 놀랄 일은 아닙니다. 무엇을 상상하든 그 이상을 보여주는 것이 옛날이야기니까요.

옛날에 귀여운 작은 소녀가 살았다. 누구라도 사랑할 수밖에 없는 소녀였다. 소녀를 더없이 사랑했던 할머니는 손녀를 위해 빨간색 벨벳 모자를 선물했다. 모자는 아주 잘 어울렸고, 소녀는 늘 모자를 쓰고 다녔다. 그래서 사람들은 소녀를 '빨간 모자'라고 불렀다.

어느 날 엄마는 빨간 모자에게 과자와 포도주를 주면서 숲속에 사는 할머니에게 가져다주라고 했다. 할머니 몸이 약해져 그것을 먹고 기운을 차려야 했다. 엄마는 딸에게 숲에 들어가면 길을 벗어나거나 뛰지 말고 똑바로 가야 한다고 했다. 빨간 모자는 알겠다고 싹싹하게 대답하고 길을 나섰다.

숲으로 들어선 빨간 모자는 늑대를 만났다. 늑대가 나쁜 짐승이라는 걸 몰랐던 소녀는 무서움 없이 그와 인사를 나눴다. 늑대가 어디에 가느냐고 묻자 소녀는 몸이 아픈 할머니에게 음식을 전하러 가는 길이라고 하고, 할머니 집이 어디 있는지도 말해주었다. 그러자 늑대는 할머니와 손녀를 차례로 잡아먹을 계략을 내고 말했다. "애야, 저 옆에 예쁘게 핀 꽃들을 보렴. 새가 노래하는 소리도 참 아름답구나. 왜 앞으로만 가는 거니? 숲이 얼마나 재미있는 곳인데!"

빨간 모자가 그 말을 듣고 숲을 보니 나무들 사이로 햇살이 춤추고 여기저기 아름다운 꽃이 피어 있었다. '꽃을 한 다발 꺾어가면 할머니가 좋아하실 거야. 시간도 충분해.' 이렇게 생각한 빨간 모자는 숲으로 들어가 꽃을 꺾기 시작했다. 꽃을 꺾고 나서 보면 안쪽에 핀 꽃이 더 예뻐 보였다. 소녀는 꽃을 찾아 숲속으로 점점 더 깊이 들어갔다. 늑대가 할머니 집으로 향하고 있다는 사실은 까맣게 몰랐다.

이야기는 귀여운 소녀가 할머니로부터 빨간 모자를 선물받는 데서 시작됩니다. 모든 사람에게 사랑을 받았다니 자신감이 넘쳤겠지요. 빨간 모자를 쓴 모습은 존재감을 더욱 두드러지게 합니다. 어디를 가도 눈에 띄는, 모두의 사랑과 선망을 받는 존재, 그것이 '빨간 모자'의 상징이라 할 수 있어요.

그 충만한 자신감으로 소녀는 늑대와 만납니다. 늑대가 험상궂은 모습을 하고 있음에도 소녀는 두려워하지 않아요. 왜냐하면 자기는 바로 '빨간 모자'이니까요. 소녀는 본래 숲속에 들어갈 생각이 없었지만, 거기 들어가서 꽃을 따더라도 별일 없을 거라 생각합니다. 다시 숲에서 나아가면 그만이니까요. 꽃다발을 가지고 가면 더 멋진 일이 되겠지요. 예쁜 꽃을 한아름 안고 있는 빨간 소녀, 멋진 그림이잖아요!

하지만 이러한 생각에는 무서운 함정이 있었습니다. 적당한 자신감은 존재를 빛나게 하지만, 정도가 지나치면 문제가 발생하지요. 자기 위치를 객관적으로 바라보는 눈을 잃게 됩니다. 어두운 그림자를 못 보고 빛 아래에서만 움직이는 식이지요. 빨간 모자가 그랬습니다. 숲의 어두운 그림자 속으로 빠져드는 줄은 까마득히 모른 채 예쁜 꽃만 바라보며 움직였지요. 별것 아닌 것 같은 그 일탈은 심각한 결과를 불러옵니다. 아픈 몸으로 손녀를 기다리던 할머니에게 큰 타격을 입히지요. 이 타격의 설화적 은유가 '늑대의 공격'이라 할 수 있습니다.

소녀가 숲속에 들어가서 한 일이라고는 '꽃을 딴 것'이 전부입니다. 햇살 내리는 숲속에서 꽃을 따는 일은 아름답고 행복해 보입니다. 소녀 또한 행복에 취해 있었을 거예요. 그런데 그 일이 할머니의 죽음이라는 문제를 초래합니다. 그렇다면 꽃이 상징하는 것은 무엇일까요? 왜 꽃이 저런 사태를 일으키는 것일까요?

숲속에 핀 꽃에서 일반적으로 연상할 수 있는 것은 아름다움, 생명 등입니다. 이 이야기에서도 그렇게 볼 수 있습니다. 소녀가 꽃을 따면서 마음이 충만해졌을 테니 '행복한 충족감'이라는 풀이도 가능하겠네요. 누구나 매혹되어 다가가게 되는 '빛나는 가치'라고 해석해도 어울립니다.

문제는 사람을 잡아끌고 마음을 밝혀주는 아름다운 생명력이나 화려한 가치가 위험한 덫일 수 있다는 사실입니다. 매혹(魅惑)은 미혹(迷惑)이 되고 미망(迷妄)이 될 수 있지요. 눈앞의 아름다움과 화려함에 취해 감각의 충족에만 탐닉하다 보면 자신도 모르게 길을 잃을 수 있습니다. 꽃을 따느라 시간 가는 줄 모르는 빨간 모자가 그런 상태였지요.

미혹에 이끌려 숲으로 들어갔다가 향기에 취해 아득히 길을 잃은 사람, 바로 저 자신이었습니다. 그 숲이 어디냐면 한때 '얼숲'으로 불렸던 페이스북이었어요. 누군가의 달콤한 말을 듣고 찾아간 그곳은 별세계였지요. 가지각색의 꽃이 가득했습니다. 수많은 멋진 이들이 속속 친구가 되어주고 '좋아요'를 눌러주면서 추켜주었지요.

'세상에, 이런 신세계가 있다니!'

하늘을 찌를 듯한 자신감과 충족감으로 점점 그 숲에 빠져들었습니다. 언제라도 가던 길로 돌아갈 수 있다고 믿었지만, 또는 길과 숲을 모두 가질 수 있다고 여겼지만 착각이었어요. 어느새 너무 깊이 들어가 꽃향기에 취한 상태였고, 가야 할 길에서 사뭇 멀어진 뒤였습니다.

옛이야기라는 거울이 비추는 내 안의 서사

그사이에 한쪽에서 심각한 문제가 생기고 있었지요. 삶을 함께해온 가까운 이들이 소외감과 우울감이라는 늑대에 포획되고 있었어요.

　　늑대는 곧바로 할머니 집으로 가서 문을 두드렸다. 누구냐고 묻는 할머
　　니에게 빨간 모자라고 대답하고 안으로 들어간 늑대는 침대로 누워 있
　　는 할머니를 꿀꺽 삼켜버렸다. 늑대는 할머니의 옷을 입고 모자를 눌러
　　쓴 채 침대에 누워서 커튼을 내렸다.

　　늑대가 할머니를 집어삼키는 것은 한순간입니다. 작은 소홀함이 이토록 큰 결과를 가져온다는 사실이 참 아득하지요. 하지만 잘 보면 이건 소홀함이라고 할 수 없습니다. 이야기는 할머니가 몸이 약해져서 음식을 먹고 기운을 차려야 하는 상황이었다고 명시합니다. 그걸 알면서도 꽃을 따러 들어가 시간 가는 줄 몰랐으니 명백한 과오였지요. 꽃을 따서 할머니한테 주려 했다는 것은 변명에 지나지 않습니다.

　　저의 상황이 그랬습니다. 페이스북에서 좋은 친구를 만나고 활동의 폭을 넓히니 가족이나 동료, 제자들한테도 좋은 일이라고 생각했지요. 사실은 자기 합리화일 뿐, 스스로 도취돼서 즐겼을 따름입니다. 나의 역할과 손길을 필요로 하는 이들을 짐짓 외면했지요. 그 결과는 실망감과 배반감이라는 늑대였습니다. 가족들한테 어느새 저는 '딴세상 사람'이 돼 있었어요.

　　정신없이 꽃을 따다가 뒤늦게 정신을 차린 빨간 모자는 다시 할머니 집

을 향해 출발했다. 집에 들어가는데 묘한 기분이 들었다. 침대에 누워 있는 할머니가 이전과 달랐다. 빨간 모자가 당황한 채로 서 있을 때 늑대가 단숨에 침대에서 내려와 그녀를 꿀꺽 삼켜버렸다.

빨간 모자는 이렇게 자기 자신까지 늑대에게 먹히는 처지가 되고 맙니다. 스스로 늑대를 용인해서 길을 내어준 탓이지요. 숲속의 꽃에 취한 탓이며, '좋아요'에 중독된 탓입니다. 죽음은 뜻밖의 사태가 아니라 그렇게 되도록 정해져 있는 결말이었던 것입니다.

이야기는 늑대가 나타나서 소녀를 유혹했다고 합니다. 늑대는 대체 어디 숨어 있다가 불쑥 나타나서 달콤한 말을 건넸을까요? 그것은 숲으로 상징되는 세상 곳곳에 도사리고 있지만, 한편으로는 소녀 안에 있었다고 볼 수 있습니다. 소녀는 내면에서 올라오는 유혹의 목소리를 따라서, 천사인 줄 알았지만 사실은 늑대였던 목소리를 따라서 숲으로 들어갔다는 뜻입니다. 제가 SNS에 빠져든 과정이 꼭 그랬지요. 결국은 자기 자신의 문제였어요.

〈빨간 모자〉는 얼핏 꽤나 교훈적인 이야기로 여겨집니다. 아이들에게 '딴청 피우지 말고 할 일을 해야 한다'라는, 교과서 같은 가르침을 전하는 것으로 보이지요. 하지만 속내를 알고 보면 만만치 않습니다. 상징적인 서사 속에 현실적인 의미가 생생히 담겨 있어요. '상징적 리얼리티'라 해도 좋습니다. 돌아보면 이 세상에 이처럼 자만심이라는 '모자를 쓴' 사람들이 얼마나 많은지요.

이 이야기는 이렇게 현실과 연결되면서 스스로를 성찰하도록 하는 밝은 거울로 자리 잡았습니다. "숲에 들어가면 길을 벗어나거나 뛰지 말고 똑바로 가야 한다"는 엄마의 말은 계시의 언어가 되었지요.

〈빨간 모자〉는 할머니와 손녀가 늑대에게 잡아먹히는 것으로 끝나지 않습니다. 그 뒤에 반전이 있지요.

빨간 모자까지 삼킨 늑대가 코를 골며 자고 있을 때 사냥꾼이 소리를 듣고 들어와 늑대를 발견했다. 그는 총을 쏘려다가 혹시나 하는 마음에 가위를 찾아서 조심스레 늑대의 배를 갈랐다. 그러자 빨간 모자가 뛰쳐나오고 할머니가 나왔다. 할머니는 숨이 끊어지기 직전이었다.
정신을 차린 빨간 모자는 재빨리 커다란 돌멩이들을 가져다가 늑대 뱃속을 채웠다. 일어나서 도망치려던 늑대는 돌멩이 무게를 못 이기고 쓰러져 죽었다. 사냥꾼은 늑대의 가죽을 벗겨서 가져갔으며, 할머니는 빨간 모자가 가져온 음식을 먹고 기운을 차렸다. 빨간 모자는 다시는 혼자 길을 벗어나서 숲 속으로 들어가지 않겠다고 결심했다.
이런 이야기도 있다. 어느 날 빨간 모자는 다시 과자를 가지고 할머니를 찾아가다가 다른 늑대를 만났다. 늑대는 소녀를 길 밖으로 꾀어내려 했지만 소녀는 곧장 할머니 집으로 가서 문을 닫아걸었다. 집으로 쫓아와서 지붕 위에 숨어 있던 늑대는 소시지 끓인 물이 담긴 함지를 향해 몸을 내밀면서 킁킁대다가 함지에 빠져 죽었다. 빨간 모자는 즐겁게 집으로 돌아왔고 아무도 해를 끼치지 않았다.

여기서 잠자는 늑대의 배를 갈라 두 생명을 구하는 사냥꾼은 누구일까요? 난데없이 불쑥 튀어나온 인물 같은데 특별한 상징이 있을까요?

앞에서 '늑대'가 마음속에 깃든 무엇일 수 있다고 했어요. 본능적 욕망을 향한 미혹 내지는 충동 같은 것 말이지요. 이와 짝지어 풀이하면, 사냥꾼은 '냉철한 이성'이나 '단호한 결단'으로 해석할 만합니다. 사냥꾼이 늑대의 배를 가른 것은 냉철한 이성이 작동해서 본능적 충동이 일으킨 문제를 해결한 상황이지요. 사냥꾼이 총을 쏘는 대신 가위로 조심스럽게 배를 가르는 모습에서 '이성적 판단과 대처'를 봅니다. 가죽을 벗겨서 가져간 것은 말 그대로 '탈피(脫皮)'를 의미하겠지요.

이야기는 빨간 모자가 재빨리 늑대 뱃속에 무거운 돌을 채워넣었다고 전합니다. 다시는 허튼 유혹이나 충동에 휘둘리지 않겠다는 무거운 의지의 표상입니다. 실제로 빨간 모자는 이후 늑대의 꼬임에 넘어가지 않고 갈 길을 씩씩하게 갔으니, 오롯한 해피 엔딩이 되지요. 빨간 모자가 더이상 휘둘리지 않고 '철벽'을 치자 늑대가 제풀에 죽어버렸다는 것도 이치에 꼭 맞습니다.

다시 저의 서사로 돌아오면, 아득함이 큽니다. 나이 많은 '벌건 모자'의 일탈이 초래한 오랜 시간의 헤맴은 빨간 모자보다 심각했지요. 그럼에도 파탄이 나기 전에 사태를 깨닫고 돌아올 수 있었다는 사실이 감사할 따름입니다. 다시 꿈틀대며 살아나려는 늑대의 뱃속에 돌멩이를 채우면서 허튼 곳에 눈 돌리지 않고 정도(正道)를 걸으려고 노력하는 중입니다. 그 여정은 마침내 해피 엔딩이 될 거라고 믿어봅니다.

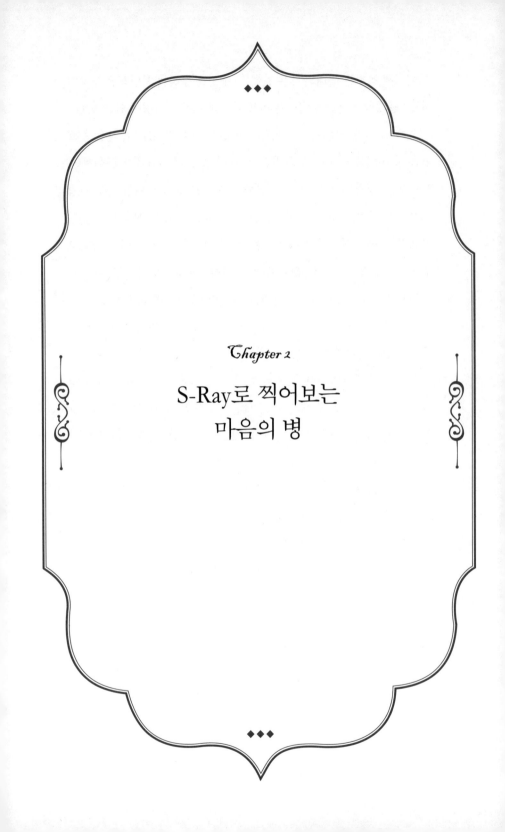

Chapter 2

S-Ray로 찍어보는
마음의 병

어디까지가 자유이고
어디서부터 방종일까

저는 옛날이야기를 '내면을 찍는 엑스레이'라고 말하곤 합니다. 엑스레이로 몸을 비추면 어디에 이상이 있는지 알 수 있지요. 마찬가지로, 옛날이야기로 마음을 비추면 겉으로 안 보이던 모습이 드러납니다. 어디가 막히고 뒤틀리고 비었는지 알 수 있지요. 다른 이름을 붙이면 'S-Ray'라고 할 수 있겠어요. S는 'Story'인데, 'Spirit'이나 'Soul'도 어울립니다.

　세계의 옛날이야기가 투시하는 내면 서사 가운데 병리적 요소가 드러나는 사례를 몇 가지 보고자 합니다. 먼저 딸과 아들의 서사입니다. 문학치료학에서는 '자녀서사'라고 하지요. 우리 주변에 혹시 이런 아이들이 없는지, 나 자신이나 내 자녀들은 이렇지 않은지 반추해보면 좋겠습니다.

옛날에 고집이 세고 참견을 잘하는 소녀가 있었다. 아이는 부모님의 말을 통 듣지 않았다. 어느 날 소녀는 부모님에게 트루데 부인을 찾아가겠다고 말했다. 괴상한 사람이고 집 안에 희한한 물건이 많다는데 궁금해서 못 견디겠다고 했다. 부모님은 트루데 부인이 못된 짓을 하는 나쁜 사람이니 가면 안 된다고 말렸지만 소녀는 고집을 피우고 그 집으로 향했다.

트루데 부인의 집으로 들어섰을 때 소녀는 하얗게 질려 있었다. 트루데 부인이 왜 그러느냐고 묻자 소녀는 집 안으로 들어오다가 새까만 남자와 초록색 남자, 새빨간 남자를 보고 이어서 불 같은 머리를 가진 악마를 봤다고 했다. "그래. 마녀의 모습을 제대로 봤구나. 내가 오래전부터 기다리고 있었지. 나를 비춰줄 사람이 필요했거든." 말을 마친 트루데 부인은 소녀를 장작으로 만들어서 불 속에 던졌다. 장작이 활활 타오르자 여자가 불을 쬐면서 말했다. "빛이 참 밝기도 하군!"

그림형제 민담 〈트루데 부인〉(Frau Trude, KHM 43)을 간추린 내용입니다. 좀 당황스럽지만, 이게 전부예요. 이야기 속의 소녀는 그대로 불에 타서 죽어버립니다. 옛날이야기는 보나마나 해피 엔딩이라고 생각하는 사람들한테는 뜻밖일 수도 있지만, 민담에서 자주 볼 수 있는 결말입니다. 주인공이 행복한 결말을 맞는 것은 그럴 만할 때뿐이지요. 살 사람은 살고 죽을 사람은 죽는 것이, 흥할 사람은 흥하고 망할 사람

옛이야기의 힘

은 망하는 것이 이야기의 기본 법칙입니다.

이 이야기의 소녀는 빨간 모자와 비슷한 면이 있습니다. 부모의 말을 어기고 제멋대로 행동했다가 곤경에 빠지지요. 그런데 왜 빨간 모자와 달리 이 소녀는 살아나지 못하고 죽을까요? 두 소녀 사이에는 어떤 차이가 있을까요?

빨간 모자를 보면, 그의 일탈은 무심코 저지른 예기치 않은 실수에 가깝습니다. 악의 같은 것은 없었지요. 그는 자기가 꽃을 따는 동안 할머니가 죽어간다는 사실을 몰랐습니다. 할머니와 빨간 모자의 죽음은 '한 번의 실수가 낳은 엄청난 결과'로 볼 수 있어요. 그 결과를 돌이킬 수 없다면 너무 가혹한 일일 것입니다. 세상 이치에도 맞지 않고요. 그런 이유로 빨간 모자에게는 재생과 회복의 기회가 주어졌다고 할 수 있습니다.

〈트루데 부인〉에서 소녀의 탈선은 이와 다릅니다. 완강한 아집에 의한 의도적인 행위였지요. 그는 허튼 호기심과 고집으로 부모의 만류를 외면하고 함정 속으로 걸어갑니다. 특별한 목적을 찾기 어렵고, 상황에 대처할 능력도 볼 수 없습니다. 위험을 향해 무모하게 나아가니 위험해질 수밖에요. 소녀의 행동은 자유가 아닌 방종이고 용기가 아닌 만용입니다.

내용을 보면, 소녀는 함정으로부터 벗어날 기회가 있었습니다. 새까만 남자나 초록색 남자를 보고 이상한 느낌을 받았을 때 속히 나왔으면 살았을지도 몰라요. 그런데 소녀는 그러지 않습니다. 아무 대책도 없이 마수(魔手)를 향해 계속 발걸음을 옮깁니다. 스스로 덫에 걸리는 저 아이를 누가 구할 수 있을까요. 그가 장작이 돼서 불에 던져지는 건 자업자득의 결과입니다. 교활한 늑대가 빨간 모자를 잡아먹은 일이나 간악한 왕비가 백설공주를 쓰러뜨린 일과는 질적으로 다릅니다.

하지 말라는 일을 아득바득 하는 사람, 괜한 치기로 사소한 일에 목숨을 거는 사람, 위험한 함정인 줄 알면서도 될 대로 되라며 퍼질러 앉는 사람…… 주변에 이런 사람이 있을 거예요. 대체 어떻게 해야 할까요? 그 해법은 이 이야기의 관심사가 아닙니다. 다만 결말을 통해 경고할 따름이지요. "비웃음 속에 불에 던져져서 타버려도 좋다면 그러든가!"

위험하다고 해서 꼭 잘못되라는 법은 없다고 생각할 수 있습니다. 소녀가 저렇게 죽어버린 건 운이 나빠서였다고 말할 수 있지요. 트루데 부인이 소문과 달리 좋은 사람이었을 수도 있습니다. 중요한 사실은 소녀가 저렇게 행동한 것이 단 한 번일 리 없다는 것입니다. "부모의 말을 통 듣지 않았다"잖아요. 저런 일이 한두 번이 아니었다는 말입니다. 요행으로 화를 피하는 것도 한두 번이지, 계속 저렇게 행동하다가는 결국 문제가 생기기 마련이지요. 소녀가 트루데 부인에게 걸려서 죽은 것은 필연이라고 볼 수 있습니다. 고질화된 마음의 병이 문제를 일으킨 것이지요.

〈트루데 부인〉을 보면서 떠오른 한국 설화가 있습니다. 늘 부모 말을 반대로 따르다가 망하는, 〈청개구리 아들〉의 주인공입니다. 구전 채록자료 각편(version)으로 보도록 할게요. 제주도 방언이 낯설지만, 유명한 얘기라 이해하기 어렵진 않을 거예요.

개구리가 하도 부모 말을 안 들어가지고 동더레(동쪽으로) 가라 ᄒ민(하면) 서르레(서쪽으로) 가고, 서르레 가라 ᄒ민 동더레 가고, 하도 부모 말을 안 드니까 이젠 부모가 돌아가면서,

"이제 내가 이제 날랑 죽거드네 저 물가에 강(가서) 묻어달라."

그러니까 물가에 강 묻어달라 ᄒ민, 산에 강 묻어줄 줄 알아가지고 어머니가 그런 말을 했어. 겨니까(그러니까), 이제 어머니가 딱 이제, 돌아가니까 이제, 그놈의 개구리가 ᄒ는 말이,

"하이구, 이제 내가 어머니 살아계신 때 하도(너무) 어머니 말을 안 들어가지고 어머니를 이렇게 애를 쐬와시니 죽엉이야 어머니 말을 아이 들엉(들으면) 되랴."

그래가지고 이젠 물가에 강(가서) 묻어달라 ᄒ니까 내창(川) 비가 오며는 내 흐르는, 이제 냇가에 간(가서) 묻었어. 냇가에 간 묻으니까 비가 오젱(오려고) ᄒ며는 개구리가 이제, 하이구, 우리 어머니 꿋어가불카부덴(끌어내려 가버릴까 해서) '개굴개굴' 그리했다. 그것도 옛날 예기주. [2]

이 이야기가 비추는 한 인간의 서사는 전형적이면서도 계시적입니다. 부모 말을 안 듣고 자기 방식을 고수하는 것을 주체성이라 할지 모르겠지만, 늘 반대로 움직이는 걸 주체적이라 할 수는 없지요. 쓸데없는 아집이고 공연한 반항입니다. 〈트루데 부인〉의 소녀가 그렇듯이, 병리적 서사예요. 그 여파가 가족한테까지 크게 영향을 미치니 심각한 문제지요. 어쩌면 부모가 화병으로 죽었는지도 모릅니다.

〈청개구리 아들〉 또한 병리적 서사에 특별한 해법을 제시하지 않습

니다. 다만 서사의 귀결을 보여줄 뿐이지요. 어머니의 죽음에 이어 무덤이 떠내려갈 상황에 처하자 아들은 후회하며 고통스러워합니다. 뒤늦게 어머니 말을 따르지만 결과는 더 나빴지요. 소통의 혼란과 단절이 일상화되어 정상적인 의사소통이 불가능해진 탓입니다. 이미 신뢰가 무너진 상태에서 회복은 불가능에 가깝습니다.

청개구리 아들의 문제는 단지 부모에게만 미치지 않습니다. 단순한 불효의 문제가 아니라는 뜻이에요. '청개구리 행동'이 몸에 밴 상황이니 어딜 가든 다를 리 없습니다. 그가 앞으로 겪게 될 인간관계가 얼마나 요란하고 복잡할지 가늠하기 어렵습니다. 어머니가 돌아가신 뒤에 반성하면서 후회했다지만 청개구리가 '사람'으로 돌아오는 일은 가능할까요? 답은 여러분의 상상에 맡깁니다.

서로의 입장을
바꿔본다는 것

청개구리 같은 행동은 단지 아이들만의 문제가 아닙니다. 어른들 중에도 그런 방식이 몸에 밴 이들이 있지요. 핀란드 이야기인 〈청개구리 아내〉를 만나봅니다.[3]

마티는 자기와 결혼한 리사가 세상에서 제일 상냥한 여자라고 생각했다. 하지만 리사는 얼마 안 가 본모습을 드러냈다. 황소고집으로 뭐든지 제 뜻대로 하려고 했다. 마티가 그녀를 순종시켜보려고 했지만 씨도 안 먹혔다. 남편이 무엇을 부탁하면 꼭 반대로 했으며, 결국은 자기 원하는 대로 했다. 마티가 그냥 참고 견딘 탓에 둘은 그럭저럭 잘 지낼 수 있었다.

S-Ray로 찍어보는 마음의 병

추수철이 되자 마티는 집에 사람들을 불러서 먹고 마시며 즐거운 시간을 보내고 싶었다. 생각 끝에 마티는 추수감사절에 따로 음식을 만들어 사람들을 부르지 말고 조용히 지내자고 말했다. 그러자 리사는 그게 무슨 소리냐며 음식과 술을 많이 준비해서 손님들을 부르겠다고 했다. 그리하여 성대한 파티가 펼쳐졌고, 마티는 계획한 대로 즐거운 시간을 보냈다. 남편이 즐거워하는 걸 본 리사는 계략을 눈치 채고서 부아가 났다. 이후 그녀는 남편이 원하는 것을 더 거스르게 됐다.

어느 날 둘은 비가 와서 물이 불어난 냇물 위로 나무다리를 건너게 됐다. 먼저 건너간 마티는 아내한테 위험을 알렸다. "여보. 널빤지가 썩었으니 발 디딜 때 조심해. 안 그러면 빠질 거야." "흥! 살살 밟으라고! 웃기는 소리……" 리사는 일부러 체중을 실어서 힘껏 다리를 밟았고, 널빤지가 부러지면서 물속으로 풍덩 빠졌다.

머리를 쥐어뜯던 마티는 있는 힘껏 강을 거슬러서 뛰기 시작했다. 사람들이 무슨 일이냐고 묻자 그는 아내가 물에 빠져서 빨리 건져야 한다고 했다. "정신 나갔소? 그럼 아래로 가야지 위로 뛰어가면 어떡합니까?" "모르는 말씀 마세요! 평생을 청개구리 고집으로 산 사람입니다. 지금 강물을 거슬러서 올라가고 있을 거예요."

무척 황당하고 우스꽝스러운 이야기입니다. 하지만 웃고 넘길 이야기만은 아니에요. 이런 일이 실제로 벌어지고 있기 때문입니다. 현실에 청개구리 배우자가 얼마나 많은가요! 아이일 때는 그나마 고칠 가능성이 있지만 청개구리 행동이 고착화된 어른들은 그야말로 무대책입니다.

이야기 속의 마티는 아내를 순종시켜보려고 했다가 여의치 않자 그냥 참고 견뎠다고 합니다. 그래서 그럭저럭 잘 지내게 됐다고 하는데, 이를 바른 해법이라고 할 수 없습니다. '포기'를 통해 얻은 평화와 안정이 진짜일 수 없지요. 중요한 순간에 문제가 드러나게 됩니다.

마티가 추수감사절에 한 일은 어떠한가요? 상대방의 심리와 특성을 잘 이용한 것처럼 보이지만, 잠깐의 얕은 꾀일 뿐입니다. 속은 아내가 분노한 탓에 관계가 더 어긋났으니 악수를 둔 셈이지요. 그는 아내를 청개구리 취급하는데, 내용을 보면 자신도 거꾸로 움직이고 있으니 크게 다를 바가 없습니다.

이야기에서 리사는 마티의 말을 무시하고 널빤지를 힘껏 밟았다가 강물에 빠져 죽습니다. 죽음의 1차 원인은 그녀 자신에게 있지만, 남편 탓도 크다고 할 만합니다. 리사가 강물에 빠졌을 때 마티가 강물을 거슬러 달린 일은 그가 추수감사절을 앞두고 '거꾸로 말한 일'과 통합니다. 그게 그의 방식이었지요. 소통의 왜곡과 단절이 고착화된 결과가 이렇게 무섭습니다. 병든 서사와 병든 관계는 '웃지 못할 비극'을 낳습니다.

〈트루데 부인〉과 〈청개구리 아들〉, 〈청개구리 아내〉까지 세 이야기 속의 청개구리를 보며 이런 생각을 해봅니다. 혹시 그들은 옆사람의 진정한 공감과 지지를 원했던 것이 아니었을까요? 무시당하고 미움받는다는 생각에 저런 식으로 존재감을 드러내려 한 것이 아닐까요?

반항이라는 쉽고도 효과적인 방식으로 말이지요.

　이렇게 본다면 청개구리의 부모나 남편은 상황을 회피하는 대신 정공법으로 문제를 풀어가는 쪽이 옳았을 것입니다. "얘는 원래 그래." "우리 아내는 아무도 못 말려." 이런 식으로 문제 상황을 기정사실화하면서 책임을 상대방에게 돌리는 것 또한 병리적 서사가 되지요. 모든 병에는 원인이 있다는 사실은 서사를 분석하거나 삶을 이해할 때 잊지 말아야 할 사항입니다.

　청개구리 같은 사람에 대한 이야기를 하나 더 보겠습니다. 이번 주인공은 잔소리쟁이 남편이에요. 늘 아내를 부족하게 여기는 사람이었요. 그런 남자에게 필요한 건 무엇이었을까요?

　시온은 항상 아내가 집안일을 못한다고 투덜댔다. 차려주는 밥도 그렇고 아내가 하는 일은 다 마음에 안 들었다. 잔소리를 듣다 못한 아내는 어느 날 자기가 밭에 나가서 일을 할 테니 집안일을 한번 해보라고 했다. 시온은 아내에게 본보기를 보이겠다며 기꺼이 그러자고 했다.
아내가 밖으로 나갔을 때, 아기가 깨서 울기 시작했다. 시온이 요람을 흔들며 노래를 했지만 아기는 울음을 그치지 않았다. 게다가 돼지까지 밥을 달라고 시끄럽게 꽥꽥거렸다. 시온은 돼지 먹이를 만들려고 우유를 내오다가 바닥에 쏟고 말았다. 돼지가 계속 꽥꽥대자 시온은 "네놈 먹이는 스스로 찾아!" 하면서 돼지우리를 열었다. 돼지가 뛰쳐나오는 바람에 쓰레기더미로 쓰러졌던 시온이 정신을 차려보니 돼지가 우유통을 다 엎어놓고 핥고 있었다. 화가 난 시온은 도끼로 돼지 머리를 쳐서 죽여버렸다.

소동을 벌이다 보니 죽을 끓이는 일과 소에게 풀을 뜯게 하는 일이 급해졌다. 닭을 돌보는 일은 그다음이었다. 시온은 지붕에 좋은 풀이 가득 자라고 있었음을 생각하고 소를 들판으로 끌고 가는 대신 지붕에 올렸다. 시온은 고삐에 맨 줄 끝부분을 굴뚝으로 떨어뜨리고 집 안으로 들어와, 그 줄을 발에 묶고서 두 손을 자유롭게 쓰려 했다. 하지만 소가 지붕에서 미끄러져 떨어지는 바람에 그는 발에 줄이 묶인 상태로 굴뚝으로 끌려 올라가다가 기둥에 걸려 옴짝달싹못하게 됐다.

아내가 밭에서 일을 마치고 돌아오니 소가 허공에 대롱대롱 매달려 있었다. 급히 집 안으로 들어가다가 돼지 시체에 걸려서 넘어진 아내는 황급히 도끼를 가지고 나가서 소를 매단 밧줄을 잘랐다. 소를 구하고 들어온 그녀를 기다리고 있는 것은 죽 그릇에 거꾸로 머리를 처박고 있는 남편이었다.

영국 웨일즈 지방의 설화인 〈지붕 위로 올라간 젖소〉입니다.[4] 희극이지요. 굴뚝을 사이에 두고 양쪽에 매달려 있는 젖소와 남자를 상상하면 웃음이 절로 나옵니다. 당사자는 더없이 황당했겠지만요.

이 이야기도 설화적 과장이 많지만, 속내를 보면 무척 현실적입니다. 자기 일은 크고 중요하게 여기면서 타인의 일을 하찮게 취급하는 사람이 세상에 얼마나 많은지요! 직장 동료나 선후배 간에도 그렇고 가족 사이에도 이런 일이 많습니다. 특히 남자들이 집안일을 하찮게 여기지요. "아니, 이것밖에 못 해!"라는 말을 하거나 듣는 분들이 많으실 거예요. 당사자는 그게 일종의 병이라는 사실을 모르지요. 오히려 자기는 대단하다고 착각하기 일쑤입니다. 시온이 그런 것처럼요.

이에 대해 이야기는 '입장을 바꿔서 직접 해봐야 안다'라고 말합니다. 남자가 대수롭지 않게 여긴 집안일은 사실 얼마나 손이 많이 가고 신경 쓰이는 것인지요! 집안이 원활하게 돌아가기 위해서는 '종합예술'에 가까운 일처리가 필요합니다. 시온이 하루의 경험을 통해 그간 습관적으로 아내를 무시하고 잔소리를 해댄 일이 큰 병이었음을 깨닫고 자신을 바꾸었기를 바랄 따름입니다. 글쎄요. 어쩌면 이날 겪은 곤경을 아내와 소, 돼지의 탓으로 돌리며 난리를 피웠을지도요.

그렇다면 시온의 아내는 어땠을까요? 남편 대신 밭에 가서 일을 잘했을까요? 아마 쉽지만은 않았을 거예요. 집안일과 달리 밭일은 힘을 많이 써야 하는데다 나름의 요령이 필요하니까요. 그런데 아내는 그러려니 하고 받아들였을 것 같습니다. 남편에게 잔소리를 했다는 말이 없으니 이렇게 짐작할 수 있어요. 아내는 남편이 하는 일을 이해하고 인정했으리라는 것입니다. 사실 그게 정상이지요. 그 힘으로 저 집안이 이후로 큰 탈 없이 돌아갔을 거라고 믿어봅니다.

자신도 모르게
괴물이 된 사람들

우리 모두는 신체든 정신이든 크고 작은 병을 안고 살아갑니다. 중요한 것은 병에 원인과 과정이 있다는 사실입니다. 옛날이야기는 이를 전형적인 스토리로 응축해서 보여주지요. 그중 인상적인 사례를 두어 개 보려고 합니다. 멀쩡해 보이던 사람이 어느새 심각한 환자로 바뀌는 이야기입니다.

먼저 볼 것은 러시아의 〈보물단지〉입니다. 1864년에 아파나세프가 펴낸 민담집에 수록된 이야기지요.[5]

옛날에 가난한 노부부가 살았는데 추운 겨울날 아내가 먼저 세상을 떠났다. 장례를 치러야 했으나, 돈 없는 노인을 위해 무덤을 파줄 사람은 없었다. 사제를 찾아가 애원했지만 비용을 내야 한다며 거절했다.

도와줄 사람을 못 찾은 노인은 혼자서 언 땅을 파기 시작했다. 도끼로 바닥을 쪼갠 뒤 삽으로 흙을 뜨면서 힘들게 파내려가는데 삽에 무엇이 걸렸다. 조심스레 파보니 낯선 단지였다. 그 안에는 값나가는 금화가 가득했다.

돈이 생기니까 사람들이 나서서 노인을 돕기 시작했다. 장례 준비가 갖춰지자 노인은 금화를 충분히 들고 사제를 찾아갔다. 금화를 보고 태도가 싹 달라진 사제는 장례미사를 치른 다음, 노인에게 그 돈이 어디서 났는지 고백하라고 다그쳤다. 노인이 사실대로 말하자 사제는 욕심이 솟아나 몸을 떨었다.

집으로 돌아온 사제는 돈을 빼앗을 방안을 이리저리 궁리한 끝에 묘안을 짜냈다. 염소를 죽여서 껍질을 뒤집어쓰고는 아내를 시켜서 꿰매게 한 뒤 밤에 노인의 집으로 찾아갔다. 노인이 깜짝 놀라서 누구냐고 묻자 사제가 소리쳤다.

"나는 악마다!"

노인이 보니 영락없는 악마였다. 노인은 성호를 긋고 기도문을 외웠다.

"이 늙은이야. 아무리 성호를 긋고 기도문을 외워도 내게서 벗어날 수 없다. 어서 내 금 단지를 내놔라. 장례에 보태 쓰라고 보여주었더니 통째로 가지다니!"

그깟 돈은 없어도 그만이라고 여긴 노인은 단지를 밖에다 팽개치고 들어갔다. 단지를 챙겨서 돌아온 사제는 아내한테 성공했다고 뻐기면서 어서 실밥을 틀어서 염소 가죽을 벗기라고 했다.

그런데 이게 웬일인가. 꿰맨 부분을 칼로 트자 살갗이 터지며 피가 흘렀다. 사제는 고통을 참지 못하고 비명을 질렀다. 아내가 조심스레 다른 부분을 틀어봤지만 마찬가지였다. 몸에 엉겨붙은 가죽은 아무리 해도 떨어지지 않았다. 금 단지를 노인에게 돌려주고 용서를 구했지만 소용없었다. 사제는 그 상태로 평생을 살아야 했다.

내용이 끔찍하면서도 고개가 끄덕여지지 않나요? 염소 가죽이 실제로 사람의 가죽이 되는 일은 없겠지만, 이 서사에는 삶의 진실이 의미심장하게 담겨 있습니다. 사제가 염소 가죽을 벗을 수 없었던 이유는 분명합니다. 그가 실제로 염소 또는 악마가 되었기 때문이지요. 탐욕이 가져온 결과입니다.

사람이 돈과 재물에 따라 움직이는 것은 일반적인 현상입니다. 다른 사람이 가진 돈을 욕심내는 일도 있을 수 있지요. 자기보다 한참 못살던 사람이 갑자기 부자가 되면 질투가 날 수 있습니다. 만약 거기까지였다면 사제가 끔찍한 병자가 되지는 않았을 것입니다. 하지만 그는 거기서 그치지 않고 '선'을 넘습니다. 물욕 앞에서 인간의 최소한의 도리를 내려놓고 짐승이 되고 말지요. 이야기는 이를 '염소 가죽을 뒤집어쓰는 행위'로 묘사합니다.

사제는 그 모습으로 노인을 찾아가서 "나는 악마다!" 하고 소리치는데, 말 그대로입니다. 그는 이미 악마였지요. 염소 가죽을 뒤집어쓴 일만이 아닙니다. 멀쩡한 염소를 잡아 죽이고 껍질을 고스란히 벗겨내는 동안 사제는 사람이었을까요? 그것은 악마의 손이고, 악마의 발이며, 악마의 마음이었을 겁니다. 끔찍한 가죽을 뒤집어쓰고 "아무리 성호를 긋고 기도문을 외워도 내게서 벗어날 수 없다"고 한 말은 어찌나 계시적인지요. 그렇게 그는 악마가 되었고, 그 상태에서 영원히 벗어날 수 없었습니다. 한순간에 벌어졌지만, 어찌 보면 오래전부터 준비됐던 일이었지요.

〈보물상자〉에서 사제가 악마로 변한 일이 나름 예상할 만한 것이었다면, 이제 볼 한국 설화 속의 변화는 더 놀랍고 극적입니다.

옛날 어느 마을에 아내와 함께 어머니를 모시고 사는 효자가 있었다. 성이 황 씨이고 이름이 팔도였다. 효자는 정성껏 봉양하던 어머니가 큰 병에 걸려서 죽게 되자 어머니를 살릴 방법을 찾아 나섰다. 그런 효자에게 어떤 도사가 하루에 한 마리씩 살아있는 개를 잡아 간 백 개를 먹이면 병을 고칠 수 있다고 했다. 도사는 사람을 호랑이로 변하게 할 비법이 담긴 책도 주었다.
그날 밤에 효자가 비법대로 하니까 진짜 몸이 호랑이로 변했다. 밖으로 나간 그는 어렵지 않게 개를 잡을 수 있었다. 개를 죽여서 간을 꺼낸 다음 사람으로 돌아온 효자는 어머니한테 간을 드렸다. 밤마다 그렇게 하자 어머니 병세가 좋아지는 것 같았다.
시간이 흐르고 그가 잡은 개가 아흔 마리를 넘어 곧 백 마리를 채우게 되었다. 밤이 되자 효자는 다시 개를 잡으려고 호랑이로 변했는데, 아내는 그 모습이 너무 흉하고 무서웠다. 아내는 남편이 읽는 책에 비법이 담긴 걸 알고 책을 아궁이에 넣어 불태웠다.

집에 돌아온 호랑이가 개의 간을 꺼낸 뒤 책을 찾았지만 허사였다. 결국 그는 사람으로 돌아오지 못하고 계속 호랑이로 남게 됐다. 그는 아내가 책을 태웠다는 사실을 알고 그녀를 죽였다고 하며, 화가 나서 어머니까지 죽였다고도 한다. 호랑이는 사람들을 해치며 떠돌다가 총에 맞아서 죽었다고 한다.

〈호랑이가 된 효자〉입니다. 〈호랑이 황팔도〉라고도 하는데, 꽤 인기가 많았던 이야기예요. 한국의 대표적인 구비문학 자료집인 《한국구비문학대계》에 20편 가까운 각편이 실려 있지요. 충청도에서는 황팔도라는 사람이 실제로 살았던 것처럼 말하기도 합니다.

자료마다 이름은 조금씩 다르지만, 남자가 효자였다는 건 공통된 사실입니다. 책에 실린 비법을 활용했다니 글을 읽는 선비나 양반이었다고 볼 수 있지요. 그를 '임진사'나 '이생원'이라고 소개한 자료도 있어요. 사람으로 못 돌아온 호랑이가 어머니를 죽였다는 내용은 일부에만 있고, 아내를 죽였다는 내용은 꽤 많습니다. 호랑이가 총에 맞아 죽었다는 것은 일반적인 결말입니다.

혹시 아내가 책을 태운 대목에서 조금 의아하지 않았나요? 며칠 더 기다렸다가 백 마리를 채운 다음 태워도 됐을 텐데 왜 그랬는지, 정 견디기 힘들었으면 남편이 사람으로 돌아왔을 때 태워도 됐을 텐데 왜 그랬는지, 이해하기 어렵습니다. 이 이야기의 비극적 결말은 엉뚱한 바보짓이 낳은 해프닝 같기도 해요.

이 이야기를 처음 만났을 때 저도 그렇게 생각했습니다. 아내의 잘못으로 일을 그르친 것이 안타까웠지요. 그런데 어느 날 이 서사가 완전히 새롭게 다가왔습니다. 세미나에서 누가 이 설화를 발제하는 것을 들으면서 효자가 왜 호랑이 상태로 죽었을까 헤아리는데 문득 영감이 스치면서 소름이 돋았어요.

'저 사람이 호랑이가 된 건 아내 때문이 아니야. 자기 탓이었어! 밤마다 호랑이가 돼서 개를 죽이다 보니 어느새 거기에 맛이 들린 거지. '피 맛'을 알게 된 거야. 거기 점점 익숙해지니 이전으로 다시 돌아올 수 없게 되고, 아내도 견디지 못하게 된 거야. 자기도 모르게 진짜 호랑이가 돼버린 거였어!'

남자는 효자였어요. 개를 죽이는 건 어머니를 살리고자 하는 마음으로 시작한 일이었지요. 어머니를 위해 끔찍한 일을 무릅썼으니 대단한 효자라 할 만합니다. 처음에는 그도 소스라쳤을지 몰라요. 빨리 사람으로 돌아가려 했겠지요. 하지만 시간이 흐르면서 상황이 달라집니다. 열 마리, 스무 마리, 쉰 마리, 여든 마리…… 숫자가 늘어날수록 도망치는 개를 발톱으로 채어 숨통을 끊고 간을 꺼내는 일은 자연스러운 일상이 되지요. 개의 고통에 둔해질 정도로, 어쩌면 짜릿한 쾌감을 느낄 정도로요.

잠깐 호랑이로 변했던 사내는 어느 순간 진짜 호랑이가 되는 존재적 변환을 일으킵니다. 어떤 명분으로 시작했든, 폭력으로 누군가를 해치는 행위는 그것이 몸에 배는 순간 존재를 통째로 집어삼키게 됩니다. 〈보물상자〉에서 사제가 염소 가죽을 뒤집어쓰고 악마가 된 일과 비슷하지요. '효'라는 명분이 있어도 사태의 본질은 바뀌지 않습니다. 사내는 어머니한테 효자였겠지만 개들에게는 악귀였지요. 아내 입장에서도 마찬가지입니다. 엄마를 구하겠다고 밤마다 호랑이가 돼서 손에 피를 묻히는 남편이 얼마나 낯설고 무서웠겠어요!

아무리 그래도 남편이 사람일 때 책을 태우지 왜 호랑이일 때 태웠느냐고 힐난할 수 있겠습니다. 하지만, 이면의 맥락으로 보면 다릅니다. 현실에서 문제는 사람이 아닌 짐승 상태일 때 발생하지요. 여자는 어느새 흉악한 괴물이 되어 자기 앞에서 움직이는 남편을 더 이상 감당할 수 없었을 것입니다. 남편이 호랑이가 됐을 때 책을 태운 것은 몸서리치는 공포에 사로잡혀 현실을 부정한 일로 볼 수 있지요.

생각을 바꾸어, 만약 아내가 책을 태우지 않았다면 효자가 백 마리 개를 죽인 뒤에 사람으로 잘 살았을까요? 그렇지 않을 가능성이 더 큽니다. 날마다 개를 죽이면서 잔인한 폭력이 몸에 뱄으니 이후로도 호랑이로 살았으리라는 것입니다. 사람으로 돌아오기에는 선을 넘어서 멀리 간 상황이지요. 비유하자면, 가족을 먹여 살린다는 명분으로 조폭이 된 사람이 더 이상 선량한 시민일 수 없는 것과 같습니다.

이렇게 보면 이 이야기의 결말은 딱 맞습니다. 효자가 아내를 죽인 것은 물론이고 어머니를 해쳤다는 것도 모순이 아닙니다. 왜냐하면 그는 더 이상 효자가 아니고 호랑이니까요. 어쩌면 그는 어머니를 죽이면서 "봐! 당신 때문에 내가 이렇게 됐어!" 하고 소리쳤을지도 모릅니다.

어머니를 살린다고 시작한 일이 제 손으로 어머니를 죽이게 되는 역설, 이것이 이 이야기에 담긴 진실입니다. 이는 얼마든지 우리 자신의 일일 수 있습니다. 이런저런 명분으로 행하는 일탈이나 폭력이 어느 날 나를 짐승이나 괴물로 만들 수 있지요.

이런 일을 막으려면 어떻게 해야 할까요? '선'만 넘지 않으면 될까요? 아니, 출발점이 더 중요합니다. 어머니를 살리겠다며 처음 호랑이가 되어 발톱을 세운 그 순간, 문제가 시작된 거죠. 병리적 서사로 나아가는 그릇된 선택을 아내나 어머니라도 나서서 막았어야 한다는 생각을 해봅니다. 물론 가장 큰 책임은 자기 자신한테 있겠지만요.

호랑이에게 사로잡힌 사람의 이야기를 하나 더 보겠습니다. 이번에는 결혼한 지 얼마 안 되는 아내입니다.

어느 부잣집에 아들이 있었는데 노름에 빠져서 헤어나지 못했다. 아버지는 고심 끝에 아들이 아내를 얻으면 노름을 끊지 않을까 싶어 결혼을 시키고 외딴 산골에 살림을 내줬다. 하지만 그는 버릇을 버리지 못하고 아내를 혼자 놔둔 채 밤낮으로 노름을 하러 다녔다.

어느 날, 노름을 하던 남자는 집에 가봐야겠다는 마음이 들었다. 그는 노름판에서 딴 돈을 주머니에 넣고 소변을 보러 나온 김에 집으로 향했다. 그가 한참 길을 가는데 멀리서 이상한 소리와 기척이 느껴졌다. 남자가 소나무밭에 숨어서 살펴보니 어떤 여자가 옷을 홀딱 벗고 머리를 푼 채 달려왔다. 자세히 보니 아내였다. 그리고 그 뒤를 호랑이가 쫓아오고 있었다. 남자는 급한 김에 옆에 보이는 나무통으로 호랑이를 내리쳐서 죽여버렸다. 그러자 아내도 기절해서 쓰러졌다.

남자가 쓰러진 아내를 들쳐 업고 집으로 와보니 살림살이가 밖에 내던 져져 있었다. 남자는 자리를 깔고 아내를 눕힌 뒤 미음을 먹이고 몸을 주물렀다. 얼마 뒤 아내가 깨어나자 남자는 어찌 된 영문이냐고 물었 다. 그러자 아내가 말하길, 남편이 나간 뒤 웬 짐승이 찾아와 소리를 지 르며 시끄럽게 굴기에 방 안의 물건을 다 던지고 옷까지 벗어던진 뒤 정신을 잃었다는 것이었다.

아내가 혼자 남겨졌다가 호랑이에게 잡아먹힐 뻔한 일을 겪은 남자는 버릇을 고쳐서 평생 노름을 하지 않았다.

'노름 끊은 이야기'라는 제목으로 보고된 자료입니다. 적당한 제목 같지만 저는 〈호랑이가 된 아내〉라는 이름을 붙이고 싶습니다.

여자가 호랑이에게 쫓긴 것뿐인데 왜 '호랑이가 된 아내'냐고요? 이는 호랑이의 상징과 관련이 있습니다. 여기서 호랑이의 정체는 무 엇일까요? 산속 외딴집에 홀로 남아 있던 아내를 공격해서 정신을 잃 게 만든 호랑이…… 저는 그것이 바로 여자의 울화와 분노였다고 생 각합니다. 오지 않는 남편을 홀로 기다리던 여자의 마음속에 점점 불 이 일어나서 호랑이처럼 되었다는 말이지요.

아내가 살림살이를 집어던지면서 호랑이에게 대항한 것은 어떻 든 분노의 감정과 맞서서 그것을 물리치려는 몸짓이라 할 수 있습니 다. 하지만 한계가 있지요. 입고 있던 옷마저 벗어던지는 순간 여자는 정신을 놓아버립니다. 힘들게 버티던 이성의 끈이 무너지면서 분노와 공격성에 사로잡히지요. 알몸으로 미친 듯 뛰어오는 여자의 뒤를 따르는 호랑이는 내면의 그림자였다고 할 수 있습니다. 괴물처럼 무서운 그림자였지요. 호랑이가 쓰러졌을 때 아내도 쓰러졌다는 데서 둘이 한몸이라는 사실을 확인할 수 있습니다.[6]

호랑이라는 그림자에 포획돼 미친 듯 달리는 저 여자가 향한 곳은 어디였을까요? 필경 남편이 있는 곳이었겠지요. 자기를 그렇게 만든 당사자이니 분노와 공격성이 그쪽으로 향하는 게 자연스럽습니다. 그러고 보면 두 사람이 길에서 만난 것은 우연이 아닙니다.

이런 전개, 놀랍지 않나요? 인간사의 숨은 진실을 너무나 명료하게 보여줘 소름이 돋을 정도입니다. 얼마나 많은 사람들이 마음속에 저런 병을 안고 살고 있는지요! 겉으로는 착하고 연약해 보이는 사람이 어느 날 이성을 잃고 무섭게 폭발하는 일이 드물지 않습니다. 이유 없이 갑자기 폭발하는 게 아니라 그 배경에 숨은 서사가 있지요. 이 이야기를 읽으면서 저 자신을 돌아보지 않을 수 없었습니다. 아내가 종종 화를 내는데 헤아려보니 다 그럴 만한 이유와 맥락이 있더군요.

〈호랑이가 된 아내〉에서 아내가 호랑이에게 잡아먹히기 직전에 문제가 해결됩니다. 남편이 너무 늦지 않게 돌아와 상황을 깨달았기 때문이고, 호랑이가 감당 못할 정도로 커지기 전이었기 때문입니다. 상상을 조금 보태면, 여자가 남편을 공격하기 전에 제 심정을 온몸으로 토로했던 것이 아닐까 싶어요. 이러다가 완전히 미치고 말 거라는 식으로요. 어쨌든 위기일발이었지요. 조금만 늦었어도 참극이 일어났을 거예요.

아내가 또다시 무서운 호랑이로 변하는 상황이 발생하지 않으려면 어떻게 해야 할까요? 답은 이야기에 나와 있습니다. 남자가 노름을 그만두는 것이지요. 당연합니다. 저런 일을 겪고도 다시 도박을 한다면 짐승만도 못한 사람이겠지요.

이야기 제목을 〈호랑이가 된 아내〉라고 했는데, 〈아내를 호랑이로 만든 남편〉이라 해도 좋겠습니다. 남편 때문에 아내가 호랑이로 변해 갔으니까요. 이렇게 쓰고 보니 〈소가 된 게으름뱅이〉가 떠오르네요. 늘 게으름만 피우다가 소가 된 남자한테 제가 붙인 별명이 '사람을 소로 만든 게으름뱅이'입니다. 처자식을 둔 사람이 늘 자기 편한 대로 게으름을 피우니 옆 사람한테 일이 몰릴 수밖에요. 그 사람의 아내는 '소'처럼 되었을 테니 사람을 소로 만든 셈이지요.

그렇다면 이에 대한 해법은 무엇일까요? 본인이 제대로 당해보는 일입니다. 이야기에서 사내를 소로 만들어 갖은 고생을 시키면서 죽고 싶은 마음을 먹게 하는 것은 그 때문입니다. 〈지붕 위로 올라간 젖소〉에서 남자가 된통 당한 것과 통하지요.

어떤가요? 간단하게 살펴본 사례이지만 옛날이야기가 생각보다 흥미롭지 않나요? S-Ray로서 옛이야기의 투시력은 아주 놀랍습니다. 혹시 나는 누군가에게 청개구리가 아니었는지, 어느새 악마나 호랑이로 변하는 길로 접어들지는 않았는지, 누군가를 호랑이나 소로 만들지는 않았는지 찬찬히 돌아볼 일입니다. 만약 거기서 자신의 모습이 보인다면 다행이라 할 수 있습니다. 치료는 발견에서부터 시작되니까요.

Chapter 3

서사는 움직인다!
인생의 방향을 바꾸는 법

내 서사의 분기점을
정확히 알고 있다면

옛날이야기는 언제 하면 좋을까요? 저는 종종 '이불 속'이라고 언급합니다. 어둠 속에서 소곤소곤 주고받는 이야기는 상상력을 펼치기에 딱 좋지요. 할머니, 할아버지가 들려주는 옛날이야기에 귀 기울이다 꿈나라로 빠져드는 손주들은 더없이 정겹습니다.

이부자리에서 빠질 수 없는 것이 무서운 이야기입니다. 혹시 어린 시절 들었던 옛날이야기 중 정말 무서웠던 것이 있나요? 저한테 진짜로 무서웠던 이야기는 〈여우 누이〉였습니다. 여우로 둔갑한 누이동생이 부모와 형제들을 잡아먹은 뒤 마지막으로 남은 오빠를 잡으려고 달려드는 대목에서 온몸이 오싹했지요.

나이가 들어서 만난 〈여우 누이〉는 여전히 무서운 이야기였습니다.

어쩌면 어릴 때 느낀 것보다 더 많아요. 속내를 알고 나면 여러분들도
소름이 끼칠지 모릅니다.

옛날 한 마을에 어떤 부자가 아들 셋을 낳고 살았는데 딸이 없는 것이
한이었다. 여우라도 좋으니 딸을 하나 얻으면 좋겠다는 말을 입에 달
고 살았다. 어느 날 여우가 그 말을 듣고는 옳다구나 하고 그 집으로 들
어가서 딸로 태어났다. 부자는 세상을 다 얻은 듯이 기뻐하면서 귀여운
딸에게 사랑을 쏟았다.

딸이 자라서 철들 무렵이 됐을 때 집안에 변고가 일어나기 시작했다.
집안 가축들이 밤마다 하나씩 죽어나갔다. 밤사이 간과 내장이 사라지
고 없었다. 처음에는 작은 가축으로 시작됐지만 급기야 소들까지 쓰러
졌다.

이상하게 생각한 부자는 아들들을 불러서 무엇이 짐승을 해치는지 지
켜보게 했다. 먼저 큰아들이 졸음을 참고 지켜보는데 무언가가 스르르
나타나더니 소의 밑구멍에 손을 쑥 집어넣어서 간을 빼냈다. 소는 비명
도 못 지른 채 쓰러졌다. 그 일을 한 건 막내딸이었다. 큰아들은 자기가
본 일을 아버지에게 말하지 않고, 조느라고 못 봤다고 둘러댔다.

다음 날 망을 본 둘째아들도 마찬가지였다. 그 또한 누이동생이 잔인한
일을 했다고 말하지 못하고 그냥 넘어갔다. 하지만 막내아들은 달랐다.
누이가 저지르는 일을 공포에 질려 지켜본 막내아들은 다음 날 아침에
아버지에게 자기가 본 사실을 말했다.

"아버지! 범인은 막내였어요. 걔가 살살 걸어오더니 소 밑구멍으로 손

을 쑥 집어넣어서 간을 빼내가지고 씹어 먹었어요. 아직도 몸이 덜덜 떨려요!"

늘 옆에서 함께 밥을 먹고 놀던 어린 동생이 끔찍한 짓을 하는 걸 보았을 때 오빠는 얼마나 무서웠을까요? 믿기 싫은 일이지만, 이제라도 정체를 알아냈으니 그나마 다행입니다. 얼른 조치를 취해야 하는 상황이지요. 그런데 막내아들이 놀라운 진실을 전했을 때, 아버지는 어떻게 했을까요? 수고했다고 격려하고 대책을 취했다고 생각했다면 오산입니다. 아버지의 반응은 다음과 같았어요.

"요눔우 자식이 뭐라 카노? 응? 조눔아 자식을 쫓아낸다고! 그거 어떤 딸이라꼬!"
그래가주고 마구 끝두둥이 아들 한 개 남았는 걸 마구 쫓아내디다.[8]

말도 안 되는 소리로 동생을 모함한다는 것, 너 같은 자식은 필요 없다며 집에서 쫓아내는 것, 이것이 부모가 한 일이었습니다. 〈여우 누이〉 자료가 수십 편이 넘고 자료마다 조금씩 내용이 다르지만 이 부분은 한 치도 어긋나지 않습니다. 부모가 아들 말을 곧이곧대로 듣는 경우는 하나도 없어요.
바로 이 장면에 '여우 누이' 또는 '여우 딸'의 비밀을 푸는 열쇠가 숨어 있습니다. 그가 본래부터 여우였던 것이 아니라 부모가 그를 여우로 만든 것입니다. 편애와 과보호라는 잘못된 사랑으로 말이지요. 어

서사는 움직인다! 인생의 방향을 바꾸는 법

떤 일을 해도 부모가 자기편을 들어주는 상황에서 아이는 자연스레 여우로 변한 거지요. 여우 짓을 해도 뭐라 안 하니까, 오히려 귀엽다고 칭찬하고 무슨 일이든 해주니까 그렇게 될 수밖에요. 그렇게 어려서부터 몸에 밴 여우 짓이 시간이 흐르면서 교활하고 흉악한 공격성으로 발현된 것입니다. (대다수 자료는 여우가 일부러 그 집을 골라서 태어났다고 말하는데, 이는 설화식 어법입니다. 여우가 실제로 사람 자식으로 태어날 수는 없지요. 상징적으로 보면 모든 딸이 여우가 될 가능성을 안고 태어나는 것이고요.)

나이가 들어서 만난 〈여우 누이〉가 어릴 때보다 무서웠던 것은 이런 상황이 너무나 현실적으로 다가왔기 때문입니다. 세상에 저런 자식이 얼마나 많은지요! 많은 부모들이 하나나 둘밖에 없는 자녀들을 금이야 옥이야 애지중지 키웁니다. '간이라도 빼줄 것처럼' 말이지요. 옆에서 누가 한마디를 하면 눈을 부라리곤 하지요.

그 결과가 무엇인가 하면 실제로 간을 빼앗기는 일입니다.

집에서 쫓겨난 막내아들은 오랜 고생 끝에 한 여자를 만나서 함께 살게 됐다. 삶이 안정됐지만 그의 마음속에는 늘 떠나온 집에 대한 궁금증과 걱정이 자리하고 있었다. 어느 날 그가 본가에 가겠다고 하자 아내가 집에 가면 죽는다고 말렸다. 그래도 남편이 한번 가보겠다고 고집하자 아내는 위급할 때 쓰라며 병 세 개를 주었다.

막내아들이 집에 이르러 보니 부모님과 형들이 다 죽고 흉가가 돼 있었다. 누이는 오빠를 보더니 눈을 빛내면서 방 안에 들어가게 하고 문을 잠근 뒤 칼을 갈기 시작했다. 오빠가 놀라서 뒷문을 뜯고 도망치자 뒤늦게 알아챈 누이가 여우로 변해서 재주를 넘으면서 따라왔다.

여우한테 붙잡힐 지경이 된 오빠가 파란 병을 던지자 강물이 생겨났다. 강물에서 허우적대던 여우는 다시 무서운 속도로 쫓아왔다. 오빠가 노란 병을 던지자 가시덤불이 생겨났지만, 누이는 가시덤불을 헤치고 턱 밑까지 쫓아왔다. 오빠가 마지막으로 빨간 병을 던지자 불이 솟아났다. 누이는 그 불에 타죽고 말았다.

이야기는 부모와 형들이 죽고 집이 흉가가 돼 있었다고 전합니다. 누가 그렇게 했는지는 물어볼 것도 없습니다. 여우가 된 딸이 부모와 두 오빠의 간을 빼먹고 집안을 망가뜨린 것이지요. 말도 안 되는 일이라 생각할지 모르지만 그렇지 많습니다. 늘 받기만 하면서 자란 자녀는 부모에게 감사하고 보답할 가능성보다 그것을 당연한 권리로 받아들일 가능성이 큽니다. 더 많이 가지거나 통째로 다 가지려 할 수 있지요. 이야기 속의 딸처럼 말입니다.

막내아들만 누이에게서 벗어난 일과 관련해서는, 기존의 고착된 틀에서 벗어난 새로운 관계 형성이 문제해결의 동력이 되었다고 말하고 싶습니다. 막내아들이 집에서 쫓겨난 후 결혼한 일이 그것입니다. 부조리한 상황을 묵인하면서 집에 머물렀던 형들이 죽은 것과 대비되지요. 사람은 계속 새로운 관계를 맺으면서 삶을 갱신하고 확장해야 함을 잘 보여줍니다. 여우를 물리친 세 개의 병을 준 사람이 아내였다는 것, 아주 잘 맞지 않나요?

〈여우 누이〉에는 몇 가지 중요한 갈림길이 있습니다. 문학치료에서는 이를 '서사적 분기점'이라고 하지요. 먼저 짐승을 해치는 범인이 동생임을 알았을 때 불편한 진실을 드러낼 것인가 말 것인가가 하나의 갈림길입니다. 어떤 선택을 하느냐에 따라 삶이 완전히 달라지지요. 묵인을 선택한 형들은 죽음을 맞이하고 폭로를 선택한 막내아들은 살아남니다. 건강하고 행복한 삶을 위해서는 서사의 분기점이 되는 지점을 제대로 알고 올바른 선택을 해야 합니다.

이어서 문제적 주인공인 딸에게 시선을 돌려보지요. 여우로 변해서 짐승을 잡아먹고 부모 형제를 해친 딸은 불에 타 죽습니다. 그가 죽었을 때 사람들이 잘되었다며 박수를 쳤을 테니 최악의 죽음이라고 할 만합니다. 그렇게 된 책임의 상당 부분이 부모에게 있으니, 본인은 억울할 수도 있습니다. "우리 부모님은 나를 왜 이렇게 만든 거야! 진작 부모님이 나를 바로잡아주었다면……."

이는 서사적 분기점을 타인의 몫으로 두는 관점입니다. 나름 고개를 끄덕일 수 있겠지만, 저는 이 말에 동의하지 않습니다. 남이 잘못했다고 해서 자기 잘못이 정당화될 수는 없지요. 인간은 누구나 자기 삶의 주체로서 스스로 길을 찾아나서야 합니다. 막내딸은 필연적으로 괴물이 될 수밖에 없었던 것이 아니에요. 갈림길에서 스스로 잘못된 선택을 한 탓이 큽니다. 그는 어려운 길 대신 늘 쉽고 편한 길을 택합니다. 부모의 힘을 빌리는 식이었지요. 그 결과 막내딸은 여우로 상징되는 '갑질의 제왕'이 된 것이었습니다. 이런 결과 정말로 엄중하지 않나요?

머물고 싶을 때와
변화해야 할 때

여기 서사의 분기점 앞에 선 또 한 명의 소녀가 있습니다. 여우 딸 이상으로 아버지의 사랑을 독차지했던 딸이었지요. 여우 누이는 오빠가 셋이었는데 이제 만날 공주는 오빠가 열두 명입니다. 하지만 오빠들은 없는 셈이나 마찬가지였어요. 그들에게 어떤 일이 있었는지, 독일 민담 〈열두 오빠〉(Die zwölf Brüder; KHM 9)로 들어가봅니다.

옛날에 어떤 왕과 왕비가 열두 아들과 함께 살고 있었다. 딸을 간절히 원했던 왕은 아들이 태어날 때마다 실망했다. 왕비가 열세 번째 아이를 임신하자 왕은 기뻐하면서 만약 딸이 태어나면 왕자들을 다 죽이고 온 왕국을 공주에게 주겠노라고 말했다. 아들을 집어넣을 열두 개의 관까지 만들어놓았다.

왕비는 불안하고 슬펐다. 그는 막내아들을 불러서 넌지시 그 일을 알려주었다. 이번에 딸을 낳으면 성탑에 빨간 깃발을 꽂을 테니 아버지 눈에 띄지 않게 피하라고 했다.

태어난 아기는 딸이었다. 왕비는 시종을 시켜 빨간 깃발을 꽂게 했다. 숨어서 망을 보던 아들들은 복수를 맹세하면서 깊은 숲으로 들어갔다. 그 계집아이가 눈에 띄면 어디서든 붉은 피를 보게 될 거라고 했다.

열두 형제는 숲속 어두운 곳에 있는 마법에 걸린 작은 집에서 살게 됐다. 그들은 숲에서 먹을 것을 구하면서 10년을 거기서 살았다. 그사이 태어난 딸도 많이 자랐다. 아이는 착하고 예뻤으며, 이마에 황금별이 박혀 있었다. 부모의 사랑 속에서 살아가는 공주에게는 아무 걱정도 없었다.

이야기 속의 공주는 선택받은 사람입니다. 태어나기도 전에 최고 권력자인 아버지의 사랑을 독차지할 미래가 예정돼 있었지요. 이야기는 아이의 이마에 황금별이 박혀 있었다고 하는데, 사랑받는 아이의 상징이자 빛나는 존재감의 은유로 볼 수 있습니다. 이 공주의 곁에는 오빠들이 아예 없습니다. 아버지가 싹 치워놓은 상태지요. 황금별 공주는 그야말로 천상천하 유아독존이었습니다.

이야기에 따르면 공주는 열 살이 되도록 오빠의 존재를 몰랐다고 합니다. 오빠들은 숲속 깊은 곳에 숨어 있었지요. 오빠들이 실제로 궁전 밖으로 나갔다고 볼 수도 있겠지만, 서사적 은유로 읽는 것이 더 어울립니다. 부모의 사랑이 딸에게 쏠리면서 오빠들은 있으나 마나 한 상태가 되었다는 것으로요.

그렇게 존재감을 상실한 채 어두운 구석에 찌그러져 있는 자녀들을 휘감는 것은 트라우마입니다. 이야기는 이를 '마법에 걸린 집'으로 표현하지요. 완벽한 차별이 만연하는 집이니 마법에 걸린 집이 아닐까요? 말이 좋아 마법이지 '저주'가 더 어울립니다. 저주에 갇힌 아이들의 마음속에 자라는 것은? 분노와 복수심입니다. 그것은 권력자인 아버지 대신 어린 경쟁자에게로 향하지요. 이야기에서 오빠들이 동생에게 복수를 다짐하는 일이 그것입니다. 차별당하는 피해자가 보이는 전형적인 반응이지요.

겉으로는 평화롭고 아무 걱정이 없지만, 황금별 공주의 주변에는 무서운 저주와 위험이 도사리고 있습니다. 어두운 그림자는 어떻게든 드러나게 돼 있지요. 그 단초를 발견한 것은 공주 자신이었습니다.

어느 날 공주는 빨랫감 속에서 열두 벌의 남자 속옷을 발견했다. '이건 누구 거지?' 이상하게 여긴 공주는 엄마에게 연유를 물었다. 그러자 왕비는 비로소 오빠들에 대한 얘기를 들려주었다. 열두 개의 관을 보여주면서 오빠들이 숲속에 숨어 있음을 말해주었다. 공주는 눈물을 흘리는 엄마를 달래면서 자기가 숲으로 가서 오빠들을 찾아보겠다고 했다. 소녀는 열두 벌의 속옷을 들고 곧바로 숲으로 들어갔다. 그녀는 온종일 걸어서 저녁 무렵 마법에 걸린 집에 다다랐다. 안으로 들어간 공주는 열두 오빠를 찾고 있다면서 속옷을 보여줬다. 동생의 예쁘고 기품 있는 모습을 본 오빠들은 기뻐하면서 동생을 꺼안았다. 오빠들은 누이동생을 사랑하게 되었고, 공주는 집에서 살림을 돌보게 됐다.

어느 날, 공주는 오빠들을 즐겁게 해주려고 정원에 피어 있는 백합 열두 송이를 꺾었다. 식탁에 선물로 올려놓으려고 한 일이었다. 그런데 공주가 꽃을 꺾는 순간 오빠들은 까마귀로 변해서 날아가고 집과 정원도 사라져버렸다. 놀라서 방황하는 공주 앞에 한 노파가 나타나서 말했다. "네가 꽃을 건드린 탓에 오빠들이 까마귀로 변한 거다." 공주가 울면서 오빠들을 구할 방법을 묻자 노파가 말했다. "방법은 한 가지뿐이다. 7년 동안 말도 하지 말고 웃지도 말아야 해. 만약 단 한마디라도 하면 오빠들은 죽게 된다."

소녀는 어떤 어려움이 있어도 오빠들을 구하기로 결심했다. 그녀는 높은 나무 위에 앉아 입을 꼭 다물고 실을 잣기 시작했다. 어느 날 젊은 왕이 사냥을 왔다가 이마에 황금별이 박힌 소녀를 발견하고 사랑에 빠졌다. 왕은 그녀에게 청혼한 뒤 궁궐로 데려와 성대한 결혼식을 올렸다. 하지만 신부는 통 말을 하지 않고 웃지 않았다.

그렇게 몇 년이 지나자 왕의 어머니가 젊은 왕비를 헐뜯기 시작했다. 말을 못해도 웃을 수는 있는데 그러지 않으니 요망하다고 했다. 왕은 그 말을 무시하려고 했지만 어머니가 끈질기게 왕비를 모함하며 마녀로 몰아붙이자 결국 이기지 못하고 왕비를 사형시키는 데 동의했다.

불이 붙은 나뭇더미 위로 공주가 옮겨질 때, 여전히 그녀를 사랑한 왕은 눈물로 그 모습을 지켜보고 있었다. 그녀의 옷에 막 불이 붙으려는 순간, 하늘에서 푸드덕 소리가 나더니 열두 마리 까마귀가 날아와 사람으로 변했다. 7년의 마지막 순간이었다. 오빠들은 불을 끈 뒤 누이동생을 껴안았다. 말을 할 수 있게 된 공주는 그간의 사연을 들려주었다. 왕은 아내에게 죄가 없다는 말에 너무나 기뻤다.

그 후 그들은 죽을 때까지 함께 행복하게 잘 살았다. 왕비를 모함한 시어머니는 끓는 기름과 독사로 가득 찬 통 속에 갇혀서 죽었다고 한다.

'이거 〈백조 왕자〉네!' 하고 생각하신 분들이 있을 거예요. 〈백조 왕자〉의 원형이 바로 〈열두 오빠〉입니다. 그림형제 민담집이 안데르센 동화집보다 훨씬 앞서지요. 그런데 두 이야기에서 오빠들이 변하는 새의 종류가 다릅니다. 한쪽은 까마귀인데 한쪽은 백조예요. 어느 것이 더 어울리는지, 스스로 판단해보시면 좋겠습니다.

이야기는 공주가 오빠들의 속옷을 발견한 시점이 열 살 때라고 합니다. 청소년으로 접어들 무렵이지요. 그때까지 세상에 자기뿐이었고 부모의 사랑을 독차지하는 일을 당연시했던 딸은 비로소 제 삶을 둘러싼 검은 먹구름을 감지합니다. 오빠들이 우울과 분노를 품은 채 어두운 그림자 속에서 신음하고 있다는 사실을요. 그런 자식들을 옆에 두고 어머니가 큰 슬픔을 안고 있다는 사실도 함께요.

이 장면은 서사의 중요한 분기점이 됩니다. 선택은 둘 중 하나지요. 그 상태로 머물 것인가, 변화할 것인가. 여기서 어떤 선택을 하느냐에 따라 전체 인생이 완전히 달라집니다.

이야기에 명시되지는 않지만, 이는 〈여우 누이〉의 딸에게도 나타났을 분기점입니다. 세상 물정을 알기 시작했을 때, 그녀 또한 자기만 많은 혜택을 누리고 있음을 알아챘겠지요. 그럼에도 그녀는 모른 척 그 상태에 안주하는 길을 택했습니다. 더 편하고 유리한 길이었지요.

하지만 황금별 공주는 달랐습니다. 그는 더 어렵고 험난하며 불리한 길을 선택합니다. "오빠들도 나하고 똑같은 자식인데 이건 말이 안 돼. 내가 바꾸겠어!" 그렇게 소녀는 숲으로 들어갑니다. 모든 것이 갖춰져 있는 편안한 곳을 떠나 비바람 불고 사나운 짐승이 출몰하는 험한 곳으로요.

처음 집을 나설 때만 해도 그리 어렵지 않을 거라 생각했을지 모릅니다. 자기가 나서면 금세 해결할 수 있을 거라고요. 실제로 일은 비슷하게 진행됩니다. 공주가 오빠들이 있는 곳을 찾아가 손을 내밀자 오빠들은 분노를 내려놓고 동생을 받아들이지요. 하지만 그건 잠깐이었고, 더 큰 문제가 발생합니다. 누이가 백합꽃을 꺾자 오빠들이 까마귀가 돼버리지요. 왜 갑자기 이런 일이 벌어졌을까요? 좀 의아해 보이지만, 자세히 보면 내밀한 이치가 담겨 있습니다.

오빠들이 있는 곳은 평범한 장소가 아니었습니다. 조금만 잘못 건드려도 문제가 생겨나는 마법에 걸린 집이었지요. 지뢰밭 같은 곳이었다고나 할까요. 누이가 오빠들을 위한다면서 백합꽃을 꺾은 것은 지뢰를 건드린 행위입니다. 대체 백합이 뭐라고 오빠들은 까마귀로 전락한 것일까요? 저의 해석은 백합이 오빠들이 힘들게 지켜온 자존 감의 상징이라는 것입니다. 스스로를 버티게 해준 무엇 말이지요.

자기 확신에 취해 있던 황금별 공주는 무심코 그 자존감을 꺾었던 것입니다. 모든 것을 다 누려온 동생이 "내가 오빠들 행복하게 해줄

게!" 하고 활짝 웃으며 '시혜자'로 다가올 때 오빠들은 초라하고 무력한 자신들을 확인하고 좌절합니다. 그 표상이 바로 까마귀입니다. 분노도 자존감도 모두 잃은 채 보잘것없어진 순간, 저들은 몸둘 곳을 잃어버리고 까마귀처럼 된 것이지요. 깊은 상처를 지닌 채 오래도록 무력하게 살아왔으니 더 그랬을 것입니다. (이 대목에서 영화 〈밀양〉의 한 장면이 생각납니다. 아들을 유괴해서 죽인 죄인을 용서하려던 주인공이 이미 하나님의 용서를 받았다는 가해자 앞에서 무력하게 무너지는 장면인데, 오빠들의 심정이 그와 비슷하지 않았을까요?)

진짜 시험은 이제부터입니다. 10년 동안 켜켜이 쌓였던 문제가 검은 저주로 실현되었으니 이걸 해결하는 일이 쉬울 리 없지요. 이야기는 노파의 입을 빌려서 공주에게 오빠들을 사람으로 되돌리려면 7년간 말도 하지 말고 웃지도 말아야 한다고 합니다. 참으로 가혹한 과제예요. 말은 안 하면 된다지만 무심코 나오는 웃음을 어떻게 참으라는 건지!

이 과업은 무엇을 뜻할까요? 헤아림 끝에 제가 찾은 답은 '내세우기'와 '누리기'를 중단해야 한다는 것입니다. 상처받은 형제들과 같은 입장이 되기 위해서는 늘 혜택을 누리던 삶과 완전히 선을 그어야 하지요. 그래야 수혜자와 피해자 사이의 심연이 메워질 수 있습니다. 비유하면, 공주의 이마에 박힌 황금별이 사라져야 합니다. 그래야 까마귀들도 동생과 같은 위치에서 손을 잡을 수 있지요. 7년이라는 긴 시간이 필요하다는 것은 삶을 바꾸는 일이 얼마나 어려운지 말해줍니

서사는 움직인다! 인생의 방향을 바꾸는 법

다. 오랜 세월 동안 몸에 익숙하게 밴 일이니 바꾸는 데도 긴 세월이 필요하지요.

그 어려운 일을 용감한 소녀는 기어이 해내고야 맙니다. 죽음의 문턱을 넘나드는 험난한 과정이었지요. 솟아오르는 불길 위에서도 끝내 입을 열지 않았던 소녀의 모습은 정말 대단합니다. 이렇게 모든 것을 내려놓는 진심 앞에서 오빠들이 어찌 감동하지 않을까요! 이야기는 그 순간 딱 7년이 찼다고 하지만, 의미상으로 보면 모든 것을 내려놓았음을 확인하는 순간을 7년이라는 은유로 표현한 거라고 할 수 있습니다.

출발점은 여우 누이와 다르지 않았던 황금별 공주는 제 의지와 노력으로 삶을 바꿉니다. 이른바 '자기서사의 변혁'입니다. 언뜻 보면 무척 힘들고 괴로운 과정으로 여겨지지만 그렇지 않습니다. 궁궐을 나서서 숲으로 향하는 순간부터 공주의 '진짜 삶'이 시작되었지요. 겉으로는 고행의 시간이었을 7년이란 세월은 사실 얼마나 빛나는 시간인지요! 그녀를 발견한 젊은 왕이 한눈에 반해버린 심정을 이해할 만합니다. 외모가 아니라 존재로서의 빛이 그를 사로잡았겠지요.

부모가 만든 문제를 자식이 감당하고 해결한다는 것. 혜택을 누리던 당사자가 그것을 다 내려놓고 어둠을 빛으로 바꾼다는 것. 가슴이 뭉클할 만큼 아름답습니다. 한 인간의 존재적 결단은 자신뿐 아니라 주변을 바꾸고, 나아가 세상을 바꾸지요. 서사의 변화는 이렇게 힘이 셉니다. 그 변화를 이루어낼 수 있는 존재, 그것이 바로 삶의 주체로서의 인간입니다.

〈열두 오빠〉의 공주에게서 톨스토이의 명작 〈부활〉의 주인공 네흘류도프를 봅니다. 모든 기득권을 내려놓고 존재를 변화시킨 주인공이지요. 자기와의 하룻밤 불장난 때문에 밑바닥으로 전락한 카추샤를 되살리고자 네흘류도프가 감수한 긴 고행은 '7년간 말하지도 웃지도 않는 일'과 거의 같은 의미를 지닙니다. 네흘류도프는 소설로 되살아난 황금별 공주라 해도 좋을 것입니다. 시공간의 배경과 구체적인 사연은 다르지만 내면의 본질에서 둘은 완전히 통합니다. 동서고금을 관통하는 서사의 원형성이지요.

〈열두 오빠〉는 마지막에 찜찜한 내용을 덧붙이고 있습니다. 왕의 엄마에 관한 내용이지요. 며느리가 된 공주를 시기하고 모함하던 노모는 끓는 기름과 독사들이 가득한 통에 갇혀 죽었다고 합니다. 이 내용도 설화의 은유와 상징으로 풀이하는 것이 어울립니다. 저 노모가 '지옥'에 갇힌 것은 스스로 그리한 것이라고 볼 수 있어요. 자식을 아내에게서 떼어내어 자기 소유로 삼으려던 발버둥질이 곧 끓는 기름이고 독사였다는 말입니다. 그렇게 그녀는 마녀가 되지요.

뒷이야기가 전해지지는 않지만, 열세 남매의 아빠 또한 크게 다르지 않았을 거라고 추정해봅니다. 자신이 가장 아끼는 꽃이라고 믿었던 딸이 오빠들을 찾아 궁궐을 떠난 이후로 화를 못 이겨 무너졌을지도요.

서사는 움직인다! 인생의 방향을 바꾸는 법

금수저와 흙수저가
서로 인연이 닿는다면

앞에서 '서사의 분기점'이라는 말을 썼는데, 실제로 서사는 일종의 '길'과 같습니다. 많은 분기점이 있는 길이지요. 갈림길에서 길을 잘 찾는 것은 인생의 성패를 가르는 중요한 요소입니다. 말은 쉽지만 실제로는 만만한 일이 아니죠. 더없이 복잡다단한 것이 인생이라는 길이니까요.

인생이라는 복잡한 여행에서 우리에게 필요한 것은 지도입니다. 여행을 떠날 때 지도가 필요하듯, 인생을 사는 데도 지도가 필요합니다. 여러 길을 한눈에 볼 수 있고 주요 포인트가 딱딱 표시돼 있는 좋은 지도가 있으면 더할 나위 없지요. 그런 지도가 있느냐고 묻는다면 그렇다고 답하겠습니다. 바로 '서사 지도'지요. 옛날이야기 속의 길들과 요충지로 이루어진 지도입니다.

서사 지도는 서사의 분기점과 더불어 문학치료학 서사 이론의 주요 개념입니다. 최근 이에 대한 연구 성과가 나오고 있지요. 그중 제가 지도한 박사논문을 소개하려고 합니다. '범남귀녀(凡男貴女)' 곧 평범남과 특별녀가 만나 인생의 동반자가 되는 과정을 서사 지도 형태로 분석 정리한 연구입니다.[2] 논문에서 다룬 자료가 〈선녀와 나무꾼〉, 〈우렁각시〉 같은 낯익은 이야기라 쉽게 이해할 수 있을 거예요. 기억 속에 남아있는 내용들을 떠올리면서 읽으시면 좋겠습니다.

● 선녀와 나무꾼

옛날에 늦게까지 결혼을 못한 가난한 나무꾼이 있었다. 어느 날 그가 나무를 하는데 사냥꾼에게 쫓기던 사슴이 도움을 청했다. 나무꾼은 얼른 사슴을 감추고 사냥꾼을 따돌려서 사슴을 구해주었다. 그러자 사슴은 하늘나라 선녀들이 내려와 목욕을 하는 연못을 알려주면서 날개옷 한 벌을 감추면 결혼을 할 수 있다고 했다. 대신 아이 셋을 낳을 때까지 옷의 행방을 말하지 말라고 당부했다. 나무꾼은 사슴이 알려준 대로 연못을 찾아가 날개옷을 감추었고, 하늘로 올라가지 못한 옥황상제 막내딸과 결혼해서 살게 되었다.

● 우렁각시

옛날에 시골에 가난한 노총각 농부가 살았다. 어느 날 그가 들에서 일을 하면서 "나는 누구랑 먹고살지?" 하고 푸념하자 "나랑 먹고살지!"

하는 소리가 들려왔다. 주변을 살펴보니 사람은 없고 커다란 우렁이뿐이었다. 이상하게 여긴 총각은 우렁이를 집으로 가지고 왔다. 다음 날부터 총각이 밖에서 일을 하고 돌아오면 따뜻한 밥상이 차려져 있었다. 총각이 일하러 가는 척하고 몰래 숨어서 엿보니 우렁이에서 처녀가 나와 밥을 차리기 시작했다. 총각은 다가가서 처녀를 붙잡았고, 그녀와 결혼해서 함께 살게 되었다. (처녀가 아직 때가 아니니 기다리라고 했지만 총각은 곧바로 결혼하기를 원했고 자기 뜻을 관철시켰다.)

● 숯구이와 용녀

옛날에 숯구이 일을 하며 가난하게 살던 노총각이 있었다. 어느 날 총각은 사람들에게 잡힌 큰 물고기(또는, 자라)가 슬퍼하는 것을 보고 가진 돈을 다 털어 물고기를 사서 놓아주었다. 용왕의 아들이었던 물고기는 총각을 용궁으로 초대했다. 총각은 소원을 말하라는 용왕에게 용자가 미리 알려준 대로 구석의 허름한 물건을 달라고 했다. 총각이 가져온 물건에서 용녀가 나왔고, 총각은 그녀와 결혼해서 살게 되었다. (물건 속에서 여자가 나와서 몰래 밥을 차렸고, 숨어서 그 모습을 살피던 총각이 그녀를 붙잡아서 함께 살게 되었다.)

● 왕이 된 새샙이

옛날에 한 가난한 노총각이 살았다. 그에게는 새를 잘 잡는 재주가 있었다. (그래서 사람들은 그를 새샙이라고 불렀다.) 어느 날 새를 잡다가 베를 짜고 있는 아름다운 처녀를 발견한 총각은 새를 구워서 처녀에게 주었다. 처녀가 새를 받아서 맛있게 먹자 총각은 자기랑 함께 살자고 했고, 처녀는 그의 구애를 받아들였다. 총각은 집에서 도망쳐 나온 처녀와 결혼해서 함께 살게 되었다.

네 이야기의 앞부분을 간단히 정리한 것입니다. 공통점을 쉽게 찾을 수 있지요. 외롭게 살던 가난한 노총각이 처녀를 만나 결혼한다는 것입니다. 그것도 평범한 처녀가 아니라 선녀나 용왕의 딸, 누구나 반할 만한 아름다운 처녀 등 특별한 사람이었지요.

네 이야기 속의 남성과 여성은 객관적으로 보기에 수준이 맞지 않습니다. 오늘날 여러 작품에서 흔히 보는 '평범남과 특별녀' 커플에 해당하지요. 일반적이지는 않지만 현실에서도 종종 있는 일입니다. 사실 남녀가 만날 때 양쪽의 균형이 완벽하게 일치하는 일은 드물지요. 객관적으로든 주관적으로든 한쪽으로 기울어 있기 마련입니다. 위의 설화들은 여성 쪽으로 많이 기운 경우입니다.

네 이야기에는 차이점도 있습니다. 캐릭터가 다르고 남녀가 커플이 되기까지의 과정도 다릅니다. 네 커플을 각각 '나무꾼과 선녀', '농부와 우렁각시', '숯구이와 용녀', '새샙이와 미녀'로 설명해보겠습니다.

먼저 농부와 새샙이는 스스로의 힘으로 결혼 상대를 찾아서 결혼한 쪽입니다. (우렁각시가 '나랑 살지' 하고 말을 했지만, 그 말을 놓치지 않고 집으로 데려온 것은 농부지요), 나무꾼과 숯구이는 사슴과 용자 같은 주변인의 도움으로 인연을 맺었습니다. 김정희 박사는 그 차이를 '교감(交感)'의 유무로 설명했지요. 농부와 새색이는 상대방과 직접 교감하는 과정이 있는 반면, 나무꾼과 숯구이에게는 이러한 과정 없이 인연이 보상처럼 주어집니다. 둘의 차이는 이어지는 서사에 영향을 미칩니다.

같은 편으로 묶은 인물들 사이에도 차이는 있습니다. 농부와 새색이의 경우, 숨어서 행색을 지켜본 농부보다 새를 구워주면서 구애한 새색이가 더 적극적이에요. 상대방이 동의해서 함께 움직였으니 확실한 교감이 이루어진 상태입니다. 농부는 교감이 불완전한 쪽입니다. 시간이 필요하다며 기다려달라는 우렁각시의 요청을 거부하고 결혼을 서둘렀다니 더욱 그렇지요. 이는 뒤에 다른 문제를 낳습니다.

나무꾼과 숯구이를 비교하면, 둘은 위험에 빠진 존재를 구한다는 공통점이 있습니다. 좋은 사람을 만나 인연을 이루게 된 원동력이지요. 하지만 과정에는 질적으로 차이가 있습니다. 나무꾼은 일방적으로 상대를 구속하는 쪽입니다. 선녀에게 필요한 승천을 막고 있으니까요. 반면 숯구이는 용궁 속의 물건에 갇혀 있던 용녀를 물 밖으로 꺼내준 은인에 가깝습니다. 뒤에 숯구이보다 나무꾼이 더 큰 어려움을 겪는다는 진행이 자연스럽지요.

자세히 설명하려면 너무 복잡해서 이 정도만 소개합니다. 네 이야기에서는 서로 다른 주인공들이 대략 비슷한 자리에서 '최고의 짝과 함께하는 행복한 삶'의 여정을 시작합니다. 꿈을 멋지게 성취할 것 같은 괜찮은 출발이었지요. 하지만 그들의 앞날은 아무 일 없이 순탄할 수 없습니다. 강물이나 절벽, 가시 숲, 사막 등을 만나게 돼 있지요. 남남이던 두 사람이 만나 좋은 가정을 이루는 것도 쉽지 않은데 이 커플들은 한쪽으로 기울어 있으니 더 그렇습니다.

이야기에서 그것은 관계 파탄의 위기로 표현됩니다. 서사의 중대한 갈림길이 되는 지점이지요. 네 이야기에서도 다양한 형태로 위기가 그려집니다. 간단히 요약해봅니다.

● 나무꾼

1차 위기–날개옷을 찾은 선녀가 떠남

2차 위기–옥황상제의 불인정과 방해

3차 위기–하늘로 못 떠나게 붙잡는 어머니

● 농부

1차 위기–권력자의 우렁각시 납치

2차 위기–권력자와의 불공정한 시합 (또는, 폭력적인 권력자와의 대면)

● 숯구이

1차 위기–권력자의 용녀 납치

2차 위기–권력자와의 불공정한 시합

● 새섶이

1차 위기–권력자의 미녀 납치

2차 위기–폭력적인 권력자와의 대면

〈선녀와 나무꾼〉을 제외한 〈우렁각시〉, 〈숯구이와 용녀〉, 〈왕이 된 새샙이〉는 상호 연관성이 높습니다. 뒷부분의 서사가 겹치는 경우도 많아요. 이는 전반부의 문제 상황과 관련이 있습니다.

〈선녀와 나무꾼〉의 경우 '상대방의 의사에 반하는 동거'라는 내적 문제가 두드러집니다. 이어지는 서사도 이 문제에 따라 변화를 겪지요. 어머니냐 아내냐를 선택하는 문제도 발생합니다. 이 또한 가족 간 갈등에 해당하지요. 반면, 다른 세 이야기에서는 위기가 밖에서 옵니다. 권력자가 여자를 빼앗으려 하지요. 뜻밖의 위기라고 생각할 수 있으나 그렇지 않습니다. 남녀가 서로 수준이 맞지 않다는 인식이 관계 파탄의 원인으로 작용하고 있어요. 권력자는 "저런 미녀가 어찌 비천한 자하고 산단 말이냐. 나에게나 어울리지!" 하는 식이고, 사람들도 이를 그럴 만한 일로 받아들이지요. 이러한 편견의 폭력을 극복하고 남편으로서 자격을 보이는 것이 주인공의 과업이 됩니다. 그것이 이야기에서 '2차 위기'로 표현되지요.

서사에서 위기는 중대한 갈림길이 됩니다. 거기서 어떤 선택을 하는가에 따라 미래가 달라지지요. 이야기 속 네 남자는 어떤 선택을 하고, 그 결과 어떤 결말을 맞이하는지 간단히 설명해보겠습니다.

먼저 나무꾼은 사슴의 당부를 어기고 날개옷을 주었다가 선녀가 떠나면서 관계 파탄의 위기에 직면합니다. 그 고비에서 나무꾼의 선택은 둘로 나뉩니다. 속절없이 쓰러지는 것과 선녀를 찾아 하늘로 올라가는 것. 하늘로 올라가기로 선택한 나무꾼은 변신 경쟁과 화살 찾아오기 같은 시험을 부여받는데 이것이 2차 위기입니다. 나무꾼은 그 위기를 아내의 도움으로 잘 해결합니다. 거기서 이야기가 끝나기도 하지만, 많은 경우 또 하나의 시험이 주어집니다. 지상에서 만난 어머니의 손길을 뿌리치고 하늘로 올라올 수 있느냐 하는 것이지요. 나무꾼이 이 위기를 이겨낸 경우는 거의 없습니다. 보통은 어머니의 만류를 못 이겨 머뭇거리다가 하늘로 올라가지 못하고 죽어서 새가 되지요.

나무꾼의 서사의 길은 크게 세 가지로 나뉩니다. 좌절형과 성공형, 하강 좌절형이 그것입니다. 한 이야기 안에서 이렇게 길이 나뉘는 일은 드물지 않습니다. 비슷한 상황에서 어떤 선택을 하는가에 따라 인생이 완연히 달라질 수 있다는 사실을 이렇게 보여주지요. 나무꾼이 어머니 앞에서 마음이 약해져서 좌절하는 전개는 좀 갑작스러워 보이지만, 현실을 반영한 서사로서의 성격을 지닙니다. 특히 한국 남자들의 심리를 반영하지요.

농부와 숯구이, 새샙이는 후반부에서 비슷한 위기를 맞습니다. 권력자의 침탈에 의해서, 즉 세상의 편견과 폭력에 의해서 관계가 파탄될 지경에 이르지요. 그들의 길이 결정적으로 나뉘는 것은 1차 위기에서입니다. 무기력하게 한탄하면서 주저앉는 길과 아내를 되찾기 위한 험난한 여정에 나서는 두 가지 길이 놓이지요. 어떤 선택을 하느냐에 따라 좌절이냐 성공이냐로 구분됩니다. 여정에 나설 경우 보통 주인공은 아내의 도움으로, 또는 자신의 숨겨진 능력과 성실한 노력에 힘입어 권력자를 물리치고 아내를 되찾습니다. 관계의 회복과 지속은 결국 본인의 의지와 노력에 달려 있음을 보여주지요. 주저앉지 않고 나아가면 어떻게든 목적지에 이를 수 있다는 것입니다.

먼저 새샙이를 보면, 그는 늘 성공하는 쪽입니다. 주저앉아 좌절하는 경우가 없습니다. 아내의 당부대로 재주를 익힌 뒤 대궐로 가서 임금 대신 용상에 뛰어올라 왕이 되는 결말로 이어지지요. 이는 두 사람의 결연 과정과 상응합니다. 새샙이는 직접 잡은 새를 구워서 여성에게 주었고, 집안에 갇혀 있던 여성은 그의 구애를 받아들여 함께 집을 떠나지요. 새샙이는 신분이 비천하지만 자기가 가진 것을 소중히 여기는 주체적이고 적극적인 인물입니다. 그런 그가 거듭된 위기를 헤쳐내고 성공을 이루는 것은 자연스러운 흐름입니다.

〈숯구이와 용녀〉의 숯구이도 위기를 극복하고 성공하는 경우가 대부분입니다. 상자에 갇혀 있던 아내를 지상으로 꺼내준 일 외에도, 용자를 구출하는 과정에서 보이는 적극적인 행동, 볼품없어 보이는 보물을 선택하는 기지(機智) 등을 주목할 만합니다. 나무꾼이 날개옷을 숨긴 것과 달리 정당한 보상이었고, 상대방의 동의를 거친 결합이었지요. 이 과정에서 따로 원칙을 어기거나 하는 일은 없습니다. 그 결과 아내의 도움을 얻어 권력자의 침탈을 물리치게 되지요.

끝으로, 〈우렁각시〉의 농부는 성공하는 경우와 실패하는 경우가 뚜렷이 갈립니다. 그는 새샙이나 숯구이와 달리 1차 위기에서 좌절하는 경우가 매우 많습니다. 서사적 원인을 분석하면, 조급함과 의존성이 핵심에 있습니다. 아직 때가 아니라는 우렁각시의 말을 무시하고 서두를 경우 좌절로 이어지는 것이 보통이지요. 그의 조급함은 자기 확신의 부족에서 기인하며, 위기상황에서 무기력으로 이어집니다. 한편, 의존성은 농부가 일을 안 하고 아내 얼굴만 보려 했다는 식으로 표현됩니다. 농부의 불안심리와 무능력을 암시하는 전개이지요. 서사 지도로 설명하면 목적지를 향해 나아갈 준비와 능력이 모자랐던 상황입니다.

어떤가요? 이렇게 살펴보니 서사의 앞뒤 맥락이 맞아떨어진다는 생각이 들지 않나요? 물론 결정론이 되면 곤란합니다. '이런 경우는 성공, 저런 경우는 실패'라는 식으로 도식화할 일은 아니에요. 왜냐하면 인간은 '주체'이기 때문입니다. 좌절의 길로 갈 것 같던 인물이 심기일전할 수도 있고, 성공이 보장된 것 같던 인물이 몰락할 수도 있지요.

이야기 속 나무꾼과 농부들에게서 이런 면모를 볼 수 있습니다. 아내가 자식을 데리고 하늘로 떠나버린 절망적인 상황에서 나무꾼은 스스로 길을 찾아 하늘에 오르는 역전을 펼칩니다. 어렵지만 필요한 길을 선택한 결과였지요. 농부 또한 마찬가지입니다. 가난하고 무능력하며 의존적으로 보이던 그는 때로 과감한 길 떠남을 선택한 뒤, 준비 과정을 거쳐 아내를 되찾고 왕이 되는 역전을 이루기도 합니다. 갈림길에서 옳은 쪽으로 방향을 틀고 열심히 나아간 덕분이지요.

성공을 이뤄낸 것 같은 상황에서 갑자기 추락하는 경우도 있습니다. 옥황상제의 시험까지 통과했던 나무꾼이 어머니의 만류를 뿌리치지 못해 바닥으로 떨어진 일이 그것입니다. 숯구이가 신의를 어기는 바람에 용녀가 떠난 일도 비슷합니다. 이 선택 때문에 그들은 결정

서사는 움직인다! 인생의 방향을 바꾸는 법

적으로 실패하고 맙니다. 분기점에서 어떤 선택을 하느냐에 따라 서사가 극과 극으로 달라진다는 것은 흥미로우면서도 무서운 일입니다. 실제 인생이 이와 같아서 더 그렇지요.

세상에는 남녀의 결합을 소재로 한 수많은 이야기가 있습니다. 평범남과 특별녀의 서사적 귀추를 다루는 이야기도 아주 많아요. 그림 형제 민담만 봐도 평범하거나 모자라 보이는 남자가 공주와 결혼하는 이야기가 여러 편 있습니다. 덴마크의 〈레나 아가씨〉와 이탈리아의 〈비둘기 아가씨〉, 중국 창족의 민담 〈도령산 나무꾼〉 등도 이러한 서사를 전형적으로 보여줍니다. 이들 주인공이 걷는 길은 앞에서 본 주인공들과 비슷하면서도 다릅니다. 그 길을 잘 찾아내고 연결함으로써 우리는 서사 지도를 더 크고 정밀하게 그려낼 수 있지요.

만약 우리가 서사 지도의 한 지점에 서 있다면, 지금 할 일은 무엇일까요? 먼저 지도를 보면서 좌표를 확인해야겠지요. 다음으로는 목적지를 설정해야 합니다. 마지막으로 '길 찾기' 버튼을 누르면 가야 할 길이 나타나게 되지요. 가장 가까운 길, 가장 빠른 길, 가장 편한 길, 이런 식으로요. 우리는 서사 지도를 통해 이렇게 '인생의 내비게이션'을 작동할 수 있습니다.

세상은 넓고 이야기는 많습니다. 평범남과 특별녀 외에도 특별남과 특별녀, 특별남와 특별녀, 평범남과 평범녀의 서사 지도를 도출할 수 있지요. 자녀서사와 부모서사의 지도, 사회적 관계의 서사 지도까지도요. 드넓은 세상을 홀로 헤쳐 나아가는 사람에 대한 서사 지도도 가능합니다. 모든 상황에 대한 검증된 길이 옛날이야기에 이미 나와 있거든요. 일부러 만든 길이 아니라 많은 사람들이 걸으면서 자연스레 만들어진 길들이 말이에요.

좋은 지도가 좋은 여행을 보장해주지는 않습니다. 체력과 의지, 행동력이 필요하지요. 하지만 지도가 있고 없고의 차이는 아주 큽니다. 좋은 지도를 가지면 확신 속에 더 즐겁고 씩씩하게 나아갈 수 있지요.

서사 지도는 아직 조금 생소한 개념이고 연구도 초기 단계입니다. 하지만 이것이 오롯이 갖춰지는 것은 시간문제라고 생각합니다. 이 책도 서사 지도의 밑그림을 그려가는 과정이라고 할 수 있지요. 이 책을 다 읽었을 때, 여러분의 마음속에 인생의 내비게이션이 되어줄 만한 서사 지도가 만들어져 있으면 좋겠습니다.

Part 2

성장과 독립

누구를 위해
살아야 할까

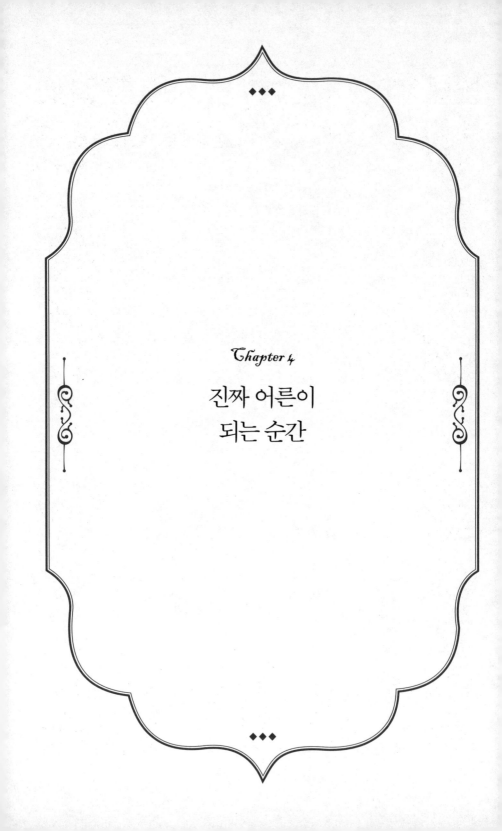

Chapter 4

진짜 어른이
되는 순간

나답게 살기 위해
가장 필요한 것

그림형제 민담을 읽다가 유난히 마음에 들어온 소녀가 있습니다. 부모에게 큰 사랑을 받다가 하루아침에 분노의 희생양이 돼서 나락으로 떨어진 소녀예요. 별명은 '거위 소녀'이고, 이야기의 제목은 〈샘가의 거위지기 소녀〉(Die Gänsehirtin am Brunnen; KHM 179)입니다. 다른 이야기와 달리 소설식의 플롯과 섬세한 심리 묘사가 돋보이는 이야기예요. 주인공의 이미지와 심리를 유심히 살펴보시면 좋겠습니다.

옛날에 아주아주 늙은 할머니가 외딴 산속의 작은 집에서 거위 떼와 살고 있었다. 커다란 숲이 집 주변을 감싸고 있었다. 노파는 매일 비틀거리며 숲에 들어가서 열심히 풀을 모으고 열매를 따서 짊어지고 돌아왔다. 누군가를 만나면 상냥하게 인사했지만, 사람들은 그를 피하며 아이들에게 이렇게 말하곤 했다. "저 늙은이를 조심해라. 불길한 마녀야."

어느 날 아침, 잘생긴 젊은이가 햇살을 쬐며 새와 바람이 노래하는 숲속을 상쾌한 기분으로 걷다가 풀을 베고 있는 노파를 만났다. 그 곁에는 무거운 짐이 든 바구니들이 놓여 있었다. "할머니, 이걸 다 어떻게 나르시나요?" "왜, 도와주기라도 하려우? 우리 집이 멀진 않은데." "네. 우리 집은 농부가 아닌 백작 가문입니다만, 할 수 있다는 걸 보여드리지요." "그래. 한 시간 정도만 가면 돼."

그렇게 해서 젊은 백작은 자루를 등에 지고 두 팔에 바구니를 들게 됐다. 들고 보니 납덩이처럼 무거워서 걸음을 떼기 어려웠다. 비탈길에 이르자 땀방울이 줄줄 흘렀다. 청년은 쉬고 싶었지만 노파는 재촉하면서 놀리기까지 했다. "얼굴이 수탉처럼 시뻘개졌구먼. 이대로 집까지 가면 섭섭지 않게 대접하리다. 하하하." 그러더니 노파는 갑자기 청년의 등짐 위로 펄쩍 뛰어올랐다. 어찌나 무거운지 청년의 무릎이 덜덜 떨렸다. 잠시 멈추기라도 하면 노파가 회초리로 다리를 때렸다.

끙끙거리면서 산을 올라간 청년은 주저앉기 직전인 상태로 노파의 집에 도착했다. 거위들이 다가오며 꽥꽥 소리를 질러댔다. 그 뒤에는 나이깨나 먹어 보이는 여자가 손에 채찍을 들고 있었다. 키가 크고 튼튼했지만 캄캄한 밤처럼 못생긴 여자였다.

외진 산속의 괴팍한 노파와 거위에 둘러싸인 캄캄한 밤 같은 여자, 친절한 척 행동하다가 잘못 얽혀서 꼼짝없이 끌려가는 젊은 귀족······. 뭔가 심상치 않은 전개입니다. 어떤 사연이 전개될지 예상하기 어려워요. 과연 노파와 여자의 정체는 무엇일까요? 청년 앞에는 어떤 일이 기다리고 있을까요?

여자가 다가와서 말했다. "할머니, 늦으셨네요. 무슨 일 있으셨어요?"
"무슨 일은! 저 친절한 청년이 나를 업고서 데려다줬어. 재미있었단다."
노파는 청년에게 앉아서 쉬라며 여자에게는 안으로 들어가라고 했다. 젊은 남자가 사랑에 빠지면 곤란하다는 것이었다. '저런 여자는 30년은 더 젊어도 내 마음을 못 움직일걸.'
청년은 나무 아래 의자에 길게 누웠다. 바람은 부드러웠고 야생화가 한창이었으며 맑은 시냇물 위로 햇살이 반짝였다.
청년이 사르르 잠이 들었을 때 누가 그를 흔들어 깨웠다. 노파였다. "내가 보수를 지불하리다. 돈이나 땅은 많을 테니 다른 것을 주지." 노파가 그의 손에 올려놓은 것은 커다란 에메랄드를 잘라서 만든 작은 상자였다. "이게 행운을 가져다줄 게야." 상자를 받고 힘이 되살아난 청년은 노파에게 감사 인사를 하고 길을 떠났다.
젊은 백작은 넓은 숲속을 사흘이나 헤맨 끝에 큰 도시에 이르렀다. 왕과 왕비가 있는 성으로 안내된 청년이 에메랄드 상자를 꺼내자 그것을 열어본 왕비는 그대로 기절해 쓰러졌다. 겨우 깨어난 왕비는 청년을 앞에 두고 구슬프게 울면서 이야기를 시작했다.

흥미로운 전개가 계속 이어집니다. 갑자기 등장한 에메랄드 상자도

진짜 어른이 되는 순간

그렇고 그것을 열어본 왕비가 놀라서 기절하는 것도 뜻밖이에요. 과연 어떤 사연이 있었을까요?

"이 궁궐, 이 명예가 다 무슨 소용이 있겠어요. 모든 날이 근심과 슬픔인데 말이에요. 나에게는 딸이 셋 있었지요. 그 중에서도 막내딸이 세상에서 제일 예뻤어요. 눈처럼 하얗고 사과처럼 붉고 햇살처럼 빛났지요. 그 애가 울면 눈에서 진주가 떨어졌어요.

그 애가 열다섯 살 됐을 때였어요. 임금님이 세 딸을 부르더니 자기를 사랑하는 만큼 유산을 물려주겠다고 했어요. 맏딸은 가장 달콤한 사탕처럼 사랑한다고 했고, 둘째딸은 자기의 가장 아름다운 옷만큼 사랑한다고 했지요. 막내는 비교할 만한 것을 못 찾겠다더니 아버지를 소금만큼 사랑한다고 했답니다. 소금이 귀하다고 생각해서 한 말이었어요. '뭐라고? 알았다. 소금만큼 사랑한다니 소금으로 보답하지!' 임금님은 맏이와 둘째에게 왕국을 반씩 나눠주고는 막내에게는 소금 한 자루를 지워서 숲으로 내쫓았답니다.

그 아이가 떠나면서 슬피 울던 모습이라니! 길이 온통 눈에서 떨어진 진주로 뒤덮였어요. 그 뒤에 임금님은 자기가 한 일을 후회하면서 온 숲을 뒤졌지만 막내는 찾을 수 없었답니다. 짐승에게 잡아먹혔을 거라고 생각하면 미칠 것 같지만, 어딘가에 살아있을지도 모른다는 한 가닥 희망으로 스스로를 위로했지요. 그런데 이 에메랄드 상자에 우리 막내의 눈에서 떨어졌던 것과 똑같은 진주가 있지 뭐예요! 지금 내 마음이 어떨지 알겠지요? 이 진주를 어디서 얻었는지 말해주세요."

이런 사연이 숨어 있었군요. 문제 상황이 비로소 드러납니다. 다름 아닌 부모와 자녀 사이의 일이었지요. 자식에게 좋은 말만 들으려 했던 부모의 욕심이 문제였습니다. "나를 얼마나 사랑하니?"는 얼마나 우문(愚問)인지요! 자연스레 자녀의 의존성과 가식을 부추기잖아요. 수많은 부모들이 무심코 자식에게 행하는 일이기도 하지요.

두 딸이 사탕만큼 또는 드레스만큼 아버지를 사랑한다고 한 것도 사실 좀 우스워요. 사탕이나 드레스는 모두 자기 소유물이잖아요? 따져보면 아버지를 자기만족의 수단으로 생각한다는 건데, 그 말에 넘어가는 왕이 한심합니다. 그럼 소금은 어떤가요? 이게 최선의 대답이었는지 의문이지만, 의도를 알아보려고 하지 않고 화부터 내며 자식을 내치는 왕의 모습은 경솔하기 그지없습니다. 그는 부모의 위치에 있지만 심리적으로는 어린아이 상태였다고 할 만합니다. 그러니 문제가 생길 수밖에요.

그나저나 눈물을 뚝뚝 흘리며 떠난 아름다운 딸은 어디로 간 것일까요?

청년은 그 진주를 숲속의 노파에게서 얻었다고 했다. 얼마나 사람을 기분 나쁘게 하는지 마녀가 틀림없다고도 덧붙였다. 왕비의 딸에 대해서는 전혀 보지도 듣지도 못했다고 했다. 왕과 왕비는 딸의 소식이라도 찾아보겠다며 숲으로 가기로 했다.

노파가 숲속 외딴 집에서 물레를 돌리고 있을 때 바깥이 소란스러워지면서 딸이 거위를 몰고 돌아왔다. 둘은 나란히 앉아 말없이 물레를 돌

진짜 어른이 되는 순간

렸다. 창가에서 부엉이가 '부엉 부엉' 세 번 울자 노파는 딸에게 나가서 일을 보라고 했다.

밖으로 나간 딸은 초원을 지나고 골짜기로 내려가 어느 샘에 도착했다. 둥근 달이 환하게 세상을 비추고 있었다. 여자는 얼굴에 쓰고 있던 가죽을 벗고 세수를 하기 시작했다. 얼굴을 씻고 달빛 아래 앉아 있는 여자의 모습은 세상 무엇보다 아름다웠다. 금빛 머리카락이 물결처럼 찰랑였으며, 눈은 별처럼 반짝이고 두 뺨은 사과 꽃처럼 빛났다.

아름다운 처녀는 자리에 앉아 서럽게 울었다. 눈물이 방울방울 떨어졌다. 그때 어디선가 바스락 뚝딱 소리가 들려왔다. 그러자 처녀는 사냥꾼의 총소리를 들은 사슴처럼 화들짝 놀라 일어났다. 마침 구름이 달을 가렸고 소녀는 눈 깜짝할 사이에 가죽을 뒤집어쓰고 바람에 꺼지는 촛불처럼 사라졌다.

그렇습니다. 캄캄한 밤처럼 못생긴 여자가 바로 사랑받던 공주였어요. 그녀가 이렇게 변한 것은 흐린 가죽 때문이었지요. 가죽이 무엇을 뜻하는지는 짐작이 되실 거예요. 관계의 갈등이 가져온 깊은 상처지요. 부모와의 관계가 틀어져 원치 않는 분리를 겪는 상황이 트라우마가 되어 존재를 뒤덮은 모습입니다.

이 여성에게 남자와의 사랑 같은 것은 기대하지 못할 일이었습니다. 상대방이 느끼는 거리감도 있지만, 그녀 스스로가 관계에 대해서 최소한의 자신감도 못 가지고 있어요. 나뭇가지 부러지는 소리에 화들짝 놀라 가죽을 쓰고 달아나는 모습에서 이를 잘 볼 수 있습니다. 우울과 비탄, 자학이라는 가죽이 세상을 잿빛으로 만들고 정상적인 관계를 단절시킨 상황입니다.

공주의 얼굴을 가린 흐린 가죽은 누가 씌운 것일까요? 당연히 부모일 거라 생각하겠지만, 조금 다른 풀이도 가능합니다. 가죽은 공주 자신이 쓴 것일 수 있어요. 공주는 아버지의 질문에 좋은 답을 못 찾아 고민하고, 자기가 고른 답이 부모를 화나게 하자 낙담하고 자책합니다. '아, 내가 왜 바보같이 그렇게 대답했을까?'

그는 사랑받는 딸이었지만 부모에게 지나치게 의존하는 상태였습니다. 의존 대상과의 관계가 허물어지자 수렁으로 떨어지지요. 달빛 아래 공주의 모습은 행복한 모습과 거리가 멀어요. 온통 슬픔에 갇혀 있는 상태지요. '어른아이'였던 아버지 밑에서 자란 공주는 또 다른 어른아이라고 할 수 있습니다. 아버지가 주위 사람에게 공격성을 드러내는 사나운 어른아이라면 딸은 자기 자신을 공격하는 연약한 어른아이였지요.

다시 이야기로 돌아가봅니다. 아버지와 어머니가 공주를 찾아가는 상황, 이야기는 클라이맥스를 향해 갑니다. 중요한 역할을 할 또 한 사람인 젊은 귀족도 포함돼 있습니다. 정체 모를 노파의 역할도 빼놓을 수 없지요. 그들의 만남은 어떻게 펼쳐질까요?

처녀가 집에 도착하자 노파는 난로에 장작을 새로 넣고 집 안을 청소하기 시작했다. "이 늦은 시간에 왜 청소를 해요?" "이제 시간이 됐단다. 기억하니? 지금이 3년 전 네가 나를 찾아왔던 시간이야. 이제 헤어질 때가 됐어." "어머니, 저를 쫓아내시려고요? 갈 곳이 없다는 걸 아시잖아요. 어머니가 하라는 대로 다 할 테니 제발 보내지 마세요." "걱정하지 마라. 그동안 수고한 대가가 있을 게야. 가서 가죽을 벗고 옛날에 입고 왔던 비단 옷을 입고 기다리거라."

처녀가 샘에서 세수를 할 때 나뭇가지를 부러뜨린 사람은 젊은 백작이었다. 왕의 일행보다 앞서서 길을 갔다가 노파의 딸을 발견하고 숨어서 엿보던 중 아름다운 모습을 발견하고 숨을 못 쉴 지경이 되어 몸을 기울이는 서슬에 나뭇가지가 부러진 것이었다. 그가 가죽을 쓰고 도망친 여자를 뒤따르려 할 때 왕과 왕비가 걸어오는 것이 보였다. 청년이 방금 본 일을 이야기하자 둘은 깜짝 놀라면서 딸이 틀림없다고 말했다.

마침내 그들이 노파의 집에 도착했을 때, 노파는 상냥하게 그들을 맞이하면서 말했다. "기다리고 있었어요. 그때 사랑스런 아이를 내쫓지 않았다면 이 고생을 안 하셨을 것을! 하지만 따님은 여기서 거위를 돌보며 잘 지냈답니다." 노파가 소녀를 부르자 황금 머리카락을 늘어뜨린 공주가 천사처럼 빛나는 모습으로 나왔다. 공주는 부모를 얼싸안고 눈물을 흘렸다. 청년 앞에 선 공주의 얼굴은 발갛게 물들었다.

왕이 공주에게 말했다. "왕국을 언니들에게 다 주어 너에게는 줄 것이 없구나." 그때 노파가 말했다. "저 아이가 흘린 진주 눈물이 선물이에요. 왕국 전체보다 값지지요. 그리고 이 집을 선물하리다." 이 말과 함께 노파는 훌쩍 사라졌다. 잠깐 무슨 소리가 나는가 싶더니 오두막이 어느새 멋진 궁전으로 변했다. 안에는 맛있는 음식이 차려져 있고 시종들이 오고 있었다.

수수께끼처럼 펼쳐지던 이야기는 이렇게 어느 날 밤의 장면으로 집약되어 멋지게 마무리됩니다. 마녀로 보였던 노파는 실은 보호자이고 치유자였지요. 칼 융(C. G. Jung)의 용어로 표현하면 '그레이트 마더(Great Mother)'이고, 우리 식으로 말하자면 '산신 할머니' 정도 됩니다. 노파와 함께한 생활은 공주에게 상처를 달래고 생명력을 회복하는 자기치료 과정이었지요.

노파와 보낸 3년은 아프고 힘든 시간이었지만 상처를 치유하고 관계를 회복하는 데 필요한 것이었으니 낭비한 시간이라 할 바가 아닙니다. 덕분에 노파라는 큰 모성과 멋진 청년을 만날 수 있었지요. 청년을 바라보면서 두 뺨이 붉게 물든 공주를 상상만 해도 마음이 환해집니다. 이야기는 공주가 본래 아름다웠다고 하지만 거친 시련을 이겨내면서 더 깊은 아름다움을 가지게 되었을 것입니다. 그러니 청년이 숨도 못 쉴 지경이 되었겠지요.

이어지는 대목에서 공주와 청년이 어떻게 됐을지는 예상하고도 남지요? 그런데 그림형제는 이 장면에 하나의 유머를 배치합니다. 그들의 목소리를 살짝 빌려볼게요.

이야기는 여기까지입니다. 얘기를 들려주신 할머니가 기억이 흐려져서 뒷부분을 잊어버리셨거든요. 아마도 공주는 젊은 백작과 결혼해서 그 궁전에서 행복하게 살지 않았을까요? 거위들은 할머니가 받아들였던 다른 소녀들이었고 다시 사람으로 돌아와 시녀가 되었을 것 같기도 합니다. 분명한 것은 저 할머니가 마녀가 아니라 좋은 분이라는 사실이에요. 어쩌면 공주가 태어날 때 눈물 대신 진주가 떨어지도록 축복해준 사람일지도 모르지요.

뒷이야기를 못 들은 것처럼 말하는 것은 이야기꾼 특유의 너스레입니다. 그냥 이날 밤의 장면으로 이야기를 마무리하고 싶었던 것으로 추측됩니다. 워낙 아름다운 장면이니까요! 그러면서 슬쩍 덧붙인 암시가 심상치 않아요. 거위들도 사람일 수 있다는 것, 노파가 일종의 삼신 할머니일 수 있다는 것, 그럴싸한 내용 아닌가요? 세상의 수많은 소녀들에게 전하는 위로이자 축복이라 할 만합니다.

거위소녀와 닮은 듯 다른, 또 한 명의 딸에 관한 이야기를 소개합니다. 앞서 만났던 여우 누이와 천사 누이처럼 흥미로운 대비가 돋보이지요. 주인공은 한국 민담 〈내 복에 산다〉의 막내딸입니다.

〈내 복에 산다〉에서 막내딸의 출발은 위의 공주와 아주 비슷합니다. 아버지에게 말대답을 잘못했다가 미움을 받아서 쫓겨나지요. 질문은 좀 달랐습니다. 이 아버지의 질문은 "너희들이 누구 복에 이렇게 잘 먹고 잘살지?"였어요. 큰딸과 둘째딸이 "당연히 아버지 복이지요." 할 때 막내딸은 다르게 대답합니다. "사람이 어떻게 남의 복으로 살겠어요? 나는 내 복으로 삽니다." 그러자 화가 난 아버지는 "어디 네 복으로 잘살아봐라!" 하면서 딸을 내쫓습니다. 막내딸은 속절없이 집에서 쫓겨나지요. 거위소녀가 쫓겨나는 장면과 흡사합니다.

하지만 그 뒤에 이어지는 막내딸의 행보는 공주와 많이 다릅니다.

눈물을 흘리거나 가죽을 쓴다는 내용은 전혀 없어요. 그는 어쩔 수 없다는 식으로 미련 없이 길을 나섭니다. 나아가는 데 거침이 없어요. 어두운 산길을 두려움 없이 걸어가서 불 켜진 오두막을 찾고, 거기서 만난 숯구이 총각과 결혼합니다. 그 결과는 어땠을까요?

이건 뭐 여자가 오니깐 그저 누가 뭣도 갖다주구, 또 뭣도 갖다주구 뭣도 갖다주구. 또 이 집에서 뭣도 갖다주구 저 집에서 뭣도 갖다주구, 그러니깐은 그냥 자꾸 쌓이구 쌓이구 쌓이는 거여. '참 이상하다.' 그래 인제 얘가 있다가, 여자가 있다 그렇게 즈이(제) 시부모를 보구서, "그러니까는 저는 제 복으루 먹구 사니까 염려 마세요. 아이, 저 어쨌든지 제 복으루 먹구 살겠습니다. 아, 부모에게 쫓겨났으니깐 제 복으루 먹구 살아야 하지 않습니까." 인제 이라구 있는데. 아, 웬걸. 이게 쪼끔 쪼끔 있다 보니깐 재산이, 뭐 가서 땅 좀 사고 또 가 땅 사고 그러다 보니깐, 이 산 어디를 땅을 사가지고 거기를 파니깐 너무 엄청난 금덩어리가 나오는 거야.[1]

이 이야기에서 막내딸의 심리와 태도는 거위 소녀와 아주 다릅니다. 자기확신에서 비롯되는 당당한 자신감과 앞날에 대한 믿음이 돋보이지요. 그 결과 자꾸 재산이 쌓이고, '금덩어리'로 상징되는 큰 성공을 얻습니다. 이야기에서 명시하진 않지만, 막내딸의 성공은 우연히 이루어진 것이 아니라 그가 지녔던 긍정의 심리와 적극적인 태도가 불러온 것으로 보아 틀림없습니다.

진짜 어른이 되는 순간

막내딸에게 부모의 인정과 사랑을 받느냐 못 받느냐는 중요하지 않습니다. 사랑을 받으면 좋지만 그렇지 못해도 할 수 없다는 식이지요. 자기 삶은 결국 자기가 사는 거니까요. 이런 태도로 살아가는 딸에게 '흐린 가죽' 따위는 어울리지 않습니다. 스스로 가죽을 허용하지 않으니 누구도 그것을 씌울 수 없지요.

헤아려보면 부잣집 딸이 가난한 숯구이 총각과 결혼해서 사는 일은 쉽지 않았을 거예요. 안 좋은 생각이 들 수도 있었을 겁니다. 하지만 막내딸은 그 과정을 기꺼이 감수합니다. 숯구이와의 삶은 받아들인 것이 아니라 '찾아낸 것'에 가까웠지요. 결혼은 막내딸이 스스로 행한 선택이었거든요. 누추해 보이는 남자에게서 미래의 가능성을 보는 것이 그의 방식이었지요. 젊은 백작을 피해 도망쳤던 공주와 아주 다른 모습입니다. 이런 맥락에서 본다면, 금덩어리도 막내딸이 돌멩이를 금으로 변화시킨 것이라 해도 좋을 것입니다.

〈샘가의 거위지기 소녀〉와 〈내 복에 산다〉 모두 해피 엔딩으로 끝을 맺습니다. 막내딸은 자신을 쫓아낸 뒤 거지가 됐던 부모를 찾아가 함께 살지요. 공주가 부모를 다시 만나 같이 살게 된 것과 비슷합니다. 하지만 두 이야기에서 주인공이 해피 엔딩에 이르기까지의 과정에는 큰 차이가 있습니다. 공주의 시간이 어둠과 슬픔의 시간이었다면 막내딸의 시간은 희망과 성취의 시간이었지요. 해피 엔딩을 이루는 요인에도 차이가 있습니다. 공주의 경우 노파나 젊은 백작의 도움이 아니었다면 무너졌을 가능성이 큰 데 비해, 막내딸은 어떻게든 성공을 이루어냈을 가능성이 90퍼센트 이상입니다.

비슷하면서도 다른 두 막내딸의 서사 중 한쪽은 옳고 한쪽은 그르다고 말하면 섣부른 일일 것입니다. 하지만 두 서사에서 주체성과 행복지수의 차이가 눈에 들어오는 것은 사실입니다.

이왕이면 결과뿐 아니라 과정까지도 씩씩하고 행복하면 더 좋지 않을까요? 그게 어떻게 마음대로 되느냐고 할 수도 있지만, 그렇지 않습니다. 따지고 보면 공주와 막내딸의 시간을 어둠과 빛으로 갈라놓은 차이는 큰 것이 아니었어요. 어떻게 마음을 먹느냐는 것, 그리고 그 마음을 어떻게 지켜가는가 하는 것이었지요. 비슷한 길을 갔지만 마음가짐이 달랐으니 서로 다른 길이었다고 할 수 있습니다.

혹시라도 나의 삶에 '흐린 가죽'이 씌워져 있다고 생각된다면, 아무리 해도 그 가죽을 벗을 수 없다고 생각된다면 이 두 이야기를 거울 삼아 스스로를 돌아보면 좋겠습니다.

진짜 어른이 되는 순간

옛이야기 속
남자들은 모두 용감하다?

여자와 남자라는 생물학적 차이가 아무런 사회적 영향을 받지 않는 것은 엄마 뱃속에 있을 때뿐입니다. 세상에 태어나는 순간부터 아이는 남자 또는 여자로 규정되고, 성별에 어울리는 삶을 살게 되리라 여겨지지요. 그러한 기대 또는 억압 속에서 성장하면서 아이는 사회적 존재가 됩니다.

　문화에 따른 차이는 있지만, 대체로 남자는 삶을 주도적으로 이끌어가며 문제를 해결하는 주체로 인식됩니다. 씩씩하고 당당해야 하며 쉽게 약한 모습을 보이면 안 되지요. 그것이 세상이 기대하는 남자다움입니다. 그런데 이건 허상이기도 합니다. 약하고 비굴하고 무책임한 남자들이 수두룩하지요. 이면을 보면 더 그렇습니다. 옛날이야기는 이러한 이면의 모습을 생생하게 보여줍니다. 덩치만 클 뿐 실제로는 무력하기 짝이 없는 '어른아이'들의 본모습을요.

그림형제 민담을 읽다가 인상적으로 다가온 어른아이가 있습니다. 남성의 숨겨진 나약함과 이중성을 특징적으로 보여주는 이야기였지요. 내면을 들킨 것처럼 뜨끔하기도 했습니다. 그 이야기는 〈오누이〉(Brüderchen und Schwesterchen; KHM 11)입니다.

계모 밑에서 제대로 얻어먹지도 못하며 힘들게 살던 오누이가 있었다. 견디다 못한 오빠는 누이를 설득해서 함께 집을 나갔다. 들판과 숲을 헤매던 오빠는 갈증을 못 이기고 샘물을 찾아 나섰다. 그가 샘물을 발견해서 마시려 할 때, 누이가 물의 소리를 들었다. 마녀인 계모가 물에 호랑이가 되는 마법을 걸었다는 것이었다. 누이는 오빠를 말리며 물을 마시지 못하게 했다. 그들은 다시 두 번째 샘물에 도착했다. 늑대가 되는 마법에 걸린 샘물이었다. 이번에도 오빠는 누이의 만류로 물을 마시지 않았다. 하지만 세 번째 샘물에 도착했을 때 오빠는 더 이상 참을 수 없었다. 누이를 뿌리치고 물을 마신 오빠는 마법에 걸려서 어린 사슴이 되고 말았다.

소녀는 사슴이 된 오빠를 데리고 깊은 숲속의 빈집으로 들어갔다. 소녀는 나뭇잎과 이끼를 가져다 잠자리를 마련해주었으며, 아침마다 밖으로 나가서 먹을 것을 구해왔다. 사슴은 소녀가 주는 풀을 먹으며 즐겁게 놀다가 밤이 되면 소녀에게 몸을 기대고 잠이 들었다.

어느 날, 왕이 그 숲에서 큰 사냥을 벌였다. 사냥한다는 소리를 들은 사슴은 가보고 싶은 마음을 참지 못하고 누이를 졸라댔다. 결국 허락을 얻어서 사냥터로 간 사슴은 사람들에게 쫓기게 되자 뛰어서 집으로 들어왔다. 다음 날 다시 사냥 구경을 나선 사슴은 사냥꾼을 피해서 뛰었으나 포위를 당해 상처를 입은 채로 돌아왔다. 그런데도 사슴은 다음 날 또 사냥터로 나가겠다고 고집을 부렸다. 사슴을 발견한 왕은 그 뒤를 쫓아 소녀가 있는 집으로 들어섰다.

소녀는 세상 누구보다도 아름다웠다. 왕은 다정하게 손을 내밀면서 아내가 되어달라고 청했다. 소녀는 사슴과 함께 사는 조건으로 청혼을 받아들였다. 그들은 성으로 와서 행복하게 살았다.

소문을 들은 계모는 질투에 휩싸였다. 기회를 엿보던 계모는 왕비가 남자아이를 출산했을 때 외눈박이 친딸을 데리고 성으로 향했다. 시녀로 변장한 계모는 뜨겁게 달군 욕실에 왕비를 가둔 뒤 문을 잠갔다. 왕비가 안에서 질식해 죽자 계모는 친딸을 왕비로 꾸며서 침대에 눕혔다. 모자 때문에 얼굴을 못 본 왕이 아무것도 모르고 있을 때, 왕자의 유모 앞으로 진짜 왕비가 나타났다. 왕비는 요람 속의 아이에게 젖을 주고 방구석의 사슴을 쓰다듬은 뒤 말없이 사라졌다. 그런 일은 여러 날 계속됐다.

유모에게서 그 말을 들은 왕은 직접 방을 지키기로 했다. 그는 첫날밤에 왕비를 그대로 보냈으나 둘째 날은 달랐다. 훌쩍 뛰어가서 왕비의 손을 잡으며 말했다. "그대가 나의 사랑하는 아내요!" "맞아요. 내가 당신의 아내입니다!" 그 순간 왕비는 신의 은혜로 생명을 되찾았다.

왕은 계모와 딸에게 벌을 내렸다. 딸은 숲속에서 짐승에게 찢겨 죽었고, 계모는 불에 타 죽었다. 마녀가 재가 되자 사슴이 되었던 오빠가 사람으로 돌아왔다. 오누이는 함께 행복하게 살았다.

배경을 보면 마음이 무거워집니다. 부모의 폭력으로 감옥이 되어버린 집을 벗어나 더 큰 감옥과 같은 숲에서 곤경을 겪는 오누이의 애처로운 모습이 마음을 아프게 해요. 가정을 따뜻한 보금자리로 누리지 못하는 아이들이 실제로 많아서 더 안타깝습니다. 힘든 여건 속에서 사슴이 된 오빠를 끝까지 챙기는 동생의 모습은 얼마나 기특한지요! 여성의 '모성성'을 확인시켜주는 모습이라 할 만합니다.

이 이야기에서 단연 눈길을 끄는 것은 오빠의 행로입니다. 그 드라마틱한 변신이라니! 오빠는 계모의 구박을 참지 못하고 여동생을 설득해 결연히 집을 나서지요. 하지만 딱 거기까지였어요. 황량한 들판이나 거친 숲에 던져져서 먹고 마시는 욕망조차 충족하지 못하게 되자 그는 완전히 공황에 빠집니다. '호랑이 되기'와 '늑대 되기'로 표현되는 분노와 공격성을 겨우 참아낸 그의 도달점은 사슴이 되는 것이었지요. 스스로 아무것도 못하는 무기력한 존재 말이에요.

이야기는 호랑이와 사슴, 또는 분노와 무기력이 종이 한 장 차이임을 보여줍니다. 자기 자신을 이겨내지 못하고 휘둘리며 방황하는 사람의 두 얼굴이지요.

호랑이나 늑대가 되지 않고 사슴이 됐으니 그나마 다행이라 할 수도 있지만, 어쨌든 여동생에게는 큰 슬픔이었고 버거운 짐이었습니다. 오빠는 어린아이가 되어 현실에서 도피해 동생의 품으로 퇴행하지요. 동생의 품에서 찾은 안온함이 온전한 평화이고 행복일 리 없습니다. 작은 욕망 앞에서도 손쉽게 부서지는 거품일 따름이에요. 사냥꾼의 나팔소리에 참지 못하고 사냥터로 향한 오빠는 이리저리 쫓기면서 상처를 입습니다. 그럼에도 제 분수를 깨닫지 못하고 자꾸 숲으로 달려가는 오빠를 어떡해야 할까요? 아니, 오빠를 챙겨야 하는 동생을 어떡해야 할까요?

오빠를 챙기고 보호하며 살아온 슬픈 모성의 삶이 여동생을 아름답게 만들었다는 사실이 역설적입니다. 왕이 한눈에 반할 정도로 말이지요. 그렇게 구원자를 만남으로써 그녀의 삶은 어둠에서 벗어나 활짝 피어날 것 같았지만, 그것도 수월하지 않았습니다. 상처를 지니고 있었던 동생은 계모의 계략 앞에서 허무하게 쓰러지지요. 죽음과도 같은 고통을 지나고서야, 한 남자에게 자신의 아픔을 진정으로 이해받는 과정을 거치고서야 동생은 비로소 한 여성으로 제 삶을 살게 됩니다.

이야기는 계모가 죽자 오빠가 사람으로 돌아왔다고 합니다. 삶을 짓누르던 억압으로부터 해방됐으니 이제 멋진 삶을 펼쳤을 것 같기도 해요. 하지만 자기 힘으로 사람이 된 것이 아니니 온전히 돌아왔을지 의문입니다. 동생이 눈앞에서 죽임을 당하는데도 아무 일도 못하는 모습에 마음이 갑갑해집니다. 아무리 사슴이라지만, 이건 너무한 것 아닐까요? 사람으로 돌아온 오빠가 더 이상 동생에게 폐를 안 끼치고 자기 앞가림을 제대로 했을지, 판단은 각자에게 맡깁니다.

잘 알려지지는 않았지만, 한국에도 이와 비슷한 설화가 있습니다. 〈노루가 된 동생〉이라는 이야기예요. 부모를 잃고 누나와 힘든 삶을 살아가던 동생은 갈증을 못 이기고 노루 발자국에 고인 물을 마신 뒤 노루로 변합니다. 온종일 누나의 보호 속에서 살던 노루는 누나가 여우의 공격으로 연못에 빠져 죽자 우리를 뚫고 연못을 찾아가 구슬프게 웁니다. 그러자 모여든 사람들이 누나를 구해주지요. 누나를 살린 동생은 다시 사람으로 돌아와서 잘 살았다는 것이 이야기의 결말입니다.

이 이야기에서 동생이 노루로 변한 것 또한 '퇴행'으로 볼 수 있습니다. 어린아이가 되어버린 것이지요. 그렇게 안온함을 찾았을지 모르지만 실상 그것은 도피이고 폭력이었어요. 스스로를 좁은 우리에 가둔 일이며, 누이에게 큰 짐을 지운 일입니다. 〈오누이〉 속의 오빠가 그랬던 것처럼요.

그런데 이 이야기 속의 동생은 '위기'에서 〈오누이〉 속의 오빠와 다른 모습을 보입니다. 스스로 우리를 깨뜨리고 움직여서 누나를 구한 뒤 사람으로 돌아오지요. 자신의 힘으로 퇴행의 덫에서 벗어나 본 모습으로 돌아온 형국입니다. 〈오누이〉의 오빠는 몰라도 동생은 제 앞가림을 하면서 온전히 잘 살았을 것 같습니다. 서사의 분기점에서 스스로 옳은 길을 찾아내 그리 나아갈 수 있는 존재였으니까요. 다시 강조하지만, 서사의 차이는 삶의 질적 차이로 이어지게 됩니다.

진짜 어른이 되는 순간

야수의 진짜 콤플렉스는
외모가 아니었다

남자의 두 모습을 이야기할 때 빼놓을 수 없는 주인공이 있으니, 바로 '야수'입니다. 〈미녀와 야수〉의 그 야수 맞습니다. 디즈니 애니메이션 속의 야수는 매우 거칠고 험한 형상을 하고 있지요. 사슴이나 노루와는 다른 모습입니다. 하지만 겉모습과 속모습이 아주 다르다는 점은 공통적입니다.

〈미녀와 야수〉가 유럽의 오래된 민담이라는 사실을 아시나요? 이를 프랑스의 보퐁 부인이 동화로 엮은 것이 18세기 중반 때입니다. 그림형제보다 먼저이니 꽤 오래전이지요. 다만, 구전된 그대로의 모습과 만나기 어렵다는 점은 아쉽습니다. 찾아볼 수 있는 자료 가운데 그나마 설화적인 것을 바탕으로 내용을 살펴봅니다.[3]

옛날에 아들 여섯과 딸 여섯을 둔 부유한 상인이 살았다. 하는 일마다 행운이 따라서 큰돈을 벌었으나 어느 날 불이 나서 모든 것이 타버렸다. 소유한 배들은 해적을 만나 난파당했고 남은 재산은 직원이 가지고 도망가버렸다. 하루아침에 알거지가 된 상인은 숲속 오두막으로 옮겨가야 했다. 가난뱅이가 된 자녀들은 절망했으나, 막내딸만큼은 명랑한 천성을 되찾아 즐겁게 지내려고 했다. 아름답고 사랑스러운 그녀를 사람들은 '미녀'라고 불렀다.

두어 해가 지났을 때, 상인의 배 한 척이 값진 물건을 싣고 항구에 도착했다는 소식이 들렸다. 상인이 알아보려고 길을 나설 때 딸들이 앞다투어 보석이나 드레스를 사다달라고 했으나 미녀는 따로 말이 없었다. 상인이 원하는 것을 거듭 묻자 장미꽃 한 송이면 된다고 했다.

상인이 항구에 이르러 보니 옛 동료들이 물건을 다 가로채서 건질 것이 없었다. 소득 없이 집으로 향하는 그를 깊게 쌓인 눈과 매서운 눈보라가 가로막았다. 나무 등걸 속에서 밤을 보낸 뒤 길을 잃고 헤매던 상인은 웬 웅장한 성을 발견하고 안으로 들어갔다. 성은 더없이 화려했으나 사람이 없이 정적만 감돌았다. 여기저기 배회하던 상인은 난로가 피워진 방에서 잠들었다가 식탁에 차려진 음식을 먹었다. 그는 주인에게 감사를 표하려 했으나 아무도 만날 수 없었다.

다시 잠깐 잠들었다가 깨어난 상인은 정원으로 나갔다. 정원에는 꽃이 만발한 가운데 새들이 지저귀고 있었다. 아름다운 장미꽃 울타리를 발견한 상인은 막내에게 가져다주려고 꽃 한 송이를 꺾었다. 그때, 무시무시한 야수가 나타나 화를 내면서 호의를 무시하고 꽃을 훔쳤으니 벌을 주겠다고 했다. 상인이 무릎을 꿇고 용서를 청했지만 소용없었다. 상인은 자기 딸 한 명이 자진해서 야수에게 오는 조건으로 겨우 풀려날 수 있었다.

수심에 잠겨서 집에 도착한 아버지로부터 그 말을 들은 자식들은 크게 실망했다. 언니들은 장미 때문이라며 미녀를 탓했다. 미녀는 아버지와 오빠의 만류를 물리치고 야수의 성으로 향했다. 성에 도착해서 야수가 마련해준 식사를 마친 미녀는 예의를 갖추고서 기꺼이 그곳에 머물겠다고 말했다. 기분이 좋아진 야수는 딸과 함께 온 상인에게 귀한 보물을 가득 선물했다.

아버지와 떨어져 성에 머물게 된 미녀는 밤에 이상한 꿈을 꾸었다. 멋진 왕자와 귀부인이 차례로 나타나서 눈에 보이는 것에 현혹되지 말라고 말했다. 잠에서 깬 미녀는 성 안을 거닐다가 꿈에서 본 왕자의 초상화를 발견했다. 좋은 책이 가득한 서재도 찾아냈다. 마음이 좀 나아졌지만, 미녀는 야수가 여전히 무서웠다. 야수가 자기랑 결혼하겠냐고 물을 때 아니라고 답할 수밖에 없었다. 꿈에 왕자가 계속 나타났지만 그 사람이 야수라는 생각은 하지 못했다.

차차 그곳 생활에 익숙해진 미녀는 자신을 온화하게 대하는 야수를 무서워하지 않게 됐지만, 아버지가 보고 싶어서 슬펐다. 미녀가 집에 다녀오게 해달라고 부탁하자 야수는 부탁을 들어주면서, 기한 내에 돌아오지 않으면 자기가 죽게 된다고 했다. 집에 와서 가족들과 행복한 시간을 보내던 미녀는 기한이 지나는데도 성으로 돌아갈 결단을 내리지 못하고 시간을 끌었다.

그러던 어느 날 미녀가 꿈을 꾸었는데 야수가 쓰러져 죽어가고 있었다. 놀란 미녀는 급히 성으로 달려갔다. 동굴 속에 쓰러져 있던 야수를 힘겹게 소생시킨 미녀는 자기가 그를 사랑하고 있음을 깨달았다. 미녀의 말을 들은 야수가 결혼을 청하자 미녀가 상냥하게 답했다. "예. 나의 야수님!" 그러자 갑자기 사방이 빛나면서 미녀 앞에 꿈속의 왕자가 나타났다. 이어서 귀부인이 나타나 자기 아들의 본 모습을 찾아주어서 고맙다고 말했다.

가족이 모두 참석한 가운데 미녀와 왕자의 성대한 결혼식이 거행되었다. 두 사람은 오래오래 행복하게 살았다.

내용을 보면 디즈니 애니메이션 〈미녀와 야수〉와 많이 다르지 않습니다. 차이점이라면 주인공 이름이 '벨'이 아니라 그냥 미녀라는 것, 꿈에서 왕자와 귀부인이 나타나 암시를 준다는 것, 왕자가 야수로 변한 과정이 뚜렷하지 않다는 것 정도지요. 애니메이션에 '가스통' 같은 악인을 등장시켜서 갈등 상황을 고조하거나 촛대나 주전자 같은 물건들을 등장시키는 식으로 디테일을 살린 점을 제외하면요.

이 민담에서 주목할 것은 한 남자가 왕자와 야수라는 두 가지 모습을 가지게 된 과정입니다. 이야기에 구체적으로 나오진 않지만 왕자가 야수로 변한 것은 어떤 저주 때문이라고 추측할 수 있습니다. 누군가 왕자를 아주 화나게 했을 가능성이 큽니다. 험상궂고 무서운 야수의 모습이 울화와 분노, 공격성 등을 연상시키지요. 아마도 자기중심을 지키지 못해 내면의 뒤틀림과 좌절을 겪은 것으로 생각됩니다. 그렇게 야수가 된 상태에서 '존재의 인정'에 집착하는 왕자는 또 한 명의 어른아이라고 할 만하지요.

왕자의 문제를 해결하는 힘은 '미녀'에게서 나옵니다. 이때 미녀의 아름다움은 겉모습보다 내면이 더 중요합니다. 어려운 상황에도 밝고 씩씩하게 움직이는 모습, 보석이나 옷보다 장미 한 송이를 사랑하는 마음, 아버지를 위해 야수의 성으로 향하는 용기…… 이런 것들이 그녀의 진정한 아름다움이지요. 외적인 것에 현혹되지 않고 소신껏 행동하는 것이 미녀의 방식입니다. 처음 야수가 청혼했을 땐 거절했다가 뒤에 자신의 마음을 확인하고 응답한 일은 그녀의 진실성을 잘 보여줍니다. 그녀는 왕자와 달리 자신의 삶을 책임질 수 있는 사람이었지요. 이러한 단단함이 저주로 무너졌던 한 사람을 구원하는 힘으로 작용합니다.

야수에서 왕자로 돌아온 사람은 그후 어떻게 되었을까요? 한 사람으로서 제 구실을 했을까요? 이야기를 보면 다소 불안한 면이 있습니다. 계속 미녀에게 의지하는 것도 그렇고 옆에서 엄마가 거드는 것도 마음에 걸려요. '마마보이'가 떠오르게 하지요. 오랜 시간 야수로 살면서 겪은 고통과 좌절을 견뎌낸 힘으로 스스로를 오롯이 세우고 당당한 인간으로 살았기를 바랄 따름입니다. 남자가 끝까지 왕자임을 밝히지 않고 참은 모습이나, 위험을 무릅쓰고 미녀를 집으로 보낸 일 등에서 긍정적인 가능성을 찾고 싶습니다.

〈미녀와 야수〉에 대해 구전설화의 본모습을 오롯이 보기 어렵다고 말했는데, 이 아쉬움을 채워주는 이야기가 있습니다. 방금 본 것과 비슷하면서도 다른 새로운 버전의 '미녀와 야수'이지요. 민담식 서사와 캐릭터가 생생히 살아있는 멋진 이야기입니다. 그림형제 민담 〈노래하며 날아오르는 종달새〉(Das singende, springende Löweneckerchen; KHM 88)를 만나보도록 할게요.

옛날에 한 남자가 긴 여행을 떠나면서 세 딸에게 각자 원하는 선물을 말하라고 했다. 맏딸은 진주를 원했고 둘째 딸은 다이아몬드를 원했다. 셋째 딸은 이렇게 말했다. "저는 노래하며 날아오르는 종달새를 갖고 싶어요."

남자는 일을 끝내고 집으로 돌아올 때 두 딸에게 줄 진주와 다이아몬드를 샀으나 종달새는 구할 수가 없었다. 막내딸을 사랑했던 남자는 마음이 아팠다. 그런데 길을 가다 보니 숲속 한가운데에 멋진 성이 나타났다. 그 옆에 우뚝 솟은 나무가 있었고, 나무꼭대기에 노래하며 날아오르는 종달새가 있었다. 남자는 하인에게 나무에 올라가서 종달새를 잡아 오라고 시켰다.

하인이 나무에 오르려 할 때 갑자기 사자 한 마리가 뛰어나와 울부짖었다. "누가 내 종달새를 훔치려 하느냐. 내 먹이가 될 줄 알아라!" 놀란 남자가 주인이 있는 줄 몰랐다면서 금덩이를 줄 테니 살려달라고 하자 사자가 말했다. "네가 집으로 돌아갔을 때 제일 먼저 만나는 것을 나에게 준다고 약속하면 목숨을 살려주고 종달새도 주마."

남자는 집에 도착했을 때 막내딸이 제일 먼저 나올 것 같아서 그 말을 따르지 않으려 했다. 그때 겁을 먹은 하인이 고양이나 개가 먼저 나올 수도 있지 않느냐고 말했다. 남자는 그렇겠다 싶어서 사자가 말한 대로 하기로 약속하고 노래하며 날아오르는 종달새를 받았다.

이야기는 이렇게 시작됩니다. 특별히 눈에 띄는 것은 셋째 딸이 원했다는 종달새입니다. 그가 노래하며 날아오르는 종달새를 원한 것은 어떻게 해석해야 할까요? 답은 명백합니다. 외적이고 세속적인 가치 대신 '자유'를 위한 거죠. 자신을 한껏 드러내면서 넓은 세상을 마음껏 날아오르는 자유를요. 이는 곧 셋째 딸이 펼치고자 했던 자기서사이기도 합니다. 그녀가 종달새를 갖게 되는 것은 필연이지요.

문제는 종달새가 무서운 사자 또는 '야수'의 것이었다는 사실입니다. 자유란 저절로 얻을 수 있는 게 아니었어요. 김수영 시인이 〈푸른 하늘을〉이라는 시에서 '자유에는 피의 냄새가 섞여 있다'고 했던가요?

남자가 집에 도착했을 때 제일 먼저 나온 것은 사랑하는 막내딸이었다. 그녀는 종달새를 보고 기뻐서 어쩔 줄 몰랐으나 남자는 그럴 수 없었다. 그는 울면서 사자와 약속한 일을 말해주었다. 사자에게 가면 갈기갈기 찢어죽일 테니 가지 말라고 했다. 하지만 딸은 아버지를 위로하면서 말했다. "약속은 지켜야지요. 제가 가서 사자를 달래고 건강한 모습으로 돌아올게요!"

다음 날 아침 막내딸은 아버지에게 성으로 가는 길을 물어서 혼자 길을 나섰다. 그녀는 걱정 없이 숲으로 들어서서 성에 이르렀다. 사실 그 사자는 마법에 걸린 왕자였다. 낮에는 신하들과 함께 사자로 변해 있다가 밤이 되면 사람으로 돌아왔다. 막내딸을 맞이한 사자는 밤이 되자 멋진 젊은이로 변했고, 둘은 성대한 결혼식을 올렸다. 그들은 낮에 잠을 자고 밤에 일어나서 행복하게 지냈다.

시간이 흘러 여자의 큰언니가 결혼하는 날이 되었다. 막내딸이 사자의 허락을 받아서 집으로 돌아오자 다들 놀라며 반가워했다. 얼마 뒤 둘째 언니 결혼식이 다가왔을 때 막내딸이 사자에게 말했다. "이번에는 혼자 가지 않겠어요. 우리 함께 가요!" 사자는 그 일이 자기에게 너무 위험하다고 했다. 불빛이 한 줄기라도 자기 몸에 닿으면 비둘기로 변해서 7년 동안 날아다녀야 한다고 했다. "빛이 닿지 않도록 지켜줄 테니 함께 가요!" 그렇게 해서 그들은, 어린 아들까지 데리고 함께 길을 나섰다.

집에 도착한 뒤 그들이 머무는 방에 두껍고 튼튼한 담장이 둘러졌다. 하지만 갓 베어낸 나무로 만든 문에 가느다란 틈이 생겼고, 그 틈을 통해 머리카락 한 가닥만한 빛줄기가 새어들어 왕자의 몸에 닿았다. 막내딸이 방 안에 들어왔을 때 그곳에는 남편 대신 하얀 비둘기 한 마리가 앉아 있었다.

예상대로 막내딸이 제일 먼저 나와서 아버지를 맞이합니다. 여기서 막내딸이 제일 먼저 나왔다는 것은 그녀가 가장 적극적이고 활달했음을 의미합니다. 막내딸은 자유롭고 적극적인 행동파 인물이었지요.

그녀는 원했던 종달새를 갖게 됩니다. 아버지는 그녀가 숲으로 가서 사자를 만나야 하는 일을 걱정하지만 딸에게 그것은 문제가 아니었습니다. 자신이 노래하며 날아오르는 종달새였던 그녀는 사자를 달랠 자신이 있었지요. 막내딸이 걱정 없이(getrost: 확신하여, 기운차게, 태연히) 숲으로 들어가는 모습은 무척 인상적입니다. 사자 앞에 선 그녀는 실제로 아무 문제가 없었어요. 밤이 되어 왕자로 변한 그를 기꺼이 받아들여서 배우자로 삼습니다.

그나저나 남자를 어떻게 보아야 할까요? 낮에는 무서운 사자였다가 밤이 되면 왕자로 돌아온다니 무슨 일일까요? 이야기는 그가 어떻게 사자가 됐는지 자세한 사연을 전하지 않습니다. 마법에 걸려서 그렇게 됐다고 할 따름이지요. 어떤 마법일까 추리해보면 역시 '관계로 인한 상처'가 아닐까 싶어요. 그것이 분노와 공격성으로 발현돼서 사자가 되었다는 말이지요. 〈오누이〉에서 '첫 번째 샘물'을 마신 형국이라고 보면 될 것 같습니다.

흥미로운 사실은 그가 낮에 사자가 됐다가 밤이면 사람이 된다는 점이에요. 여기서 낮은 공적인 시간, 사회적 시간으로 볼 수 있습니다. 자기 모습을 공개적으로 드러내고 대외 활동을 하는 시간이니까요. 왕자는 그 삶에 극도의 거부감 내지 트라우마를 가진 사람입니다. 사적이고 개인적인 시간인 밤에만 정상적으로 움직일 수 있는 사람이지요.

왕자가 결혼식에 참석하면서 작은 불빛조차 들어오지 않는 밀실에 머물려 한다는 것은, 그가 타인의 시선과 평가에 극도로 예민한 사람임을 말해줍니다. 타고난 성격일 수도 있지만 대외활동을 하면서 너무 많은 상처를 받은 탓이 크지 않을까 생각해봅니다. 그는 공무(公務)의 중심에 있는 왕자잖아요. 그 자리를 감당하기에 너무 약한 사람이었던 것이 아닐까요?

사자를 두고 약한 사람이라니, 언뜻 어울리지 않습니다. 그런데 그가 약한 사람임이 곧 드러나지요. 그는 결혼식에 참석했다가 머리카락처럼 가느다란 빛을 받고 비둘기가 됩니다. 하얀 비둘기는 사자의 겉모습 뒤에 숨겨져 있던 그의 또 다른 모습이었습니다. 그는 사슴이나 노루가 됐던 남자들보다 더 유약한 사람이었던 거예요. 사자와 왕자와 비둘기, 이 극단적인 다중성은 설화적 과장이라고 할 바가 아닙니다. 이런 자기서사를 가진 사람들이 세상에는 생각보다 훨씬 많아요. 겉으로 보이는 건 그야말로 빙산의 일각입니다.

그나저나 비둘기로 변해버린 왕자는 어떻게 될까요? 7년이나 그렇게 살아야 한다는데 말이에요. 불행 중 다행은 그 옆에 막내딸이 있다는 사실입니다. 왕자를 세상 밖으로 데리고 나온 사람, 노래하면서 날아오르는 종달새 같은 사람, 그녀가 가만히 있을 리 없지요!

비둘기로 변한 왕자가 아내에게 말했다. "나는 7년간 비둘기가 돼서 세상을 날아다녀야 해요. 일곱 걸음 간격으로 붉은 핏방울과 깃털을 떨어뜨릴게요. 그걸 따라서 오면 나를 구할 수 있어요." 그 말과 함께 비둘기가 문 밖으로 날아가자 막내딸은 그 뒤를 따르기 시작했다. 핏방울과 깃털을 따라서 가는 길은 멀고도 험했다.

그렇게 다닌 지 7년이 거의 다 된 어느 날, 비둘기가 핏방울도 깃털도 남기지 않은 채 사라져버렸다. 아내는 온 천지로 남편을 찾아다니기 시작했다. 해를 찾아가서 작은 상자를 받고, 달을 찾아가 달걀을 얻었다.

밤바람과 동쪽 바람, 서쪽 바람, 남쪽 바람에게 남편을 보았는지 물었다. 남쪽 바람이 그녀에게 남편이 멀리 홍해에서 사자가 되어 용과 싸우고 있다고 말해주었다. 그리고 밤바람이 그녀에게 용과 싸우는 방법을 알려주었다. 열한 번째 회초리 나무로 용을 공격한 뒤 남편과 함께 독수리를 타고 바다를 건너라고 했다. 바다를 건널 때 호두를 떨어뜨려서 나무가 자라나 독수리가 쉴 수 있게 해주어야 한다고도 했다.

홍해로 간 막내딸은 열한 번째 회초리 나무를 꺾은 뒤 사자를 도와서 용을 공격했다. 그러자 사자와 용이 사람으로 돌아왔다. 그런데 용에서 사람으로 변한 공주가 왕자를 훌쩍 안고서 독수리를 타고 날아가버렸다. 막내딸은 허탈해서 눈물이 났으나 다시 용기를 내서 남편을 찾아 나섰다. 마침내 두 사람이 있는 성을 찾고 보니 둘의 결혼식이 시작되기 직전이었다. 막내딸은 해에게 받은 상자를 열어서 눈부신 옷을 입고 성으로 들어갔다. 공주가 그 옷을 탐내자 막내딸은 신랑 방에서 하룻밤을 지내는 조건으로 그것을 주었다. 그러나 수면제가 든 술을 마시고 잠든 남편은 막내딸을 보지 못했다. 다음 날 막내딸이 달에게 받은 달걀을 깨자 암탉과 열두 마리 병아리가 나왔다. 신부가 그걸 탐내자 막내딸은 신랑 방에서 다시 하룻밤을 지내는 조건으로 그것을 주었다. 수면제가 든 술을 쏟아버린 왕자는 아내를 발견하고서 제정신이 돌아왔다.

두 사람은 한밤중에 몰래 성에서 빠져나왔다. 공주의 아버지가 마법사여서 두려웠기 때문이다. 두 사람은 독수리를 타고 바다를 건너기 시작했다. 중간에 호두를 떨어뜨려서 독수리가 호두나무에 앉아 쉬도록 하는 일도 잊지 않았다. 집으로 온 두 사람은 늠름한 소년이 되어 있던 아

옛이야기의 힘

들과 함께 죽는 날까지 행복하게 살았다.

보다시피 참으로 힘든 여정이었지요. 7년이라는 긴 시간과 머나먼 길. 〈열두 오빠〉에서 황금별 공주의 고행이 스스로를 바꾸는 과정이었다면 막내딸은 남편이라는 타인을 바꾸는 과정이라서 더 어려웠다고 할 수 있습니다. 더군다나 상처투성이의 어른이니 오죽했을까요! 예고된 7년이 지났는데도 문제가 해결되지 않고 계속됐다는 사실은 사자 같고 비둘기 같은 남자가 온전한 사람으로 돌아오는 일이 얼마나 어려운지를 잘 보여줍니다.

비둘기가 처음에는 붉은 핏방울과 깃털을 흘리면서 움직였다고 합니다. 공적인 삶에 대한 트라우마를 가진 왕자의 내면이지요. 자기 뜻이 아닌데 '낮의 세상'에 나온 사람은 끝없이 피를 흘리고 몸을 떼어내는 비둘기였습니다. 그럼에도 계속 날아야만 하는 남자를 보면 못났다기보다 불쌍하다는 마음이 앞섭니다. 어쩌면 아내도 남편의 그런 내면을 알기에 그를 구하려고 발버둥 쳤을 수도 있겠어요.

남편이 7년이라는 기한을 힘들게 채워 갈 때 갑자기 나타나 왕자를 공격하는 용의 정체는 무엇일까요? 유럽의 용은 동양의 용과 속성이 다릅니다. 사나운 괴물에 가깝지요. 이 이야기 속의 용도 그러합니다. 이 용은 마법사의 딸이었다고 하는데, 그가 부리는 마법은 분명 '흑주술'이었을 것입니다. 약점을 헤집고 상처를 들춰서 괴롭히는 식이지요. 요즘으로 치면 무고(誣告)나 악플이 되겠네요. 그 공격 앞에서 사내는 자제력을 잃고 분노에 휩싸여 다시 사자가 되었다고 볼 수 있습니다. 그렇게 그는 외진 곳에서 홀로 승산 없는 싸움을 하지요.

마침내 먼 곳까지 찾아가 죽비와도 같은 회초리로 남편을 일깨우는 아내, 참 대단합니다. 하지만 아내는 용을 상대할 만큼 충분히 강하지 못했어요. 종달새였잖아요. 남자를 공주에게 빼앗긴 그는 처음으로 슬피 우는 모습을 보이는데, 이해할 만합니다. 아내가 거기서 주저앉지 않고 다시 일어서는 모습도요. 해와 달을 만나서 기운을 얻고 수많은 바람들과 소통하는 사람인데 그리 만만할 리 없지요. 마침내 공주의 흑주술로부터, '수면제'로 표현된 세뇌로부터 남자를 구하는 장면에 박수를 보낼 따름입니다. 그래요. 왕자가 두 번째 밤에 수면제가 든 술을 스스로 쏟았으니 그도 박수를 받을 만합니다. 7년간 피 흘리며 스스로와 싸워온 그를 여전히 어른아이라고 격하하고 싶지 않네요.

참으로 무서운 것은 '악의적 사로잡음'이라는 마법입니다. 옛이야기에서 주인공들은 보란 듯이 적을 물리치는 게 정석인데 이 이야기에서는 막내딸이 남편과 함께 성에서 몰래 도망쳤다는 점이 독특합니다. '흑마법'이 횡행하는 곳은 피하는 게 상책이라는 식의 전개는 현실적이어서 더 슬픕니다. 다만, 이야기의 마지막이 큰 위안을 줍니다. 두 사람의 아들이 늠름한 소년으로 자라 있었다는 사실 말이에요. 엄마와 아빠의 삶을 간접 경험하면서 스스로 깨우치고 길을 찾은 결과였겠지요. 그런 아들과 함께 다시 가족을 이룬 저들, "그로부터 죽는 날까지 행복하게 살았다(sie lebten von nun an vergnügt bis an ihr Ende _KHM B.2, p.23)"는 말의 무게감을 실감합니다.

끝으로 한 가지 사항을 짚고 넘어갑니다. 종달새에 대한 내용이에요. 노래하며 날아오르는 종달새가 셋째 딸의 삶을 표상한다고 했지요. 하지만 이야기에서 종달새는 본래부터 셋째 딸의 것은 아니었습니다. 종달새가 애초에 어디 있었는지 기억하시나요? 그 새는 왕자가 사는 성의 나무꼭대기 위에 앉아 있었습니다. 왕자에게는 이미 자유롭고 행복한 종달새가 있었던 거지요. 그럼에도 그는 종달새를 자기화하지 못한 채 분리를 겪고 있었던 것입니다. 막내딸이 그에게 다가오고 우여곡절 끝에 그녀와 하나가 됨으로써, 종달새는 남자의 서사에 오롯이 깃들게 됩니다. 그 결과가 바로 '행복한 삶'이었지요. 삶을 바꾸는 힘은 멀리 있지 않다는 것, 마음에 깊이 새겨두어야 하겠습니다. 누구에게나 종달새는 있는 법이지요.

Chapter 5

가장 가깝고
가장 먼 사이

부모라는 감옥에서
벗어나는 법

세상에 막 태어난 아기가 독립된 한 인간으로 온전히 서기까지의 과정은 멀고도 험난합니다. 특히 부모가 자식을 억누르면 문제가 심각해지지요. 그리고 세상에는 그런 부모가 아주 많습니다. 손찌검을 하고 언어폭력을 일삼는 등 미움을 표현하는 일만이 아닙니다. 사랑이라는 명목으로 하는 행동이 그 이상으로 문제가 될 수 있지요.

경상남도 통영의 사량도라는 섬에는 옥녀봉이라는 봉우리가 있습니다. 옥녀(玉女)는 선녀의 별칭이에요. 이름만 보면 아름다운 곳인데 뼈아픈 전설이 얽혀 있습니다. 제 수업을 듣던 학생들이 통영에 가서 채록한 자료로 소개합니다.

저쪽에 사랑도(사량도)라는 섬이 있거든요. 그 사량도 보면은 산에 옥녀 봉이라는 봉이 있어요. 근데 거기 전설이, 내려오는 전설이 있거든요. 옥녀가 어렸을 때 엄마를 여의고 아빠가 젖을 얻어먹여감시로(얻어먹여 가면서) 딸을 키웠어요. 근데 이 딸이 너무 예뻐. 너무너무 예쁘게 컸는 데, 그렇게 애지중지 키웠는데, 이 아버지가 딸로 안 보고 아마 여자로 봤나 봐. 그래갖고 한참 딸에게 그런 요구를 했어. 그래갖고 하니까 하 루는 딸이 아버지를 갖다가 상복을 입고 뭐를 뒤집어쓰라 했다 카더라 고. "음메 음메 하면서, 내가 옥녀봉 산꼭대기에 있을 테니까 올라와라." 그러니까 아버지가 딸이 하라는 대로, 아버지가 딸을 어찌 한번 해볼라 고 '음메, 음메!' 하면서 아버지가 올라오거든. 그때 이 옥녀가 떨어져서 죽었어. 그 낭떠러지에서. 그래갖고 죽었어 옥녀가.

그 전설이 있는데, 그래서 옛날에 옥녀봉이 보이는 곳에서는 혼례식도 안 하고, 그리고 그 밑에 신랑 신부가 지나갈 때는 가마에서 내려서 걸 어갔다는 전설이 있어요.[4]

아버지가 딸을 범하려 한 탓에 끔찍한 비극이 발생했다는 내용입 니다. 아내도 없이 제 손으로 동냥젖을 얻어먹으며 키웠으니 둘도 없 는 자식이었겠지요. 남달리 사랑했을 겁니다. 하지만 그 사랑이 소유 욕으로 바뀌는 순간 딸에게 세상은 지옥이 됩니다.

이야기에서 딸은 아버지에게 '음메, 음메' 하고 소 울음소리를 내면 서 기어 오라고 합니다. "당신이 하려는 일은 사람이 아닌 짐승의 짓입 니다"라는 항변이지요. (어떤 자료에서는 딸이 아버지에게 소 덕석을 쓰고 오라고 하는데 이 또한 같은 의미입니다.) 그럼에도 어떻게든 딸을 가지겠다고 소가 되기를 주저하지 않는 아버지…… 소유적 욕망의 함정이란 이토록 흉측하고 무섭습니다.

이 이야기에서 아버지가 딸을 범하려 한 일은 서사로 풀이할 때 단지 성적 학대만을 의미하지 않습니다. 그렇게 보면 너무 특수하고 극단적인 일이 되지요. 자식을 자기만족의 수단으로 삼으려는 모든 부모가 저 아버지의 자리에 들어갈 수 있습니다. "우리 딸(아들), 결혼하지 말고 평생 나랑 살자." 혹시 부모에게 이런 말을 들은 적이 있거나 자녀에게 해본 적이 있다면, 이 이야기를 무심히 넘기지 말아야 합니다. 농담처럼 하는 말에 숨은 진실이 담기는 법이거든요.

세계의 옛이야기에는 부모의 왜곡된 사랑으로 큰 상처를 받은 자녀들이 많이 나옵니다. 앞에서 본 거위지기 공주도 이러한 경우였지요. 공주는 얼굴에 흐린 가죽을 쓰고 있었는데 이보다 훨씬 끔찍한 가죽을 썼던, 그러니까 더 심각한 트라우마에 갇혔던 주인공들이 있습니다. 프랑스 민담에는 당나귀 가죽을 쓴 딸이 나오고, 영국 민담에는 고양이 가죽을 쓴 딸이 등장합니다. 끝판왕은 오만 가지 짐승 가죽을 이어 붙여서 쓴 딸일 거예요. '별별털복숭이'라고 일컬어지는, 별의별 짐승을 다 죽여서 만든 털가죽 망토를 쓰고 살았던 소녀입니다.

이제 상처받은 청춘의 내면이 생생히 살아있는 〈별별털복숭이〉(Allerleirauh; KHM 65)의 사연으로 들어갑니다. 텍스트 안에 숨어 있는 서사를 주목하면서 읽어보면 좋겠습니다.

옛날에 어떤 왕이 황금 머리카락을 지닌 아내와 살고 있었다. 세상에 둘도 없는 아름다운 왕비였다. 그런데 그 왕비가 병이 들어 눕게 됐다. 죽음을 예감한 왕비는 남편에게 이렇게 유언했다. "내가 죽은 뒤에 다시 결혼하려거든 나랑 똑같이 황금빛 머리카락을 지닌 아름다운 여인하고 한다고 약속해주세요." 왕비는 그러겠다는 남편의 말을 듣고 눈을 감았다.

왕은 오랫동안 실의에 빠져서 다른 아내를 얻을 생각을 하지 않았다. 신하들은 왕에게 속히 왕비를 맞이하라고 재촉했다. 왕은 사람들을 곳곳으로 보내어 죽은 왕비처럼 아름다운 여인을 찾았지만 그런 사람은 없었다. 찾았구나 싶으면 머리색이 달랐다.

그러던 어느 날, 왕은 왕비가 남긴 딸을 바라보다가 그녀가 죽은 아내와 꼭 닮았다는 사실을 깨달았다. 공주에게 격렬한 사랑을 느낀 왕은 신하들에게 그녀와 결혼하겠다고 선언했다. 사람들이 놀라서 안 될 일이라고 했지만 왕의 마음은 철석같았다.

깜짝 놀란 딸은 아버지의 뜻을 굽히려고 이렇게 말했다. "아버지 소원을 이루려면 저에게 세 가지 옷을 주세요. 태양처럼 빛나는 금빛 옷과 달처럼 빛나는 은빛 옷, 그리고 별처럼 반짝이는 옷을요. 그리고 수천 가지 털가죽으로 만든 망토를 주세요. 이 나라에 사는 모든 짐승의 가죽이 한 조각씩 다 들어가야 합니다."

공주는 아버지가 그 일을 포기할 것이라고 생각했으나 그렇지 않았다. 왕은 나라 안의 솜씨 좋은 처녀들을 시켜서 해와 달처럼 빛나고 별처럼 반짝이는 옷을 짜게 했다. 그리고 사냥꾼을 시켜서 온 나라 안의 짐승을 잡아들여 가죽을 한 조각씩 벗겨냈다. 망토가 완성되자 왕은 그것을 공주 앞에 펼쳐놓고서 말했다. "내일 우리의 결혼식이 거행될 것이다."

딸과의 결혼이라니, 왜 저런 말도 안 되는 짓을 하는 걸까요? 왕이 처음부터 잔인하고 비정상적이었던 사람이었다고 생각되지는 않습니다. 그는 아내가 죽은 뒤 시름에 젖어서 새로 결혼할 생각을 안 했다고 해요. 아내를 진심으로 사랑했던 것 같습니다. 그러던 그가 딸에게 마음을 품은 일은 뜻밖으로 여겨지는 한편, 그 맥락이 이해되기도 합니다. 왕은 본래 뭔가에 집착하는 존재였고 그 집착이 딸에게 향한 거라고 볼 수 있어요. 강한 집착에 사로잡혀 수많은 짐승의 가죽을 벗겨내는 모습에서 무서운 광기를 봅니다. 아마 눈빛이 야수처럼 번득였을 것 같아요. 본인은 그런 자기 모습을 알고 있었을지…….

여기서 눈여겨볼 사람은 왕비입니다. 왕비는 죽으면서 남편에게 자기랑 똑같은 사람하고 결혼하라고 합니다. 그 사람은 바로 딸이었지요. 그럼 아내가 남편에게 딸과 결혼하라고 했다는 말이 되는 걸까요? 비슷합니다. 아내는 지금 남편에게 "내가 죽으면 다른 사람이랑 결혼하지 말고 그냥 딸을 나라고 생각하고 살아요." 이렇게 말하고 있는 것 아닐까요?

남편이나 딸을 다른 누구에게도 주고 싶지 않은 마음, 어쩌면 그 또한 하나의 소유욕이라 할 만합니다. 이렇게 본다면, 왕비 또한 자녀에게 큰 상처를 준 원인 제공자인 셈입니다. 좀 무리한 해석일 수 있지만, 자녀가 겪는 문제의 원인이 부모 모두에게 있는 경우가 많다는 사실을 감안하면 가능성을 배제할 수는 없을 것입니다.

공주와 결혼하려고 한 왕은 딸을 독립시키는 대신 제 옆에 붙잡아 두고 화초 구실을 강요하는 현실 속 아버지들의 서사적 은유입니다. 이른바 '딸바보 아빠'들의 독점적 소유욕을 '딸과의 결혼'이라는 화소로 표현하고 있는 것이지요. 이는 모든 딸바보 아빠가 문제라는 뜻은 아닙니다. 자녀를 향한 사랑이 뒤틀릴 때 문제가 되지요.

아내의 자리에 딸을 앉히려는 아버지. 그 스스로는 이것을 큰 사랑이고 배려라고 여길지 모르지만 천만에요! 한 사람의 삶을 완전히 뒤흔드는 폭력입니다. 만약 저 상황에서 딸이 어쩔 수 없다고 여기고 상황을 받아들인다면? 생각만 해도 아찔합니다. 다행히 우리의 주인공은 그러지 않았어요.

아버지의 마음을 돌이킬 수 없음을 깨달은 딸은 궁전을 떠나 도망치기로 마음먹었다. 그녀는 해와 달과 별을 닮은 옷을 호두 껍데기 속에 넣고 금반지와 황금 물레와 황금 얼레를 챙긴 뒤 얼굴에 검은 칠을 한 채 털가죽 외투를 걸치고 성을 빠져나왔다.

밤새 하염없이 걸은 공주는 커다란 숲에 이르렀다. 공주는 속이 빈 나무 안으로 들어가서 잠에 빠졌다. 해가 중천에 떴을 때, 그 숲의 주인인 이 나라 왕이 사냥을 나왔다가 그 모습을 발견했다. 개들이 다가가 킁킁거리는 곳에 별의별 가죽으로 덮인 이상한 짐승이 앉아 있었다.

털복숭이는 부모에게 버림받은 불쌍한 자신을 제발 데려가달라고 간청했다. 사람들은 그를 궁궐로 데려가 햇빛 한 점 없는 계단 밑 골방에서 살게 했다.

공주는 털가죽을 뒤집어쓴 채 캄캄한 골방에 살면서 부엌데기 노릇을 했다. 장작을 나르고 물을 긷고 불을 지피고 닭털을 뽑고 야채를 다듬고 재를 쓸어모으는 등 온갖 궂은일을 했다. 털복숭이 공주는 오랫동안 그렇게 비참하게 살았다. 아, 저 공주는 어찌 되는 것일지!

공주는 아버지 곁을 떠납니다. 제 삶을 지키기 위한 마지막 수단이었지요. 하지만 이런 결정을 통해서 자신을 오롯이 지켰냐 하면 그렇지 않습니다. 그는 끔찍한 털가죽을 뒤집어쓰고 있어요. 털가죽은 그의 처지 또는 운명을 상징합니다. 스스로 원하지 않았지만 벗어날 수 없게 되어버린 흉측한 트라우마지요. 털가죽만이 아닙니다. 속이 빈 늙은 나무 안에 들어가 쪼그리고, 캄캄한 골방에 웅크리고 있는 이중 구속이 마음을 아프게 합니다. 부모에게 받은 상처가 자녀의 삶을 어떻게 망치는지를 아주 잘 보여주는 형상이에요.

그런데 여기서 털가죽이 부정적인 의미만 가진다고 할 수는 없습니다. 공주가 뒤집어쓴 털가죽 망토는 트라우마에 대한 자기방어라고 볼 수도 있습니다. 극단적인 방어라서 문제이긴 하지만, 그렇게 자기를 지키는 거라고 볼 수 있지요. 이와 같은 털가죽의 양면성은 이야기의 주요 포인트가 됩니다.

털가죽을 쓰고 골방에서 살면서 험하고 비루한 일을 이어가는 소녀의 앞날은 어떻게 될까요? 그림형제가 직접 끼어들어서 질문을 던지는 모습이 이채로우면서도 어울립니다. "아, 아름다운 공주여, 너는 앞으로 어찌되는 거니?(Ach, du schöne Königstochter, wie soll's mit dir noch werden!_KHM B.1, p.337)"

공주는 어떻게 될까요? 사실은 답이 이미 제시되어 있습니다. 공주가 온몸으로 험한 노동의 삶을 살고 있다는 것. 그리고 그렇게 세월이 흘러가고 있다는 것. 뭔가 변화가 생기지 않는다면 오히려 이상하겠지요. 작지만 큰 변화가 보이지 않는 사이에 천천히 생겨납니다.

어느 날 성에서 무도회가 열렸을 때 털복숭이가 요리사에게 말했다. "잠깐 올라가서 구경해도 될까요? 문밖에 서 있다가 올게요." "오냐. 하지만 30분 내로 와서 재를 치워야 해!" 공주는 등잔을 가지고 골방으로 들어간 뒤 털가죽을 벗고 얼굴과 손의 검정 칠을 닦았다. 호두 껍데기를 열고 해처럼 빛나는 드레스를 꺼내 입은 그녀가 무도회장으로 가자 다들 길을 비켜주었다. 아무도 부엌데기인 줄 몰랐다. 어느 나라 공주님이라고 여겼다.

왕은 그녀에서 손을 내밀고 춤을 추면서 그 아름다움에 감탄했다. 그런데 춤이 끝나자마자 여인이 사라졌다. 사람들에게 찾아보게 했지만 아무도 본 사람이 없었다. 그녀는 다시 골방으로 들어와 검정 칠을 하고 털복숭이로 돌아가 있었다. 재를 치우는 그녀에게 요리사가 소리쳤다. "나도 구경 좀 해야겠다. 나 대신 임금님이 드실 수프를 끓여. 털 하나라도 떨어뜨렸다가는 굶게 될 거다!"

털복숭이는 정성껏 수프를 끓인 다음 그릇 안에 금반지를 넣었다. 수프를 맛본 임금은 그 맛에 감탄했다. 그릇 속에서 금반지를 발견한 왕은 수프를 끓였다는 털복숭이를 불러서 물었다. "너는 누구냐?" "아버지 어머니도 없는 불쌍한 아이입니다." "무슨 일을 하고 있느냐?" "아무 쓸모가 없어 발길질만 당하고 있습니다." "반지는 어떻게 된 거냐?" "반지는 무슨 말인지 모르겠습니다." 왕은 그대로 그녀를 돌려보낼 수밖에 없었다.

얼마 뒤 다시 무도회가 열렸다. 털복숭이는 다시 잠깐 시간을 얻어서 달처럼 빛나는 옷을 입고 무도회장으로 갔다. 왕은 그녀를 보고 기뻐하며 춤을 췄지만 춤이 끝나자 그녀는 다시 사라져버렸다. 이번에도 털복숭이가 끓인 수프가 바쳐졌고, 그 속에는 황금 물레가 들어있었다. 왕은 다시 털복숭이를 불러들였지만 그녀는 황금 물레에 대해 모른다고 말했다.

세 번째 무도회가 펼쳐졌고 털복숭이는 별처럼 반짝이는 옷을 입고 무도회장에 갔다. 왕은 악사에게 음악을 길게 연주하게 한 뒤 그녀에게 춤을 청했다. 춤을 추는 동안 왕은 몰래 그녀 손가락에 금반지를 끼워놓았다. 춤이 끝나자 그녀는 다시 왕의 손을 뿌리치고 빠져나갔다. 서둘러 골방으로 간 공주는 드레스를 벗을 틈이 없어 그 위에 털가죽 망토를 걸쳤다. 검정 칠을 미처 다하지 못해 손가락 하나가 하얗게 남았다. 그 상태로 수프를 끓인 뒤 황금 얼레를 넣어서 바쳤다.

수프를 먹다가 황금 얼레를 발견한 왕은 털복숭이를 불렀다. 그녀의 하얀 손가락이 왕의 눈에 들어왔고, 자기가 끼워놓은 반지가 보였다. 왕은 그녀의 손을 덥석 잡았다. 공주가 빠져나가려 할 때 털가죽 망토가 살짝 벌어졌고 틈새로 별처럼 빛나는 옷이 반짝였다. 왕이 망토를 잡아

채자 황금 머리카락과 함께 공주의 찬란한 모습이 드러났다.

공주는 더 이상 숨기지 못하고 그동안의 일을 털어놓았다. 검정 칠을 닦아낸 공주는 세상 누구보다 아름다웠다. 왕이 그녀에게 말했다. "나의 신부가 되어주세요. 절대로 헤어지지 맙시다." 결혼식이 열렸고 두 사람은 죽는 날까지 행복하게 살았다.

이 이야기, 멋지지 않나요? 반전 아닌 반전이지요. 흉측한 털복숭이에서 아름다운 공주로 돌아왔으니 반전이지만, 이것이 길고 힘든 자기와의 싸움을 통해 얻은 결과물이라는 점에서는 반전이 아닙니다. 돌아보면 긴 방황이고 큰 고통이었지만, 공주는 애써 자기 자신을 지키면서 새로운 삶을 살아왔으니 그냥 허물어진 것과는 완전히 다릅니다. 온몸으로 감당한 노동의 힘과 더불어 시간의 힘이 결정적이었다고 할 수 있습니다. 벗어날 수 없을 것 같았던 상처는 세월 속에서 조금씩 아물었고, 그러다 보니 어느 날 무도회장에 나아갈 용기를 냈던 거지요. 금방 다시 어둠 속으로 숨어들었지만요.

공주가 작은 호두 껍데기 속에 꽁꽁 숨겨놓았던 빛나는 모습은 결국 드러나게 돼 있습니다. 세상을 향해 거듭 구원의 신호를 보낸 본인의 노력과 더불어, 그 신호를 알아차리고 관심을 가져준 사람의 역할을 빼놓을 수 없습니다. 이야기는 그 사람이 한 나라의 '왕'이었다고 합니다. 다시 달아나려는 공주를 붙잡고 흉측한 털가죽을 걷어내는 왕, 멋지지 않나요? 그 남자를 통해 털복숭이 딸은 드디어 오롯한 '사람'이 됩니다. 구속이 자유로 바뀌고 어둠이 빛으로 바뀌는 인생 역전이 펼쳐지지요. 인생은 살 만한 것이라는 사실을 새삼 확인하게 되는 대목입니다.

상처와 고통으로 신음하는 자녀들이 세상에 참 많습니다. 흉측한 털가죽에 갇힌 채 아무도 모르게 발버둥치는 젊은이들. 그 청춘들은 잿빛 터널을 어떻게 건너가야 할까요? 이 질문에 대한 저의 답은, 잿빛 어둠을 거두고 앞길을 밝혀줄 귀한 등불이 우리에게 있다는 것입니다. 바로 '이야기'이지요. 오랜 세월 입에서 입으로 흘러온, 우리의 삶을 샘물처럼 촉촉하게 적셔주는 고마운 이야기들 말입니다.

과거는 바꿀 수 없지만
오늘은 바꿀 수 있다

여기 지옥에 빠져든 또 한 소녀가 있습니다. 털복숭이 공주와 달리 자기 잘못으로 인한 결과였지요. 그림형제 민담집의 꽤 앞쪽에 실린 〈성모 마리아의 아이〉(Marienkind; KHM 3)입니다. 제목에서 짐작할 수 있듯 종교적 색채가 짙은 이야기예요. 서사적 상징과 의미 맥락이 살아있는 원형적인 옛이야기이기도 합니다.

옛날에 나무꾼 부부가 살고 있었어요. 그들은 너무나 가난해서 어린 딸을 먹여 키울 수가 없었습니다. 그때 하늘에서 성모 마리아가 내려와서 나무꾼에게 그 아이를 자기에게 보내면 어머니가 되어서 보살피겠다고 말했어요. 나무꾼은 그 말대로 아이를 마리아에게 맡겼습니다.

마리아와 함께 하늘로 올라간 아이는 아주 잘 지냈습니다. 맛난 것을 마음껏 먹었고, 황금 옷을 입고 천사들과 함께 놀았지요. 그가 열네 살이 되자, 마리아가 여행을 떠나면서 아이에게 열쇠를 맡겼습니다. "하늘나라에는 열세 개의 문이 있단다. 열두 개의 문은 괜찮지만, 열세 번째 문은 절대 열면 안 된다. 그걸 열면 불행해질 거야." 아이는 굳게 약속했고, 마리아는 길을 떠났습니다.

마리아가 떠난 뒤 아이는 열두 개의 문을 열어보았습니다. 문 안에는 열두 사도가 빛에 둘러싸인 채 앉아 있었지요. 거룩한 모습을 본 아이는 무척 기뻤어요. 그때 아이는 열세 번째 방에 무엇이 있는지 궁금해져서 참을 수가 없었습니다. 아이는 어느 날 몰래 열세 번째 방에 열쇠를 꽂았습니다. 그러자 방이 열리며 찬란한 빛 속에 앉아 있는 삼위일체가 나타났습니다. 넋을 놓고 바라보던 아이가 빛을 향해 손을 내밀자 손가락이 황금으로 변했지요. 놀라서 문을 닫고 나왔지만 아무리 해도 손가락은 원래대로 돌아오지 않았습니다.

여행에서 돌아온 마리아가 아이에게 물었습니다. "그 방문은 안 열었겠지?" "네. 안 열었어요." 마리아가 재차 물었지만 대답은 같았어요. 마리아가 황금으로 변한 손가락을 보면서 정말 아니냐고 물었지만 아이는 계속 아니라고 했습니다. 그러자 마리아가 말했습니다. "내 말을 어긴데다 거짓말까지 하는구나. 너는 이제 하늘에서 살 자격이 없어."

소녀는 갑자기 깊은 잠에 빠졌다가 눈을 떴습니다. 모든 게 달라져 있었지요. 아이는 황야 한가운데에 누워 있었어요. 입에서는 말이 나오지 않았습니다. 도망치려 했지만 빽빽한 가시덩굴에 막혀서 황야를 벗어

가장 가깝고 가장 먼 사이

날 수가 없었지요. 소녀는 속이 빈 고목에서 춥고 외로운 날들을 보내야 했습니다.

몇 년의 세월이 흐른 뒤에, 사냥을 하러 온 왕이 가시덤불을 헤치고 들어왔다가 처녀를 발견했습니다. 그녀는 말을 못했지만 왕은 그녀에게 매혹되어 아내로 삼았지요. 그녀가 왕과 결혼해서 첫아들을 낳았을 때 성모 마리아가 찾아왔습니다. 마리아가 열세 번째 문을 연 사실을 고백하라고 했지만 그녀는 다시 부정했지요. 그러자 마리아는 아기를 데리고 사라졌습니다. 다음 해에 둘째 아기를 낳았을 때도, 그 다음 해에 셋째 아기를 낳았을 때도 마찬가지였어요. 아기를 다 잃으면서도 그녀는 끝내 금지된 문을 열었다는 사실을 인정하지 않았습니다.

아기가 계속 사라지자 사람들은 왕비가 아기를 잡아먹는다고 믿게 됐고 그녀는 마녀로 몰려서 화형을 당하게 됐습니다. 장작에 불이 붙어서 뜨거운 불길이 몸에 닿는 순간, 그녀의 마음은 비로소 후회로 가득 찼습니다.

'아, 죽기 전에 사실을 고백할 수 있다면!'

그 순간 입에서 소리가 터져 나왔습니다. 그녀는 큰 소리로 외쳤어요.

"맞아요, 마리아님. 저는 그 문을 열었습니다!"

그러자 갑자기 하늘에서 비가 내려 불이 꺼지더니 성모 마리아가 빛을 타고 내려왔습니다. 마리아는 왕비에게 세 아이를 건네주며 다정하게 말했지요. "죄를 후회하고 고백하는 사람은 용서를 받는 법이다." 그 후 그녀는 평생 행복하게 살 수 있었습니다.

그림형제는 독실한 기독교 신자였다고 알려져 있어요. 민담집에는 종교의 색채가 짙은 이야기들이 꽤 실려 있지요. 이 이야기는 대표적인 사례 중 하나입니다.

그림형제 민담은 종교적 색채와 관련하여 부정적인 비평의 대상이 되기도 합니다. 기독교적 세계관이 짙게 투영되면서 옛이야기다움이 퇴색한 면이 있다는 것이지요. 저의 생각은 좀 다릅니다. 기독교적 색채와 상관없이 이 이야기는 보편적인 삶의 철학이 담긴 원형적인 이야기로 다가옵니다. 어떤 면에서 그런지 짚어보지요.

이야기 속의 소녀는 지옥과 천국을 몇 번 오갑니다. 첫 출발은 지옥 쪽이었어요. 부모에게 짐이 되는 굶주린 아이였으니까요. 그러던 그녀는 어느 날 홀쩍 하늘나라로 올라갑니다. 꿈 같은 반전이지요. (현실적으로 비유하자면 고아원에서 고생하던 아이가 부유하고 따뜻한 집안으로 입양된 상황을 떠올릴 만합니다.) 하지만 문을 열지 말라는 금기를 깬 순간, 그리고 그 사실을 부정한 순간 그녀는 다시 나락으로 떨어집니다. 춥고 배고픈 황야의 감옥부터 자식의 연이은 죽음까지, 몰락은 결정적이었습니다. 그렇게 속절없이 삶이 끝날 것 같았지요. 하지만 마지막 순간에 죄를 고백하자 그녀 앞에 다시 천국이 열립니다. 반전에 반전, 또 반전입니다.

반전의 연출자는 단연 성모 마리아로 보이지만, 제 생각은 다릅니다. 첫 번째 반전은 몰라도 이어지는 서사에서 주인공이자 연출자는 소녀 자신이라고 보고 있지요. 이야기는 마리아가 그녀를 가시덤불 속에 가두고 자식들을 빼앗았다고 하지만 실상은 그녀 스스로 그렇게 한 것입니다. 스스로를 속임으로써 자신을 가시덤불에 가두었고, 끝까지 자신을 부정함으로써 소중한 것들을 잃어버렸지요.

말하자면 그녀는 '자기 자신을 감옥에 가둔 사람'의 표상입니다. 스스로 감옥에 들어간 사람을 누가 꺼내줄 수 있을까요? 옆에서 아무리 달래고 힘을 써도 어찌할 수가 없습니다. 이 감옥은 스스로 일어나서 깨뜨려야만 벗어날 수 있지요. 그런데 그녀는 죽음이 코앞에 닥치는 순간까지 그 일을 하지 않습니다. 거듭해서 기회를 주는데도요.

그냥 인정하면 될 일을 왜 그렇게 고집을 피우며 고통을 자초하는지 답답하지만, 돌아보면 그것이 사람이고 인생입니다. 저 여성처럼 스스로를 감옥에 가두고 신음하는 사람이 얼마나 많나요? 모두가 뻔히 아는데도 손바닥으로 해를 가리려고 발버둥 치다 나락에 떨어지는 사람들. 끝내 그 감옥을 벗어나지 못한 채 생을 마감하는 사람들도 한둘이 아닙니다. 그러니 이 이야기는 특정한 종교 이야기라고 할 수가 없습니다. 천국과 지옥을 끊임없이 오가는 우리 모두의 이야기지요.

이렇게 보면 버겁고 두렵다는 생각도 들지만, 그렇지 않습니다. 이 이야기는 우리 삶을 따뜻하게 감싸주는 아름다운 서사입니다. 이야기가 마지막에 전해주는 감동과 위로가 무척 큽니다. 돌아보면 소녀의 삶은 무척이나 길고 무거운 죄와 절망의 터널이었지요. 한두 번도 아니고 여섯 번이나 거짓 증언을 했으니까요. 이것은 도저히 돌이킬 수 없는 죄일 것 같았어요. 하지만 이야기는 말해줍니다. 세상에 돌이킬 수 없는 죄는 없고 벗어날 수 없는 절망도 없다고요. 마음을 바꾸는 순간, 진심으로 그릇된 일을 바로잡는 순간, 어둠은 훌쩍 사라지고 찬란한 새날이 시작된다고요.

그렇습니다. 중요한 것은 과거가 아니라 '지금의 내가 어떤 존재인가' 하는 것입니다. 기나긴 절망도 단숨에 빛으로 바뀔 수 있습니다. 다름 아닌 나 자신의 힘으로요. 이 이야기는 오롯한 구원의 서사이자 축복의 서사입니다. 범종교적 차원의 구원이고 축복이지요.

오래전부터 저와 소통을 이어오고 있는 청년이 있습니다. 혼탁한 세상을 헤쳐 나가기에는 너무나 여리고 순수한 영혼을 가진 친구지요. 그는 마음속에 큰 상처와 고통을 뭉쳐두고 있어요. 욕실에서 아버지가 돌아가실 때, 집에 있었으면서 그 사실을 미처 알아채지 못했다는 사실이 크나큰 자책이 되어 칼날처럼 영혼을 베이곤 합니다. 옆에서 건네주는 위로의 말로 치유되기에는 상처가 너무 깊어요. 꽤 오래전의 일인데도요.

너무 자주 연락하면 부담스러울까 봐 신년이나 명절에 꼬박꼬박 메일을 보내는 그 청년이 지난번 메일에서 이렇게 썼더군요. "선생님이 많이 힘들 때 힘을 얻는 이야기가 있으신가요?" 바리데기, 무수옹, 꼬마 재봉사…… 이런 이야기들을 적을까 하다가 문득 〈성모 마리아의 아이〉가 떠올랐어요. 이 이야기를 보면 위로가 된다고 답을 주었습니다. 그가 이 이야기를 찾아서 읽으면 아마도 많이 울 것입니다. 기나긴 울음 끝에 오랜 고통의 터널을 벗어날 하나의 빛을 발견할 수 있다면 정말 좋겠습니다.

진심으로 조언해주는
한 사람의 힘

처음에는 무심하게 읽고 지나쳤다가 어느 날 새롭게 다가온 이야기가 있습니다. 그림형제 민담집 앞쪽에 실린 〈충성스런 요하네스〉(Der treue Johannes; KHM 6)예요. 그만큼 중요하다는 뜻이겠지요. 내용은 다음과 같습니다.

옛날에 한 늙은 왕이 깊은 병이 들자 충성스런 시종 요하네스를 불러 아들의 앞날을 부탁했다. 아들에게 성 안의 모든 것을 보여주되 황금 궁전에 사는 공주의 초상화가 숨겨진 마지막 방만은 보여주지 말라고 했다. 왕은 요하네스의 맹세를 믿고 세상을 떠났다.

요하네스는 젊은 왕에게 충성을 다짐했다. 그는 왕에게 갖은 보물이 가득한 성을 구석구석 보여주었지만 마지막 방만큼은 허락하지 않았다. 방 안이 궁금해진 왕은 문을 열어달라고 사정했다. 방에 못 들어가느니 차라리 죽는 게 낫다며 꼼짝하지 않았다. 요하네스는 도리 없이 문을 열어줄 수밖에 없었다. 방에 들어가 공주의 초상화를 본 왕은 그 찬란한 모습에 넋이 빠져서 쓰러지고 말았다.

젊은 왕의 마음은 황금 궁전의 공주로 가득했다. 목숨을 걸고라도 그녀를 얻고자 했다. 왕은 요하네스에게 제발 자기를 도와달라고 매달렸다. 요하네스는 최고의 금 세공품들을 만들어 배에 실은 뒤 왕과 함께 황금 궁전을 찾아 떠났다. 요하네스가 보여주는 금붙이에 마음이 혹한 공주는 다른 물건도 살펴보려고 배에 올랐다. 드디어 공주를 대면한 왕은 가슴이 터질 것 같았다. 요하네스는 사공을 시켜 배를 출발시켰고, 왕은 공주에게 사랑을 고백해서 마음을 얻어냈다.

배가 바다 위를 달릴 때 세 마리 까마귀가 날아와 울기 시작했다. 요하네스만이 그 말을 알아들을 수 있었다. 까마귀는 왕이 적갈색 말에 올라타면 공주를 잃게 되니 총으로 말을 쏴 죽여야 한다고 했고, 화려한 결혼 예복을 입으면 불에 타 죽으니 옷을 불에 던져야 한다고 했다. 또 왕비가 춤을 추다 쓰러졌을 때 그녀를 살리려면 오른쪽 가슴에서 피 세 방울을 빨아내야 한다고 했다. 까마귀는 이 사실을 남에게 말할 경우 요하네스의 몸이 돌로 변할 것이라고 했다.

요하네스는 위험을 무릅쓰고 주인을 구하러 나섰다. 왕이 타려는 적갈색 말을 총으로 쏘고, 왕이 입으려던 예복을 불에 던졌으며, 신부가 춤을 추다 쓰러지자 오른쪽 가슴에서 피를 빨아 내뱉었다. 왕은 앞의 두

가지 일은 넘어갔으나 신부의 가슴을 빤 일은 도저히 참을 수 없었다. 왕은 요하네스를 옥에 가두고 사형을 선고했다. 교수대에 세워진 요하네스는 마지막 발언 기회를 얻어서 자기가 그렇게 행동했던 이유를 이야기했다. 진실을 알게 된 왕은 깜짝 놀라서 사면을 명했지만, 요하네스의 몸은 돌로 변한 뒤였다.

왕은 석상이 된 요하네스를 곁에 두고 지내면서 그를 되살릴 수 있기를 바랐다. 세월이 흘러 쌍둥이 아들을 얻었지만 그는 요하네스를 잊을 수 없었다. 그는 석상을 보면서 이렇게 말했다. "아, 충성스런 요하네스. 그대를 다시 살릴 수 있다면!" 그러던 어느 날, 석상이 입을 열어서 왕에게 말했다. "당신은 저를 다시 살릴 수 있습니다. 가장 소중한 것을 버릴 수 있다면요." "아, 요하네스! 내가 가진 모든 것을 그대를 위해 바치리다." 그러자 석상이 말했다. "당신이 직접 쌍둥이 왕자의 머리를 베어서 그 피를 제 몸에 바르면 저는 다시 살아날 것입니다."

왕은 자기가 제일 사랑하는 아이들을 죽여야 한다는 말에 깜짝 놀랐다. 하지만 충성스런 요하네스가 자기를 위해 목숨을 바친 일을 생각하고서 칼을 빼어 제 손으로 아이들의 목을 잘랐다. 그 피를 석상에 마르자 요하네스의 생명이 돌아왔다.

힘찬 모습으로 돌아온 요하네스가 왕을 바라보면서 말했다. "당신의 신의는 보답을 받을 것입니다." 요하네스는 두 아이의 머리를 몸에 얹고 상처에 피를 발랐다. 그러자 두 아들은 말짱하게 되살아나 뛰어다녔다. 왕의 마음은 기쁨으로 가득 찼다. 모든 사실을 알게 된 왕비도 진심으로 기뻐했다. 그들은 죽을 때까지 요하네스와 함께 행복하게 살았다.

이야기 속의 요하네스는 말 그대로 충성스러운 존재였습니다. 젊은 주인을 위해 할 수 있는 모든 일을 다 하는 사람이지요. 왕을 위해 황금 궁전의 아름다운 공주를 데려오는 것쯤은 오히려 어려운 일이 아니었습니다. 진정 어려운 것은 자신의 충심이 주인의 오해를 사게 될 일이었습니다. 멋진 말을 죽이고 예복을 불태우는 일은, 나아가 왕비의 가슴에 입을 대고 피를 빼는 일은 주인의 기대나 욕망에 반하는 일이었지요. 오해와 미움을 사고 죽음을 자초할 일이었음에도 그는 그 일을 합니다. 자기 몸이 돌로 변해서 굳어가는 것을 무릅쓰고요. 왜냐하면 그는 충성스런 요하네스니까요.

요하네스를 보면서 곁에 이런 사람이 있다면 얼마나 좋을까 생각해봅니다. 하지만 충신을 옆에 두는 것은 불편한 일이기도 합니다. 그는 걸핏하면 나를 제지하고 힘들게 하지요. 내가 가고 싶은 길을 막아서고, 내가 사랑하는 물건을 손상시키며, 사랑하는 이에게 손을 댑니다. 모든 것이 나를 위한 것이려니 하면 될 일이지만, 쉽지가 않아요. 왕이 그랬듯 분노에 휩싸여 그를 가두고 없애려 할 가능성이 큽니다.

요하네스의 모습에서 자연스럽게 떠올리는 것은 한 명의 진정한 친구입니다. 오해 속에 버림받을 것을 무릅쓰면서까지 위험한 일을 대신해주는 친구. 나를 바른 길로 이끌기 위해 쓰라린 충고를 해주는 친구. 때로 귀찮거나 부담스러울 수도 있지만 이런 친구 하나만 있다면 삶이 온전히 지켜질 테니 얼마나 고맙고 복된 일일까요.

요하네스에게서 진정한 친구를 떠올리면서 '나에게 그런 친구가 있었나?' 생각하던 중에 문득 머리가 띵해졌습니다. 저에게도 그런 친구가 있었던 거예요. 저만이 아닙니다. 세상 모든 사람들에게 그런 친구가 있지요. 나를 일깨워주는 또 다른 나. 그는 바로 우리 안에 있습니다. 깊은 곳에서 나를 일깨워주고 지켜주는 무엇. 바로 양심 또는 초자아입니다. '참자아'라는 말이 더 좋을 것 같기도 하네요.

요하네스가 마지막 방문을 막아서는 장면을 떠올려봅니다. 방 안에 있는 공주의 초상이 뭐라고 요하네스는 애써 막아선 걸까요? 이야기는 황금 궁전의 공주를 보면 거기서 벗어날 수 없다고 말합니다. 한번 휘말리면 헤어날 수 없는 아름다움은 금할 수 없는 유혹의 상징입니다. 강력하고 위태로운 함정이지요. 그래서 요하네스라는 이름의 초자아는, 냉철한 이성은 그 길을 막아섭니다.

이성의 힘은 강렬한 유혹을 이기지 못합니다. 요하네스를 밀치고 방 안에 들어선 왕, 이제부터는 일사천리예요. 본능을 향한 거침없는 달음박질이 시작되지요. 마침내 기적과도 같이 공주를 얻으니 세상이 다 내 것 같습니다. 하지만 진짜 함정은 이제 시작이지요. 적갈색 말과 화려한 예복, 신부의 가슴……. 이들은 질주하는 욕망과 화려한 도취감, 독점적 소유욕을 상징한다는 것이 저의 해석입니다.

요하네스가 애써 그들을 제어하려 하지만, 모두를 이길 수는 없었지요. 왕은 결국 질투를 동반한 독점적 소유욕 앞에서 무너지고 맙니다. 그게 다 자신을 위한 일이었음을 뒤늦게 깨닫지만, 더 이상 요하네스가 머물 자리는 없었지요. 왕이 이미 자기 욕망의 함정에 포획된 상황에서 진실의 목소리는 허망하게 겉돌 따름입니다. 요하네스는 그렇게 돌이 되어버리지요.

하지만 이야기는 이것으로 끝나지 않습니다. 언제나 그렇듯이, 구원의 기회가 옵니다. 시간이 꽤 흐른 뒤였지만 돌이 된 요하네스를 차마 버리지 못하고 곁에 두었던 왕은 그가 되살아나기를 진심으로 소망합니다. 자기 본 모습을 되찾고자 하는 진정한 열망이 솟아난 것이지요. 그러자 요하네스가 응답합니다. 그런데 그가 왕에게 주문한 일은 너무나 가혹했습니다. 사랑하는 자식들의 목을 잘라서 피를 바르라니, 이건 무슨 말일까요? 왜 그렇게까지 해야 했을까요?

이 상징은 잃어버린 자신을 되찾기 위해서는 소중한 모든 것을 버리는 결단과 희생이 필요하다는 뜻이 아닐까 생각합니다. 왕에게 쌍둥이 아들은 도저히 포기할 수 없는 소중한 존재지요. 그 갈림길에서 왕은 결단을 내립니다. 모든 생을 통해 얻은 가장 귀한 가치를 과감히 포기하지요. 그 일을 해내자 죽었던 요하네스가 살아나고 왕은 본래의 자리로 돌아갑니다. 그와 함께 또 다른 기적이 일어납니다. 내 손으로 베어버린 소중한 분신이 훌쩍 되살아나지요. 모든 것을 버리니까 모든 것이 살아난다는 것, 역설적인 진실입니다. 그렇게 진짜 삶이 시작됩니다.

늘 내 안에 머물면서 나를 지켜주는 요하네스. 내가 그를 믿지 않고 외면할 때 그는 돌이 되어 침묵 속에서 눈물을 흘립니다. 지금 이 순간 나의 요하네스가 어디에 어떤 상태로 있는지 생각해봅니다. 그를 위해서 나는 지금 무엇을 죽여야 하는지도요.

가장 가깝고 가장 먼 사이

Chapter 6

홀로서기,
힘들어서 더 아름다운 여정

어떤 삶을 살든
잃어버리면 안 되는 것

진짜 나를 찾아가는 길은 의미심장하면서도 어렵습니다. 이 길은 멀고도 험한 투쟁의 여정이지요. 그 여정을 흥미진진한 모험담으로 풀어낸 이야기를 만나봅니다. 그림민담 〈수정 구슬〉(Die Kristallkugel; KHM 197)입니다. 제목에 등장하는 수정 구슬 외에도 태양의 성에 갇힌 공주, 들소의 몸에서 나온 불새 등 흥미로운 화소가 가득한 이야기예요.

옛날에 세 아들을 둔 마녀가 살고 있었다. 세 형제는 우애가 두터웠는데, 마녀는 세 아들을 믿지 않았고 자기 힘을 뺏으려 한다고 여겼다. 아들들이 자라자 마녀는 행동에 나섰다. 마녀는 맏아들을 독수리로 변하게 해서 멀리 바위 사이에서 살게 했다. 아들이 원을 그리면서 하늘을 돌 때만 그 모습을 볼 수 있었다. 둘째 아들은 고래로 만들어 깊은 바다 속으로 집어넣었다. 그는 높은 물줄기를 뿜어 올릴 때만 모습을 나타냈다. 두 아들은 하루에 두 시간만 사람으로 돌아올 수 있었다.

형들에게 생기는 일을 지켜본 막내아들은 엄마가 자기를 곰이나 늑대로 만들 것임을 눈치 채고 집에서 도망쳐 길을 떠났다. 그가 향한 곳은 황금 태양의 성이었다. 마법사에 의해 성에 갇힌 공주가 구원자를 기다린다는 말을 들었던 것이다. 공주를 구하려면 목숨을 걸어야 했다. 이미 스물세 명이 목숨을 잃었고, 기회는 한 명에게만 남아 있었다. 겁이 없었던 청년은 자기가 그 주인공이 되고자 했다.

청년이 황금 태양의 성을 찾지 못한 채 방황하다가 큰 숲을 지나가는데, 두 거인이 그를 불렀다. 모자를 놓고 다투는 중인데 승부가 안 난다며 인간의 지혜로 결정을 내려달라고 했다. 그 모자는 가고 싶은 곳을 말하면 어디든 순식간에 데려다주는 마법의 물건이었다. 모자를 받아든 청년은 자기가 저만치 가서 신호를 보냈을 때 먼저 도착하는 쪽이 이기는 것으로 하자고 말했다.

모자를 쓰고 걸어가던 청년은 무심코 마음속에 있던 말을 내뱉었다. "아, 황금 태양의 성에 갈 수 있다면!" 그러자 그는 높은 산에 우뚝 선 성 앞에 서 있었다. 황금 태양의 성이었다.

공주는 성의 마지막 방에 있었는데 잿빛 얼굴은 쭈글쭈글하고 눈은 흐리멍텅하며 머리는 붉었다. 의아해하는 청년에게 공주가 말했다. "제 본래 모습을 알고 싶으면 거울을 보세요." 청년이 거울을 받아서 공주를 비추자 세상에서 가장 아름다운 여인이 나타났다. 두 뺨에 눈물이 줄줄 흐르고 있었다.

"아아, 어떻게 하면 당신을 구할 수 있을까요? 어떤 위험한 일도 좋습니다." "수정 구슬을 구해서 마법사에게 내밀어야 해요. 그러면 그는 힘을 잃고 저는 본래 모습으로 돌아올 수 있어요. 하지만 이미 많은 분들이 구슬을 구하려다 목숨을 잃었습니다."

청년이 자기를 막을 수 있는 것은 아무것도 없다며 방법을 알려달라고 하자 공주가 말했다. "성 아래의 샘 옆에 사나운 들소가 있어요. 들소와 싸워서 이겨야 합니다. 들소가 죽으면 몸에서 불새가 날아오를 거예요. 불새는 빛나는 알을 지니고 있는데 그 안에 수정 구슬이 노른자처럼 들어 있답니다. 알이 땅에 떨어지면 안 돼요. 알이 땅에 닿으면 모든 것이 타버리고 수정 구슬도 녹아버리지요."

공주의 말을 새겨들은 청년은 산에서 내려와 들소를 찾아갔다. 콧김을 내뿜으면서 달려드는 들소와 한참을 뒤얽혀 싸운 끝에 청년은 칼로 짐승을 찔러서 쓰러뜨렸다. 들소의 몸에서 불새가 나와 하늘로 날아오를 때 독수리로 변해 있던 큰형이 날아왔다. 독수리가 부리로 마구 쪼자 불새는 알을 떨어뜨렸다. 알이 바닷가 오두막으로 떨어져 불길이 솟으려는 순간, 바다에서 집채만 한 파도가 밀려와 불을 껐다. 고래로 변해 있던 작은형이 물을 뿜은 것이었다.

청년이 알을 찾아서 살펴보니 껍질이 깨졌지만 수정 구슬은 무사했다. 청년이 마법사를 찾아가 구슬을 내밀자 마법사가 말했다. "나의 힘은 깨졌소. 이제 그대가 이 성의 왕입니다. 형들도 사람으로 돌아올 거요." 청년이 성의 마지막 방으로 들어가니 공주가 아름답고 찬란한 모습으

홀로서기, 힘들어서 더 아름다운 여정

로 서 있었다. 두 사람은 기쁨에 차서 반지를 교환했다.

어머니를 피해서 집을 떠난 청년이 수정 구슬을 구하기 위해 싸우는 과정이 흥미진진합니다. 들소에게서 나온 불새가 가진 알 속에 들어 있는 수정 구슬이라니, 무척 특이한 설정이에요. 불새가 날아오를 때 갑자기 독수리와 고래가 나타나서 주인공을 돕는 것도 예상치 못한 전개지요. 반전의 연속입니다.

이 이야기의 밑바탕에는 부모와 자녀의 갈등이 있습니다. 엄마와 아들, 그리고 아빠와 딸의 갈등이지요. 주인공을 포함한 삼형제는 엄마와 갈등 관계에 있습니다. 마녀로 표현된 엄마는 자식을 자기의 권력 아래에 두려는 사람이지요. 자식이 통제를 따르지 않는 것을 두려워합니다. 아들들이 다 씩씩하고 용맹했던 듯한데, 바위 틈에 가두고 깊은 물속에 넣어서 제대로 사람 노릇을 못하게 하지요. 만약 주인공이 엄마 밑에 있었다면 비슷한 신세가 됐을 것입니다.

마법사와 공주의 관계도 비슷합니다. 마법사는 딸을 옴짝달싹못하게 구속하는 아버지라고 볼 수 있어요. 딸과 결혼하려는 청년들을 죽여버리는 억압적인 아버지 밑에서 딸은 마음에 주름이 가득한 상태로 눈물을 흘립니다. 거울에 비친 공주의 모습은 그녀의 내면을 단적으로 보여주지요. 기성세대가 신세대를 옭죄고 흔들 때 세상에는 흉흉한 기운이 넘쳐납니다. 사나운 들소나 불새가 날뛰는 일은 그 은유로 볼 수 있지요.

문제를 해결하는 힘은 수정 구슬에 있었습니다. 마법사의 힘을 무력화하고, 흉하게 무너져 있던 사람의 찬란한 본모습을 찾아주는 수정 구슬이 상징하는 건 무엇일까요?

세상의 거친 회오리 속에 감춰진 '태초의 알'에 노른자처럼 숨어 있는 구슬은 원형적 생명을 암시합니다. 수정 구슬이니 투명하고 강한 생명의 힘이지요. 그것은 앞에서 본 요하네스와 통하는 무엇, '참 자아'로 보면 딱 어울립니다. 요하네스를 작고 투명하게 응축한 구슬 정도로 생각하면 되겠어요. 나를 나답게 하는 정수(精髓)이지요.

이것을 상실하면 인간은 자기 삶을 살 수 없습니다. 첫째 아들처럼 날개를 펼치지 못한 채 바위틈에서 몸이 긁히고, 둘째 아들처럼 깊은 바다 속을 헤매며 한숨을 토해냅니다. 본연의 생명력과 아름다움을 잃은 채 공주처럼 어둠 속에서 눈물을 흘리고, 막내아들처럼 가야 할 바를 모른 채 드넓은 세상을 방황하게 되지요. 마침내 그것을 찾아낼 때 모든 문제는 한꺼번에 해결됩니다.

그 귀한 보물을 찾는 일이 손쉬울 리 없지요. 이야기는 구슬을 찾기까지의 길고 험한 행로를 생생히 보여줍니다. 깊은 숲속을 한없이 헤매고, 사나운 들소와 맞닥뜨리고, 불새를 붙잡아서 알을 빼앗고, 알이 깨지거나 녹지 않도록 챙기고…… 그야말로 고난의 연속입니다.

일련의 과정은 심리적 상징으로 해석할 수도 있습니다. 사나운 들소와의 싸움은 내면의 동물적 본능과 싸우는 과정으로 볼 수 있지요. 시뻘건 불새를 제압하는 과정은 타오르는 감정을 제어하는 일로 볼 수 있습니다. 뜨겁게 타오르는 격정은 수정 구슬을 한순간에 태워버릴 수 있지요. 격정적인 감정을 제어하기 위해서는 독수리의 매서운 성찰과 고래의 물보라 같은 차가운 이성이 필요합니다.

이 위태롭고 아슬아슬한 싸움에서 승리해 참 자아를 찾은 청년은 세상의 당당한 주인공이 됩니다. 이야기는 이를 '왕'으로 표현하지요. 존재에서 우러나는 빛은 모든 어둠을 걷어냅니다. '마법'이라는 거짓과 술수, 폭력은 더 이상 그를 우롱하지 못합니다.

참 자아를 찾아 홀로 서기까지의 서사적 과정에서 두 가지 요소에 특별히 주목하게 됩니다. 하나는 '마법의 모자'입니다. 숲속에서 방황하다가 거인들에게서 얻은 모자 덕분에 주인공은 황금 태양의 성에 다다르지요. 그 모자는 무엇을 상징할까요?

이야기에서 주인공은 모자를 쓰고 "아, 황금 태양의 성에 갈 수 있다면!" 하고 외칩니다. 그렇다면 모자는 '간절한 소망이나 의지'를 상징하는 것 아닐까요? 앞이 꽉 막힌 것 같은 상황에서도 간절한 소망과 의지를 놓지 않으면 거짓말처럼 길이 활짝 열린다는 사실을 저렇게 표현한 것이지요. 모자를 전해준 두 거인은 어쩌면 신일 수도 있겠습니다.

또 한 가지는 '갇힌 자들의 연대'입니다. 이야기에서 주인공이 수정 구슬을 찾아서 문제를 해결한 것은 혼자만의 힘으로 거둔 성취가 아닙니다. 성을 찾아내고 들소와 싸워 이긴 것은 주인공이지만, 나머지는 아니었어요. 마법을 푸는 힘을 지닌 수정 구슬의 존재를 알려주고, 그것을 찾는 방법을 말해준 사람은 공주입니다. 불새가 도망치려 하거나 땅에 불이 붙어 수정 구슬이 녹으려 하는 결정적인 순간에는 형들이 나타나 역할을 해줍니다. 독수리처럼 매서운 성찰과 고래처럼 차가운 이성을 형들이 채워준 셈이지요.

이 이야기에서 삼형제와 공주가 힘을 합쳐서 펼쳐간 서사는 '존재의 독립성과 가치를 훼손하는 기성세대의 권력과 구속에 맞서는 젊은이들의 연대'라고 해도 좋겠습니다. 세상을 바꾸는 데 있어 반드시 필요한 무엇이지요.

이야기는 수정 구슬을 얻기 위한 싸움을 한 번의 일로 보여줍니다. 하지만 실제 삶에서 들소나 불새와의 싸움, 마법사와의 싸움은 끝없이 해야 하는 무엇입니다. 평생 지속해야 하는 힘겨운 싸움일 수도 있지요. 하지만 수정 구슬이 없다면 인생이 무슨 의미가 있을까요! 오늘도 내일도 기꺼이 그것을 찾아나서는 것이 인간으로 태어난 우리 모두의 아름다운 소명일 것입니다.

손이 잘린 소녀가
지금 한국에 정착한다면

옛이야기에서 딸은 아들보다 더 큰 억압에 시달립니다. 〈수정 구슬〉에서 세 아들은 어디론가 끊임없이 향하는데 딸은 성에 갇혀 눈물을 흘리지요. 현실의 반영입니다. 어린 여성이 부모와 세상의 억압을 이겨내는 일은 그만큼 어렵지요. 비단 과거의 일만은 아닙니다.

이제 갖은 억압 속에서 자신을 지키기 위해 힘겨운 분투를 이어갔던 한 여성의 이야기를 보려 합니다. 부모에게 손이 잘린 딸 이야기예요. 세계 각국에서 비슷한 이야기가 전해지는데, 독일과 한국의 이야기를 함께 보겠습니다.

물레방아와 큰 사과나무 하나만 가진 가난한 물방앗간 주인이 있었다.

어느 날 노인으로 변한 악마가 그에게 다가와 물레방아 뒤에 있는 것을 주면 부자로 만들어주겠다고 했다. 남자는 그것이 사과나무라고 생각해 그 말을 받아들였다. 알고 보니 물레방아 뒤에는 하나뿐인 딸이 놀고 있었다. 남자는 부자가 됐지만 악마에게 딸을 내줘야 했다.

방앗간의 딸은 아름답고 믿음이 깊은 소녀였다. 악마는 죄가 없이 깨끗한 소녀에게 다가갈 수 없었다. 몸을 씻지 못하게 하려고 물을 주지 않자 소녀는 눈물을 받아서 몸을 깨끗이 씻었다. 그러자 악마는 방앗간 주인을 협박해서 딸의 두 손을 자르게 만들었다. 그러고 나서 다시 찾아왔으나 수많은 눈물로 씻긴 소녀의 몸은 여전히 깨끗했다. 악마는 소녀를 데려가기를 포기하고 물러갈 수밖에 없었다.

손이 없는 소녀는 자기를 보살피겠다는 아버지의 말을 사양하고 집을 나갔다. 소녀는 온종일 걸은 끝에 물로 둘러싸인 왕의 정원에 이르렀다. 천사의 도움으로 물을 건너 정원으로 들어간 소녀는 입으로 배를 따 먹었다. 배가 없어진 것을 이상하게 여긴 왕은 사람을 시켜 정원을 감시하게 했다. 배를 따 먹던 손 없는 소녀를 붙잡은 왕은 그 아름다움과 경건함에 반해 그녀를 아내로 삼았다. 그리고 그녀에게 은으로 만든 손을 붙여주었다.

얼마 뒤 왕은 아내를 어머니에게 부탁하고 전쟁터로 떠났다. 왕비가 아기를 낳자 어머니는 편지를 써서 아들에게 소식을 전하려 했다. 하지만 악마가 편지를 가로채서 왕비가 괴물을 낳았다는 내용으로 바꾸었다. 악마는 오가는 편지를 계속 바꿔서 왕의 어머니로 하여금 왕비와 아기를 죽일 수밖에 없는 상황으로 몰아갔다. 왕의 어머니는 차마 모자를

홀로서기, 힘들어서 더 아름다운 여정

죽이지 못하고 왕비의 등에 아이를 묶은 뒤 궁 밖으로 내보냈다.

길을 떠난 여인은 거친 숲에 이르자 하늘을 향해 기도했다. 그러자 천사가 나타나 모자를 작은 집으로 인도했다. 거기에는 '누구나 자유롭게 살 수 있는 집'이라는 간판이 걸려 있었다. 손 없는 여인은 그 집에서 천사의 보살핌 속에 깊은 믿음과 경건함을 잃지 않으며 7년을 살았다. 그러자 잘렸던 손이 새로 생겨났다.

전쟁터에서 돌아온 왕은 아내와 아이가 없어진 것을 알고 비통해하며 두 사람을 찾아 나섰다. 그들을 찾기 전에는 먹지도 마시지도 않겠다고 맹세했다. 식음을 전폐하고 7년을 찾아 헤매던 왕은 마침내 '누구나 자유롭게 살 수 있는 집'에 다다랐고, 아내와 아들을 만났다. 그동안 아내에게 손이 자라난 사실을 발견한 왕의 마음은 환희로 넘쳤다. 궁으로 돌아온 왕과 왕비는 모든 사람들의 기쁨과 축복 속에 다시 결혼식을 올리고 죽을 때까지 행복하게 살았다.

그림형제 민담 〈손이 없는 소녀〉(Das Mädchen ohne Hände; KHM 31)의 사연입니다. 한 여성의 아픈 성장과 고난을 담고 있지요. 손을 잃어버린 절망적인 상황에서 다시 일어나 자기 자신을 찾기까지의 험난한 여정이 가슴 아프면서도 아름답습니다. 자아 찾기 여정을 다룬 대표적인 서사 가운데 하나라고 할 만하지요.

이 이야기의 핵심 화소는 소녀의 손이 잘리고 새롭게 자라나는 일입니다. 소녀의 두 손이 잘렸다는 것은 무엇을 상징할까요? '손이 없는 상황'을 생각해보면 알 수 있습니다. 손이 없으면 간단한 일도 자기 힘으로 해낼 수 없지요. 소녀가 그렇습니다. 일방적이고 폭력적인 억압에 깊은 상처를 받고 속수무책이 되어버린 청춘이 손 없는 소녀가 표상하는 인간상입니다.

여리고 순수한 소녀의 손을 자른 사람은 바로 아버지였습니다. 노인으로 변한 악마가 교묘한 술책을 써서 그리하도록 몰고 갔지요. 부모와 사회의 합작이라 할 수 있습니다. '늙음'으로 상징되는 봉건적이고 보수적인 사회지요. 세상의 가혹한 폭력에 무방비로 노출되고 부모에게도 지지와 보호를 받지 못하는 소녀의 처지가 더없이 가련합니다. 그가 무엇을 할 수 있을까요?

아무 일도 할 수 없었고 실제로도 하지 못한 것처럼 보이지만, 다행히 소녀는 순수한 영혼만큼은 굳건히 지키고 있습니다. 그녀가 끝없이 이어지는 고난 속에서도 무너지지 않고 나아갈 수 있는 최소한이자 최대한의 힘이었지요.

소녀는 혹독한 결심과 인고의 시간을 통해 악마의 손아귀에서 벗어나 세상으로 나아갑니다. 하지만 그에게는 지울 수도 감출 수도 없는 외상이 남아 있어요. 그에게는 두 손이 없습니다. 배를 따 먹는 간단한 일조차 소녀에게는 험난했지요.

그런 그에게 꼭 필요한 것은 무엇이었을까요? 주변 사람들의 관심과 지지와 도움입니다. 이 역할을 이야기에서는 젊은 왕이 합니다. 상처받은 영혼에게 손을 내밀고 은으로 된 손을 만들어 붙여주는 사람, 참 멋집니다. 왕이 될 만하지요. 그가 내민 손은 참사랑이라고 하기에 부족함이 없습니다.

홀로서기, 힘들어서 더 아름다운 여정

하지만 왕이 달아준 손은 진짜 손이 될 수 없습니다. 반짝이는 보석이라지만 실은 딱딱한 모조품에 불과하지요. 주인공의 삶 또한 그러합니다. 남자가 지켜주는 삶이란 반쪽짜리 삶일 따름이에요. 혼자가되는 순간 균형을 잃은 채 넘어질 위험이 크지요. 그 운명은 이야기에서도 어김없이 실현됩니다. 왕이 떠난 뒤 악마의 장난에 의해 그녀는길을 잃고 쓰러집니다.

앞에서 소녀를 잔인하게 공격하는 악마를 '사회적 폭력'이라고 했어요. 여인으로 성장한 소녀를 공격하는 악마 또한 마찬가지입니다. 의심과 편견, 질투와 시기심, 이유 없는 미움과 왜곡, 갖은 험담과 인신공격……. 이 모든 폭력을 이야기는 '악마'로 표현합니다. '편지를바꿔 쓰는 일'은 진실이 어떻게 왜곡되어 멀쩡한 사람을 공격 대상으로 삼는지를 너무나 정확하게 보여주어서 소름 끼칠 정도입니다. 지금도 인터넷에서 이런 인격 살인이 비일비재하게 벌어지지요. 특히나이 여인처럼 어느 날 홀연히 '신데렐라'가 된 인물들에 대해서요.

또다시 거대한 폭력에 무너져 황야로 내쳐진 여인에게 필요한 것은 무엇일까요? 사랑하는 사람? 그럴 수도 있지만, 너무 먼 일입니다. 당장 어딘가에 머물면서 어린 아들과 함께 목숨을 이어가야 하는 것이 여인의 절박한 처지였습니다. 그에게 꼭 필요한 것은 바로 사회적보호막이에요. 사회가 이런 사람들을 챙기고 보살펴 다시 일어설 수있게 해야 합니다. 이야기는 그것을 '누구나 자유롭게 살 수 있는 집'으로 묘사하며, 그 집을 지키는 사람들을 '천사'라고 표현합니다. 요즘으로 말하면 사회복지사, 심리치료사 같은 이들일 것입니다.

여인이 그 집에서 머무는 동안 잘린 손이 자라났다는 것은 내적 상징으로 볼 때 꼭 맞습니다. 1, 2년도 아니고 7년이잖아요? 긴 시간 동안 스스로를 챙기고 자식을 키우는 가운데 여인은 마침내 스스로 설 수 있는 존재가 되었으니, 손이 생겨났다는 것은 그 서사적 은유에 해당합니다. 이것이야말로 진정한 반전이라 할 수 있지요.

이야기는 그 지점에서 다시 왕을 등장시켜 서로 뜨겁게 손을 맞잡게 합니다. 이들은 같은 사람이면서도 예전의 그 사람이 아닙니다. 여인은 더 이상 상처를 안은 채 기대는 존재가 아니고, 남자는 더 이상 금수저 보호자가 아니지요. 한 명의 오롯한 인간일 뿐입니다. 둘의 참된 사랑, 진짜 삶은 이렇게 시작되지요. 이야기 끝에서 그들이 다시 결혼식을 올렸다는 것은 이를 의미합니다. 두 사람이 걸어갈 길을 하늘이 축복할 텐데 무슨 두려움이 있을까요! 죽을 때까지 행복하게 살았다는 것이 조금도 과장이 아닙니다.

한국에서 전해 내려오는 손 없는 여인에 대한 이야기는 〈손 없는 각시〉라고도 하고 〈손 없는 색시〉라고도 하는데 〈손 없는 각시〉를 취합니다. 독일의 민담과 내용이 유사하지만 다른 부분도 있으니 유심히 살펴보면 좋겠습니다. 한 여성 화자가 구연한 자료를 바탕으로 내용을 정리합니다.[5]

옛날에 한 정승이 재혼을 하는데 과년한 딸을 숨겨놓고서 아들만 있는 것처럼 행동했다. 계모는 의붓아들이 누나를 찾는 말을 듣고서 딸이 있

홀로서기, 힘들어서 더 아름다운 여정

음을 눈치 채고는 아들을 앞세워서 의붓딸이 숨어 있는 곳을 찾아냈다. 계모는 의붓딸이 예쁘고 재주가 있는 것을 보고 그녀를 없애고자 했다. 돌메밀로 만든 묵을 먹여서 자리에 눕게 한 뒤 껍데기를 벗긴 쥐를 이불 속에 넣어서 낙태한 것처럼 꾸몄다. 이를 본 정승은 집안 망신이라며 딸의 두 손을 작두로 싹둑 자르고는 아들을 시켜서 강물에 내다버리게 했다. 동생은 두 손을 물에 띄우고 누나를 풀어주었다.

손 없이 길을 떠난 처녀가 정처 없이 가다 보니 어느 좋은 집의 배나무에 열매가 주렁주렁 열려 있었다. 배가 고팠던 처녀는 힘들게 나무에 올라가 입으로 배를 베어 먹었다. 그 집에 살던 도령이 나무에 손 없는 예쁜 처녀가 올라가 있는 것을 보고 집으로 들여서 자기 방에 숨겨두었다. 도령이 평소보다 많이 먹는 걸 이상하게 여긴 하녀가 방 안을 엿보니 도령이 처녀에게 밥을 떠먹여주고 있었다. 그 말을 전해들은 안주인은 알고도 모른 척 계속 밥을 넣어주게 했다.

어느 날 과거를 보러 떠나게 된 도령은 어머니에게 처녀 이야기를 하면서 잘 보살펴달라고 했다. 도령이 떠난 뒤 어머니가 처녀를 보호하는데, 처녀의 배가 점점 불러오기 시작하더니 남자아이를 낳았다. 과거를 보러 간 아들이 돌아올 때가 되자 그 집에서는 양반 가문에 여자를 그대로 둘 수 없다며 아이를 업혀서 집에서 내보냈다.

다시 정처 없이 떠도는 신세가 된 각시는 길을 가다가 목이 말라서 물을 마시려고 옹달샘에서 몸을 굽혔다. 그러자 등에 업고 있던 아이가 미끄러져 옹달샘에 빠졌다. 깜짝 놀란 각시가 아이를 잡으려고 팔을 뻗자 잘렸던 두 손이 쑥 붙었다. 되찾은 손으로 아이를 건진 각시는 한 마을에 들어가서 베를 짜면서 아이를 키웠다.

세월이 흘러 아이가 여덟 살이 되었을 때, 손 없는 각시를 못 잊고 찾아다니던 도령이 그 마을에 이르렀다. 각시를 꼭 닮은 아이를 발견한 도령은 아이를 따라가서 각시를 발견했다. 도령은 손을 되찾은 아내와 함께 아들을 데리고 집으로 돌아왔다. 아버지 밑에서 공부하며 열다섯 살이 된 아이는 어머니가 쫓겨난 사연을 전해 듣고 외갓집을 찾아갔다. 사연을 전해들은 외조부가 집에 보관하고 있던 낙태물을 갈라보니 사람이 아닌 쥐였다. 부녀는 끊어졌던 인연을 다시 이어서 잘 살았다.

이 이야기에서는 〈손이 없는 소녀〉와 달리 계모가 중요한 역할을 합니다. 아버지의 캐릭터에도 차이가 있어요. 딸의 손을 자르는 것은 서로 같지만, 〈손 없는 각시〉의 아버지는 딸을 사랑해서 몰래 숨겨뒀던 쪽이라서 양상이 다르지요. 손 없는 소녀가 스스로 떠난 것과 달리 이 각시는 집에서 쫓겨난 점도 다릅니다. 하지만 손 없이 배를 따 먹다가 남자에게 발견됐다거나 여러 해 동안 아이와 함께 방황한 끝에 남편을 만났다는 내용은 놀랍도록 비슷합니다.

〈손 없는 각시〉에 대해서는 최근 작품론 차원의 논의를 펼친 적이 있습니다.[6] 글에서 주목한 것은 주인공이 손이 잘린 채 집에서 나가는 과정이 일종의 통과의례였다는 점이었어요. 아버지는 아내 몰래 딸을 깊은 곳에 숨겨두고 혼자 만나는데 이는 억압적이고 배타적인 소유욕이라고 할 수 있습니다. 〈별별 털복숭이〉의 아버지나 〈수정 구슬〉의 마법사를 연상시키지요. 그렇게 구속당한 딸은 이미 손이 잘린 셈이었다고 할 수 있습니다. 그는 숨겨진 상태에서 벗어나 집과 분리되는 순간 비로소 자기 삶을 살아갈 계기를 찾게 되지요. 역설적이지만 계모가 그 계기를 만들어줍니다. 때로는 착한 부모보다 모진 부모가 자식의 독립과 성장에 도움이 된다는 것은 실제적인 진실이기도 하고요.

과정에는 차이가 있지만, 두 이야기 속의 여인들이 집을 떠나면서 진정한 자기 삶을 살기 시작한다는 것은 공통점입니다. 그 과정에 내면의 상처를 알아보고 감싸주는 남자가 등장하는 것도, 또 그러한 사람만으로 충분하지 않다는 것도요. 하지만 결정적인 대목에 해당하는 손을 되찾는 장면에서 두 이야기는 큰 차이를 보입니다. 〈손이 없는 소녀〉에서 주인공이 손을 얻은 곳은 숲속의 집에서지요. 그런데 〈손 없는 각시〉가 손을 찾은 곳은 옹달샘입니다.

이래가 물도 묵고 싶고(먹고 싶고) 이래서 한 군데 가다보이 참 옹덩 샘이가 하나 있는데, 그 참 물을 좀 묵는다꼬 아(아이)를 업고, 물 묵는다꼬 업디리께네 아이 참 아가 등더리서(등에서) 마 쏙 빠졌뿌렸거던. 옹덩이. 그래가 이 아 건진다고 손을 쏙 여이께네 거짓말인지 참말인지 손이 떡 붙었뿐다 말이라.[3]

이 설화를 다룬 모든 연구자들이 주목해왔듯이, 각시가 손을 되찾은 힘은 모성애였습니다. 자식을 살리고자 하는 간절한 마음이 그녀에게 손을 가져다줬지요. 다르게 표현하면, 항상 누군가의 보살핌을 받는 입장에서 벗어나 자녀를 낳고 키우는 과정에서 손을 얻은 것입니다. 스스로 해야 할 일을 찾음으로써, 또는 스스로 할 수 있는 일을 찾음으로써 자아를 세울 수 있었던 거지요.

무척 감동적인 내용이지만, 이 이야기를 〈손이 없는 소녀〉의 주인 공과 비교하면서 마음이 아파오는 것은 어쩔 수 없었습니다. 손 없는 각시에게는 '누구나 자유롭게 살 수 있는 집'이 없었다는 점 때문이었 지요. 머물 곳이 없는 채로, 다친 마음을 보살펴줄 '천사'들이 없는 상 태로 홀로 황야를 방황하면서 고난을 감당해야 하는 것이 각시의 삶 이었습니다.

세상이 많이 바뀌었다지만 과연 지금 우리 사회는 얼마나 달라졌 을까요? 편견과 폭력으로 상처받은 사람들을 위한 '누구나 자유롭게 살 수 있는 집'을 우리는 제대로 갖추고 있을까요? 단지 사회의 복지 시설을 두고 하는 말이 아닙니다. 사람들의 태도가 더 중요합니다. 자 신을 되찾고 세우는 일이란 당사자만의 문제가 아니라는 것. 다 함께 고민해야 할 무거운 화두일 것입니다.

홀로서기, 힘들어서 더 아름다운 여정

어떤 처지에도
길은 있다

참된 나를 찾아가는 여정이 험난하면서도 아름다운 일임을 살펴보고 있습니다. 이때 '아름답다'는 것은 제3자의 관점이지요. 절망의 수렁을 힘겹게 헤쳐가고 있는 당사자에게는 허망한 표현으로 느껴질 수 있습니다. 특히 태생적 결핍을 안고 평생을 살아가는 입장에서는 더욱 그렇지요. 장애를 가지고 태어난 사람들이 힘차게 세상을 살아가기란 정말 어렵습니다.

'장애의 서사'라고 하면 어떤 인물이 떠오르시나요? 몸이 반쪽인 상태로 태어난 반쪽이나 우투리가 있겠고, 〈심청전〉의 심봉사를 떠올릴 수도 있습니다. 방금 살펴본 〈손이 없는 소녀〉나 〈손 없는 각시〉도 장애인의 서사로 볼 만한 요소를 지니고 있지요. 수많은 바보에 관한 이야기도 일종의 장애 서사라 할 수 있습니다.

겉보기에는 딱히 장애에 대한 이야기처럼 보이지 않지만 내용을 살피는 과정에서 인상적인 장애 서사로 다가온 민담들이 있습니다. 동물 상징을 활용한 이야기들인데, 그중 두 편을 보려고 합니다. 하나는 고슴도치, 하나는 청개구리입니다. 먼저 볼 것은 〈고슴도치 한스〉(Hans mein Igel; KHM 108)입니다.

옛날에 부자로 잘사는 농부가 있었다. 그는 많은 재산을 가졌지만 행복을 누리기에는 모자람이 있었다. 자식이 없었던 것이다. 다른 농부들이 자식이 없다고 놀리자 농부는 화가 치밀었다. 집으로 돌아온 농부는 이렇게 말했다. "아이가 있으면 좋겠어! 고슴도치라도 좋아."

그 일이 있고 나서 아내가 남자아이를 낳았는데 몸 윗부분이 고슴도치였다. 아이를 본 아내는 남편을 탓하면서 아이를 '고슴도치 한스'로 부를 수밖에 없다고 했다. 신부가 세례를 주면서 이 아이는 가시 때문에 침대에 눕지 못할 거라고 말했다. 부부는 난로 뒤에 짚을 조금 깔고 한스를 눕혔다. 한스는 가시 때문에 엄마의 젖을 먹을 수도 없었다.

한스는 그렇게 난로 뒤에서 8년을 지냈다. 짜증이 난 아버지는 아이가 죽으면 좋겠다고 생각했다. 하지만 한스는 죽지 않고 그대로 누워 있었다.

상반신이 고슴도치인 아이에게서 어떤 이미지가 떠오르나요? 날카로운 가시가 잔뜩 돋은 모습을 상상할 수 있어요. 가시는 까칠함이나 날카로움 같은 심리 특성으로 볼 수도 있지만, 태어날 때부터 이런 상태였다는 점에서 특이한 체형을 가진 장애아를 연상하게 됩니다.

눈여겨볼 것은 주변 사람들의 반응입니다. 아이를 낳은 엄마는 남편을 원망하면서 아이 이름에 '고슴도치'를 넣습니다. 아이의 정체성을 그렇게 못 박지요. 세례를 준 신부는 아이가 침대에 누울 수 없다고 말합니다. 결국 한스는 침대를 쓰지 못하고 지푸라기 위에서 누워 지내지요. 아버지가 차라리 아이가 죽으면 좋겠다고 생각했다는 대목에서는 애잔함을 넘어 큰 슬픔이 느껴집니다.

하지만 남다르게 태어났다고 죽으라는 법은 없지요. 평생을 누워서 무기력하게 지내라는 법도 없습니다. 어느 날 상황에 변화가 생깁니다. 아이 스스로 만들어낸 변화였지요.

어느 날 농부는 장을 보러 가면서 아내와 하녀에게 무엇을 사와야 하느냐고 물은 뒤 한스에게 갖고 싶은 게 있느냐고 물었다. "가죽으로 만든 피리를 하나 구해주세요." 농부가 피리를 사와서 건네자 한스가 말했다. "대장간에 가서 제 수탉 발바닥에 징을 박아주세요. 그러면 닭을 타고 멀리 떠나겠어요." 아버지는 한스가 떠난다는 말에 기뻐서 수탉의 발에 징을 박아주었다.

수탉에 올라탄 고슴도치 한스는 돼지들과 나귀들을 데리고 집을 떠났다. 숲에 들어가 동물들을 키우며 사는 것이 그의 계획이었다. 한스는 수탉과 함께 높은 나무에 올라가 앉아서 나귀와 돼지들을 지켰다. 그렇게 여러 해가 지나자 나귀와 돼지들은 아주 큰 무리를 이루었다. 이 모든 일을 아버지는 전혀 알지 못했다.

한스는 나무 위에 앉아 있을 때면 가죽 피리로 음악을 연주했다. 아름다운 노래였다. 어느 날 길을 잃고 헤매던 왕이 그 소리를 듣고 깜짝 놀라서 살펴보게 했다. 사람들이 이리저리 찾아보니 다른 사람은 없고 나무 위에 앉아 있는 이상한 짐승뿐이었다. 고슴도치가 수탉 위에 앉아서 음악을 연주하고 있었다.

한스는 늘 그 상태로 있을 것 같았지만, 시간이 지나자 변화가 생깁니다. 사실 그는 그냥 누워 있는 게 아니라 뭔가를 계획하고 있었지요. 그가 가죽 피리를 구한 것은 잘 어울리는 일입니다. 몸이 고슴도치여도 피리는 불 수 있으니까요. 오히려 강한 집중력으로 연주를 더 잘할 수 있지요. 한스의 연주가 훌륭했다는 것은 우연이 아닙니다.

한스가 발바닥에 징을 박은 수탉을 타고 집을 떠났다는 내용이 인상적입니다. 낯선 상상력인데, 아주 그럴싸합니다. 수탉은 털이 두꺼우니 가시를 감당할 수 있었을 거예요. 가고 싶은 곳으로 데려다줄 뿐 아니라 높은 곳에 올라갈 수 있게 해주니 고슴도치 한스에게 최적의 보조 수단이 됩니다. 요즘으로 치면 휠체어나 장애인용 전동카 정도가 되겠어요.

부모는 전혀 몰랐지만 한스는 사실 놀라운 능력자였습니다. 돼지와 나귀들을 몇 년 만에 큰 무리로 불리지요. 높은 곳에 앉아서 그들의 움직임을 두루 살핀 덕분에 이런 관리를 할 수 있었습니다. 피리로 그들을 통제했을 것 같기도 해요. 한스에게서 남다른 관리 능력을 갖춘 뒤

홀로서기, 힘들어서 더 아름다운 여정

어난 경영자의 모습을 봅니다. 남들과 방식이 달랐다는 점에서 벤처 사업가도 연상되고요. 높은 나무 위에서 수탉을 탄 채 동물을 관리하는 모습은 컴퓨터 활용 능력자를 떠올리게 합니다. '경영계의 스티븐 호킹'이라고나 할까요. 호킹 박사가 남다른 탈것에 앉아 있던 모습, 다들 기억하실 거예요.

나무 위의 한스가 길 잃은 왕과 만난 뒤 어떤 일이 벌어졌을지 궁금해지지 않나요?

왕은 시종을 시켜서 그에게 자기 왕궁으로 가는 길을 물어보게 했다. 나무에서 내려온 고슴도치 한스는 왕이 돌아간 뒤 성에서 제일 먼저 만나는 것을 준다고 서약하면 길을 가르쳐주겠다고 했다. 한스를 얕잡아본 왕은 아무렇게나 글을 끄적인 뒤 한스에게 내밀었다. 한스가 길을 가르쳐준 덕에 왕은 성으로 돌아갈 수 있었다.

왕이 성에 도착했을 때 뛰어나와 그를 맞이한 것은 딸이었다. 왕은 고슴도치를 만난 일을 이야기하면서, 그가 닭을 말처럼 타고 다니며 아름다운 음악을 연주하지만 글을 모를 거라고 했다. 공주는 잘됐다며 자기는 절대 그에게 가지 않을 거라고 했다.

한스는 나무 위에 앉아 가죽 피리를 불면서 즐겁게 지냈다. 그때 또 다른 왕이 길을 잃고 헤매다가 음악 소리를 듣고 한스를 발견했다. 한스는 길을 묻는 왕에게 먼젓번과 같은 서약서를 받고 길을 알려주었다. 그 왕에게도 아름다운 딸이 있었는데, 성에 도착하자 공주가 나와서 매달리며 입을 맞추었다. 왕은 고슴도치 한스와 만난 일을 말하면서 그에게 딸을 주게 되어 마음이 아프다고 했다. 이야기를 전해들은 딸은 아버지를 위해서라면 기꺼이 그를 따라 가겠다고 했다.

한스가 키우는 돼지는 숫자가 더 많아져서 숲을 가득 채웠다. 숲에서 나가기로 결심한 한스는 아버지에게 전갈을 보내 마을의 돼지우리를 비워놓으라고 했다. 원하는 사람에게는 돼지를 주겠다고 했다. 한스가 돌아온다는 말에 아버지는 마음이 어두워졌다. 곧 한스가 돼지를 몰고 도착했고, 사람들은 많은 돼지를 잡아서 큰 잔치를 벌였다.

잔치가 끝난 뒤 한스는 아버지한테 다시 수탉의 발에 징을 박아달라고 하면서 이번에 집을 떠나면 다시는 돌아오지 않겠다고 했다. 아버지는 기뻐하면서 징을 박아주었고, 한스는 길을 떠났다.

그가 첫 번째 왕국에 도착하자 왕은 병사들을 시켜 그가 들어오지 못하게 공격했다. 수탉을 타고 성벽을 넘은 한스는 왕에게 공주를 내놓으라고 위협했다. 겁이 난 왕은 딸을 구슬려서 그를 따라가게 하고 시종과 재물을 딸려 보냈다. 길을 떠난 한스는 도시를 벗어나자 공주의 옷을 벗기고 가시로 몸을 찔러 피투성이로 만들었다. "배반한 대가다. 나는 네가 필요없어." 한스는 이렇게 말하고 공주를 쫓아버렸다.

한스는 수탉을 타고 다시 길을 떠나 두 번째 왕국에 다다랐다. 그를 기다리고 있던 왕은 예의를 갖추어 한스를 환영했다. 한스를 마주한 공주는 괴상한 생김새에 깜짝 놀랐지만 다른 생각을 품지 않고 그를 반가이 맞이했다. 그렇게 둘은 짝을 이루어 결혼하게 되었다.

세상에 나가서 남다른 경영 능력을 발휘한 한스는 새로운 인연을 이루게 됩니다. 한스가 길 잃은 왕들에게 길을 찾아주었다는 것은 그의 능력을 대변합니다. 길을 잃은 지도자에게 위기 탈출의 노하우를 알려준 일로 볼 수 있지요. 한스가 공주과 결혼하는 건 능력과 공적을 인정받아서 귀한 대우를 받았음을 의미합니다.

마음에 걸리는 건 아버지의 태도입니다. 자식이 성공해 돌아와서 온 마을에 잔치를 베풀어주는데도 여전히 아들을 꺼리니까요. 자식이 집을 나갈 때마다 내심 기뻐하는 모습이 너무나 현실적이어서 마음이 싸해집니다. 자식에 대한 오해와 불만이 참 끈질기고 흉하지요. 진짜 장애인은 한스가 아니라 아버지라고 볼 수 있습니다.

첫번째 왕국의 왕과 공주는 어떤가요. 그들은 자기보다 못나 보이는 사람에게 지독한 편견과 배타성을 가진 이들을 대변합니다. 은혜를 원수로 갚는 모습이 과장이 아니에요. 한스가 공주의 맨살을 가시로 마구 찌르는 일은 좀 끔찍하지만, 생각하면 이해할 만합니다. 남들과 다르게 태어났다는 이유만으로 심한 배척과 공격을 당하면서 마음에 쌓인 상처가 어찌 크고 날카롭지 않을까요? 이것은 사회에서 평생 소수자나 타자로 살아온 사람들의 쓰라린 아픔을 대변합니다.

다행인 것은 한스의 가치를 있는 그대로 인정하고 포용하는 사람들이 있었다는 사실입니다. 둘째 왕국의 왕과 공주가 그런 사람이었지요. 이야기에서 공주가 한스를 받아들인 일을 단지 아버지를 위한 보은이라고 보고 싶지 않습니다. 한스의 남다른 존재성과 능력을 인정한 결정이 아니었을까요? 약속을 지키고 은혜를 갚은 일이라고 해도 가치가 격하되지는 않지만, 그래도 이런 방향으로 생각하고 싶습니다.

그나저나 부부가 된 한스와 공주가 보낸 첫날밤은 어땠을까요?

한스와 결혼한 공주는 그의 옆에 앉아서 함께 먹고 마셨다. 밤이 되어 잘 시간이 되자 공주는 남편의 가시가 무서웠다. 한스는 해를 끼치지 않을 테니 걱정하지 말라고 했다. 그는 네 명의 부하를 시켜 불을 피우게 한 다음 자기가 고슴도치 가죽을 벗으면 그것을 불태우라고 했다. 부하들이 시킨 대로 하자, 한스는 마법에서 풀려나 사람으로 돌아왔다. 살갗이 불에 탄 듯 검었지만 왕이 의사를 시켜서 연고와 향유로 닦게 하자 피부가 하얗게 변해서 잘생긴 젊은이가 되었다. 그 모습을 본 공주는 너무나 기뻤다. 행복한 첫날밤을 보낸 두 사람은 자신들의 결혼을 제대로 축하했다. 한스는 늙은 왕에 이어서 그 나라 왕이 되었다. 몇 년이 지난 뒤 그는 아내와 함께 아버지를 찾아갔다. 그가 아들이 왔다고 하자 아버지는 자기에게 아들이 없고 집 나간 고슴도치뿐이라고 했다. 한스가 그 아들이 바로 자기라고 하자 늙은 아버지는 기뻐하면서 아들을 따라 그의 왕국으로 갔다. 내 이야기는 끝났으니 다들 어서 그 집으로 가보시길!

이야기는 이렇게 마무리됩니다. 완전한 해피 엔딩으로요. 아버지가 끝까지 자식을 부정한 일이 마음에 걸리지만, 아들이 아버지를 기꺼이 품음으로써 불편함을 해소합니다. 자기를 이 세상에 있게 해준 사람이니 그렇게 한 것이겠지요. 어쨌든 자기를 키워주고 길을 떠나게 해준 은인이기도 하고요. 부모에게 마음고생을 시킨 당사자로서 아버지의 심정을 헤아렸기 때문에 그렇게 했다고 볼 수도 있겠네요. 어떻든 한스가 가시를 완전히 벗은 모습이라서 보기가 좋습니다.

이야기에서 한스가 고슴도치 가죽을 벗은 일을 어떻게 보아야 할까요? 첨단 의학으로 전신 성형수술이라도 한 걸까요? 그보다는 심리적 측면이나 관계의 상징으로 해석하는 것이 어울립니다. 한스는 편견에 갇히지 않고 신의와 선의로 자기를 맞아주는 배우자를 만나지요. 아름다운 공주가 자기를 피하지 않고 곁을 허용할 때, 평생을 배척당하고 소외되는 상처를 받으며 살아온 사람의 마음은 어땠을까요? 그동안의 모든 아픔과 상처가 한꺼번에 벗겨지는 느낌 아니었을까요? 그가 태어나서 처음으로 고슴도치 가죽을 벗은 일은 이러한 내면을 상징합니다. 그리하여 두 사람의 결혼은 아름다운 축복이 되지요. 능력 있는 왕을 맞이한 나라가 이후로 어떻게 발전했을지 상상만 해도 마음이 뿌듯해집니다.

이야기 속의 왕과 공주가 놀라운 점은 한스의 부모조차 하지 못한 일을 해냈다는 사실입니다. 그렇지요. 큰 사랑을 주는 존재가 어떻게 가족뿐일까요. 나의 진정한 가치를 알아봐주고 있는 그대로를 사랑해주는 사람이 세상 어딘가에 있을 수 있습니다. 스스로를 지키고 세우며 찬찬히 나아가다 보면 누구나 좋은 인연을 만나 빛나는 주인공이 될 수 있습니다.

고슴도치에 이어서 볼 청개구리 이야기는 중국 소수민족 장족의 구전설화입니다. 제목이 〈청개구리〉예요. 아주 긴 이야기인데 최대한 간략하게 정리해보겠습니다.

옛날 어느 두메산골에 늙은 부부가 살았다. 자식이 없었던 부부는 신령님에게 정성껏 기도한 끝에 아기를 가졌다. 하지만 7개월 만에 태어난 것은 눈이 불거진 청개구리였다. 부부가 그를 웅덩이에 넣으려 하자 청개구리는 사람과 함께 지내게 해달라고 말했다. 그러면 고장을 변화시키고 가난한 사람을 잘 살게 만들겠다고 했다. 놀란 부부는 청개구리를 곁에 두고 아들처럼 키웠다.

3년이 지난 어느 날, 청개구리는 엄마에게 떡 한 덩이를 달라고 했다. 촌장 집으로 가서 세 딸 중 제일 나은 사람을 아내로 삼겠다는 것이었다. 엄마는 말도 안 되는 일이라며 걱정했지만, 개구리는 떡을 주머니에 넣고 촌장 집으로 폴짝폴짝 뛰어갔다. 그가 딸에게 청혼하려 왔다고 하자 촌장은 버럭 성을 냈다. 청개구리는 개골개골 웃어대기 시작했고, 그 소리에 촌장의 집이 흔들리고 온 천지에 돌과 모래가 날렸다. 깜짝 놀란 촌장은 청개구리에게 큰딸을 내주었다.

개구리가 싫었던 큰딸은 그를 말발굽으로 밟아 죽이려 했고 맷돌을 던져서 죽이려고 했다. 맷돌 구멍으로 빠져나온 개구리는 촌장에게 가서 다른 딸을 달라고 했다. 촌장이 거절하자 개구리는 목청껏 울기 시작했다. 그러자 사방이 캄캄해지면서 산에서 물이 터져 마을이 잠겼다. 놀란 촌장은 둘째 딸을 내주었다. 둘째 딸은 언니가 그런 것처럼 개구리를 죽이려 했고, 청개구리는 다시 촌장에게 와서 다른 딸을 달라고 했다. 촌장이 거절하자 청개구리는 발을 모아서 뛰기 시작했다. 그러자 온 땅이 출렁이고 산이 맞부딪치면서 바위와 모래가 자욱하게 날렸다. 촌장은 할 수 없이 셋째 딸을 내주었다. 셋째 딸은 청개구리가 보통이 아니라고 생각하고 순순히 그 뒤를 따랐다.

청개구리를 따라온 셋째 딸은 시댁에서 잘 어울리면서 즐거운 날을 보냈다. 그러던 중 고을의 큰 행사인 승마 대회가 열렸다. 어머니와 아내는 가기 싫다는 청개구리를 집에 두고 구경하러 갔다. 대회가 절정에 이르러 결승전이 벌어질 때, 푸른 옷을 입고 검은 말을 탄 소년이 나타나 탁월한 재주를 선보였다. 그가 독수리 세 마리를 떨어뜨리고 귀한 꽃을 꺾어서 뿌린 뒤 선두로 결승점을 통과하자 모두가 열광하며 그를 에워쌌다. 사람들과 어울려 춤을 추고 즐기던 소년은 해가 넘어가자 말을 타고 훌쩍 사라졌다.

이듬해 가을, 다시 승마 대회가 열렸고 소년이 다시 나타나 멋진 활약으로 우승을 차지했다. 그리고 저녁이 되자 훌쩍 사라져버렸다. 그 일은 다음 해에도 되풀이되었다. 그날 청개구리의 아내는 몸이 아프다면서 먼저 집으로 돌아왔다. 집에는 남편이 보이지 않았고 청개구리 껍질만 놓여 있었다. 대회에 나타난 소년이 남편임을 눈치챈 아내는 행복하고도 슬펐다. 눈물을 흘리며 껍질을 바라보던 아내는 불을 피워서 껍질을 태웠다. 남편이 개구리로 변하지 못하게 할 심산이었다.

한창 껍질이 타고 있을 때 검은 말을 타고 달려온 소년이 깜짝 놀라며 낚아챘다. 남은 것은 오른쪽 다리 껍질뿐이었다. 그가 아내에게 말했다. "너무 성급했소. 더 기다렸으면 함께 잘 살 수 있었을 텐데 끝났어요. 내가 능력을 시험하려고 나선 탓입니다." 그러면서 그는 이렇게 덧붙였다. "나는 지모신(地母神)의 화신입니다. 아직 충분히 자라지 못해 껍질 없이는 밤의 추위를 견딜 수 없어요. 오늘 안에 어머니 품으로 돌아가야 합니다."

아내가 그를 끌어안고 울면서 말했다. "떠나면 안 돼요. 살 길이 있을 거예요." "진정 내가 살기를 원한다면 한 가지 방법이 있어요. 저 말을 타고 서쪽 나라 붉은 구름 속에 있는 궁전으로 가서 신에게 이 고을이 억압과 차별 없이 살게 해달라고 빌어요. 신이 소원을 들어주면 이곳이 따뜻해져서 내가 껍질 없이도 살 수가 있어요."

여자는 즉시 말을 타고 서쪽 나라로 달려 그가 말한 궁전으로 갔다. 여자가 온 정성을 다해 빌자 신은 기원을 들어주었다. 날이 밝기 전에 온 고을 백성에게 알리면 그 일이 이루어지고 남편도 살 거라고 했다. 그가 곧바로 말을 달려 고을로 돌아왔을 때 제일 먼저 만난 촌장은 딸의 이야기를 듣고는 엉터리 같은 일이라며 말고삐를 움켜쥐고 길을 막았다. 여자는 겨우 아버지를 뿌리치고 마을로 내려왔으나 시간이 모자랐다. 신의 뜻을 몇 집에 알렸을 때 날이 밝아왔다. 그가 집에 달려와보니 시부모가 숨진 아들을 앞에 두고 울고 있었다.

아들의 시신은 벼랑 위에 묻혔고, 여자는 그 앞에서 울부짖으며 용서를 빌었다. 그렇게 울던 여자는 어느 날 무덤 앞에서 돌로 변했다. 돌은 잘못을 비는 모습으로 지금까지 그 자리에 서 있다.

노부부 사이에서 청개구리로 태어난 아들은 '결여'된 존재였습니

홀로서기, 힘들어서 더 아름다운 여정

다. 지모신의 화신으로서 땅을 뒤흔들 엄청난 능력을 지니고 있었고 빛나는 아름다움이 내재돼 있었지만, 겉모습만 봐서는 작고 하찮은 존재에 추위를 견디지 못하는 나약한 존재였지요. 그의 결여가 일종의 장애라 할 때 이것은 신체 장애와 신분상의 장애라는 두 측면으로 풀이할 수 있습니다. 이야기 후반부를 보면 신분과 처지의 문제로 해석하는 것이 어울리지만, 부모가 웅덩이에 버리려 할 정도로 낯설고 보잘것없었다는 점을 생각하면 외적인 결여로도 볼 수 있지요.

고슴도치 한스와 마찬가지로 청개구리는 자기의 타고난 약점에 굴하지 않고 능력을 키우며 존재감을 드러냅니다. 한스와 비교해도 더 씩씩한 쪽이지요. 직접 움직여서 짝을 찾고 나아가 온 세상을 변혁하려 했으니까요. 비록 생김새나 속성이 타인과 다르더라도 세상에서 자기 몫을 할 수 있음을 보여주는 전개입니다.

하지만 청개구리는 고슴도치 한스와 달리 끝내 성공을 이루지 못합니다. 주변의 불신과 방해 탓이 컸지요. 그를 무시하고 꺾으려 한 촌장과 두 딸 외에 아내의 선택에도 아쉬움이 있습니다. 선의로 내린 결정이지만, 남편의 깊은 뜻과 계획을 제대로 알지 못한 상태에서 섣부른 판단으로 허물을 태운 것은 결정적 실수였지요. 뒤에 아버지의 손아귀에서 잘 벗어나지 못한 것도 마찬가지고요. 회한에 차서 울다가 돌이 되었다는 여인을 보면서 내 곁의 누군가를 진정으로 포용하고 지켜주는 일이 얼마나 어려운지를 실감합니다. 장애와 결핍의 극복은 주변의 믿음과 노력이 있어야 가능하다는 것. 마음 깊이 새겨둬야 할 바입니다.

책임을 너무 주변 사람들에게 돌린 것 같네요. 언제나 그렇듯 자기 자신의 문제가 중요합니다. 청개구리한테도 문제는 있었지요. 그는 부모와 아내한테 진실을 말하지 않고 진짜 모습을 숨긴 채 혼자 모든 걸 감당하려 하는데, 꼭 그랬어야 했는지 의문입니다. 주변 사람들을 믿고 힘을 모았다면 결과가 달라지지 않았을까요? 자기를 오롯이 지키는 일도 중요하지만, 누군가에게 도움을 청하는 것도 용기지요.

고백하자면, 저는 장애에 대한 배려가 부족한 채로 살아온 사람입니다. 주변에 장애를 가진 사람이 별로 없기도 했지만, 이해심이 부족했던 것 같아요. 장애인을 타자(他者)로 느끼는 쪽이었지요. 그런데 최근 일종의 장애를 경험하고 있습니다. 청력이 많이 약해져서 보청기를 써도 소리를 잘 알아듣기 힘든 상황이 됐지요. 말을 알아듣지 못해서 재차 물을 때 '뭐지?' 하는 표정을 짓는 사람들에게서 상처를 받곤합니다. '못 듣는 것도 억울한데' 같은 억하심정이 올라오기도 해요. 오래도록 장애를 가지고 살아온 이들의 심정을 조금이나마 이해하게 되는 느낌입니다.

맹인들은 마음의 눈을 통해 남들이 못 보는 것을 본다고 하지요. 앞으로 청력이 더 떨어질 가능성이 큰데, 마음의 귀를 발달시켜볼까 합니다. 또 모르지요. 남들이 못 듣는 소리, 이를테면 개구리의 말소리나 황금 나이팅게일의 노랫소리 같은 걸 듣게 될지도요. 아하, 이야기가 전해주는 말소리를 더 잘 듣게 될지도 모르겠습니다. 나의 소중한 귀여, 힘내기를!

홀로서기, 힘들어서 더 아름다운 여정

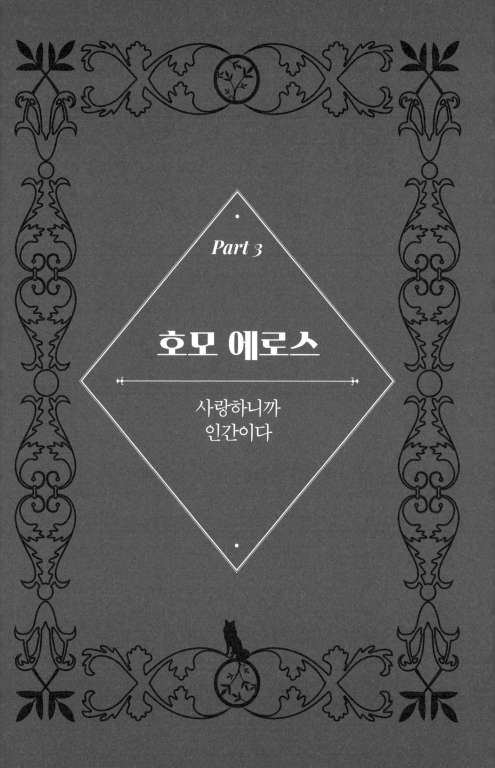

Part 3

호모 에로스

사랑하니까
인간이다

Chapter 7

사랑, 가장 아름답고 행복한 투쟁

후회 없이 사랑했던
라푼첼을 위하여

라푼첼을 아시나요? 문이 없는 높은 탑에 갇힌 긴 금발의 소녀지요. "라푼젤 아닌가요?" 하는 소리가 들리는 것 같네요. 영어 발음 때문에 '라푼젤'로 아는 이들이 많은데 독일어로는 '라푼첼'입니다. 2013년 개봉한 디즈니 애니메이션의 우리말 제목이 〈라푼젤〉이었던 것도 사람들이 그녀를 라푼젤이라고 부르는 데 영향을 미친 것 같아요.

라푼첼은 민담 속 사랑을 이야기할 때 첫 자리에 놓일 만한 주인공입니다. 사랑을 향해 질주한 전사라고나 할까요. 라푼첼의 사랑은 꽤나 저항적이고 투쟁적입니다. 그 과정을 보면 빛보다 그림자가 더 두드러진 쪽이지요. 어여쁜 공주의 낭만적 사랑이라고 생각하면 오해입니다. 사실 라푼첼은 공주도 아니었어요. 평범한 부부의 딸이었지요.

사랑, 가장 아름답고 행복한 투쟁

글을 쓰기에 앞서 디즈니의 〈라푼첼〉을 보았습니다. 잘 만든 작품이라고 생각하면서도 아쉬움이 남았지요. 라푼첼을 공주로 설정한 것은 그렇다 해도, 캐릭터와 서사가 많이 바뀌었더군요. 구속으로부터의 탈출이라는 요소를 잘 살렸지만 그 탈출이 얼마나 힘겹고 고통스러운지, 어떻게 해야 사랑을 관철할 수 있을지에 대한 내용이 약하다고 느꼈습니다. 권선징악을 적당히 가미한 전형적인 로맨스물로 다가왔어요.

이제 구전으로 전해온 옛이야기 속의 진짜 라푼첼을 만나봅니다. 이야기를 다 보고 나면 "그래, 이게 사랑이지." 하고 느끼게 될 거라고 믿습니다.

옛날에 한 부부가 있었다. 오랫동안 아이를 원한 끝에 드디어 아내가 임신을 했다. 부부가 사는 집 뒤편에 작은 창이 있었는데 창 너머로 보이는 정원에 예쁜 꽃과 나무가 가득했다. 하지만 그 정원은 온 세상이 두려워하는 힘센 마녀의 것이라서 아무도 들어갈 생각을 못했다.

어느 날 아내가 창 너머를 보는데 싱싱한 상추(라푼첼)가 가득한 밭이 눈에 들어왔다. 아내는 파릇파릇한 상추가 너무나 먹고 싶어 견딜 수 없었다. 그것을 먹을 수가 없었던 아내는 나날이 초췌해졌다. 남편이 무슨 일이냐고 묻자 아내는 그 정원의 상추를 못 먹으면 죽을 것 같다고 말했다.

무슨 대가를 치르더라도 아내에게 상추를 가져다주겠다고 마음먹은 남편은 날이 저물자 몰래 담장을 넘어 상추를 한 줌 따 왔다. 아내는 정신없이 상추를 먹었다. 다음 날이 되자 아내는 상추를 몇 배는 더 원했고, 남편은 다시 정원으로 들어가야 했다. 하지만 눈앞에 나타난 것은 무서운 마녀였다.

분노한 마녀는 남자를 노려보며 신성한 상추를 훔쳐간 대가를 치러야 한다고 했다. 남자가 용서를 빌면서 아내가 그걸 못 먹으면 죽을 것 같아서 그랬다고 하자 마녀가 말했다. "사정이 그렇다면 상추를 원하는 대로 가져가도 좋다. 대신 아이가 태어나면 나에게 넘겨라. 내가 엄마가 돼서 보살필 테니까 걱정은 안 해도 된다." 남편은 무서운 나머지 그렇게 하겠다고 대답하고 말았다.

시간이 흘러서 출산일이 됐고, 아내는 딸을 낳았다. 곧바로 마녀가 나타나 아이를 '라푼첼'이라고 부르면서 데려갔다. 라푼첼은 태양 아래 가장 예쁜 아이로 자라났다. 라푼첼이 열두 살이 되자 마녀는 딸을 숲속의 탑에 가두었다. 탑에는 문도 층계도 없었다. 꼭대기에 작은 창 하나만 있을 뿐이었다.

그림형제 민담 〈라푼첼〉(Rapunzel; KHM 12)의 시작 부분입니다. 라푼첼이 문 없는 탑에 갇히기까지의 사연이지요. 라푼첼이 상추를 뜻하는 말이라는 사실을 몰랐던 분들이 많았을 거예요. 독일에서 오래 산 분에게 여쭤보니 우리가 아는 보통의 상추가 아닌 더 희귀한 채소라 하더군요. 상추라니, 사람 이름치고는 꽤 독특하지요. 이 이름은 이야기에서 중요한 의미를 지닙니다. 주인공의 정체성과 맞닿아 있지요.

이 이야기를 보면 모든 사건의 시작에 상추가 있습니다. 아기를 가

사랑, 가장 아름답고 행복한 투쟁

진 여인이 상추를 원하는 데서 문제가 시작되지요. 이야기는 상추가 파릇파릇 싱싱하고 먹음직스러웠다고 말합니다. 땅에서 싱싱하게 자라나는 채소는 피어오르는 생명력을 상징합니다. 그런데 그것은 마녀가 소유한 '금단의 정원'에 속한 것이었어요. 그러니까 일종의 '금지된 생명력'이라 할 수 있습니다. 피어나는 생명력의 빛과 그림자는 〈라푼첼〉의 핵심 포인트가 됩니다. 엄마, 또는 마녀가 그것을 강렬하게 욕망하기에 문제가 되지요.

싱싱한 상추에 대한 욕망이 라푼첼을 향한 욕망으로 전이되는 것은 자연스러운 일입니다. 라푼첼이 새롭게 태어난 어린아이라는 사실은 상추와 라푼첼의 동질성을 확인시켜줍니다. 자신의 분신으로서의 아름다운 아기, 이것이 엄마와 마녀가 바라보는 라푼첼의 정체성이었지요.

문제는 라푼첼을 두고 엄마의 욕망과 마녀의 욕망이 맞서고 있다는 점입니다. 이야기는 이 싸움에서 마녀가 이겨서 라푼첼을 가지게 됐다고 말하는데, 마녀의 정체는 무엇일까요?

그 마녀는 엄마의 또 다른 모습으로 볼 수 있습니다. 잘 보면 이야기에서 마녀는 늘 엄마의 자리에 버티고 있어요. 라푼첼이 태어나는 순간 마녀의 딸이 됐다는 것은 그녀가 출산과 함께 '모성의 어두운 그림자'에 사로잡혔음을 의미합니다. 왜 어두운 모성이냐면 소유욕으로서의 모성이기 때문이지요. 상추에 대한 집착이 아이에 대한 집착으로 이어지면서 엄마는 딸에게 독점적 소유욕을 드러냅니다. 자신의 잃어버린 젊음을 자식을 통해 보상받는 식이지요. 어렵사리 얻은 자식에게 부모가 이런 집착을 보이는 것은 드문 일이 아닙니다.

라푼첼은 이렇게 단단한 성벽 안에서 '마녀에게 갇힌 존재'가 됩니다. 어린아이였을 때는 부모의 보호 아래 있는 상황을 그러려니 하며 받아들이고 편안함을 느꼈을지도 몰라요. 하지만 어느 순간 그녀는 자신이 누군가의 집착으로 꽁꽁 묶여 있다는 사실을 깨닫습니다. 엄마를 '마녀'로 인지하는 순간이지요. 이야기는 그때 라푼첼이 열두 살이었다고 말합니다. 사춘기가 되는 시점이지요.

라푼첼을 높은 탑에 가둔 마녀는 딸에게 갈 때면 탑을 향해 "라푼첼, 머리를 늘어뜨리렴." 하고 외쳤다. 그러면 라푼첼이 작은 창문 밖으로 금발의 긴 머리카락을 늘어뜨렸다. 마녀는 그것을 잡고 성으로 올라갔다. 그렇게 몇 년이 지난 어느 날, 말을 타고 숲을 지나가던 왕자가 어디선가 흘러나오는 아름다운 노랫소리를 들었다. 라푼첼이 창 너머 숲을 바라보며 부르는 노래였다. 왕자는 그날부터 매일 숲으로 와서 라푼첼의 노래에 귀를 기울였다.

어느 날 왕자는 마녀가 처녀의 머리카락을 붙잡고 탑을 올라가는 것을 보았다. 한밤중에 그가 탑 밑으로 가서 마녀가 한 것처럼 "라푼첼, 머리를 늘어뜨리렴." 하고 외치자 길게 땋은 머리가 내려왔다. 왕자는 그것을 붙잡고 탑으로 올라갔다.

남자라고는 한 번도 본 적이 없었던 라푼첼은 탑으로 들어온 왕자를 보고 깜짝 놀랐다. 왕자가 아름다운 노랫소리에 감동해서 찾아왔다고 다정스레 말을 건네자 라푼첼의 마음이 밝아졌다. 왕자는 라푼첼에게 자

사랑, 가장 아름답고 행복한 투쟁

신과 결혼해달라고 했다. 라푼첼은 이 젊고 잘생긴 남자가 마녀보다 자기를 사랑해줄 거라고 여기고 청혼을 받아들였다.

라푼첼은 밤마다 자신을 찾아온 왕자가 건네는 비단실로 사다리를 만들기 시작했다. 하지만 그녀는 사다리가 완성되기 전에 마녀에게 그 일을 들키고 말았다. "왕자님은 금방 올라오는데 대모님은 왜 이렇게 무겁고 느린가요?" 하고 말한 탓이었다. 마녀는 무섭게 화를 내며 라푼첼의 머리채를 가위로 싹둑싹둑 잘라버린 다음 무자비하게 황야로 내쫓아버렸다.

그날 밤 왕자가 성으로 찾아오자 마녀는 라푼첼의 머리채를 고리에 걸어서 늘어뜨렸다. 왕자가 탑에 들어왔을 때 그 앞에는 사랑스런 애인 대신 성난 마녀가 서 있었다. "노래하는 새는 고양이가 낚아채 갔어. 영영 만나지 못할 거다." 그 말에 절망한 왕자는 그대로 탑에서 뛰어내렸다. 그는 다행히 목숨을 건졌지만 두 눈이 가시덩굴에 찔려서 멀고 말았다. 왕자는 비탄에 젖어 울부짖으며 숲을 헤매기 시작했다.

문이 없는 탑이지만 그곳에는 작은 창이 있었습니다. 탑으로 들어가기 위해 만들었을 그 창은 라푼첼에게는 세상으로 향하는 출구였지요. 그녀는 창가에서 멀리 숲을 향해 노래를 부릅니다. 그 노래는 넓은 세상을 향한 근원적 충동과 지향을 의미합니다. 왕자를 자신에게 이끄는 동력이었지요. 일종의 페로몬이라고 할까요.

저 멀리 숲을 향해 아름다운 노래를 부르는 라푼첼의 모습은 그가 어떤 존재인지 잘 보여줍니다. 그는 바깥을 향하는 존재이자 새로운 관계를 원하는 존재였지요. 그가 창밖으로 머리를 늘어뜨리는 것은 여성성이 바깥으로 펼쳐지고 있음을 보여줍니다. 그 머리를 매개로 남자와 결합하는 것은 자연스러운 전개지요. 이 결합이 두 사람에게 큰 행복을 가져다주는 것도 인간사의 근원적 이치입니다.

문제는 마녀 또는 엄마가 라푼첼의 여성성과 생명력을 독점적으로 소유하고 있다는 점입니다. 라푼첼의 머리카락은 오직 자신만을 위한 것이어야 했어요. 젊고 아름다운 딸을 통해 대리만족을 하고 있었던 엄마는 그것을 사랑이라 생각했지만, 실제로는 일방적인 구속이고 폭력일 뿐이지요. 라푼첼에게 다른 사람이 있다는 사실을 알았을 때 마녀가 보인 반응에서 그 폭력성을 단적으로 확인할 수 있습니다. 머리카락을 마구 자르는 광기는 자식을 소유하고자 했던 부모의 숨겨진 내면이지요. 스스로도 망가지고 자녀도 무너뜨리는 최악의 모습입니다.

내면의 순수한 열정으로 움직이는 젊은 청춘들에게 부모의 소유욕에서 비롯되는 폭력은 참으로 가혹합니다. 거기서 벗어나 마음껏 사랑하기란 참으로 어려운 일이지요. 지지받지 못하는 사랑으로 인한 아득한 절망감과 상처가 두 청춘 남녀가 직면한 현실이었습니다. 라푼첼이 머리가 잘린 채 황야로 쫓겨나고 왕자가 두 눈이 먼 채로 숲을 헤매게 된 일은 이를 나타냅니다. 좀 극단적으로 보이지만, 이것은 어김없는 삶의 진실이기도 합니다. 간절히 원하는 사랑이 타의로 무참히 좌절될 때, 그 사람의 내면은 황야보다 황량하고 밤보다 깜깜할 테니까요. 사랑은 쓰라린 고통과 처절한 좌절을 수반한다는 것. 상상과 상징의 언어로서의 민담이 보여주는 생생한 리얼리티입니다.

사랑, 가장 아름답고 행복한 투쟁

만약 이야기가 여기서 끝났다면 완전히 비극이 됐겠지요. 하지만 〈라푼첼〉은 그것이 끝이라고 말하지 않습니다. 당장은 눈에 보이지 않지만 어딘가에 길이 있다고 말합니다.

탑에서 쫓겨난 라푼첼은 왕자와의 사이에서 생긴 쌍둥이 남매를 낳은 채 황무지에서 비참한 삶을 이어갔다. 두 눈이 먼 왕자는 몇 년 동안 비참하게 세상을 떠돌아다녔다. 그러던 어느 날, 왕자는 라푼첼이 살고 있는 황무지에 다다랐다. 그의 귀에 낯익은 목소리가 들려왔다. 언제나 귀에 쟁쟁했던 그 목소리였다.
왕자가 그 소리를 따라서 다가가자 라푼첼이 왕자를 알아보고 달려와서 그를 안았다. 둘은 서로 목을 껴안고서 울었다. 그때 라푼첼의 눈물 두 방울이 왕자의 눈을 적시자 왕자의 멀었던 눈이 다시 맑아졌다.
왕자는 라푼첼을 자기 나라로 데려갔고, 모두가 두 사람을 반갑게 맞이했다. 그들은 오래오래 행복하게 잘 살았다.

라푼첼과 왕자가 재회한 것을 우연이라고 말한다면 그건 상상력 부족입니다. 이야기는 왕자가 몇 년 동안 세상을 떠돌았다고 합니다. 그런 왕자의 귀에 라푼첼의 목소리가 들려왔지요. 몇 년의 방황은 사랑하는 한 사람을 향한 것이었습니다. 비록 눈은 보이지 않지만 왕자의 두 귀는 처음 그를 매료시켰던 연인의 목소리를 향해 활짝 열려 있었지요. 좀 과장하면 십리 밖에서 나는 소리도 알아들을 수 있을 정도로요. 그렇게 그는 끊임없이 사랑을 향해 다가갔고, 간절하게 탐색한 결과 마침내 라푼첼을 만나게 되었다고 할 수 있습니다.

비슷한 상상을 라푼첼에게도 적용할 수 있습니다. 언젠가 연인을 만날 것을 믿었기에, 그가 세상 어디라도 자신을 샅샅이 찾아다닐 것을 믿었기에 그는 늘 그 자리를 지켰던 것이 아닐까요? 이야기를 보면 라푼첼이 왕자를 알아보고 다가가서 그를 껴안았다고 합니다. 이는 그녀의 온 감각이 항상 연인을 향해 열려 있었음을 보여줍니다. 어떻게 그러지 않았을까요? 멀리서 낯선 사람의 그림자만 보여도 '혹시 그 사람이 아닐까?' 보고 또 보았겠지요.

만약 소설이었다면 이러한 디테일을 상세히 묘사했을 거예요. 그것을 몇 줄의 건조한 문장으로 대수롭지 않게 처리하는 것이 옛이야기의 묘미입니다. 구체적인 상상은 독자의 몫으로 남겨두지요.

한 가지 짚고 넘어갈 사항은 쌍둥이 남매입니다. 라푼첼과 왕자의 사랑의 결실로 두 생명이 자라고 있었다는 사실을 이야기 뒷부분에서 비로소 확인하게 됩니다. 당연히 탑에서 생긴 아이들이었지요. 마녀는 이를 인지했던 것이고, 그래서 딸의 머리카락을 잘라 황야로 쫓아내고 남자를 성 밖으로 떨어지게 하는 만행을 저질렀던 거라고 볼 수 있습니다. 내내 집착했던 '순수하고 아름다운 젊음'이 훼손된 현실 앞에 스스로 망가져서요.

앞에서 라푼첼을 '전사'와 같다고 표현했는데, 이러한 전개와 무관하지 않습니다. 창 밖을 내다보며 노래하던 여인은 남자를 처음 만나자마자 깨닫지요. 엄마가 아닌 그 남자가 자신에게 필요한 사람이라

사랑, 가장 아름답고 행복한 투쟁

는 것을요. 그리고는 곧바로 그를 받아들입니다. 마음만이 아니라 몸으로도요. 스스로의 본능과 욕망에 충실한 거침없는 행보였지요. 모르긴 해도 아이를 임신했을 때 그는 행복했을 것입니다.

라푼첼은 남자가 생기고 아이를 임신한 사실을 애써 숨기려 한 것 같지 않습니다. 다른 이도 아닌 엄마를 향해서 '내 남자는 안 그런데 당신은 왜 이리 무겁고 느려요?' 하고 말한 것이 어떻게 실수일까요! 이것은 저항적 자기표현이라고 볼 수 있습니다. '나는 내 사랑을 찾아 내 삶을 살겠다'는 선언이지요.

사랑을 향한 거침없는 질주는 라푼첼의 매력인 동시에 함정이기도 했습니다. 그로 인해 커다란 분노를 사서 험난한 고난을 겪게 됐으니까요. 하지만 이것은 어떻게든 겪게 될 일이었습니다. 만약 라푼첼이 마녀의 분노를 두려워해서 누군가를 사랑하기를 스스로 금지했다면? 그건 제 삶을 포기하는 일이지요. 당연한 말이지만, 사랑은 죄가 아닙니다. 그녀의 싸움은 응원을 받아 마땅합니다.

스스로의 판단과 선택으로 사랑을 찾아나선 라푼첼. 만에하나 그녀가 왕자와 끝내 만나지 못했어도 그녀의 사랑은 그릇되거나 허무하지 않았으리라 믿습니다. 사랑을 통해 세상 그 무엇과도 바꿀 수 없는 귀한 아이들이 태어났으니까요. 마녀의 손아귀에서 자유로웠던 두 아이는, 문 없는 탑이 아닌 황야에서 살았던 두 아이는 씩씩한 사람으로 자라나 누구에게도 구속받지 않는 사랑을 마음껏 누렸을 것입니다. 엄마의 믿음과 지지 속에서요.

쓰고 보니 조금 비장해졌네요. 라푼첼을 생각할 때마다 슬퍼집니다. 거기에는 에피소드가 있습니다. 몇 년 전 학생들과 함께 유명 인사들의 자기서사를 문학 작품으로 비춰보는 연구를 진행했지요. 그때 '라푼첼의 서사'로 분석된 연예인이 있었어요. 대형 소속사의 아이돌 멤버로 살다가 연애를 시작하면서 탑을 벗어난 사람. 자신의 사랑과 욕망을 향해 거침없이 나아갔던 아름다운 전사. 하지만 그에게 세상은 너무나 가혹했지요. 갖은 손가락질과 악플에 시달리던 그는 어느 날 거친 들판에서 스스로를 놓아버리고 말았습니다.

앞이 보이지 않았던 것이겠지요. 만약 그녀 스스로 자신이 라푼첼인 줄 알았더라면, 그 가혹한 황야의 시간 뒤에 또 다른 빛이 있음을 알았더라면 어땠을까요. 그 운명은 달라질 수도 있지 않았을까요?

그 사람의 이름은 '설리'입니다. 이름이 새삼 서럽게 느껴지네요. 더 이상 세상에서 라푼첼의 죽음을 목격하지 않기를 간절히 바라면서, 고인의 명복을 빕니다.

사랑, 가장 아름답고 행복한 투쟁

세상이 그대의
사랑을 속일지라도

그림형제 민담집이 처음 간행된 것은 1812년(1권)과 1815년(2권)이고, 7판에 해당하는 최종본이 출간된 것은 1857년입니다. 초판에 157편이었던 이야기가 최종판에는 200편으로 늘었지요. 남녀가 온갖 장벽을 딛고 사랑을 이루는 이야기가 많다는 점이 인상적입니다. 참 놀라운 일이에요. 이야기를 채록하고 정리한 그림형제도 그렇지만, 그 이야기들을 입에서 입으로 이어온 사람들이 특히 놀랍습니다. 인간의 가장 기본적인 욕망을 종교와 윤리의 잣대로 억눌렀던 길고 험한 중세 시대를 관통해 이런 이야기를 지켜온 것이니까요.

그림형제 민담집 속의 사랑 이야기를 두 편 더 만나보려 합니다. 먼저 볼 이야기는 〈요린데와 요링겔〉(Jorinde und Joringel; KHM 69)입니다.

제목이 재미있는데 사람 이름이에요. 요린데는 처녀이고 요링겔은 총 각이지요. 서로 사랑하는 사이인데, 사연이 아주 인상적입니다. 문 없는 탑에 이어 이번에는 숲속 새장이에요. 젊은 청춘의 사랑을 가두는 새장은 대체 무엇일까요?

옛날 어느 울창한 숲속 낡은 성에 늙은 마녀가 살고 있었다. 누구라도 그 마녀 가까이 가면 몸이 굳어 꼼짝할 수 없었다. 처녀가 들어오면 마 녀는 그를 새로 만들어 바구니에 넣고 성 안에 가두었다. 성 안에 처녀 들을 가둔 새장이 7,000개나 됐다.

어여쁜 처녀 요린데와 잘생긴 총각 요링겔은 서로 결혼을 약속한 사이 였다. 결혼을 앞두고 행복한 시간을 보내던 두 사람은 어느 날 마녀가 사는 숲속에 들어갔다가 길을 잃었다. 한참을 방황하면서 덤불을 헤치 는데 눈앞에 낡은 성이 나타났다. 그 순간 요링겔의 귀에 나이팅게일 이 슬피 우는 소리가 들렸다. 요린데가 마법에 걸려서 새로 변한 것이 었다.

그때 이글대는 눈을 가진 올빼미가 나타나 그들 주위를 돌면서 흉하게 울었다. 요링겔은 돌이 된 듯 꼼짝도 할 수 없었다. 올빼미가 사라지나 싶더니 붉은 눈을 가진 말라빠진 노파가 나타나 나이팅게일을 붙잡아 갔다. 요링겔은 아무 말도 할 수 없었고 움직일 수도 없었다. 얼마 뒤 노 파가 나타났을 때 겨우 몸을 움직일 수 있게 된 요링겔은 요린데를 돌 려달라고 사정했지만 노파는 그녀를 다시는 볼 수 없을 거라며 사라져 버렸다.

비탄에 빠진 요링겔은 낯선 마을에 들어가서 양치기가 되었다. 오랜 세월 동안 양치기를 하면서 때때로 성 주변을 맴돌았지만 가까이 다가갈 수는 없었다. 그러던 어느 날 요링겔은 꿈을 꾸었다. 진주알이 박힌 붉은 꽃을 들고 성에 들어가 마법을 풀고 요린데를 되찾는 꿈이었다.

요링겔은 온 산과 골짜기를 뒤지며 꿈에서 본 꽃을 찾기 시작했다. 아흐레째 되던 날 아침, 그는 마침내 피처럼 붉은 꽃을 발견했다. 한가운데에 진주알처럼 이슬방울이 맺혀 있었다. 요링겔은 밤낮을 가리지 않고 걸어서 성으로 갔다. 성문 바로 앞까지 다다른 요링겔이 꽃을 대자 성문이 활짝 열렸다.

성으로 들어간 요링겔은 새들이 우는 쪽으로 걸음을 옮겼다. 방 안에서 마녀가 7,000개의 새장에 든 새들에게 모이를 주고 있었다. 요링겔을 본 마녀는 화를 내면서 독이 든 침을 뱉었지만 꽃을 든 그에게 가까이 다가서지는 못했다. 요링겔이 수많은 나이팅게일 앞에서 주저하고 있을 때 마녀가 새장 하나를 들고 몸을 피했다. 요링겔은 나는 듯이 달려가 마녀와 새장에 꽃을 댔다. 마녀는 힘을 잃었고, 나이팅게일은 아름다운 요린데로 돌아와 연인을 얼싸안았다. 요링겔은 다른 새들도 처녀로 돌아오게 한 뒤 성을 벗어나 집으로 돌아왔다. 그들은 오래오래 행복하게 살았다.

이름도 사랑스러운 요린데와 요링겔 커플은 아름다운 사랑에 흠뻑 취해 있습니다. 그들의 앞날은 분홍빛일 것 같았지요. 그런데 어느 날 이들은 뜻하지 않은 함정에 걸려 다리가 꺾입니다. 분홍빛 사랑은 한

순간에 가없는 비탄으로 바뀌고 말지요.

그림형제 민담에는 숲이 무척 많이 등장합니다. 숲에는 거인과 마녀와 난쟁이들이 살고 천사나 요정도 있지요. 그 숲은 대개 '세상' 또는 '사회'를 상징합니다. 새로운 가능성이 있는 한편, 존재를 위협하는 갖가지 함정이 도사린 곳이지요. 함정은 사랑의 길 앞에도 어김없이 놓여 있습니다. 예쁘게 키워 나간 사랑도 거친 숲의 검증을 피할 수는 없지요. 세상의 함정과 파도를 헤쳐내야 사랑은 비로소 완성되는 법이니까요.

문제는 그 숲이 녹록지 않다는 사실입니다. 맑고 순수한 이들에게는 더 그렇지요. 이름만으로도 여려 보이는 요린데와 요링겔 커플은 숲에서 속절없이 길을 잃고 함정에 빠집니다. 이야기는 그곳이 '마녀의 숲'이었다고 하는데, 실은 그들에게 숲이 곧 마녀였다고 할 수 있습니다. 두 사람이 감당하기엔 세상이 두렵고 위험한 곳이었다는 뜻이지요.

숲속의 큰 성 앞에 서자 저절로 몸이 굳어졌다는 데서 이들의 적응력과 돌파력이 부족했다는 사실을 알 수 있습니다. 그들이 마녀의 함정에 빠지는 것은 당연한 결과지요. 특히, 단숨에 새로 변한 요린데는 성의 힘에 완전히 포획되고 맙니다. 이전에 같은 길을 걸었던 다른 처녀들처럼요.

요린데가 갇힌 성, 또는 요린데를 성에 가둔 마녀는 무엇을 상징할까요? 사랑을 이루려는 처녀를 작은 새로 만들어서 가두는 마녀에게서 딸을 남자로부터 떼어놓고자 하는 '억압된 모성'의 냄새가 짙게 느

사랑, 가장 아름답고 행복한 투쟁

껴집니다. 라푼첼을 탑에 가두었던 마녀와 비슷하지요. 하지만 이 이야기 속의 마녀는 엄마나 부모보다는 사회적 존재로 해석하는 것이 더 어울릴 것 같습니다. 마녀가 깊은 숲속에 자리하고 있으면서 불특정 다수의 수많은 청춘을 잡아 가두고 있다는 점이 그러합니다. 요컨대 마녀는 사랑을 가로막는 '사회적 구속과 억압'으로 해석될 가능성이 큽니다. 거칠고 위압적인 모습이 한눈에 그려지는 마녀의 성은 그 억압의 무게감이 얼마나 강력한지를 나타내는 요소가 되겠지요.

청춘들의 사랑을 가로막는 사회적 억압이란 구체적으로 어떤 것일까요? 갖가지 형태의 완고하고 보수적인 규율과 편견, 억압과 제한 등을 들 수 있습니다. 특히 '성적 억압'을 떠올리게 됩니다. 함께 사랑을 키운 끝에 결혼하는 날을 앞두고 갑자기 몸이 굳은 채 새장에 갇힌 처녀는 어른이 되기 위해 거쳐야 할 낯설고 두려운 통과의례 앞에서 몸이 움츠러든 것이 아닐까요? 마녀나 올빼미로 상징되는 구속과 감시의 시선에 억눌린 상황이지요. 사회적 언어로 표현하자면 '순결 콤플렉스'나 '정조 이데올로기' 등입니다. 그녀의 곁에 있는 연약한 청년 요링겔 또한 그러한 억압을 돌파할 힘이 없었으니 이 커플이 파탄의 위기에 빠지는 것은 필연입니다.

이야기는 마녀의 성 안에 7,000마리나 되는 새들이 갇혀 있었다고 합니다. 억압에 갇힌 청춘이 그토록 많다는 말인데 정말 그렇습니다. 사랑을 가로막는 사회적 억압으로부터 자유로운 청춘이 얼마나 되겠어요! 특히 여성은 더더욱 취약할 수밖에 없지요. 봉건 시대에는 더 심했을 거고요. 새장 속에 갇힌 채 슬피 울지만, 갇힌 채 신음하지만 메아리 없는 독백에 불과한 청춘들의 모습이 참으로 안타깝습니다. 그 좁고 단단한 감옥은 어떻게 해야 깨뜨릴 수 있을까요?

이야기는 문제를 해결할 일차적인 답이 '시간'이라고 말합니다. 요 링겔은 오랜 세월 양치기로 살면서 때를 기다리지요. 그러면서도 사 랑을 향한 열망을 잃지 않았던 그에게 드디어 때가 옵니다. 그가 찾은 마녀의 성을 허물 열쇠는 아름다운 붉은 꽃이었지요. 엄청난 힘을 발 휘하는 이 꽃은 무엇을 상징할까요? 그것은 '뜨거운 정열의 사랑' 내 지 '성숙한 믿음의 사랑'의 은유로 볼 수 있습니다. 사랑에 대한 확신 으로 거침없이 나아가자 마녀는 끝내 그 발걸음을 막지 못하고 뒷걸 음질친 것이지요. 그렇게 성문이 열리고 새장에 갇혀 있던 젊은이들 은 사랑을 향해 나아갑니다. 이제 그곳은 더 이상 마녀의 숲이 아닙니 다. 그들이 주인이 되어 이끌어갈 찬란한 생명의 숲이지요.

방금 붉은 꽃을 '열쇠'라고 표현했어요. 새장이라는 감옥은 깨뜨리 는 것이 아니라 '문을 여는' 것이 맞습니다. 그것이 더 쉽고 안전한 길 이지요. 이야기에서 도끼나 망치 대신 꽃을 내미는 것은 이 때문이지 요. 사랑의 진심과 확신에 찬 열정이라는 열쇠로 열 수 없는 감옥은 없 다는 것. 이 이야기가 전하는 사랑의 철학에 기꺼이 한 표를 던집니다.

10년 가까이 된 일입니다. 수업을 듣던 학생들에게 그림형제 민담 을 두루 소개하고 뜻을 풀이하면서 그 가운데 본인의 자기서사와 통 하는 이야기를 찾아보라고 했지요. 한 여학생의 반응이 인상적이었습 니다. 〈요린데와 요링겔〉이 정확하게 자기 이야기라는 거예요. 자기

사랑, 가장 아름답고 행복한 투쟁

가 꼭 요린데 같았다고요. 사회의 관습과 주변의 시선에 갇혀 남자친구를 사귀어도 '선'을 넘지 못하고 물러서는 사람. 그러다 보니 사랑에 실패하고 자꾸 상처를 받았다는 것이지요. 이 이야기를 만나서 오랜 억압으로부터 해방됐다며 밝게 웃던 모습이 지금도 생생합니다. 연락을 못 한 지 오래됐지만, 행복한 요린데가 되어 멋진 사랑을 하고 있으리라고 믿습니다.

〈요린데와 요링겔〉에서 눈길을 끄는 것은 처녀들을 새장에 가두는 마녀입니다. 이야기는 마녀를 '늙은 노파'로 표현합니다. "누런 얼굴에 말라빠졌으며 커다란 붉은 눈에 끝이 턱까지 늘어진 매부리코(gelb und mager: große rote Augen, krumme Nase, die mit der Spitze ans Kinn reichte_KHM B.1, pp.348~349)"의 모습을 하고 있었다고 해요. 흉하게 묘사된 형상은 노인을 비하하기 위해서일 리가 없습니다. 사회의 낡은 관습과 억압이 얼마나 흉측한지를 그렇게 표현하고 있지요. 옛이야기 속의 '늙은 마녀'는 세상의 낡고 음험한 힘에 대한 신랄한 은유인 경우가 많습니다. 이 이야기의 경우도 이런 풀이가 딱 맞아떨어지지요.

옛이야기에서 사회의 낡은 힘은 남자 노인의 모습으로 그려지기도 합니다. 억압적인 부성(父性)이 문제되는 경우지요. 지금부터 그런 이야기를 보겠습니다. 제목에 '늙음'이 포함돼 있는 이야기, 〈올 링크랑크〉(Oll Rinkrank; KHM 196)입니다. 원문의 'oll'이 '늙은, 추한'이라는 뜻을 가진 말이에요.

옛날에 딸 하나를 가진 왕이 살았다. 그는 유리산을 만든 뒤 그 산을 미끄러지지 않고 오르는 사람에게 딸을 아내로 주겠다고 했다. 공주를 무척 사랑하던 청년이 시험을 치르겠다고 나섰다. 공주도 연인이 미끄러지면 돕겠다면서 함께 나섰다.

두 사람은 힘껏 유리산을 올라가기 시작했다. 중턱쯤 다다랐을 때 공주가 미끄러졌고, 유리산이 열리면서 공주를 삼켜버렸다. 산이 곧바로 닫히는 바람에 청년은 어찌할 방도가 없었다. 왕에게 가서 그 일을 말하자 왕도 슬퍼하면서 산을 없애게 했다. 하지만 딸의 종적은 찾을 수 없었다.

공주는 땅속 깊은 곳 동굴에 있었다. 하얀 수염을 가진 늙은이가 다가와서 자기 하녀가 되면 목숨을 살려주겠다고 했다. 공주는 그 말을 따를 수밖에 없었다. 늙은이는 아침마다 사다리를 받쳐서 동굴 밖으로 나간 다음 그것을 끌어올렸다. 공주는 동굴 속에서 음식을 만들고 잠자리를 정리하는 등 그가 시키는 일을 해야 했다. 저녁이 되면 늙은이는 금과 은을 한 무더기씩 가지고 돌아왔다.

여러 해가 흘러서 공주도 나이가 들었다. 늙은이는 공주를 '만스트로 아줌마'라고 불렀고, 공주는 그를 '올 링크랑크'라고 불렀다. 어느 날 공주는 일을 마친 뒤 햇빛이 들어오는 작은 창 하나만 남기고 모든 문과 창문을 굳게 잠갔다. 늙은이가 와서 문을 두드렸으나 공주는 문을 열어주지 않았다.

"여기 가련한 링크랑크가 왔어요. 발에 황금을 가득 달고, 무거운 다리를 이끌고 왔다오. 만스트로 아줌마, 문을 열어줘요."

사랑, 가장 아름답고 행복한 투쟁

늙은이가 계속 사정했지만 문은 열리지 않았다. 그는 공주가 안에서 무슨 일을 하는지 궁금해서 작은 창으로 고개를 내밀려고 했다. 수염 때문에 머리가 들어가지 않자 그는 수염을 먼저 안으로 집어넣었다. 그러자 만스트로 아줌마는 줄을 확 잡아당겨서 창문을 닫았다.

수염이 끼어버린 올 링크랑크는 비명을 지르면서 풀어달라고 애원했다. 공주는 사다리를 내놓으라고 했다. 늙은이가 할 수 없이 사다리 있는 곳을 알려주자 공주는 그것을 놓고 동굴을 벗어나 산 위로 올라갔다. 그리고 아버지에게 달려가 그동안 있었던 일을 이야기했다. 왕은 물론이고 거기 머물러 있던 연인도 매우 기뻐했다.

그들은 함께 산을 파고 들어가 올 링크랑크가 모아놓은 금과 은을 찾아냈다. 왕은 올 링크랑크를 죽이고 금과 은을 빼앗았다. 공주는 옛 연인을 남편으로 맞이해 행복하게 잘 살았다.

이야기를 읽으면서 조금 당황했을지 모르겠습니다. "이건 뭐지? 유리산은 뭐고 그 속의 동굴은 뭐고 갑자기 툭 튀어나온 늙은이는 뭐야? 만스트로 아줌마는 또 무슨 말이고, 공주가 함께 살던 올 링크랑크를 죽음으로 내모는 건 무슨 일이지?" 얼핏 뒤죽박죽으로 보이지만 설명을 듣고 나면 조금 감탄하게 될 거예요.

힌트는 앞에서 드렸습니다. 이야기 속 늙은이가 세상의 낡은 관습이나 집단의 은유라는 점이죠. 그러니까 공주가 갇힌 동굴은 낡은 규범이라는 감옥의 은유입니다. 왜 남자가 아닌 공주가 갇혔느냐면, 사랑을 둘러싼 억압에 여성이 더 취약하기 때문이지요. 남자보다 더 쉽게 유리산에서 미끄러질 수 있다는 뜻입니다.

여기서 유리산 또한 사회의 윤리규범을 상징합니다. 왜 유리산일까요? 겉보기에는 맑고 투명하기 때문이지요. 하지만 이건 겉모습일 뿐입니다. 그 안에는 음험한 동굴이 있지요. 청춘을 갈라놓고 가두고 괴롭히는 어두운 감옥 말이에요. 빛나는 유리산과 어두운 동굴이라는 양면성. 설화의 화소는 놀랍도록 정확합니다. 그 빛과 그림자를 모두 감당해야 사랑을 성취할 수 있지요.

공주를 하녀로 만들어 동굴에 가두고 자기 애인이라도 되는 양 다정하게 '만스트로 아줌마'라고 부르는 늙은 올 링크랑크의 정체는 무엇일까요? 답은 이야기에 나와 있습니다. 그 유리산을 만든 사람이 누구지요? 공주의 아버지였습니다. 유리산을 만들어서 딸의 미래를 열어주는 듯하지만 사실은 그 안에 함정을 숨기고 있다가 동굴에 가두는 아버지. 올 링크랑크는 명백히 '소유적 부성'의 서사적 상징입니다. 자기 딸을 '아줌마'로 만들어서 욕망을 충족하는 아버지에게서, 금과 은이면 딸이 충분히 행복할 거라고 착각하는 아버지에게서 우리는 딸에게 흉한 털가죽을 씌웠던 〈별별 털복숭이〉의 아버지를 떠올립니다. 그도 절대 권력을 가진 왕이었지요.

역시 시간이 답이었습니다. 오랫동안 억압에 갇혀 살던 공주는 어느 날 문득 깨닫습니다. 이렇게 살면 안 된다는 것을요. 그것은 끔찍한 감옥에 갇힌 채 청춘을 흘려보내고 '아줌마'로 전락하는 일이었지요. 그리고 동굴은 빠져나갈 수 없는 곳이 아니었습니다. 사다리가 있었

사랑, 가장 아름답고 행복한 투쟁

으니까요. 올 링크랑크가 된 아버지에게서, 세상의 낡은 체계로부터 사다리를 빼앗으면 되는 일이었습니다. 공주는 어느 날 그 일을 해냅니다. 늙음과 낡음을 상징하는 '긴 수염'을 문틀에 꽉 끼우고요.

공주가 움직이자 반전이 일어납니다. '아버지의 그림자'를 물리치자 '진짜 아버지'가 그를 맞이하지요. 자식을 사랑하고 밀어주는 아버지가요. 딸이 소신껏 자신이 원하는 사랑을 밀어붙일 때, "내가 함께 살 사람은 저 남자입니다." 하고 말할 때, 딸을 이길 수 있는 아버지는 없지요. 다르게 말하면, 청춘이 자기 식대로 사랑의 열정을 펼칠 때 사회의 낡은 규범은 그것을 막을 수 없습니다. 늙고 흉한 그림자는 마침내 사라지지요. 올 링크랑크의 죽음은 이를 뜻하는 화소가 됩니다.

이야기는 다른 사람이 아닌 왕 스스로가 올 링크랑크를 죽였다고 합니다. 오래된 사회체계가 낡은 억압을 인정하고 그것을 버린 셈이지요. 이야기는 완전한 해피 엔딩이 됩니다. 젊은 사랑의 에너지가 펼쳐낸 이 극적인 변혁을 '역사의 진보'라고 한다면 지나친 일일까요? 낭만적 사랑의 힘이 세상을 변화시키는 동력이라는 것은 역사학자와 사회학자의 관점이기도 하다는 말로 자기변호를 해봅니다.

1퍼센트의 가능성이
99퍼센트가 될 때

옛이야기에는 처음부터 큰 시련을 내포한 상태로 사랑을 시작하는 커플들이 많습니다. 객관적으로 서로 안 맞아 보이는데도 사랑의 길을 걸어가는 경우지요. 1부에서 살펴본 평범한 남자와 특별한 여성의 이야기가 여기에 해당합니다. 여자는 더없이 귀하고 아름다운데 남자는 미천하고 보잘것없다면 그 사랑이 성사될 가능성은 얼마나 될까요? 1퍼센트? 그런데 때로는 1퍼센트의 가능성이 실현되기도 합니다. 1퍼센트를 99퍼센트로 바꾸는 힘, 그것은 무엇일까요?

앞에서 〈선녀와 나무꾼〉, 〈우렁각시〉, 〈숯구이와 용녀〉, 〈왕이 된 새샙이〉 등 네 개의 이야기를 소개했어요. 이들의 서사는 갈림길을 만나면서 새드 엔딩으로도 해피 엔딩으로도 갔지요. 이들 가운데 유일하

사랑, 가장 아름답고 행복한 투쟁

게 해피 엔딩으로만 서사가 진행된 커플이 있습니다. 〈왕이 된 새샙이〉의 새샙이와 미녀이지요. 그들에게는 어떤 특별한 점이 있었던 걸까요? 앞에서 다하지 못한 이야기를 이어봅니다.

옛날에 새만 잡아먹고 살아서 이름이 새샙이인 총각이 있었다. 동네에서는 가을에 벼가 익으면 그를 데려다가 들판의 새막에서 지내면서 새를 쫓게 했다. 총각은 거기 살면서 활로 새를 쏘아서 먹고살았다.

하루는 그가 길을 가는데 어떤 집 울타리 안으로 자란 배나무에 새가 앉아 있었다. 그걸 활로 쐈더니 새가 울 안으로 떨어졌다. 총각이 새를 가지러 담을 넘어서 들어가보니까 예쁜 처녀가 베를 짜고 있었다. 총각은 처녀가 보는 앞에서 모닥불을 피워서 새를 굽기 시작했다. 처녀는 그가 빨리 새를 가지고 가기를 기다렸다. 총각은 새가 익자 절반을 갈라서 처녀에게 주었다. 처녀는 그걸 먹으면 남자가 가리라 생각하고 받아서 먹었다. 그러자 총각은 담을 넘어서 들로 갔다.

새샙이는 다음 날 다시 그 집으로 찾아가서 배나무에 앉은 새를 쏘았다. 새가 안으로 떨어지자 다시 담을 넘어서 베 짜는 처녀가 보는 가운데 새를 구웠다. 그가 다시 새 고기를 반으로 갈라서 주자 처녀는 총각을 보낼 생각에 얼른 고기를 받아 먹었다.

다음 날 처녀는 총각이 오기 전에 일을 마치려고 부지런히 베를 짰다. 하지만 총각이 또 찾아와서 새를 구워서 줬다. 처녀가 그걸 받아먹고서 들어가려고 하자 총각이 부르더니 새 값을 내라고 했다. 돈을 가지고 있지 않았던 처녀는 안으로 들어가 거울을 보면서 자기 얼굴을 그린 다음, 새 값 대신으로 그림을 총각에게 주었다. 그림을 받아 새막 기둥에 달아둔 새샙이는 손뼉을 치며 좋아했다. 날마다 그것을 바라보는 것이 일이었다.

그때 나라에서 새로 왕비를 구하게 되었다. 전국 방방곡곡을 다니면서 왕빗감을 찾는데 머리카락이 석 자 세치 되는 여자라야 했다. 수령들이 들판을 지나다가 웬 총각이 손뼉을 치면서 웃는 것을 보고서 살펴보니 예쁜 처녀 그림이 걸려 있는데 머리카락 길이가 석 자 세치였다. 총각을 닦달해서 그림의 주인공을 알아낸 수령은 그 집으로 들이닥쳐서 처녀를 붙잡아가지고 가마에 태워 길을 나섰다.

새샙이가 보니까 자기에게 그림을 준 여자가 붙잡혀가고 있었다. 그가 가마를 붙들고서 자기는 어떻게 하냐고 매달리자 처녀가 잠깐 가마에 머리를 들이밀게 하고서 이렇게 말했다. "새 잡아서 3년, 공부해서 3년, 뜀 뛰어서 3년, 9년을 공부해서 와요." 이 말을 남기고서 가마는 멀리 떠나갔다.

궁궐로 잡혀간 처녀는 자기를 아내로 삼으려는 왕에게 9년이 되기 전까지 손을 대지 말고 기다려야 한다는 조건을 내걸었다. 여자를 탐낸 왕은 그 말을 받아들였다.

9년이 지났을 때 여자는 임금에게 청해서 크게 거지 잔치를 베풀었다. 새를 잡아 3년, 공부해서 3년, 뜀 뛰어서 3년, 9년을 공부한 새샙이도 잔치에 참석했다. 그가 새털을 뜯어서 만든 옷을 입고 춤을 추면서 궁궐로 들어가자 9년 동안 한 번도 웃지 않던 왕비가 그 모습을 보고는 손뼉을 치면서 웃었다.

사랑, 가장 아름답고 행복한 투쟁

임금은 자기가 그 옷을 입고 춤을 추면 왕비가 좋아할 거라고 생각하고 뜰 아래로 내려가서 새섭이와 옷을 바꿔 입었다. 왕이 새털 옷을 입고 춤을 출 때 여자가 소리쳤다. "섭아 섭아 새섭아, 9년을 공부해서 뭘 했느냐!" 그 말을 들은 새섭이는 펄쩍 뛰어서 용상에 올라 앉은 다음 거지를 쫓아내라고 소리쳤다. 그래서 임금은 거지가 되고 새섭이가 임금이 됐다. 그들은 한평생을 잘 살았다.[1]

구술된 내용을 많이 살려서 정리해봤어요. 한국에도 이런 이야기가 있다는 사실이 흐뭇합니다. 내용이 좀 황당하다고 느낄 수 있지만 자세히 들여다보면 생각이 달라질 거예요.

남자 주인공은 새섭이입니다. 새를 잡아먹고 사는 사람이었지요. 그는 변변한 집도 없어서 들판의 움막에서 생활합니다. 밑바닥 중의 밑바닥이지요. 농부나 나무꾼, 숯구이 등과 비교해도 더 열악한 처지에 있는, 뿌리 뽑힌 인생입니다. 상대방은 어떤가요? 울 안에 배나무를 가진 어엿한 집에서 안정된 생활을 하는 여인입니다. 머리가 석 자세치나 되는 미녀였고요. 이 둘이 커플이 된다는 것은 상상하기 어려운 일이었지요. 임금이 여인을 데려가서 곁에 둔 상황이니 더욱 그렇습니다.

그런데 이 두 사람이 보란 듯이 맺어집니다. 그냥 평범하게 이어진 정도가 아니라 왕과 왕비가 되지요. 놀라운 대반전입니다. 이게 어떻게 가능했을까요?

일차적인 답은 행동력에서 찾을 수 있습니다. 새섭이는 경쾌한 행동력을 갖춘 사람이지요. 자기가 쏘아 떨어뜨린 새를 찾겠다고 담장을 훌쩍 넘는 데서 확인할 수 있어요. 담을 넘는 일은 현실로 치면 주거침입이지만, 이야기는 이야기로 보면 좋겠어요. 그는 그저 새를 가져올 생각으로 거리낌 없이 담을 넘습니다. 그런데 거기서 그는 예정에 없던 행동을 합니다. 베를 짜는 여성을 발견하고 즉석에서 새를 구워서 주지요. 물론 여성이 마음에 들어서 한 일이었습니다. 반 마리 새라니 보잘것없는 선물이지만, 새를 잡아서 먹고 사는 새샙이로서는 가장 소중한 것이지요. 그는 이렇게 자기 마음을 행동으로 표현합니다. 표현한다고 해서 다 받아들여지는 것은 아니지만 표현하지 않으면 가능성은 0이 되니 큰 차이지요.

처녀는 새샙이가 준 새고기를 먹습니다. 상황을 모면하려고 한 행동처럼 돼 있지만, 꼭 그렇게 볼 일만은 아닙니다. 지루하고 똑같은 일상에 파문을 일으키며 다가온 남자한테 놀라고 겁먹는 한편으로 관심이 생긴 게 아닐까요? 다음 날도 또 다음 날도 여성은 혼자 그곳에 있었다고 합니다. 여성은 은근히 마음을 열고 있었던 것일 수 있습니다. 어쩌면 남자가 정성을 다해 구웠을 새고기가 최고의 별미였을지도 모르겠네요. 그녀가 새 값으로 자기 모습을 그려서 주었다는 것은 요즘으로 치면 연락처를 준 셈입니다. 마음으로 남자를 받아들였다는 뜻이지요.

새샙이의 삶을 '뿌리 뽑힌 인생'이라 했는데, 이는 외부의 평가입니다. 들판에서 살면서 늘 새를 따라다니고 활을 쏴서 새를 잡는 그는 거침없는 자유인이었을 것입니다. 그러니 담장도 훌쩍 넘을 수 있었겠

사랑, 가장 아름답고 행복한 투쟁

지요. 늘 담장 안에 갇혀 있었고 나중에는 궁궐에 갇히게 되는 여성은 새샙이가 누리는 자유에 접속한 것일 수 있습니다. 전혀 어울릴 것 같지 않던 두 사람은 그렇게 '환상의 커플'을 예약하지요.

하지만 둘의 인연이 맺어지기까지는 통과해야 할 시련의 터널이 놓여 있습니다. 세상이 둘의 인연을 부정하는 상황을 이겨내야 했지요. 여성의 모습을 그린 그림을 보면서 웃고 있는 새샙이를 세상은 능멸하고 무시합니다. 너 같은 게 가당키나 하냐는 식이지요. 그는 속절없이 여성을 빼앗깁니다. 하지만 가능성이 완전히 사라진 것은 아니었습니다. 실낱 같은 희망이 남아 있었어요. 9년이라는 긴 시간을 한결같이 노력한다면 마침내 실현될 수 있는 무엇이었습니다.

이 부분이 이야기의 핵심입니다. 뭔가를 배우는 과정이 상징하는 '노력'과 '성장'도 중요하지만, 저는 결정적인 요소로 '믿음'을 꼽습니다. 서로 얼굴도 못 보고 연락도 못 하는 상태로 9년을 한결같이 준비한다는 것은, 그리고 한결같이 기다린다는 것은 믿음 없이 불가능한 일이지요. 이런 두 믿음이 서로 만날 때, 기적은 필연이 되어 이루어집니다. 그렇게 오랜 세월을 가로질러 뜨겁게 손을 맞잡은 두 사람. 어떻게 왕과 왕비가 아닐 수 있을까요? 온 세상을 가진 것이나 마찬가지인데요.

이 이야기를 보면서 떠오르는 또 다른 커플이 있습니다. 그림형제 민담 〈업둥이〉(Fundevogel; KHM 51)의 두 주인공입니다. 굳은 믿음으로 세상의 편견과 방해를 이겨낸 연인이지요.

옛날에 어떤 산림관이 숲속에 갔다가 울음소리를 듣고 나무 위에 올라가 있는 아이를 발견했다. 매가 채어다가 나무 위에 올려놓은 아이였다. 산림관은 아이를 집으로 데리고 와서 자기 딸 레나와 함께 키웠다. '업둥이'라고 불리면서 자란 아이는 레나와 서로 좋아하는 사이가 되었다. 한 사람이 없으면 슬퍼서 못 견딜 정도였다.

산림관에게는 늙은 요리사가 있었는데, 어느 날 많은 물을 길어와서 물을 끓였다. 레나가 무엇을 하느냐고 묻자 업둥이를 넣어서 요리하겠다는 것이었다. 레나는 업둥이에게 이 사실을 알리고 함께 도망쳤다.

요리사는 하인을 시켜서 아이들을 추적했다. 레나가 말했다. "네가 날 안 버리면 나도 널 안 버릴게." 그러자 업둥이가 말했다. "절대로 안 버려." 하인들이 다가오자 업둥이는 장미나무로 변하고 레나는 장미꽃으로 변했다.

따돌렸던 하인들이 다시 쫓아오자 레나가 말했다. "네가 날 안 버리면 나도 널 안 버릴게." "절대로 안 버려." 업둥이는 교회로 변하고 레나는 샹들리에로 변해서 추적을 피했다.

화가 난 요리사는 하인을 데리고 두 사람을 쫓아왔다. 다시 레나가 말했다. "네가 날 안 버리면 나도 널 안 버릴게." 그리고 업둥이가 답했다. "절대로 안 버려." 업둥이는 연못으로 변하고 레나는 오리로 변했다.

연못에 도착한 요리사가 엎드려 물을 마시려 할 때 오리가 재빨리 다가와서 요리사를 물고 물속으로 들어갔다. 늙은 마녀는 물에 빠져 죽고 두 아이는 집으로 돌아왔다. 너무나 기뻤다. 그들, 죽지 않았다면 지금까지 살고 있을 것이다.

사랑, 가장 아름답고 행복한 투쟁

이 이야기에도 '늙은 마녀'가 등장합니다. 그가 나서서 두 사람의 사랑을 방해하며 박살내려 하지요. 특이하게도 이 이야기에서는 마녀가 요리사입니다. 업둥이를 죽이려 하고 또 끝까지 쫓아와서 연인과 갈라놓으려고 하는 늙은 요리사는 누구일까요?

수많은 늙은 마녀들이 그렇듯 요리사는 '엄마'를 연상시킵니다. 자식에 대한 소유적 욕망이 가득해서 그 짝이 되려는 사람을 배제하고 훼손하는 엄마지요. 장모와 사위의 갈등이 오늘날만의 일이 아닐 테니 나름 가능한 해석일 것입니다. 귀한 딸을 밖에서 주워 온 근본 없는 아이에게 주지 않으려는 마음이 이해되는 면도 있고요. 잘 보면 여자아이에게는 '레나'라는 번듯한 이름이 있는데 남자아이에게는 이름도 없어요.

하지만 이야기 속의 요리사를 엄마로 해석하고 싶지는 않습니다. 요리사라는 존재는 엄마보다는 주변 사람을 더 자연스럽게 연상시킵니다. 남녀의 사랑을 옆에서 지켜보는 사람들 가운데 의심하고 시기하며 방해하는 이들이 참 많지요. 이야기 속 요리사로서는 주워 온 아이가 주인집 딸과 결혼하는 것이 영 마뜩찮아서 저렇게 미워하고 방해하는 게 아닌가 싶습니다. 그렇잖아요? 괜한 편견과 질투심으로 주변 사람들을 헐뜯어서 쓰러뜨리려는 사람들이 세상에 많고도 많습니다. 어쩌면 저 사람은 누군가를 이리저리 '요리'하려 들어서 요리사인지도 모르겠습니다. 의미를 확장하면, 그는 특정한 개인이라기보다 갖은 명목으로 타인의 사랑을 난도질하려는 모든 사회적 편견을 표상한다고 보아도 좋겠습니다.

왜 '사회적 편견'이라고 말하냐면, 남녀 사이에 사회적 지위의 차이가 두드러지기 때문입니다. 한 사람은 어엿한 산림관의 딸이고 한 사람은 밖에서 주워 온 아이이니 통념상 둘은 어울리는 짝이라 하기 어렵습니다. 그러다 보니 강력한 편견 속에 온갖 뒷말과 험담과 공격이 난무하지요. 자신들이 보기에 못마땅한 커플을 구설에 올려서 지지고 볶으면서 인격 살인을 일삼는 일은 지금도 되풀이되고 있는 현실입니다. 하인들을 이끌고 '떼거리'로 남녀를 쫓는 요리사에게서 집단의 무모한 광기와 폭력성을 봅니다.

두 사람이 사랑을 성취하는 것은 이토록 힘든 일이었습니다. 그 가능성 또한 1퍼센트라고 할 수 있어요. 두 사람이 계속 서로의 마음을 확인하고 다짐을 받는 것은 이 때문이겠지요. 하지만 이야기는 말합니다. 사랑이란 원래 그런 거라고요. 모든 오해와 공격을 이겨내야 하는 것이 사랑의 길이라고요. 이야기는 또 말합니다. 두 사람이 진정으로 서로를 사랑한다면, "네가 날 버리지 않으면 나도 널 버리지 않는다"라는 믿음이 확고하다면, 세상 무엇도 둘의 사랑을 막지 못한다고요. 나무가 되고 연못이 되어서라도 사랑은 반드시 이루어진다고요.

이 이야기가 전하는 사랑의 가르침에 더 이상 말을 덧붙이면 사족이 될 것입니다. 그래요. 그들이 죽지 않았다면 그 사랑은 지금까지도 생생히 살아 있을 것입니다.

사랑, 가장 아름답고 행복한 투쟁

마음에 드는 사람이
나타날 때까지

우리나라는 무척 많은 구전 설화를 보유하고 있습니다. 어릴 때부터 옛이야기를 들어 기억하고 있는 어르신들이 세상을 떠나기 전에 대대적인 현지 조사를 진행한 결과, 방대한 자료를 갖게 됐지요. 디지털 아카이브로도 제공되고 있는 82권 분량의 《한국구비문학대계》는 한국을 넘어 세계의 빛나는 무형문화자산이라고 자부할 만합니다. 시간이 지날수록 가치가 더욱 커질 거예요.

《한국구비문학대계》외에도 개인과 집단 차원에서 조사해서 남긴 구전설화 자료들이 많이 있습니다. 20세기 전반기 자료를 대거 수록한 임석재 전집 《한국구전설화》(전10권, 평민사, 1987)는 그중에서도 귀한 자료집으로 손꼽을 만하지요. 쉽게 접하기 어려운 북한 설화가 많이 수록돼 있다는 것도 이 자료집의 장점입니다.

지금 살펴볼 이야기는 〈재주 있는 처녀〉라는 민담입니다. 《한국구전설화》에 실린 자료지요. 한 여성이 자기 배우자가 될 만한 남자를 찾는 이야기인데 무척 흥미롭습니다. 원전의 내용을 가급적 살려서 소개합니다.[2]

옛날 어느 곳에 한 처녀가 살았는데 하루아침에 베 세 필을 짜는 재주가 있었어요. 처녀는 자기처럼 큰 재주가 있는 사람에게나 시집을 가지 그렇지 않은 사람에게는 안 간다고 했어요. 재주 가진 사람을 찾다가 보니 한 해가 가고 두 해가 가고 해서 그만 노처녀가 되고 말았지요. 부모는 걱정이 돼서 자기 딸 못지않은 재주를 가진 사람을 신랑감으로 구한다고 사방에 방을 써 붙였어요.

어느 날 한 총각이 방을 보고 찾아왔지요. 무슨 재주가 있냐니까 식전에 집 한 채를 지을 수 있다는 거예요. 한번 해보라고 하니까 아침에 앞산에 가서 나무를 베서 톱으로 자르고 자귀로 깎고 대패로 밀고 해서 삼간 기와집을 떡하니 지었지요. 처녀의 아버지가 이만저만한 재주가 아니라면서 놓치지 말고 결혼하라고 했어요. 그러자 딸은 "제 눈으로 보고서 정할랍니다." 하고 집을 이리저리 검사했지요. 보니까 문설주 하나가 거꾸로 맞춰져 있었지요. 처녀는 재주가 부실하다면서 퇴짜를 놓았습니다.

한 1년 뒤에 다른 총각이 찾아왔어요. 무슨 재주가 있냐니까 하루아침에 벼룩 석 섬을 잡아서 코에다 코뚜레를 매가지고 말뚝에 맬 수 있다

사랑, 가장 아름답고 행복한 투쟁

는 거예요. 그것도 재주는 재주라면서 한번 해보라고 하니까 그 다음 날 식전에 후닥닥 후닥닥 소리가 나더니만 정말로 아침 먹기 전에 벼룩 석 섬을 잡아서 코를 꿰어서 쭉 걸어놓았지요. 아버지가 딸에게 대단한 재주라면서 한번 보라고 하니까 처녀가 검사를 시작했지요. 보니까 끝에서 두 번째 벼룩 하나를 코를 꿰는 대신 목을 감아놓았지 뭐예요. 처녀는 큰 재주가 못 된다며 이 총각도 보내버렸습니다.

그 후 몇 해가 지나도록 찾아오는 총각이 없었습니다. 늙은데다가 혼처도 나서지 않으니까 처녀는 하는 수 없다면서 그냥 죽을 요량으로 큰 산에 올라갔습니다. 수십 길 되는 큰 바위에 올라가서 심청이 임당수에 빠지듯 치마를 쓰고서 눈을 딱 감고 퉁 뛰어내렸지요. 죽으려고 뛰어내렸는데 도중에 퍽 하는 소리가 나면서 더 떨어지지 않았어요. 눈을 뜰까 말까 하다가 떠보니까 웬 중같이 생긴 사람이 소쿠리로 자기를 받고 있지 뭐예요. "웬 처녀가 생목숨을 끊으려고 그래요?"

처녀는 이상하다는 생각이 들었어요. "당신은 누구예요? 사람이에요, 귀신이에요, 뭐예요?" "아 사람이니까 사람을 살리지 사람 아니면 사람을 살릴 수가 있소?" "어떻게 해서 죽는 사람을 살려요?" 그러자 그 사람이 말했지요. "나는 아무데 절에 사는 중입니다. 시주하러 갔다가 돌아오는데 바위에서 사람이 떨어지는 것을 보고 얼른 절에 가서 낫을 갖다가 대나무를 잘라가지고 소쿠리를 만들어서 이렇게 당신을 받았지요."

처녀가 가만히 생각하니까 하루아침에 베 세 필을 짜는 재주도 좋고 하루아침에 기와집을 짓는 재주나 벼룩 석 섬을 잡아 코를 꿰는 재주도 좋지만 죽는 사람 살리는 재주가 제일 용한 것 같았어요. 그래서 중에게 자기 죽게 된 사연을 이야기하고서 같이 살자고 했지요. 중이 그 말을 듣고서 싫다고 할 리 없지요. 그래서 그 처녀하고 중하고 함께 살게 됐답니다.

유쾌한 과장과 허풍이 가득한 즐거운 이야기입니다. 방언이 살아 있는 원전을 보면 더 재미있어요. 세상에 저런 사람들이 다 있다니! 재주를 보면 혀를 내두를 만합니다. 하루아침에 삼을 삼아서 베를 세 필씩 짜는 여자도 그렇고, 하루아침에 기와집을 짓는 남자와 벼룩 서 말을 잡아 코를 꿰는 남자도 그렇습니다. 세상에서 둘째가라면 서러울 재주들이지요. 순식간에 대나무 소쿠리를 짜서 여자를 받은 중의 재주 역시 두말할 필요가 없습니다.

이 이야기를 소개하는 것은 물론 재주 감상을 위해서가 아닙니다. 남녀 간 인연이 우리의 화두지요. 주인공이 노처녀로 살다가 죽을 지경이 되면서까지 자기하고 재주가 맞는 남자를 찾으려 했던 일이 포인트입니다.

특별한 재주를 지닌 사람이 둘이나 찾아왔는데도 꼬투리를 잡아서 퇴짜를 놓는 여자를 어떻게 보아야 할까요? 그렇게 눈이 높았던 탓에 '처녀로 죽을' 지경이 됐으니 어리석은 일이라고 해야 맞을 것 같습니다. 적당히 맞춰서 사는 게 옳은 일이라고 말할 수도 있겠지요. 그런데 처녀가 결국은 자기가 원하던 재주꾼을 만나서 결혼하는 반전이 생기니, 이건 어떻게 봐야 할까요? 그냥 '웃자고 한 이야기'로 지나가도 될

사랑, 가장 아름답고 행복한 투쟁

텐데 이것도 뭔가 말이 될 거라고 생각하면서 맥락을 찾아보려고 하니 하나의 병 같습니다. 어쩌면 이야기 속 여자를 닮은 것인지도 모르겠어요.

이야기로 돌아가서 여자의 재주와 그를 찾아온 두 사람의 재주를 비교하면 오히려 남자들의 재주가 더 대단해 보입니다. 특히 벼룩을 석 섬이나 잡아서 코뚜레를 꿰는 일은 상상을 초월할 정도예요. 그런데도 꼬투리를 잡으면서 만족을 못하는 걸 보면 여자가 꽤나 까칠하고 콧대 높은 사람처럼 생각됩니다. 자기 재주를 믿고 남을 쉽사리 낮춰 보는 것처럼 여겨지기도 해요.

하지만 잘 살펴보면 여자의 재주는 베를 잘 짜는 것만이 아닙니다. 문설주가 거꾸로 된 걸 단번에 알아채고 코가 안 꿰인 벼룩을 콕 짚어 내는 데서 그녀가 무척 꼼꼼하고 눈썰미가 탁월하다는 사실을 알 수 있지요. 모르긴 해도 여자가 짠 베는 빈틈없이 완벽했을 거예요. 그런 사람이니 저 남자들을 배우자로 받아들이기는 어려웠을 것입니다. 무슨 일이든 흠 없이 제대로 해내야 진짜 재주니까요.

남다른 재주와 눈썰미 때문에 배우자를 못 구하던 여자는 결정적인 순간에 임자를 만납니다. 다 끝났구나 싶을 때 갑자기 빛이 보이는 것이 이야기의 묘미이고 인생의 묘미지요. 순식간에 소쿠리를 만들어서 여자를 받아낸 중의 재주는 입이 딱 벌어질 정도입니다. 번개보다 수만 배 빠를 정도니 말 다했지요! 하지만 이 사람의 진짜 재주는 다른 데 있습니다. 신속한 조치로 죽을 뻔한 사람을 살린 일이야말로 세상에서 제일가는 재주라 할 수 있지요. 재주 많은 여자가 그 점을 놓칠 리 없습니다. 스스로 '사람 살리는 재주가 제일 용하다'고 느끼고 있잖아요.

그렇게 짝이 된 두 사람의 결혼 생활이 꽤나 재미있었을 것 같습니다. 한 사람은 베를 짜고 한 사람은 바구니를 짜니 그야말로 천생연분이 따로 없습니다. 남자가 스님인 점이 마음에 걸린다고요? 중 노릇을 그만두고 결혼했겠지요. 왜 하필 중이냐고 묻는다면 이것도 답변이 가능합니다. 깊은 산속 절에서 사는 사람이 중이잖아요. 진짜 짝은 어딘가 보이지 않는 곳에 숨어 있음을 이렇게 표현한 것이라고 보면 됩니다. 인연은 의외의 곳에서 튀어나오는 법이지요.

유난히 눈이 높아서 연애 상대를 꼼꼼히 고르는 사람이 있습니다. 사람들은 그들에게 제발 눈 좀 낮추라고 말하지요. 그러다가 다 놓치고 평생 혼자 산다고요. 함부로 그렇게 말할 일이 아니라고 생각합니다. 잘 보면 눈이 높은 사람은 늦게라도 좋은 사람을 만나서 잘살더라고요. 눈을 낮추라고 타박할 게 아니라 열심히 잘 찾아보라고 응원하는 것이 맞는 일 아닐까요? 〈재주 있는 처녀〉 이야기를 들려주는 것도 좋겠습니다.

사랑은 결코 저절로 주어지지 않습니다. 그건 어렵지만 즐거운 하나의 도전이지요. 사랑을 향한 가열찬 도전을 멈추지 마시길!

사랑, 가장 아름답고 행복한 투쟁

Chapter 8

영원한 동반자는
과연 존재할까?

가시를 볼 것인가,
장미를 볼 것인가

세상에 사랑 이야기가 참 많지만 그중에서도 인상적인 장면을 꼽자면 백마 탄 왕자가 홀쩍 나타나서 달콤한 키스로 백 년 동안 잠을 자던 공주를 깨우는 부분을 빼놓을 수 없을 거예요. '낭만적 사랑의 판타지'를 대변하는 장면이라고 할 수 있습니다. 꿈 같아서 다소 허황돼 보이는 장면이지요. 소설의 리얼리즘이라는 관점에서 코웃음 치기 딱 좋은 내용입니다. 그런데 정말로 그럴까요?

〈잠자는 숲속의 미녀〉가 공식 제목처럼 돼버린 이 이야기의 원제는 〈장미 공주〉(Dornröschen; KHM 50)입니다. 그림형제 민담집에 실린 이야기지요. 이 제목은 사실 의역한 것이고, 원어 그대로 해석하면 '가시 장미'가 맞습니다. 'Dorn'은 '가시'라는 뜻이거든요. 이 점을 유의하면서 이야기를 읽어보면 좋겠습니다.

옛날에 아기를 절실히 기다리던 왕과 왕비가 있었다. 어느 날 왕비가 목욕을 하는데 개구리 한 마리가 땅으로 올라오면서 올해가 가기 전에 예쁜 딸이 태어날 거라고 말했다. 그 말 그대로 들어맞아서 왕비는 예쁜 딸을 낳았다. 왕은 기쁨에 젖어서 큰 잔치를 베풀고 지혜로운 여자 마법사들을 초대했다. 나라에는 여자 마법사가 열세 명 있었는데 음식을 차려줄 황금 접시가 열두 개뿐이라서 한 명은 부를 수 없었다.

호화로운 잔치가 끝날 무렵이 됐을 때 열두 마법사는 차례로 아이에게 기적의 선물을 주었다. 미덕과 아름다움, 재산 등등 모든 훌륭한 선물이 차례로 주어졌다. 열한 번째 마법사가 막 말을 마쳤을 때, 잔치에 초대받지 못한 열세 번째 마법사가 나타났다. 그녀는 공주는 열다섯 살이 됐을 때 물렛가락에 찔려 죽을 것이라는 저주를 내리고 사라졌다. 마지막 남은 열두 번째 마법사가 할 수 있는 일은 죽음의 저주를 백 년 동안의 깊은 잠으로 누그러뜨리는 것뿐이었다.

왕은 공주를 불행으로부터 지키고자 온 나라 안의 물렛가락을 다 태워 없애게 했다. 아무것도 모르는 공주는 부모의 사랑 속에 예쁘고 다정하며 총명한 소녀로 자라났다. 공주를 본 사람은 누구라도 그녀를 좋아하지 않을 수 없었다.

공주가 열다섯 살이 된 어느 날, 부모님이 나가고 공주 혼자 성 안에 남게 됐다. 공주는 이리저리 성 안을 구경하다가 오래된 탑에 이르렀다. 공주가 꼬불꼬불한 계단을 올라가니까 자물쇠가 걸린 작은 문이 나왔다. 자물쇠에 꽂힌 녹슨 열쇠를 돌리자 문이 덜컥 열렸다.

방 안에는 웬 할머니가 물렛가락을 들고서 실을 잣고 있었다. 물렛가락이 재미나게 팔짝팔짝 뛰는 것을 본 공주는 자기도 해보겠다면서 물렛가락을 들었다. 그 순간 물렛가락이 공주의 손가락을 따끔하게 찔렀다. 공주는 그대로 침대에 쓰러져 깊은 잠에 빠져들었다. 잠은 온 성 안으로 퍼졌다. 막 성으로 돌아왔던 왕과 왕비도 잠들고 시종들도 잠들었다. 모든 동물도 잠들고 활활 타던 불도 조용히 멈추었다.

성 주위에는 가시덤불이 자라기 시작했다. 덤불은 해마다 더 높이 자라서 성 전체를 에워쌌다. 성은 아예 밖에서 볼 수 없게 되었다.

힘들게 얻은 귀한 아이에게 강력한 저주가 내립니다. 저주가 내리는 맥락은 어렵지 않게 풀이할 수 있어요. 모든 사람들이 잔치에 초대된 상황에서 혼자 배제된 사람이 있다면 화가 나서 저주를 내릴 만하지요. 분노와 원한의 힘은 본래 크고 무서운 법이니 다른 마법사가 그 저주를 제거할 수 없었다는 것도 이치에 맞습니다. 원래 축복보다 저주가 더 쉽고 강력하기도 하지요. 이야기에 마녀가 유난히 많은 이유이기도 합니다.

잘 이해가 안 되는 것은 왕이 왜 한 명의 마법사를 빼놓았을까 하는 점입니다. 황금 접시가 열두 개뿐이었다지만 찾아보면 방법이 있었을 텐데요. 이야기니까 그러려니 할 수도 있지만, 이 지점에서 왕과 왕비의 스타일을 엿볼 수 있습니다. 주어진 조건에 일을 맞춰서 진행하는 식이지요. 융통성이 부족하고 고지식한 모습입니다. 이런 기질은 다

영원한 동반자는 과연 존재할까?

음 장면에서 저주에 맞서기 위해 온 나라의 물레를 다 없애는 일로 이어집니다. 물렛가락에 다치지 않는 법을 가르쳐주는 게 정상인데 물렛가락과의 대면을 원천봉쇄하고 있으니 무지막지한 방식이지요.

열다섯 소녀가 은밀한 탑의 방 안에서 처음 보는 물렛가락에 찔려 깊은 잠에 빠지고 그 주위를 가시 울타리가 덮는다는 데는 어떤 상징이 담겨 있을까요? 여러 해석이 가능하지만, 서사적 직관은 그것이 성(性)이라는 금지된 욕망과 관련됨을 말해줍니다. 모든 상황이 그렇게 연결돼요. 은밀한 작은 방이라는 배경도 그렇고, 아이에서 여자가 되는 시기인 열다섯이라는 나이도 그렇습니다. 금지된 대상으로서 재미있게 팔짝팔짝 뛰는 물렛가락의 이미지는, 그리고 소녀가 거기에 따끔하게 찔린다는 상황은 또 어떠한지요. 구체적으로 특정할 순 없지만 모종의 성적 경험을 떠올리게 합니다.

중요한 사실은 공주가 물렛가락에 대해 전혀 모르고 있던 상태에서 갑자기 직면한다는 점입니다. 부모가 그것을 싹 치워 없앴기 때문이지요. 그러니까 공주는 성에 대해서, 또는 남자에 대해서 아무것도 모른 채로 사춘기에 이른 것입니다. 그러니 그에 적응하거나 대항할 능력을 갖지 못한 상태였지요. 날카로운 칼도 아닌 물렛가락에 찔려서 속절없이 쓰러지는 이유가 그 때문이라 할 수 있습니다. 완전한 무방비 상태였던 터라 작은 충격에도 패닉에 빠진 것이지요.

원인을 따지자면 부모의 잘못이 큽니다. 영원히 감출 수 없고 때가 되면 직면할 일을 애써 막은 탓에 오히려 심각한 문제가 발생하지요. 고지식한 보수성이 초래한 결과입니다. 그 결과 예쁘고 얌전하고 다정하고 총명한 공주는 죽음과도 같은 잠에 빠집니다. 소녀가 죽으면서 여성이 되는 길도 차단됐으니 산 것도 죽은 것도 아닌 상태지요. 그렇게 깊은 곳에서 꽁꽁 잠들어버린 여성성이 '백 년 동안의 잠'의 상징입니다.

이렇게 보면 성을 둘러싼 가시 울타리의 의미도 명백해집니다. 여성성의 날카로운 보호막인 동시에 출구 없는 감옥이라고 볼 수 있지요. 이야기는 가시덤불이 성을 온통 뒤덮어서 마치 성이 없었던 것처럼 되었다고 합니다. 달리 말하면 그 안에 감춰진 공주의 성이 없었던 것처럼 된 상황이라고 볼 수 있습니다.

과연 잠자는 성(城)과 성(性)은 어떻게 깨어날 수 있을까요? 바야흐로 '백마 탄 왕자'가 등장할 시점입니다.

성이 가시 울타리로 뒤덮여 사라진 뒤에 나라에는 하나의 전설이 생겼다. 가시장미라고 불리는 아름다운 여인이 그 안에서 잠을 자고 있다는 전설이었다. 종종 다른 나라 왕자들이 그 안으로 들어가려고 했지만 불가능했다. 가시나무가 손이라도 달린 것처럼 꼭꼭 붙드는 바람에 그 안에서 빠져나오지 못하고 죽고 말았다.

오랜 세월이 지난 뒤 한 왕자가 그곳을 찾아왔다. 많은 왕자들이 가시덤불 속에서 죽었다는 사실을 알면서도 왕자는 그 안으로 들어가고자 했다. 만류하는 노인에게 그는 이렇게 말했다. "두렵지 않습니다. 가서 아름다운 공주를 볼 거예요."

그가 가시 울타리로 갔을 때는 마침 백 년이 다 되어 공주가 눈을 뜨게 될 날이었다. 왕자가 다가서자 커다랗고 아름다운 꽃들이 피어 있다가 좌우로 갈라지며 길을 내주었다. 왕자가 들어가자 가시덤불은 다시 본래대로 합쳐졌다.

성 안에는 모두가 깊은 잠에 빠져 있고 모든 것이 고요했다. 탑으로 올라간 왕자가 작은 방의 문을 열고 안으로 들어가보니 아름다운 공주가 잠들어 있었다. 왕자는 몸을 구부려 공주에게 입을 맞추었다. 입술이 닿는 순간 공주는 눈을 뜨고 일어나서 다정한 눈으로 왕자를 바라보았다. 두 사람이 아래로 내려오자 왕과 왕비와 그 밖의 모든 사람과 동물이 다 깨어나 성 안에 생기가 흘러넘쳤다. 왕자와 공주의 결혼식이 더없이 호화롭게 거행되었다. 그들은 죽을 때까지 행복하게 살았다.

이야기는 여러 왕자들이 성에 들어가려다가 가시덤불에 찔려 쓰러졌다고 합니다. 앞의 해석과 연결해볼 때, 이는 그들이 공주가 두른 강력한 방어막에 찔려 여성성을 깨우는 데 실패한 상황을 나타냅니다. 가시 울타리로 표상된 방어기제는 빈틈없이 강력하고 완악했지요. 가시나무가 완벽한 스크럼을 짜고 있는 형세입니다. 왕자들의 연이은 죽음은 깊이 잠들어버린 성(性)을 아름답게 일깨우는 것이 얼마나 어려운 일인지를 잘 보여줍니다.

이런 상황에서 주인공 왕자가 나타납니다. 그는 강한 자기확신을 가지고 성을 향해 다가가지요. 그러자 가시장미는 이전과 달리 그 사람에게 훌쩍 길을 내어줍니다. 다른 사람은 못 들어오도록 다시 길을 닫으면서요. 이건 어찌 된 일일까요? 저 왕자에게는 왜 특별히 이런 일이 벌어진 걸까요?

이야기는 때마침 백 년의 시간이 지났기 때문에, 다시 말해 저주가 풀릴 시점이 됐기 때문에 그렇게 됐다고 말합니다. 하지만 이는 표면적인 맥락일 따름입니다. 실제 의미는 오히려 역으로 보는 것이 맞지요. 왕자가 가시 울타리를 걷어내고 성 안으로 들어감으로써 저주가 풀릴 시점이 되었다는 것입니다. 이야기의 맥락에서 볼 때 백 년은 심리적이고 상징적인 시간으로 보는 것이 합당합니다. 깨어나기가 그만큼 어려운 일이었다는 뜻이지요.

좀 더 자세히 들어가봅니다. 이야기는 왕자가 가시 울타리를 향해 다가가자 아름다운 꽃들이 길을 터주었다고 합니다. 잘 살펴보면 이 이야기에서 '꽃'에 관한 서술은 이때 처음 등장합니다. 이전에는 늘 '가시'뿐이었어요. 그러니까 이 왕자가 성에서 처음으로 꽃과 만난 셈입니다. 그것은 말 그대로 우연일까요? 그렇지 않습니다. 왕자가 지나가자 꽃은 다시 가시 울타리가 되었잖아요. 이건 그것이 여전히 가시이기도 했음을 말해줍니다. 말하자면 가시 울타리는 이 왕자에게만 꽃이었던 것입니다.

무슨 말인가 하면, 다른 사람들이 모두 장미 덩굴에서 가시를 볼 때 왕자는 가시 속에 깃든 아름다운 꽃을 보았다는 뜻입니다. 그러자 꽃은 그 모습을 드러내고 길을 터준 것이지요. 자기의 깊은 속마음을 알아주는 사람에게 길을 내주는 건 당연한 일이잖아요?

공주 또한 마찬가지입니다. 다른 사람들이 그녀에게서 강한 방어성과 날카로운 공격성을 볼 때 이 남자는 상처받은 공주의 내면 깊은 곳에서 잠자고 있는 아름다운 여성성을 보고 거기 손을 내밉니다. 진심과 확신에 찬 포용으로요. 그 마음에 감동한 공주는 마침내 잠에서 깨어나 남자를 받아들입니다. 잠자던 여성성이 깨어나 빛을 발하자 죽은 것과 같았던 온 세상이 활짝 깨어나서 생명력이 넘쳐나게 되지요.

여기서 이 이야기의 원래 제목이 '가시장미Dornröschen'였다는 사실을 환기해봅니다. '가시'와 '장미꽃'이 조합된 이 말은 잠자는 공주의 양면성을 단적으로 보여줍니다. '가시를 볼 것인가, 장미를 볼 것인가?' 한 편의 오래된 이야기가 전해주는 사랑에 대한 화두가 너무나 심오하고 멋져서 감탄하지 않을 수 없습니다.

'백마 탄 왕자의 키스'도 한번 짚어봅니다. 저주에 걸려 깊은 잠이 든 공주를 멋진 키스로 깨우는 일은 무척이나 낭만적이고 판타지적인 설정이지요. 수많은 남녀가 달콤한 꿈을 꾸게 만드는 모습입니다. 중요한 사실은 그것이 단순한 몽상적인 욕망이 아니라는 사실입니다. 저절로 손쉽게 이뤄낼 수 있는 그 무엇도 아니지요. 깊은 자기확신에 바탕을 둔 진심의 포용이 키스의 원형적 의미입니다. 백마 탄 왕자가 된다는 것, 이거 만만하게 볼 일이 아니에요.

공주이고 왕자라서 짜증 난다는 분들에겐 이렇게 말하고 싶습니다. 이 세상에 누군가에게 공주나 왕자가 아닌 사람이 있냐고요. 모든 사람이 다 특별한 존재지요. 이 아름다운 이야기가 남의 얘기가 아니라는 뜻입니다.

우리가 미처 몰랐던
신데렐라의 참모습

사랑의 판타지로 절대 빼놓을 수 없는 또 하나의 이야기가 있습니다. 옛날이야기의 주인공 가운데 유명하기로 첫손가락에 꼽히는 인물은 누구일까요? 백설공주보다 더 많이 입에 오르내리고 끊임없이 재생산되는 신데렐라가 아닐까요?

신데렐라라는 이름을 들으면 어떤 느낌이 드는지 궁금합니다. 아마 부정적인 느낌이 클 거예요. 신데렐라가 되기를 꿈꾸는 일을 헛된 망상으로 치부하는 시각이 만연하니까요. '신데렐라 콤플렉스'라는 말도 널리 쓰이고 있지요. 뜻을 검색해보니 '타인에게 의존하여 보살핌을 받고자 하는 여성들의 심리적 의존상태'라고 되어 있더군요. 스스로는 아무 노력도 하지 않은 채 멋진 남자와 결혼해서 행복하게 사는,

모든 일이 저절로 술술 잘 풀리는 삶을 꿈꾸는 것이라고 해요.

영화나 드라마에도 수많은 신데렐라가 등장합니다. 세계적으로 화제가 됐던 영화 〈귀여운 여인〉이 먼저 떠오릅니다. 거리의 매춘부가 백만장자 훈남과 우연히 인연이 닿아서 사랑을 이루는 과정을 담은 작품이지요. 한때 우리 안방극장을 달궜던 드라마 〈내 이름은 김삼순〉도 빼놓을 수 없습니다. 서민 가정의 딸 김삼순이 재벌2세 꽃미남과 사랑하는 내용이지요. 그 외에도 정말 많습니다. 지금 방영 중인 영화나 드라마 중에도 신데렐라에 해당하는 주인공이 분명 있을 거예요. 각종 오디션 프로그램에서도 신데렐라들이 쏟아져 나오고 있지요.

사정이 이렇다 보니 한탄할 만합니다. 다들 이렇게 인생역전의 꿈에 빠져 허우적대서야 세상이 제대로 돌아가겠냐고요. 그놈의 신데렐라 이야기는 지겨우니 그만 좀 하자고요. 하지만 이런 비판을 비웃듯 대중매체는 오늘도 신데렐라 만들기에 여념이 없습니다. 이쯤 되면 옛이야기를 향해 분노를 쏟아낼 지경입니다. 왜 이런 엉터리 캐릭터를 만들어서 사람들이 헛된 꿈을 꾸게 하느냐고요.

신데렐라는 이런 손가락질을 받아 마땅한 걸까요? 그는 정말 인생역전의 망상에 빠져 있는 의존적 인물일까요? 그림형제 민담 속의 '아셴푸텔(Aschenputtel)'을 가지고 속내를 들여다보겠습니다. 프랑스식 이름인 신데렐라와 마찬가지로 재투성이라는 뜻을 가진 이름이지요. 그래서 이야기 제목을 〈재투성이 아셴푸텔〉(Aschenputtel; KHM 21)로 번역하곤 합니다. (참고로 신데렐라 이야기는 그림형제 민담집보다 프랑스의 페로 동화집에 먼저 수록됐습니다. 하지만 페로 동화집 속의 이야기는 작가가 많이 윤색한 쪽이에요. 그에 비하면 그림형제는 구전돼온 이야기를 충실히 수록했습니다. 그래서 그림 형제 버전이 원형에 좀 더 가깝습니다.)

어떤 부자의 아내가 병이 들어 죽게 되었다. 그녀는 외동딸에게 죽은 뒤에도 하늘에서 늘 함께하겠다는 말을 남기고 눈을 감았다. 소녀는 매일 어머니 무덤을 찾아가 눈물을 흘렸으며, 경건하고 착하게 살아갔다. 겨울이 가고 봄이 오자 부자는 새 아내를 얻었다. 여자는 두 딸을 데리고 들어왔다. 얼굴이 하얗고 예뻤으나 마음이 검고 뒤틀린 아이들이었다. 그들은 의붓동생에게 낡은 옷을 입히고 부엌으로 내몰았다. 그녀는 하루 종일 힘든 일을 도맡아서 해야 했다. 저녁이 되면 일에 지친 채로 잿더미 속에서 잠들었다. 소녀는 늘 더러운 재투성이 모습을 하고 있어서 '아셴푸텔'이라고 불렸다.

〈재투성이 아셴푸텔〉은 이렇게 시작합니다. 웬만큼 알고 있는 내용일 거예요. 한 가지 눈여겨볼 점이 있다면, 아셴푸텔이 핍박받는 딸인 동시에 늘 험한 일을 하는 사람이었다는 사실입니다. 계모와 의붓언니들 외에 아버지도 그에게 별 신경을 쓰지 않았던 것 같아요. 모두에게 찬밥 취급을 당하는, 더없이 외롭고 힘든 처지였다는 뜻입니다. 그런 가운데 자기 자신은 물론 가족들의 궂은일까지 챙겼던 사람이 아셴푸텔이었지요.

어느 날 아버지가 시장에 가면서 딸들에게 무엇을 갖고 싶냐고 물었다.

언니들은 예쁜 옷과 보석을 구해달라고 했으나 아셴푸텔이 원한 것은 '아버지 모자에 닿는 첫 번째 나뭇가지'였다. 아버지는 세 딸이 원하는 것을 가져다주었다. 아버지에게 받은 개암나무 가지를 엄마의 무덤가에 심은 아셴푸텔은 하염없는 눈물로 나무를 적셨다. 그러자 나뭇가지는 쑥쑥 자라나서 아름답고 풍성한 나무가 되었다. 아셴푸텔은 날마다 엄마의 무덤에 찾아갔고, 매번 하얀 새 한 마리가 나무 위로 날아왔다.

그때 나라의 왕이 아들의 신붓감을 구하기 위해 무도회를 열었다. 무도회에 초대받은 언니들은 아셴푸텔을 시켜서 자기 몸을 화려하게 꾸몄다. 아셴푸텔이 자기도 무도회에 가게 해달라고 간청하자 계모는 콩을 잿더미 속에 뿌려놓고는 그것을 빠짐없이 골라내면 보내주겠다고 했다. 아셴푸텔이 하늘을 보며 도와달라고 하자 비둘기와 여러 새들이 날아와 콩을 고르기 시작했다. 아셴푸텔이 콩을 담아서 가지고 가자 계모는 더 많은 콩을 잿더미에 쏟아놓고서 다시 그것을 고르라고 했다. 이번에도 새들의 도움으로 일을 마쳤지만 계모는 입을 옷이 없어서 안 된다며 두 딸만 데리고 집을 나섰다.

홀로 남은 아셴푸텔은 엄마 무덤가의 개암나무에게 가서 소원을 말했다. 그러자 하얀 새가 금실 은실로 짠 드레스와 은으로 수놓은 구두를 떨어뜨려주었다. 아셴푸텔이 그 옷을 입고 무도회에 도착했을 때 그녀를 알아본 사람은 없었다. 다들 다른 나라 공주일 거라고 생각했다. 왕자는 그 소녀에게 다가갔고 그녀를 파트너 삼아 춤을 추었다. 날이 어두워졌을 때 왕자가 소녀를 데려다주려고 나섰으나 집 근처에 다다른 순간 소녀는 재빨리 비둘기 집으로 뛰어가 숨어버렸다. 왕자는 숨어버린 그녀를 찾을 수 없었다. 계모와 두 딸이 집에 와서 발견한 것은 잿더미 속에 누워 있는 재투성이 소녀였다.

그 다음 날도, 또 다음 날도 비슷한 일이 거듭 일어났다. 아셴푸텔은 나무와 새에게서 더 좋은 옷을 받아 입고 무도회에 갔고, 왕자는 내내 그녀와 춤을 춘 뒤 뒤따라왔다. 그리고 아셴푸텔은 왕자를 따돌리고 부엌으로 들어와 잿더미 속에 몸을 눕혔다.

익숙한 내용이지만 낯선 부분들도 있을 거예요. 아셴푸텔이 아버지에게 선물로 나뭇가지를 받았다는 것, 그 가지를 무덤가에 심어서 아름다운 개암나무로 키웠다는 것, 나무에 날아와 앉은 하얀 새가 아셴푸텔에게 아름다운 옷과 구두를 선물해주었다는 것 등은 많이 알려지지 않은 내용입니다. 특히 개암나무에 대한 내용이 그렇습니다.

상징적 의미를 풀어보자면, 나무에 앉은 하얀 새는 죽은 엄마의 영혼이라고 볼 수 있습니다. 나무가 엄마 무덤가에 있고 아셴푸텔의 눈물로 자랐다고 하니 거의 틀림없어요. 아셴푸텔은 일종의 환상 속에서 엄마를 불러냈고 거기 응한 엄마가 딸의 소망을 이루어줍니다. 죽은 엄마에 대한 강한 애착을 암시하는 이러한 설정은 아셴푸텔을 퇴행적이고 의존적인 존재로 보게 하는 요소지요. 예의 '신데렐라 콤플렉스'식 해석을 붙일 수도 있습니다. 타인의 힘에 의지해 문제를 해결하니까요. 나무와 하얀 새 외에 콩을 골라주는 비둘기와 여러 새들에 이르기까지 다양한 초월적 존재들의 비현실적인 도움이 그녀를 이끌어주는 상황입니다.

아셴푸텔의 수동적이고 의존적인 면모는 왕자와의 관계에서도 볼 수 있습니다. 왕자의 파트너가 되어 춤을 춘 뒤 자꾸 숨어버리는 모습이 그러하지요. 간절하게 소원을 빌어서 무도회에 참석해놓고 왜 그렇게 자꾸 도망치는 걸까요? 이에 대한 세간의 해석은 그녀가 주체성과 자존감이 약했다는 것입니다. 차별과 억압 속에 살면서 몸에 밴 트라우마 때문에 자신감과 자기효능감이 약화된 상태지요. 간절한 욕망을 지니고 있지만 자존감은 낮은 상태, 콤플렉스로 설명하기에 딱 어울리는 심리 특성입니다.

여기까지가 아셴푸텔에 대한 일반적인 해석이에요. 그런데 이렇게 풀이하고 보면 좀 이상합니다. 이러한 인물이 오랜 세월에 걸쳐 변함없는 사랑을 받아온 대표적인 캐릭터라는 사실을 선뜻 이해하기 어렵습니다. 혹시 우리가 아셴푸텔에게서 중요한 뭔가를 놓치고 있는 것은 아닐까요?

이 지점에서 되새겨야 할 사실은 아셴푸텔이 일하는 사람이라는 것입니다. 그는 노동을 하면서 제 앞가림을 하고 주변 사람들의 일상까지 챙기는 사람이지요. 눈여겨볼 사항은 노동하는 삶이 근원적 생명력의 발현으로 이어진다는 사실입니다. 이야기는 아셴푸텔이 잿더미 속의 콩을 고르는 과제를 받았을 때 새들이 날아와서 일을 도와주었다고 합니다. 타자의 도움에 의지한 모습이라고 볼 수도 있지만, 새들을 움직여 일을 하게 만든 것은 아셴푸텔이지요. 하늘을 나는 새는 자연과 생명력을 상징합니다. 그런 새들을 동반자로 삼아서 고난을 헤쳐 나간다는 것은 이 소녀에게서 특별한 생명의 힘이 발현되고 있

옛이야기의 힘

음을 보여줍니다.

　참고로 그 새들은 심리적 상징으로 해석할 수도 있습니다. 자기 마음속에서 생겨난 희망 또는 능력을 불러내서 과업을 해결해가는 모습이 되겠지요. 현실적으로 보면 어떻게 새들이 콩을 쏙쏙 다 찾아주겠어요? 결국 스스로 한 일일 것입니다. 마음이 간절했던 만큼 더 집중해서 일을 처리한 상황으로 볼 수 있겠지요.

　이 지점에서 이야기의 핵심 포인트가 나옵니다. 바로 '개암나무'입니다. 본래 그것은 모자에 걸린 나뭇가지에 불과했어요. 건드리면 툭 부러지는 나뭇가지. 마치 아셴푸텔 자신과도 같은 모습이지요. 그런데 그것이 아름다운 나무로 바뀝니다. 아셴푸텔이 그렇게 키워내지요. 극적인 생명력의 발현입니다. 나무가 그렇게 자란 것은 아셴푸텔의 내적 생명력이 커져갔음을 암시합니다. 스스로를 세워서 크고 귀한 생명으로 키워낸 소녀, 그게 바로 아셴푸텔이지요.

　이야기는 나무를 키운 자양분이 아셴푸텔의 눈물이었다고 합니다. 고통과 슬픔을 생명을 키우는 밑거름으로 삼은 것이지요. 차별과 억압 속에서 무너지지 않고 아름답게 성장한 소녀, 대견하지 않나요? 이야기는 개암나무에 아름다운 새가 날아오고, 소녀에게 금과 은으로 된 옷과 신발이 쏟아져내렸다고 합니다. 이는 아셴푸텔이 금빛과 은빛과 생명력으로 환히 빛나는 존재였다는 말과 같습니다. 그는 이렇게 사람들 눈에 띄었지요. 왕자의 눈에도요.

　또 한 가지 눈여겨볼 것은 아셴푸텔이 꿈을 꾸는 존재이자 꿈을 향해 나아가는 존재였다는 사실입니다. 주변에서 조롱하며 방해했지만,

영원한 동반자는 과연 존재할까?

아셴푸텔은 자기가 무도회에 갈 만한 사람이라고 믿었고 실제로 그곳으로 갑니다. 만인 앞에서 자신의 참모습을 드러내 보이고 보란 듯이 인정받지요. 그게 과연 헛된 망상이고 주제넘은 일일까요? 그렇지 않습니다. 누구나 꿈을 꿀 자격이 있고 꿈을 향해 나아갈 권리가 있지요. 대견한 소녀 아셴푸텔은 더 말할 것도 없습니다. 항상 부지런하게 일하면서 사는 빛나는 생명력을 지닌 존재이니 자격이 충분하지요!

문제는 아셴푸텔이 무도회에 나아가 왕자의 마음을 사로잡았음에도 자꾸 도망친다는 점입니다. 이건 어떻게 봐야 할까요? 거기에도 또 다른 뭔가가 있는 걸까요?

무도회의 마지막 날인 셋째날 밤, 아셴푸텔은 전날처럼 왕자를 피해 몸을 숨겼으나 놓고 온 것이 있었다. 왕자가 미리 끈끈하게 만들어놓은 바닥에 황금 구두 한 짝을 떨어뜨린 채로 돌아온 것이다.

다음 날, 왕자는 그 구두를 들고서 주인을 찾아 나섰다. 구두에 발이 꼭 맞는 사람이라야 자기 신부가 될 수 있다고 했다. 예쁜 발을 가지고 있던 계모의 딸들이 구두를 신겠다고 나섰으나 구두는 너무 작았다. 큰딸은 발이 들어가지 않자 엄지발가락을 자르고 억지로 구두를 신었다. 그때 비둘기들이 날아와 신발에서 피가 난다고 지저귀는 바람에 큰딸은 구두를 벗을 수밖에 없었다. 다음은 작은딸의 차례였다. 그녀는 발이 들어가지 않자 뒤꿈치를 베어내고서 발을 집어넣었다. 다시 두 마리 비둘기가 날아와 신발에서 피가 흐른다고 말했다. 그녀 또한 구두를 벗을 수밖에 없었다.

다음은 아셴푸텔의 차례였다. 아버지와 계모가 그 딸은 더러워서 안 된다고 만류했으나, 왕자는 기어코 소녀를 자기 앞으로 오게 했다. 왕자가 황금 구두를 건네주자 아셴푸텔은 나막신을 벗고 구두 속으로 발을 집어넣었다. 발은 맞춘 것처럼 쏙 들어갔다. 소녀의 얼굴을 살펴보고 그가 자기와 춤을 췄던 여인임을 알아본 왕자는, "이 사람이 나의 진짜 신부입니다!" 하고 외쳤다. 비둘기가 날아와서 그 사람이 진짜 신부라고 지저귀며 두 어깨에 내려앉았다. 신데렐라와 왕자는 행복하고 아름다운 결혼식을 올리게 되었다.

멋진 해피 엔딩에 해당하는 결말입니다. 다만 결말까지 이르는 과정에 여전히 의문이 남습니다. 다시 보아도 아셴푸텔은 왕자를 피하고, 왕자가 알아서 쫓아가는 식으로 되어 있어요. 아셴푸텔의 소극적이고 수동적인 면모가 두드러져 보입니다. 왕자가 끝까지 찾아내 성사된 결혼, 이거 정상적이라고 할 수 있을까요?

의문을 푸는 수수께끼는 '숨는 일' 자체에 있다는 것이 저의 생각입니다. 아셴푸텔은 일부러 잿더미 속으로 숨었다는 것이지요. 왕자가 찾아낼 때까지요. 말하자면 이것은 일종의 숨바꼭질입니다.

왕자가 본 것은 화려하게 꾸민 아셴푸텔의 모습입니다. 그녀의 참모습이지만 전부는 아니지요. 차별과 억압 속에 더러운 재투성이로 살고 있는 미천한 사람이 아셴푸텔의 현실이잖아요. 누추한 모습을 보지 못한 채 화려하게 꾸민 모습만 보고 내민 손길은 진정한 손길이라 할 수 없습니다. 더러운 재투성이 모습에서 참다운 생명력과 가치

영원한 동반자는 과연 존재할까?

를 알아보고 기꺼이 손을 내밀어야 진정한 동반자 자격을 가질 수 있지요. 지금 신데렐라는 그렇게 남자를 시험하는 중이라고 볼 수 있습니다. 겉보기에는 남자가 구두를 들고 여자를 찾고 있지만 사실은 그 반대라는 뜻입니다.

왕자는 이 시험을 통과합니다. 부모가 나서서 만류하는데도 나막신을 신은 더러운 소녀에게 다가가서 신발을 신겨줍니다. 그리고 남들은 못 알아본 그녀의 참모습을 알아봅니다. 비둘기의 노래로 표현된 신의 목소리를 알아듣고 그를 기꺼이 신부로 맞이하지요. 이만하면 왕자님 자격이 충분하지 않을까요? 그렇습니다. 그는 '왕의 아들'이라서 왕자인 것이 아닙니다. 제 의지대로 움직이면서 참다운 가치를 알아보는 사람이라서 왕자인 거죠. 이야기 속의 왕자들은 대개 그렇습니다. 진짜 왕자라면요.

왕자와 신데렐라가 극적으로 결합하는 데 매개체가 된 잃어버린 신발에는 어떤 상징적 의미가 있을까요? 신발에 발을 넣는 모습을 남녀의 성적 결합으로 보는 해석도 있지만 이 이야기에 딱 맞는 것 같지는 않습니다. 신발에 발을 넣는 쪽이 왕자가 아닌 아셴푸텔이잖아요.

이 이야기에서 신발은 '인생을 걸어가는 일'과 연결시키고 싶습니다. 사람은 신발이 있어야 험한 길을 힘차게 걸어갈 수 있지요. 단, 한 개가 아닌 두 짝이 모두 있어야 합니다. 아셴푸텔은 그중 한 짝이 없는 상태였지요. 무엇이 있고 무엇이 없을까요? 그녀가 가지고 있는 한 짝은 본인의 소망과 의지입니다. 가지고 있지 않은 한 짝은 상대방의 능력과 태도지요. 두 짝이 잘 맞게 채워질 때 비로소 미래를 향한 힘찬 행보를 시작할 수 있습니다. 이야기는 왕자가 신발을 들고 찾아와 아셴푸텔의 발에 신겨주는 상황을 연출함으로써 두 남녀가 커플이 되어 같은 길을 걸어가게 될 것임을 상징적으로 보여줍니다. 그로써 그동안의 소외와 상처는 치유되고 소녀는 진짜 신데렐라가 되지요.

재투성이 처녀가 화려한 왕비로 변신하는 상황을 두고 누구는 허튼 망상이라고 하지만 이야기는 다르게 말합니다. 그렇게 극적으로 변신하고 비약할 수 있는 것이 인생이라고 말하지요. 진정한 생명력과 가치를 키우면서 묵묵히 나아가다 보면 언젠가 거짓말처럼 기회가 온다고 말합니다. 재 속에 묻힌 진주는 언젠가 빛을 내게 마련이라는 것. 그것이 이야기가 전하는 믿음입니다. 안에 큰 빛이 있으면 그 빛이 우러나는 것이 당연한 일이지요. 그 빛을 알아보고 손을 내밀어줄 누군가가 필요하겠지만 말이에요. 그런 사람은 어딘가에 있기 마련입니다. 세상은 넓고 사람은 많으니까요.

뒷이야기를 마저 볼게요. 어떻게든 왕자를 붙잡아보려고 엄지발가락과 뒤꿈치를 잘랐던 아셴푸텔의 언니들은 어떻게 됐을까요?

왕자와 아셴푸텔이 결혼식을 올릴 때, 두 언니도 참석했다. 혹시 뭐라도 얻을 게 있을까 싶어서였다. 그때 두 마리 비둘기가 날아와 그들의 두 눈을 차례로 쪼았다. 그들은 평생을 장님으로 살아야 했다.

모든 건 스스로 초래한 일이었습니다. 갖은 폭력과 거짓을 일삼은

영원한 동반자는 과연 존재할까?

당사자들인데다 혹시라도 덕을 볼까 싶어서 한껏 꾸민 채 결혼식장을 기웃대는 모습이 안쓰러울 정도입니다. 이야기는 두 딸을 소개하면서 외모가 예뻤다고 하는데, 껍데기만 번드르르할 뿐 속은 온통 뒤틀려 있어요. 두 눈에 욕망이 가득 끼어 흐려진 상태니 이미 장님이었다고 할 수 있습니다. 원전에 나오는 '평생'이라는 말이 엄중합니다. 평생 그렇게 사는 태도가 몸에 밴 탓에 바꿀 수가 없었던 것이겠지요.

민담 속의 신데렐라 이야기는 하나의 꿈 같은 판타지인 동시에 놀랍도록 정확한 리얼리티입니다. 이른바 판타스틱 리얼리티! 인생의 빛과 그림자가 생생한 상징으로 응축돼 있지요. 그 힘은 근대 리얼리즘 장편소설들이 보여주는 것 이상이라고 생각합니다. 신데렐라의 서사가 여전히 사람들 마음속에 살아 움직이면서 거듭 재창조되고 있다는 것이 단적인 증거지요.

결론은, 신데렐라에게는 아무 죄가 없다는 것입니다. 그녀의 대견한 꿈을 부정하고 훼손하는 패배주의적 태도가 오히려 문제지요. 편견에 가려진 신데렐라의 참모습이 제대로 드러나고 널리 알려져서 어둠 속에서 힘든 싸움을 이어가고 있는 오늘날의 수많은 아셴푸텔들의 서사가 극적인 해피 엔딩으로 이어지면 좋겠습니다. 당연히 왕자들도 더 힘을 내야겠지요!

옛이야기 속 계모는
왜 주인공의 사랑을 방해할까?

구비설화는 인류 보편의 원형적 이야기입니다. 비슷한 내용을 가진 이야기가 세계 각지에서 동시에 전승된 사례가 아주 많지요. 인류 공통의 심리와 상상력으로부터 비슷한 이야기들이 산출된 것으로 볼 수 있습니다. 칼 융은 이를 인간의 집단 무의식으로 설명했지요.

세계 민담의 보편성을 말할 때 빼놓을 수 없는 이야기가 〈신데렐라〉입니다. 우리나라에도 그와 꼭 닮은 이야기가 있으니, 바로 〈콩쥐 팥쥐〉입니다. 두 이야기의 놀라운 유사성은 일찍부터 큰 관심의 대상이 됐지요. 계모에 의한 극심한 차별도 그렇지만, 잃어버린 신발을 매개로 남녀가 인연을 맺는다는 내용은 일부러 맞춘 것처럼 일치해서 놀라움을 안겨줍니다.

영원한 동반자는 과연 존재할까?

1부에서 언급한 〈콩쥐 팥쥐〉를 다시 이야기하는 것은 결말 때문입니다. 〈재투성이 아셴푸텔〉은 남녀의 행복한 결혼으로 이야기가 일단락됩니다. 하지만 〈콩쥐 팥쥐〉는 달라요. 콩쥐가 꽃신을 발견한 남자와 결혼한 이후의 사연이 길게 이어지지요. 거의 대다수 자료가 그렇습니다. 그런데도 그 내용을 알고 있는 사람은 생각보다 적습니다. 전래동화에서 그 부분을 잘라낸 경우가 많거든요.

전반부는 아실 테니 〈콩쥐 팥쥐〉의 뒷부분을 옮겨봅니다.[3]

그때 콩쥐가 열일곱 살 먹었던가 해서 혼사가 이루어져 원님에게 시집을 갔다. 그래놓으니까 계모와 팥쥐가 야심이 나서 견딜 수 없었다. 원님 마누리가 돼서 집도 좋고 이러니까 야심이 나서 팥쥐가 밤낮없이 저것을 없애버리려고 연구를 했다.

팥쥐는 연구를 해가지고 언니를 죽이려고 집으로 갔다. 가니까 콩쥐가 동생 왔다고 반기면서 먹을 것을 많이 주었다. 그러자 팥쥐는 착한 사람이 된 것처럼 자기가 설움을 많이 줬다면서 미안하다는 말을 했다. 그렇게 하룻밤을 자고서 팥쥐는 언니에게 연못에 가서 미역을 감자고 했다. 콩쥐는 옷을 벗고 하는 것이 싫었지만 동생이 자꾸 재촉하니 이길 수가 없었다. 옷을 벗어놓고서 물장난을 하는데 팥쥐가 언니 목을 안고서 깊은 데로 밀어넣어서 죽여버렸다.

콩쥐를 죽인 팥쥐는 언니 옷을 주워 입고서 집에 와서 콩쥐가 하던 행세를 했다. 저녁에 원님이 왔다가 전과 달리 얼굴이 얽은 것을 보고 왜 그러냐고 물었다. "팥을 널어놓은 데 가다가 미끄러져 엎어져서 그래요." 이렇게 둘러대니까 원님은 그런가보다 했다.

그렇게 안주인이 된 팥쥐는 일이 마음먹은 대로 된 걸 좋아라 하면서 권세를 부리고 살았다. 그렇게 살던 어느 날 부부가 연못에 놀러가니까 콩쥐 죽은 곳에서 연꽃이 올라와서 커다랗게 피어 있었다. 원님은 그 꽃을 보고서 좋아하는데 팥쥐는 꽃이 미웠다. 원님이 꽃을 문 위에 걸 어놨는데 팥쥐는 그것만 보면 머리가 아파서 견딜 수 없었다. 그렇게 며칠이 지나자 팥쥐는 꽃을 내려서 부엌으로 가지고 가서 불살라버렸 다. 뒤에 이웃 할머니가 불을 가지러 와서 보니 꽃이 구슬이 돼 있었다. 할머니는 구슬을 치마에 담아서 집으로 가져갔다.

할머니가 구슬을 방에 간수해놨는데 며칠이 지났을 때 구슬에서 사람 말소리가 났다. 자기가 콩쥐라고 하면서 잔치를 베풀고 원님을 청해 와 서 알게 해달라고 했다. 할머니는 형편이 안 되는데도 생일이라면서 음 식 준비를 해서 마을 사람들과 원님을 청해왔다. 원님에게 따로 상을 차려서 올렸는데 원님이 보니까 젓가락이 하나는 짧고 하나는 길었다. "왜 젓가락이 하나는 짧고 하나는 긴 거를 놨나?" 그러자 콩쥐의 혼이 구슬 있는 곳에서 말했다. "젓가락은 짧고 긴 것을 알면서 사람은 어찌 본디 사람을 모르나. 콩쥐 팥쥐를 왜 몰랐나?"

원님이 놀라서 어쩐 일이냐고 하자 구슬이 변해서 콩쥐가 되었다. 콩쥐 가 자기 죽은 사연을 말하자 원님은 연못으로 가서 시체를 파가지고 장 례를 치렀다. 그리고 팥쥐를 잡아다 난도질을 해서 단지에 넣어가지고 겹겹이 봉해서 좋은 물건인 양 팥쥐 어미에게 보냈다. 물건을 받은 여 자가 뽐내면서 단지를 열고 먹다 보니까 제 딸 죽은 시체였다. 팥쥐 어

영원한 동반자는 과연 존재할까?

미는 뒤로 자빠져서 죽고 말았다.

내용을 보면서 깜짝 놀라신 분들이 많을 거예요. 왜 전래동화에서 이 대목을 생략하는지 이해했을 겁니다. 자매간에 죽고 죽이는 복수전이 공포물을 연상시킵니다. 원님이 죽은 팥쥐의 몸을 음식으로 만들어서 어미에게 먹게 했다는 것은 엽기의 극치로 보일 정도예요.

자료에 따라 디테일에 차이가 있지만, 콩쥐가 결혼해서 사는 집으로 팥쥐가 찾아와서 언니를 죽였다는 내용은 대다수 자료에 공통적으로 등장합니다. 팥쥐를 반찬이나 젓갈 같은 음식으로 만들어서 어미에게 먹였다는 것도 흔히 볼 수 있는 내용입니다.

팥쥐를 젓갈로 만들고 어미가 그걸 먹는다는 대목에 깜짝 놀라면서 너무 잔인하다고 진저리를 치는 분들이 많은데, 실제 일이 아닌 상징과 은유로 보는 것이 맞습니다. 간단히 설명하면, 팥쥐가 젓갈이 되는 것은 그의 삶이 젓갈과 같았음을 나타냅니다. 스스로 아무것도 안 하면서 남의 것을 빼앗기만 하니 썩은 냄새가 진동하는 곯은 존재였지요. 그것을 어미에게 먹이는 것은 "네가 자식을 어떻게 키웠는지 한번 봐라" 하는 일이 됩니다. 외면할 수 없는 진실 앞에 어미 또한 울부짖으면서 쓰러지지요. 자식을 괴물로 키운 부모의 도달점입니다.

〈콩쥐 팥쥐〉의 후반부 전개와 관련해서 우리가 주목할 것은 〈신데렐라〉나 〈재투성이 아셴푸텔〉 등과 달리 〈콩쥐 팥쥐〉에는 왜 이런 이야기가 있을까 하는 점입니다. 콩쥐는 왜 이런 일을 겪을까요?

여기에는 '한국의 딸'의 진실이 담겨 있다는 것이 저의 해석입니다.

실은 아들도 마찬가지지요. 우리나라는 성인이 되어 결혼한 뒤에도 친족 관계에서 자유롭지 못합니다. 결혼한 집에 부모와 형제가 밀고 들어와서 문제를 일으키지요. 팥쥐 모녀처럼 말입니다. 끝까지 쫓아와서 끈질기게 괴롭히는 가족, 무섭지 않나요? 〈콩쥐 팥쥐〉에서 떨쳐 버려야 할 콤플렉스가 있다면 극적인 인생 역전에 대한 소망이 아니라 '끈덕지게 따라붙는 가족주의의 망령'이 아닐까 합니다.

어쩌면 콩쥐에게 한마디 할 수도 있겠습니다. 왜 그렇게 바보처럼 당하느냐고요. 이에 대한 저의 답은 그것이 콩쥐에게 깊이 내재된 트라우마였다는 것입니다. 엄마나 동생 앞에 서면 스스로 쪼그라들고 겁이 나서 제 뜻대로 할 수 없는 상태가 결혼한 뒤에도 이어지고 있지요. 팥쥐가 목욕을 하러 가자고 조를 때 콩쥐가 '이기지 못했다'고 하는 데서 잘 알 수 있습니다. 죽어서 원혼이 된 상태에서도 바로 남편이나 동생 앞에 나타나지 못하고 꽃이 됐다가 구슬이 됐다가 하면서 이웃집 노인을 통해 우회적으로 자신을 드러내는 모습이 마음 아픕니다. 대부분의 자료는 콩쥐가 팥쥐에게 원수를 갚는 일도 자기 손이 아닌 남편을 통해서 했다고 말합니다. 어쩌면 콩쥐는 팥쥐와 어미가 죽은 뒤에도 여전히 깊은 상흔을 그림자처럼 지니고 있었을지도 모릅니다.

사랑에 있어 방심은 금물입니다. "이제 됐어!" 하고 마음을 놓는 순간 또 다른 위기가 찾아올 수 있지요. 자를 것은 냉정히 잘라야 덫에서 벗어날 수 있습니다. 〈콩쥐 팥쥐〉가 뒷이야기를 전하는 가장 큰 이유가 여기 있지 않을까요?

이렇게 이야기하다 보니 우리나라의 자녀들이 좀 불쌍하게 느껴지네요. 실은 이런 이야기 전개를 한국이나 아시아 외에 유럽의 옛이야기에서도 볼 수 있습니다. 그림형제 민담에서도요. 〈재투성이 아셴푸텔〉은 아니고 다른 이야기에서입니다. 아셴푸텔은 그런 일을 겪기에는 강하고 적극적인 사람이지요. 상대적으로 그녀보다 약한 다른 주인공들이 시련을 겪습니다.

이제 볼 이야기는 〈하얀 신부와 까만 신부〉(Die weiße und die schwarze Braut; KHM 135)입니다. 〈콩쥐 팥쥐〉와 흥미롭게 비교할 만한 내용이라 소개합니다.

한 여자가 친딸과 의붓딸을 데리고 들판으로 나갔다. 신이 가난한 사람의 모습으로 나타나 길을 묻자 엄마와 친딸은 코웃음을 치면서 무시했다. 하지만 의붓딸은 그를 불쌍히 여겨서 친절하게 길을 안내해주었다. 신은 친딸과 어미를 까맣고 추한 사람으로 변하게 하고, 의붓딸의 세 가지 소원을 들어주었다. 그녀를 해처럼 아름답고 깨끗하게 만들어주고, 아무리 써도 돈이 안 떨어지는 지갑을 주고, 죽은 뒤에 하늘나라로 가게 해주겠다고 약속했다. 그녀가 하얗고 아름다운 모습으로 변한 것을 본 새까만 모녀는 심술이 치밀어서 그녀를 괴롭힐 생각에 골몰했다. 그때 하얀 딸에게는 자기를 몹시 사랑하는 레기너라는 오빠가 있었다. 그는 왕궁에서 마부로 알하고 있었다. 그는 사랑하는 하얀 동생의 초상화를 가지고 다니면서 그녀의 앞날을 축복했다. 그때 왕비가 죽어서 슬픔에 젖어 있던 왕이 그 초상화를 보고 반해서 그녀를 왕비로 삼고자 했다. 왕은 레기너에게 황금 옷을 주면서 동생에게 그 옷을 입혀서 데려오라고 했다.

소식을 들은 까만 딸은 질투와 분노에 휩싸였다. 그녀가 엄마에게 어떻게든 해보라고 하자 엄마는 마법을 써서 레기너의 눈을 반쯤 안 보이게 하고 하얀 딸의 귀를 반쯤 안 들리게 만들었다. 그리고 함께 마차를 타고 가는 길에 남매를 교묘히 속여서 두 딸이 옷을 갈아입고 모자를 바꿔 쓰게 했다. 그런 다음 하얀 딸에게 마차 밖을 내다보게 한 뒤 등을 밀어서 강물에 빠뜨렸다. 물에 떨어진 딸은 하얀 오리로 변해서 떠올랐다. 아무것도 모른 채 왕궁에 도착한 레기너는 황금 옷을 입은 동생을 왕에게 데려갔다. 까만 소녀를 본 왕은 화가 나서 레기너를 뱀들이 우글대는 구덩이에 처넣게 했다. 그때 늙은 마녀가 마법을 부려서 왕의 눈을 멀게 했다. 판단력이 흐려진 왕은 모녀를 왕궁에 머물게 했고, 얼마 뒤 까만 딸과 결혼했다.

어느 날 밤 까만 신부가 왕의 품에 안겨 있을 때 하얀 오리가 부엌 하수구로 헤엄쳐 와서 허드렛일을 하는 소년에게 불을 피워달라고 했다. 몸을 녹인 오리가 자기 오빠 레기너는 뭘 하고 있느냐고 하니까 소년은 뱀이 득실대는 구덩이에 갇혀 있다고 했다. 까만 딸은 뭘 하고 있느냐고 하니까 왕의 품에 안겨 있다고 했다. 오리는, "아아, 불쌍해라." 하고는 헤엄쳐 사라졌다.

다음 날도 그 다음 날도 같은 일이 벌어지자 소년은 왕을 찾아가서 그 일을 이야기했다. 다음 날 왕은 직접 확인하기 위해 부엌으로 내려왔다. 오리가 하수구로 고개를 내밀자 왕은 칼로 그 목을 내리쳤다. 그러

영원한 동반자는 과연 존재할까?

자 오리는 아름다운 처녀로 변했다. 레기나의 초상화에서 본 그 사람이었다. 왕은 그녀를 위해 좋은 옷을 가져다주었다. 그녀는 왕에게 자기가 겪은 일을 이야기한 뒤 오빠를 구덩이에서 꺼내달라고 했고, 왕은 그 부탁을 들어주었다.

왕은 늙은 마녀의 방으로 가서 하얀 처녀에게 들은 일을 이야기하며 그런 짓을 한 사람은 어떤 벌을 받아야 하느냐고 물었다. 눈에 무엇이 씌었는지 눈치를 못 챈 마녀는 이렇게 말했다. "그런 여자는 발가벗겨서 못이 박힌 통 속에 넣고 말을 시켜서 온 세상으로 끌고 다니게 해야 마땅해요." 바로 그 벌이 마녀와 딸에게 주어졌다. 왕은 하얗고 아름다운 신부와 결혼하고 그 오빠에게 상을 내렸다. 레기너는 부와 명예를 가진 사람이 되었다.

'이 이야기도 되게 무섭고 끔찍하다'라는 생각이 들었을 거예요. 아무쪼록 이야기를 너무 실제처럼 상상하지 않았으면 좋겠습니다. 그보다는 심리적 상징으로 읽는 것이 훨씬 어울리거든요.

뱀이 가득한 구덩이나 못이 박힌 통 속에 갇히는 일이 무엇을 상징하는지 대략 짐작이 갈 것입니다. 순진하고 충직한 사람이 살아가기에 세상은 너무나 독하며, 질투와 저주에 사로잡힌 사람은 그렇게 흉하게 뒤틀려 있다는 것이지요. 자기 자신이 어떤 모습인지도 모른 채 말이에요. 왕으로부터 하얀 처녀가 죽은 일을 전해들은 계모가 그걸 자기 일이라고 생각하지 못했다는 사실이 소름 끼칩니다. 교활하고 무자비한 폭력을 일상적으로 저지르면서도 자기가 어떤 짓을 하고 있는지 인식조차 못하는 사람이 세상에 정말 많지요. 옛이야기에서는 이런 사람을 '계모'나 '마녀'로 부르곤 합니다.

이때 계모가 사전적 의미의 '의붓어머니'가 아니라는 사실을 유의해야 합니다. 설화 속의 계모는 나쁜 엄마의 별칭이지요. 대개 친엄마라고 생각하면 맞습니다. 자식을 차별하고 편애하는 엄마, 자식 앞에서 자기 욕심을 앞세우는 엄마들이지요. 이는 〈콩쥐 팥쥐〉의 계모 또한 마찬가지입니다.

우리가 특별히 눈여겨볼 건 폭력의 희생자가 되는 하얀 처녀입니다. 이야기는 그가 오리로 변했다고 합니다. 〈콩쥐 팥쥐〉의 연꽃이나 구슬과 비교해서 어떤가요? 구체적 모습은 다르지만 '약한 존재'라는 면에서 서로 통합니다. 트라우마 때문에 영혼까지도 무력하게 긴혀 있는 상황이지요. 이때 아주 인상적인 장면이 나옵니다. 왕이 칼로 오리의 목을 친 일입니다. 이건 공격이나 폭력과 다릅니다. 억눌려 있던 정신을 번쩍 일깨우고 트라우마라는 감옥에서 벗어나게 하는 행위지요. 오리 목이 떨어지자 본 모습을 드러냈다는 데서 알 수 있습니다.

정신을 바짝 차리고 살아야 합니다. 주눅이 들어 도망가버리면 가해자만 활개 치는 꼴이 되지요. 그런 함정에 빠져서 죽을 뻔한 여성을 냉철한 이성으로 구원하는 저 남자는 왕이 될 자격이 있습니다. 한 나라의 왕이자 한 여자의 왕이지요.

온갖 우여곡절을 거친 끝에 이룬 두 사람의 결혼은 아마 영원한 해피 엔딩으로 이어졌을 것입니다. 어쩌면 여성이 어떻게 하는가에 따라 달라졌을지도 모르겠네요. 어찌 상상할지는 여러분의 자유입니다.

영원한 동반자는 과연 존재할까?

Chapter 9

세월이 검증하는
'밀당'의 모든 것

갑질의 왕자를 제어하는
단 한 사람의 힘

세계 최고의 이야기 모음집으로 꼽기에 손색없는《그림형제 민담집》(Kinder-und Hausmärchen)의 첫머리에는 어떤 이야기가 수록돼 있을까요? 바로 〈개구리 왕자〉(Der Froschkönig oder der eiserne Heinrich; KHM 1)입니다. 민담집이 판을 거듭하면서 구성도 바뀌었지만 맨 앞자리를 차지한 것은 늘 이 이야기였지요.

이건 저에게 하나의 시험과 같았습니다. "그림형제는 왜 하필 이 이야기를 맨 앞에 놓은 걸까? 이 이야기로 무엇을 얘기하고 싶었던 거지?" 이런 의문이 늘 머릿속을 맴돌았지요. 왜냐하면 〈개구리 왕자〉가 꽤나 이상한 이야기이기 때문입니다. 민담집 전체를 통틀어 가장 이해하기 어려운 이야기로 꼽을 만하지요. 제목부터 이상합니다. 보통 '개구리 왕자'로 번역되지만, 원래 제목은 '개구리 왕자 또는 강철의 하인리히'거든요. 정작 주인공은 이름이 없는데 그를 데리러 온 하인은 번듯한 이름을 가지고 있어요. 이건 어찌 된 일인지. 이 이야기에 어떤 비밀이 담겨 있는 걸까요?

옛날 옛적 소원을 빌면 이루어지던 시절에 어느 왕에게 예쁜 딸들이 있었다. 그 가운데도 막내 공주는 햇님이 부러워할 만큼 아름다웠다. 공주는 울창한 숲속에 들어가서 황금 공을 던지며 놀곤 했다. 그러던 어느 날 공주가 아끼는 황금 공이 굴러서 깊은 샘물 속으로 쏙 들어가버렸다. 공을 찾을 수가 없었던 공주가 속상해서 울고 있을 때 샘물 속에서 못생긴 개구리가 머리를 내밀었다.

왜 그렇게 슬피 우냐는 개구리의 말에 공주는 물에 빠진 황금 공 때문이라고 했다. 그러자 개구리는 자기 소원을 들어주면 공을 찾아주겠다고 했다. 공주는 공을 찾을 욕심으로 어떤 소원이든 다 들어주겠다고 했다. "공주님이 저를 좋아해주시고 친구로 삼아서 식탁에서 함께 음식을 먹고 침대에서 함께 자게 해주신다면 황금 공을 찾아드리지요."

엉뚱한 소원이지만 공주는 그러겠다고 말했다. 일단 공을 찾은 다음 무시하면 그만이라고 생각했다. 약속을 받은 개구리는 물속으로 들어가서 금방 황금 공을 건져다가 공주에게 전해주었다. 공주는 공을 받아들자 냉큼 뒤돌아 달아나기 시작했다. 개구리가 기다리라고 꽥꽥 소리쳤지만 공주는 못 들은 척 성으로 가버렸다.

성으로 돌아온 공주는 개구리를 까맣게 잊어버렸지만 일은 끝난 게 아니었다. 다음 날 공주가 왕과 대신들과 함께 밥을 먹고 있는데 누가 "공주님, 문을 열어주세요." 하고 소리치면서 문을 두드렸다. 공주가 나가보니 전날 본 개구리였다. 얼른 문을 닫고 자리로 돌아온 공주는 가슴이 쿵쿵 뛰었다. 왕이 무슨 일이냐고 묻자 공주는 전날 있었던 일을 얘기하면서 개구리가 찾아왔다고 했다. 그러자 아버지가 말했다. "약속은 지켜야지. 가서 문을 열어주거라."

공주가 문을 열어주자 개구리는 안으로 들어와서 식탁 위로 올라앉았다. 그리고 공주 옆에서 음식을 먹기 시작했다. 공주는 질색했지만 개구리는 쩝쩝거리며 맛있게 식사를 했다. 식사를 마친 개구리는 자기를 공주의 방으로 데려가달라고 했다. 약속대로 침대에서 함께 자려는 것이었다. 공주는 질겁했지만, 왕은 또 개구리 편을 들었다.

할 수 없이 더러운 개구리를 데리고 방으로 들어왔지만, 공주는 개구리를 침대에 눕힐 수 없었다. 개구리가 자꾸 떼를 쓰자 화가 난 공주는 그대로 개구리를 집어들고서 온 힘을 다해 벽에 내동댕이쳤다. 그러자 놀라운 일이 벌어졌다. 바닥에 떨어진 것은 개구리가 아니라 다정한 눈을 가진 왕자였다. 왕자는 공주 덕에 마법이 풀렸다면서 날이 새면 함께 자기 나라로 가자고 했다. 그들은 나란히 잠이 들었다.

다음 날 날이 밝자 머리에 타조 깃털을 꽂고 황금 사슬을 단 여덟 마리의 백마가 끄는 마차가 달려왔다. 마차에는 왕자의 시종 하인리히가 타고 있었다. 왕자가 개구리로 변했을 때 심장이 터질 것 같아서 가슴을 강철 끈으로 묶은 충성스런 시종이었다.

두 사람을 태우고 돌아가는 하인리히의 마음에는 기쁨이 넘쳐났다. 그때 뭔가가 우지끈 하고 부러지는 소리가 났다. "하인리히, 마차가 부서지나 보다." 왕자가 이렇게 말하자 하인리히가 답했다. "아니에요, 제 가슴을 묶었던 강철 끈이 끊어지는 소리입니다. 왕자님이 개구리가 되어 샘물에 들어앉아 있을 때 마음이 아파서 강철 끈으로 가슴을 묶었거든요."

가는 길에 또 한 번, 그리고 또 한 번 우지끈 소리가 났다. 그때마다 왕자는 마차가 부서지는 게 아니냐고 물었다. 하지만 그것은 하인리히의 심장을 묶었던 또 다른 강철 끈들이 끊어지는 소리였다.

이야기가 좀 황당하지 않나요? 공주를 찾아와 한 식탁에서 밥을 먹고 침대에서 같이 자겠다는 개구리, 그 개구리를 벽에 힘껏 집어던지는 공주, 그러자 보란 듯 왕자로 변하는 개구리, 갑자기 어디선가 요란하게 등장하는 시종, 우지끈 소리를 내며 연달아 부러지는 강철 끈…… 종잡기 어려운 독특한 전개입니다.

처음부터 찬찬히 살펴보지요. 이야기의 출발은 대체로 무난합니다. 먼 옛날 어느 왕국의 예쁜 막내공주라니 유럽 민담의 전형적인 주인공이에요. 공주가 황금 공을 잃어버린 뒤 개구리가 나타나서 공을 찾아주겠다고 하는 대목도 큰 무리 없이 넘어갑니다. 개구리가 사람처럼 말을 하는 것은 민담에서 흔한 설정이지요.

문제는 공주가 개구리의 소원을 들어주기로 약속하고 황금 공을 되찾은 때부터입니다. 이때부터 앞뒤가 안 맞는 상황이 펼쳐지기 시작합니다. 공주가 개구리를 무시하고 아무 말 없이 도망치는 것도 그렇고, 개구리가 끙끙대면서 성까지 찾아와 문을 두드리는 것도 자연스러운 모습은 아닙니다. 아버지가 딸이 아닌 개구리 편을 들면서 딸에게 개구리와 밥을 먹고 잠을 자라고 하는 것도 예상 밖의 전개지요.

그래도 여기까지는 대략 맥락을 짚을 수 있을 것 같습니다. 의미 부여도 할 수 있을 것 같고요. 왕이 말한 '약속은 꼭 지켜야 한다'는 교훈 같은 것 말이에요. '함부로 거짓 약속을 하면 안 된다'는 식의 가르침을 전한다고 볼 수도 있지요. 이렇게 보면 왕이 개구리 편을 드는 것이 이치에 맞게 보이기도 합니다.

문제가 되는 것은 다음 대목입니다. 원문으로 볼게요.

> 그러자 공주는 처음으로 격분했다. 그녀는 개구리를 집어 올려서 온 힘을 다해 벽으로 집어던졌다. "이제 조용해지겠지. 이 구역질 나는 개구리!" 하지만 바닥에 떨어진 것은 개구리가 아니라 예쁘고 다정한 눈을 가진 한 명의 왕자였다.[4]

쓰여 있는 그대로입니다. 공주가 한 일은 격분해서 구역질 나는 개구리를 있는 힘껏 벽에 팽개친 것뿐이었어요. 키스를 한 것도 안아준 것도 아니고 보기 싫다고 집어던졌는데 이게 웬일입니까? 이 일로 마법이 풀려서 멋진 왕자가 나타나다니! 증오와 배척, 가차 없는 폭력이 마법을 푸는 열쇠였다니 말이 되는 일인가요?

이어지는 대목 또한 이해하기 어려운 반전입니다. 약속을 무시한 데 그치지 않고 죽으라고 내팽개친 공주였어요. 그런데 왕자가 그녀와 잠을 자고 행복에 겨워서 자기 나라로 데려가는 것은 뭔가요? 어쨌

세월이 검증하는 '밀당'의 모든 것

든 공주 덕에 마법에서 풀려서 그렇게 한 걸까요? 아니면 공주가 예뻐서 용서가 됐던 걸까요? 그것도 아니면 공주를 자기 나라로 데려가서 복수하려고 했을까요? 이리저리 생각해봐도 답이 잘 나오지 않는 이상한 전개예요.

그 수수께끼를 풀 실마리는 책의 마지막 부분에서 나왔습니다. 마지막 이야기인 〈황금 열쇠〉가 힌트였지요. 뒤에 따로 설명하겠지만, 〈황금 열쇠〉는 명백히 '이야기에 대한 이야기'의 성격을 지닙니다. 그때 문득 밀려오는 생각이 있었습니다. '가만! 책의 마무리가 이야기에 대한 이야기라면 시작도 이야기에 대한 이야기가 아닐까?'

그렇게 생각하니 머리가 확 밝아졌습니다. 〈개구리 왕자〉는 겉보기에 이야기에 대한 이야기와 거리가 멀어 보이고 내용 어디에도 그런 암시가 없지만, 다시 살펴보니 그림형제는 이 이야기를 통해 이렇게 말하고 있었어요. "알겠어? 바로 이게 이야기(Märchen)야!"

알량한 지식으로 옛이야기를 재단하지 말라는 뜻입니다. 일반적인 상식을 넘어서기 때문에 이야기지요. 그림형제는 수많은 이야기 가운데 일부러 앞뒤가 잘 안 맞는 엉뚱한 이야기를 앞쪽에 수록해 독자들을 무장해제시키고 있습니다. 이런저런 선입견을 다 벗어던지고, 합리적 이성 같은 걸 내려놓고 맨몸이 되도록 하고 있지요. 물론 이것은 독자를 놀리기 위해서가 아닙니다. 그들을 자유롭게 해주려는 거죠. 거추장스러운 옷을 벗어야 이야기라는 푸른 바다를 마음껏 헤엄칠 수 있으니까요.

이러한 맥락을 깨닫고 나니 왜 뒷부분에 하인리히라는 시종이 뜬

옛이야기의 힘

금없이 나와서 왕자와 공주를 태워 가는지 이해할 수 있었습니다. 이야기는 아무 예고도 없이 하인리히를 등장시킵니다. 타조 깃을 장식한 여덟 마리 백마까지 이끌고 시끌벅적하게요. 그리고 왕자와 공주가 잘 살았다 어쨌다 하는 결말 대신 하인리히의 가슴을 묶었던 강철끈이 우지끈 부러지는 소리가 났다는 걸로 이야기를 끝내버립니다. 이제 짐작이 되시지요? 그렇습니다. 현실과 합리의 코드를 넘어서는 특별한 담화가 바로 옛이야기입니다.

앞뒤가 안 맞아 보이는 이야기가 알고 보면 더 놀랍고 계시적인 메시지를 담은 경우가 많습니다. 〈개구리 왕자〉에도 그런 게 있지 않을까 하는 생각을 지울 수 없었어요. 그렇게 한 꺼풀씩 들추다 보니 '이 이야기는 이런 것 아닐까?' 하는 생각이 드는 지경에 이르렀지요. 이제 그 이야기를 해보려고 합니다. 주제는 바로 사랑입니다.

이야기에서 가장 문제가 되는 부분은 공주가 개구리를 벽에 팽개친 일입니다. 과연 이것은 사랑과 연관되는 행동일까요? 겉으로는 전혀 아니지만 이면의 맥락을 살펴보면 간단하지 않습니다. 결과론일 수 있지만 이 일은 사랑으로 연결될 여지가 있어요. 맥락은 앞에서 본 〈하얀 신부와 까만 신부〉에서 왕이 칼로 오리의 목을 벤 일과 통합니다. 이것이 상대의 정신을 번쩍 들게 하는 행동이라 했지요. 본질을 가둔 껍질을 벗기는 일이기도 했고요. 공주가 개구리를 벽에 던진 일이 혹시 이와 비슷한 건 아닐까요?

물론 오리와 개구리는 이미지도 속성도 다릅니다. 오리가 연약한 존재라면 개구리는 옆사람이 넌더리가 날 정도로 질척대는 쪽입니다. 이야기에서 왕과 공주는 그를 성 안에 들여서 식탁에 앉게 하고 나란히 음식을 먹게 합니다. 그 정도면 황금 공을 찾아준 데 대한 대우를 해줬다고 볼 만하지요. 그런데 개구리는 만족하지 않습니다. 굳이 침대에까지 올라가서 공주 옆에서 자겠다고 추근대지요. 만약 공주가 그 말을 따랐다면 만족하고 돌아갔을까요? 십중팔구 그렇지 않을 겁니다. 아예 퍼질러 앉아서 주인 노릇을 했을 가능성이 큽니다.

이렇게 풀이하면 공주의 아버지가 한 일은 완전히 다르게 평가됩니다. 그는 공주에게 "약속을 했으니 지켜야 한다"라고 말합니다. 맞는 말이지만 개구리를 공주의 침대에 들이는 건 또 다른 문제예요. 이것은 문제해결을 회피하면서 "네가 저지른 짓이니 네가 알아서 해결해"라며 책임을 회피하려는 행동으로 볼 수 있습니다. 그에 대한 개구리의 반응은 의기양양 그 자체지요. 그렇게 개구리는 상황을 '농단(隴斷)'합니다.

요약하면, 억지를 써서라도 자기 뜻대로 하는 존재가 개구리 또는 왕자였다는 것입니다. 왕자가 마법에 걸려서 개구리가 됐다는 것은 이런 의미가 아닐까요? 그는 한 나라의 왕자이면서 늘 이런 식이었을 가능성이 큽니다. 집요하게 갑질을 하는 왕자를 왕도 왕비도 신하도, 그 누구도 제어할 수 없었겠지요. 수많은 사람들의 마음속에 답답함과 울화가 쌓였을 거고요. 그의 시종이었던 하인리히가 가슴이 터질 것 같아서 쇠띠를 세 개나 맨 것은 이러한 상황을 대변하는 게 아닐까 생각해봅니다. 따지고 보면 온 나라를 흔든 국정 농단도 처음부터 크게 시작되지는 않았을 것입니다. 작은 일들이 쌓이면서 이 정도는 당연하다고 생각하다 보니 어느 새 벗어날 수 없는 지경으로 고착되었겠지요. 농단까지는 아니어도 '비리'도 마찬가지입니다.

이 모든 상황을 단칼에 해결한 것이 공주의 한방입니다. 싹싹 비는 것도, 좋은 말로 달래는 것도, 모종의 거래를 시도하는 것도 답이 아니었지요. 죽으라고 내팽개치는 것이 정답이었습니다. 그제야 개구리는 정신이 번쩍 들면서 "이게 아닌가?" 한 것입니다. 그렇게 마법이 풀리고 왕자는 사람으로 돌아옵니다. 공주는 회심의 한방으로 제멋대로 질척대는 일이 몸에 밴 왕자를 '사람'으로 만드는 데 성공하지요. 이렇게 보면 말이 되지 않나요? 왕자가 자기를 사람으로 만들어준 은인인 공주를 자기 나라로 모시고 간다는 설정이요.

이렇게 〈개구리 왕자〉는 상식을 넘어서는 상식으로 남녀관계의 비의(秘義)를 단면적으로 그려낸다는 것이, 일명 '밀당'의 끝을 보여주는 한 편의 멋진 연애담으로 볼 수 있다는 것이 저의 해석입니다. 앞으로 생각이 더 진전되거나 달라질 가능성도 배제할 수 없습니다. 그게 이야기니까요. 여러분의 더 멋진 해석을 기대해봅니다.

덧붙이는 이야기입니다. 이 책의 원고를 일단락한 뒤 출판사에 넘기기 전에, 제 수업을 듣는 학생들에게 읽히고 어느 이야기든 자기 식으로 새롭게 해석해보도록 했지요. 놀라운 풀이가 속속 나오는 것을 보면서 이야기 해석에는 끝이 없다는 사실을 실감했습니다. 그중 〈개구리 왕자〉에 도전한 학생이 있었는데 그 해석을 보고 깜짝 놀랐습니다. 짧은 시간에 그런 해석을 했다는 사실이 믿기지 않을 정도였지요. 그 주인공인 건대 국문과 최재경 학생의 동의를 얻어 내용을 소개해 봅니다.

먼저, 개구리는 트라우마를 가진 존재입니다. 애정결핍을 지닌 채 깊은 물 속에 잠겨 있었지요. 그러던 중 결핍을 채워줄 대상을 발견합니다. 자신의 샘물 속으로 황금 공을 빠뜨린 공주지요. 개구리에게 황금 공은 하나의 관심이었고, 아름다운 공주는 자기가 원하던 대상이 었습니다. 공주가 자신이 원하는 일을 다 들어준다고 약속하자 개구리는 실마리를 찾은 듯 확신하지요. 하지만 공주의 관심은 일시적이 었습니다. 황금 공을 가지고 가버리는 공주를 바라보며 개구리는 절망합니다. 기대는 집착으로 바뀌고, 개구리는 공주를 찾아가서 요구하고 매달리지요. 공주는 당황하며 고민에 빠집니다. 이때 왕이 나서서 그를 받아줘야 한다고 일깨웁니다.

학생은 왕을 공주 내면의 자아로 해석합니다. 윤리의식이나 책임감 같은 거죠. 거기까지 찾아온 상대에 대한 존중일 수도 있고요. 그런 마음이 개구리를 밀치려는 마음을 이겼다는 것입니다.

그런데 이어지는 상황은 달랐지요. 개구리가 침대까지 넘보는 것은 공주로서 허락할 수 없는 일이었습니다. 무엇보다도 그는 여전히 개구리잖아요. 애정결핍과 집착에 갇혀 있는 상태입니다. 그런 개구리를 공주는 계속 밀쳐내는데, 자꾸 매달리자 벽에 내동댕이칩니다. 지금과 같은 상태로는 안 된다는 뜻이지요. 죽비와도 같은 일침에 상대는 비로소 정신을 차리고 본래 모습으로 돌아옵니다. 결핍과 집착으로 허우적대던 '못생긴 개구리'에서 '다정한 눈을 한 왕자'로요. 그렇게 둘은 서로 손을 맞잡습니다. 이 부분의 해석은 제가 한 것과 크게 다르지 않습니다. 공주의 행위를 진정성을 담지한 치유 행위로 본다는 차이는 있지만요.

제가 가장 놀란 부분은 하인리히에 대한 해석이었습니다. 학생은 하인리히를 왕자의 또 다른 자아로 풀이했습니다. 애정결핍으로 트라우마를 겪으면서도 '가슴 속에서 놓지 않았던 마지막 희망'으로요. 강철 끈으로 묶여 있던 그 희망은 공주와의 만남을 통해 훌쩍 되살아납니다. 그렇게 새로운 길이 열리고 행복한 삶이 펼쳐지지요. 학생은 그 트라우마가 완전히 극복된 것은 아니라고 보았습니다. '우지끈' 소리가 날 때마다 마차가 부서지는 것이 아니냐고 물어보는 모습에서 '불안'을 짚어냈지요. 이야기는 강철 끈이 차례로 부서지는 것으로 끝나는데 이는 하인리히 또는 왕자가 점점 마음의 평안을 찾고 트라우마를 극복해가는 과정을 의미한다는 것이 학생의 해석이었습니다.

하인리히에 대한 이러한 해석은 공주가 개구리를 일깨운 것처럼 저를 일깨웠습니다. 왜 충성스런 요하네스는 참자아로 해석하면서 하인리히에 대해서는 그 생각을 못 했는지! 제목에서 개구리 왕자와 하인리히를 '와(und)'가 아닌 '또는(oder)'으로 연결하고 있는데 말이지요. '또는'이라는 접속어는 왕자와 하인리히가 한몸임을 강력히 암시합니다. '나'라는 존재를 온전히 살아 움직이게 하는 존재가 하인리히지요. 희망이라고 해도 좋고 참자아라고 해도 좋습니다. 확실한 것은 그가 살아나 마음껏 마차를 몰아야 한다는 사실입니다. 그래야 깊은 물에서 벗어나 세상을 마음껏 누빌 수 있지요.

공주는 개구리를 벽에 내던짐으로써 왕자 안에 숨겨져 있던 하인 리히를, 즉 강철 끈에 묶인 채 깊이 잠들어 있던 내면의 참모습을 일깨 웁니다. 개구리가 처음 공주를 만났을 때 직감했던 바가 실현된 상황 입니다. 이만하면 더없이 멋진 사랑의 서사 아닐까요?

이 이야기를 민담집 맨 앞에 수록한 그림형제는 이런 의미를 다 알 고 있었을까요? 제목의 '또는(oder)'을 보면 그랬을 것 같지만 확실하지 는 않습니다. 다만 한 가지는 분명히 말할 수 있습니다. 그들이 옛이야 기를 무한히 신뢰했다는 것을요. 민담집 첫머리에 "민간전승 문학은 인류의 모든 삶을 촉촉하게 적시는 영원한 샘에서 나오는 영원히 타 당한 형식이다"라고 명시하고, 〈개구리 왕자 또는 강철의 하인리히〉를 첫머리에 실은 데서 굳은 믿음을 확인할 수 있지요. 덕분에 200여 년 이 지난 오늘날 우리가 이러한 해석과 소통을 할 수 있으니 감사할 따 름입니다.

어떤 사랑은
혁명이 된다

사랑에 대한 이야기를 하니 힘이 나네요. 역시 사랑은 좋은 것 같습니다. 이어질 이야기들도 무척 재미있어요. 밀당의 기술을 아주 잘 보여주는 민담들이지요. 먼저 볼 이야기는 〈불쌍한 방앗간 젊은이와 고양이〉(Der arme Müllerbursch und das Kätzchen; KHM 106)입니다. 그림민담 속 보통사람의 대명사인 '한스'가 주인공이에요. 그는 어떤 상대를 만나서 어떤 일을 겪게 될까요?

옛날에 처자식 없이 사는 늙은 방앗간 주인이 있었다. 세 명의 청년이 일을 거들었다. 여러 해가 지난 어느 날, 주인이 세 청년한테 말했다. "나는 이제 늙어서 난로 옆에 앉아 쉬고 싶다. 나가서 제일 좋은 말을 구해 오는 사람에게 나를 돌봐준다는 조건으로 방앗간을 물려줄 생각이다."

세 청년 가운데 심부름이나 하면서 얼간이 취급을 받던 한스가 있었다. 다른 두 청년은 한스 손에 방앗간이 들어갈 수는 없다고 여겼다. 한스 스스로도 그렇게 생각했다. 두 청년은 길을 가다가 한스에게 말했다. "넌 그냥 여기 있지 그래? 어차피 말을 못 구할 텐데." 그래도 한스가 계속 따라가자 둘은 동굴 속에서 잠든 한스를 버려두고 떠났다.

혼자 남겨진 채 생각에 잠겨 숲속을 걸어가던 한스는 작은 얼룩고양이를 만났다. 고양이가 한스에게 "어딜 가는 거야?" 하고 묻자 한스가 말했다. "나는 너를 도와줄 능력이 없어." 그러자 고양이가 말했다. "멋진 말을 갖고 싶은 거 맞지? 나의 충실한 하인이 돼서 7년간 일하면 최고로 멋진 말을 줄게. 어때?"

한스는 좀 이상하게 생각했지만 그 말대로 하기로 했다. 고양이는 한스를 마법의 성으로 데려갔다. 고양이들로 가득한 성이었다. 고양이들은 음악도 연주하고 춤도 추면서 즐겁게 놀았다. 암고양이가 한스에게 춤을 청했지만 춤을 춰본 적이 없는 한스는 사양했다.

한스는 그 성에서 얼룩고양이 시중을 들면서 열심히 일했다. 은 도끼와 은 톱으로 매일 장작을 쪼개고, 은 목재와 은 자로 작은 집도 지었다. 그렇게 7년이 지나자 얼룩고양이는 약속대로 말을 보여줬다. 작은 집 안에 열두 마리의 말이 있는데 하나같이 아주 늠름했다. 고양이는 한스에게 먼저 집에 가 있으면 사흘 뒤에 말을 가지고 가겠다고 했다.

한스는 혼자서 방앗간으로 향했다. 고양이가 옷을 따로 안 주었기 때문에 떠날 때 입었던 누더기 작업복을 걸친 상태였다. 옷이 다 닳고 떨어져서 몰골이 형편없었다. 그가 집에 가보니 다른 두 젊은이가 와 있었다. 말을 가지고 왔는데 하나는 눈이 멀었고 하나는 절름발이었다. 한스가 두 사람에게 사흘 뒤에 말이 올 거라고 하자 둘은 "어련히 좋은 말을 얻었을까!" 하면서 비웃었다. 주인도 한스를 식탁으로 오지 못하게 했다. 먹을 것을 제대로 안 주고 거위 우리에서 자게 했다.

그렇게 사흘째가 된 날, 윤기 흐르는 여섯 말이 마차를 끌고 왔다. 시종하나가 한스에게 줄 말을 끌고 왔다. 이어서 눈부시게 차려입은 공주가 마차에서 내려 방앗간으로 들어왔다. 공주는 한스가 7년 동안 모셨던 얼룩고양이였다. 그는 거위 우리에 있는 한스를 당장 데려오게 했다. 시종이 한스를 씻기고 옷을 갈아입히자 그는 어느 왕보다도 멋졌다.

공주가 가져온 말을 본 방앗간 주인은 세상에 둘도 없는 멋진 말이라면서 방앗간은 한스의 것이라고 선언했다. 그러자 공주가 말했다. "방앗간은 필요 없어요. 이 말도 그냥 가지세요." 공주는 한스를 마차에 태우고 그곳을 떠났다. 예전에 지냈던 곳으로 가니 한스가 만든 작은 집이 커다란 성이 돼 있었다. 둘은 거기서 결혼식을 올렸고 한스는 큰 부자가 되었다.

이 일을 보더라도 어리숙한 얼간이라고 해서 버젓한 사람이 될 수 없다고 말하면 안 되는 법이다.

아주 재미있지 않나요? 불쌍한 청년 한스가 공주와 결혼해서 인생역전에 성공하는 과정이 '남자 신데렐라'를 보는 듯합니다. 물론 이건

세월이 검증하는 '밀당'의 모든 것

저절로 굴러온 복이 아니었어요. 7년 동안 정성스레 노력한 데 따른 보상이었지요. 그 과정이 얼마나 비루하고 험난했을지는 그가 한 번도 옷을 갈아입지 못하고 냄새 나는 누더기 상태로 지냈다는 데서 잘 알 수 있습니다.

이야기 속의 한스는 '흙수저'의 대명사입니다. 밑바닥에서 위를 바라보며 살았지요. 왜냐하면 내려다볼 곳이 없었으니까요. 그가 감히 상류층들의 세상을 욕망했느냐면 그렇지도 않습니다. 그냥 자기 자리에서 할 일을 꾸준히 했을 뿐이에요. 그런 한스에게 아름다운 공주가 손을 내민 것은 기적과 같은 일입니다. 꿈 같은 일이지만 그것이 인생이기도 합니다. 공주로서는 그동안 살아오면서 한스처럼 변함없는 우직함으로 자기를 챙겨주는 남자를 한 번도 보지 못했을 거예요. '돌쇠 같은 머슴'이라고나 할까요? 공주 입장에서 그를 사랑하게 되는 것은 나름 가능한 일 아닐까요? 사람을 신분이나 재산으로 평가하지 않는 제대로 된 공주라면요.

그런데 왜 사람이 아닌 '고양이'일까요? 이야기 속 고양이의 속성이 뭘까 하면, 아마 고고함이나 도도함이 아닐까 싶습니다. 고양이의 이미지가 그렇잖아요. 앙큼함일 수도 있겠네요. 7년 동안 전혀 티를 안 내고 있다가 갑자기 사랑을 고백하는 모습이 그런 느낌을 줍니다. 하지만 역시 '쿨한 도도함'이 두드러진 것 같습니다. "방앗간, 너나 가지셈!" 하고 떠나는 모습, 완전 쿨합니다. 그야말로 '사이다'예요.

이야기에서 공주와 일행을 고양이로 표현한 데는 절묘한 뜻이 깃들어 있습니다. 그것은 명백히 다른 종족의 표상으로 읽힙니다. 한스에게 공주는 완전히 다른 세상의 별종, 이른바 '캐슬족'이었다는 거예요. 처음 한스가 공주에게 "나는 당신을 도울 수 없다"고 한 것이나 "나는 춤을 춰본 적이 없다"고 하는 것은 두 사람이 전혀 다른 세계에 속해 있었음을 단적으로 보여줍니다. 당연하지요! 매일 생계를 걱정하는 흙수저 인생에게 화려한 무도회로 점철된 금수저의 삶이란 은빛 장막 속 판타지일 뿐이니까요. 이렇게 볼 때 공주와 그의 일행을 고양이로 표현한 것은 꽤 흥미로운 유머가 아닐 수 없습니다. 고양이가 일을 하지 않고 햇볕을 쬐면서 노는 것처럼, 이야기 속의 고양이족들도 마찬가지니까요.

하지만 금수저의 세상이 어떻게 진짜 고양이의 세계와 똑같을까요! 그들도 희로애락을 겪고 사랑을 필요로 하는 사람이잖아요. 고양이란 겉으로 보이는 모습일 따름입니다. 공주와 한스가 사람과 사람으로서 손을 잡고 짝을 이루는 것은 비현실적 판타지에 가깝지만 때로는 그런 판타지가 실현되는 것이 인생이고 사랑입니다. 거기에 7년간의 변함없는 정성까지 있었으니 그 일을 허튼 거짓말로 치부할 일이 아닙니다. 사랑의 공상 속에 청춘을 허비하는 것도 문제지만 사랑의 가능성을 아예 닫아버리는 것도 문제지요. 그림형제의 말을 살짝 바꿔봅니다. "어리숙한 얼간이라고 해서 버젓한 사랑을 할 수 없다고 말하면 안 되는 겁니다."

종족이 서로 다른 남녀가 만나서 사랑하는 이야기는 세계 민담에 무척 많습니다. 둘 중 한쪽이 동물로 표현되는 경우가 많지요. 고양이 외에 토끼, 쥐, 두꺼비, 게, 고슴도치, 원숭이 등 종류도 다양합니다. 남자 쪽이 동물로 표현되는 경우도 많아요. 다들 재미있지만, 그중에서도 참신한 설정과 반전이 인상적으로 다가온 〈게 왕자〉를 보고자 합니다. 이탈리아에서 전해내려온 옛이야기입니다.[5]

옛날에 가난한 어부가 살았다. 물고기가 잘 안 잡혀서 식구들 끼니를 못 때울 정도였다. 어느 날 그가 그물을 힘들게 끌어올리고 보니 엄청나게 큰 게가 들어 있었다. 어부는 왕이 게를 보면 큰돈을 줄 거라고 여겨 궁궐로 가지고 갔지만 왕은 그걸 어디다 쓰겠냐며 시큰둥했다. 그때 공주가 들어오더니 게가 정말 신기하고 멋있다며 사달라고 졸랐다. 덕분에 어부는 금화를 두둑히 받고서 게를 팔았다.

연못에서 물고기를 보는 일을 좋아했던 공주는 게를 연못에 넣었다. 게는 아무리 봐도 싫증이 안 났다. 늘 거기 붙어서 살피다 보니 공주는 게에 대해 잘 알게 됐다. 게가 정오부터 세 시간 동안 사라진다는 것도 알아냈다.

어느 날 공주는 구걸을 하러 온 불쌍한 부랑아에게 돈 가방을 던져줬는데 실수로 웅덩이에 떨어졌다. 부랑아는 가방을 찾으려고 웅덩이로 헤엄쳐 들어갔다. 웅덩이는 지하 수로를 통해 연못과 연결돼 있었다. 부랑아는 큰 물통으로 들어가게 됐는데, 커튼이 쳐진 거실에 멋진 식탁이 놓여 있었다. 정오가 되자 웬 요정이 큰 게를 데리고 나타났다. 요정이 막대기로 두드리자 게 껍데기 안에서 잘생긴 청년이 나왔다. 요정은 식탁을 두드려서 좋은 음식을 차린 다음 청년과 식사를 마치고 물속으로 사라졌다.

헤엄을 쳐서 연못으로 빠져나온 부랑아는 공주에게 자기가 본 일을 이야기했다. 신기하게 여긴 공주는 자기도 그곳에 가보겠다고 했다. 다음 날 공주가 부랑아와 함께 웅덩이로 헤엄쳐 들어가서 거실 커튼 뒤에 숨어 있자 전날처럼 식사가 펼쳐졌다. 청년을 보면서 사랑을 느낀 공주는 쏜살같이 게 껍데기 속으로 들어갔다.

식사를 마치고 껍데기로 돌아왔다가 공주를 발견한 청년은 깜짝 놀라며 요정이 알면 둘 다 죽을 거라고 했다. 공주가 청년을 구하고 싶다고 하자 청년은 사랑을 위해 목숨을 거는 여자가 있어야 가능하다고 했다. 공주는 "바로 내가 그 여자예요!" 하고 말했다.

둘이 몰래 속삭이는 가운데 청년은 게 다리를 조종해서 바다로 갔다. 바다에 요정을 내려놓고 궁궐의 연못으로 향하면서 청년이 말했다. "공주님이 바닷가 바위 위에서 음악을 연주하면서 노래를 불러서 요정을 끌어내야 합니다. 연주한 대가로 머리에 있는 꽃을 달라고 하세요. 당신이 그 꽃을 가지면 저는 해방됩니다."

연못에서 나온 공주는 걱정하고 있던 부랑아를 보내고 왕에게 갔다. 공주가 음악과 노래를 배우겠다고 하자 왕은 최고의 악사와 성악가를 붙여주었다. 열심히 음악을 익힌 공주는 바닷가 바위로 가서 바이올린을 연주하기 시작했다. 요정이 나타나서 자기를 위해 연주를 해달라고 하자 공주는 대가로 꽃을 요구했다. 요정은 좋다고 하면서, 다만 자기가 던진 곳으로 가서 꽃을 잡아야 한다고 했다. 마침내 연주와 노래가 끝났을 때, 공주가 꽃을 요구하자 요정은 그것을 바다로 힘껏 집어던졌

세월이 검증하는 '밀당'의 모든 것

다. 꽃이 파도 위로 떠오르자 공주는 바다로 훌쩍 뛰어들었다. 시녀들이 비명을 질렀으나 이미 늦은 뒤였다.

공주는 열심히 헤엄쳤지만 꽃을 잡기 어려웠다. 하지만 결정적인 순간에 파도가 그의 손에 꽃을 가져다줬다. 그때 밑에서 말소리가 들렸다. "당신은 제게 생명을 주었어요. 당신과 결혼할 겁니다. 제가 바닷가까지 모셔다드릴게요. 아직 부모님께 저하고 결혼한다는 얘기는 하지 마세요. 우리 부모님께 알리고 정식으로 청혼하겠습니다." 숨이 막힐 지경이었던 공주는 겨우 입을 열어서 알겠다고 했다.

공주는 궁궐로 돌아온 뒤 왕에게 그냥 즐거웠다고만 하고 다른 얘기는 하지 않았다. 다음 날 오후에 북과 나팔 소리가 나면서 어떤 나라 왕의 아들이 찾아왔다. 왕을 알현한 왕자는 예의를 갖추고 공주와의 결혼을 청했다. 사정을 모르는 왕이 어리둥절해하자 공주가 달려와서 왕자의 품에 안겼다. "이분이 제 신랑입니다. 제 사랑이에요!" 왕은 어서 결혼식을 준비해야 한다는 사실을 깨달았다.

왜 이 이야기를 선택했는지 이해하셨지요? 앞에서 본 〈불쌍한 방앗간 젊은이와 고양이〉 이상으로 내용이 기발하고 흥미진진합니다. 고양이도 토끼도 아닌 물속의 게라는 발상이 독특하고, 공주의 캐릭터도 매력적입니다. 부랑아가 큰 구실을 하는 것이나 요정이 심술을 부리는 것도 그렇고, 인물과 화소들이 생생히 살아 있어요. 민담의 매력을 한껏 보여주는 이야기입니다.

'게 속의 사내'라는 화소부터 봅니다. 사내가 게 속에 들어 있다는 것은 그가 게의 정체성을 가졌음을 의미합니다. 게의 속성은 어떤 것일까요? 먼저 두드러지는 것은 단단한 껍데기입니다. 그 안에 남자가 들어가 있다는 것은 그가 깨기 힘든 구속에 사로잡혀 있음을 말해주지요. 게가 물속에서 보이지 않게 이리저리 움직인다는 점에서 존재가 깊이 가려져 있다고 볼 수도 있습니다. 그리고 게는 옆으로 걷잖아요? 사내는 똑바로 걷지 못하고 방황하고 있는 중입니다. 순한 사람처럼 보이지만, 게의 발가락이 날카로운 것을 생각하면 뭔가 날카로운 상처나 공격성을 지니고 있는 상황이 연상되기도 합니다.

여러 가지 의미 가운데 이야기에서 가장 강조되는 것은 단단한 껍데기로 표현되는 구속과 억압인 것 같습니다. 본래의 모습을 꽁꽁 가두어 외부와 단절하는 구속이지요. 남자를 구속하는 존재는 이야기에서 '요정'으로 불립니다. 막대기를 들고 게를 조종하는 모습에서 폭력성을 엿볼 수 있지요. 겉으로는 아름답고 우아하지만 실제로는 폭력적인 존재. 요정의 정체가 뭔지 궁금한데 엄마일 수도 있고 어쩌면 애인일 수도 있을 것 같습니다. 자식을 자기 꽃처럼 삼고 있는 엄마, 또는 남자를 소유하면서 제 뜻대로 조종하려는 여자 정도가 되겠어요. 개인적으로는 후자 쪽에 마음이 끌리네요. 어쨌든 속마음과 달리 옴짝달싹못하고 갇힌 채로 이리저리 끌려다니는 것이 남자의 상태였다고 할 수 있습니다.

그러던 남자는 자기 삶을 변화시킬 모멘텀을 발견합니다. 물 바깥에 있는 '다른 세상'의 여자를 만난 일이 그것이지요. 공주는 그가 전혀 경험하지 못했던, 아마 상상도 못했을 새로운 스타일의 여성이었을 거예요. 제 발로 게 껍데기 속에 들어와 구해주겠다는 맹랑한 여자라니, 신선한 충격이 아닐 수 없습니다. 어쩌면 남자 또한 공주가 내내 자기를 지켜보는 것을 게 껍데기 속에서 훔쳐보면서 마음속으로 그녀를 동경하고 있었을지도 몰라요. 둘의 인연이 엉뚱한 파격만은 아니라는 뜻입니다.

그나저나 이 공주는 정말로 범상치 않습니다. 게 껍데기 속에 숨어든 일만이 아니에요. 취미부터 남다릅니다. 연못에서 헤엄치는 숭어나 도미를 지켜보는 것을 좋아했다는 공주는 낯선 세계를 남다르게 동경하는 사람으로 다가옵니다. 그가 커다란 게를 발견하고 관심을 갖게 된 건 당연한 일이겠지요. 더구나 그 게는 넓고 깊은 바다에서 온 존재니까요. 왕자가 바다에서 자유로운 땅을 욕망했듯 공주는 육지에서 넓은 바다를 욕망했다고 볼 수도 있겠습니다. 둘의 결합은 서로 다른 세계로의 접속과 결합이라는 점에서 의미가 작지 않습니다.

공주에게서 더 놀라운 것은 거침없는 행동력입니다. 원하는 곳은 어디든 가서 무엇이든 몸으로 해내는 사람이 바로 공주지요. 겁도 없이 부랑아를 따라 웅덩이 속으로 헤엄쳐 들어가는 모습은 눈을 동그랗게 뜨게 만듭니다. 말릴 틈도 없이 게 껍데기 속으로 숨어서 남자를 맞이하는 일은 또 어떻고요? 그뿐 아닙니다. 새로 바이올린과 노래를 연습해서 멋진 연주를 선보이고 꽃을 붙잡기 위해 파도로 훌쩍 뛰어드는 일까지, 그야말로 행동에 거침이 없습니다. 어떻게 보면 충동적이라 할 수도 있지만 그보다는 '모험적'이라는 말이 어울립니다. 왜 그랬느냐고 물어보면 "가슴이 뛰는 대로 움직이는 것이 인생 아니겠어? 덕분에 멋진 남자도 얻었잖아!" 하며 호쾌하게 웃을 것 같습니다.

마법의 막대기를 가진 요정이라지만 감히 공주를 이길 수 없는 건 당연합니다. "내가 못 가지는 건 너도 가질 수 없어"라는 식으로 꽃을 바다에 집어던지는 심술도 공주를 막을 수는 없었지요. 파도를 무서워하지 않는 사람이니 파도가 그의 편이 될 수밖에요. 어쩌면 요정은 공주가 남자를 더 사랑해줄 것을 알고 길을 열어준 것일 수도 있겠습니다. 공주가 물에 뛰어드는 순간 그녀한테 반했을지도요. 공주 손에 꽃을 쥐어준 것도 혹시 요정의 조화가 아니었을까요? 이른바 '츤데레' 해석인데, 한 학생이 제시한 의견입니다.

헤아려보면 두 남녀는 참 멀리 떨어져 있었습니다. 한 명은 육지에, 한 명은 바다에. 성격도 아주 달랐지요. 행동파 말괄량이와 꾹 참고 버티는 순둥이. 그런 두 사람이 한 걸음씩 상대방에게 다가가면서 '서사'가 서로 통해서 환상의 커플이 되는 과정은 그야말로 아름답습니다. 두 사람의 결합은 1+1=2가 아니에요. 삶의 새로운 영토를 펼쳐내는 하나의 빅뱅이라 할 만합니다. 왜 그렇지 않겠어요. 사랑은 도전이고 혁명인데요. 세상을 변화시키는 에너지가 그 안에 담겨 있지요. 세상에 여러 종류의 사랑이 있겠지만, 이런 혁명적인 사랑에 도전해봐도 좋겠습니다. 주어진 현재에 머물지 않고 세상을 변혁하는 주역이 되고자 한다면요.

쉬운 이별의 시대,
때로는 인내하며 바꾸려는 노력을

남녀가 처음부터 잘 맞기란 쉬운 일이 아닙니다. 딱 보는 순간 마음에 들 순 있지만, 크고 작은 수많은 차이를 마주하는 것이 보통이지요. 서로 다른 환경에서 성장한 두 사람이 모든 일에서 딱딱 맞아떨어진다면 오히려 이상할 것입니다. 남녀가 만나서 하나가 되는 일이란 다양한 차이를 확인하고 서로 조율해가는 과정이라 해도 좋겠습니다.

상대방이 마음에 들지만 내키지 않는 구석이 있다면, 이대로 가다가는 문제가 생길 수밖에 없다고 생각한다면 어떻게 해야 할까요? 포기하고 다른 상대를 찾을 수도 있겠지만, 더 적극적인 방법은 부딪쳐서 해결하는 것입니다. '마음에 안 들면 바꿔 쓴다'지요. 고급스럽게 표현하자면 '관계의 프레임을 새롭게 짠다'고 말할 수 있습니다. 일방적이거나 폭력적인 형태가 되면 곤란하겠지만, 둘 사이의 관계를 발전시키기 위한 것이라면 이 또한 사랑을 이루는 노하우겠지요.

먼저 살펴보려는 이야기는 그림형제 민담 〈지빠귀 부리 왕〉(König Drosselbart; KHM 52)입니다.

옛날 어느 왕에게 아름다운 딸이 있었다. 그런데 그녀는 너무나 오만해서 찾아오는 구혼자마다 약점을 잡아 퇴짜를 놓았다. 어느 날 왕은 딸과 결혼할 생각이 있는 젊은이들을 한자리에 불러 모아 큰 잔치를 열었다. 공주는 남자마다 흠을 찾아 비웃기 시작했다. 맨 앞줄에 서 있던 이웃 나라 왕도 조롱을 면할 수 없었다. 공주는 그의 턱이 지빠귀 부리 같다며 깔깔거렸다. 그래서 그는 지빠귀 부리 왕으로 불리게 되었다.

딸의 행동에 아버지는 단단히 화가 났다. 그는 성문 앞에 첫 번째로 나타나서 구걸하는 거지에게 딸을 주겠다고 맹세했다. 며칠 뒤 한 떠돌이 악사가 창문 아래로 와서 적선을 청하며 노래를 부르자 왕은 그를 불러들여 딸과 결혼하도록 했다. 딸이 깜짝 놀랐지만 왕은 이미 맹세한 일이니 지킬 수밖에 없다고 했다. 딸은 속절없이 거지의 손에 이끌려가는 신세가 되고 말았다.

그들이 크고 아름다운 숲을 지나갈 때 공주가 숲이 누구의 것인지 묻자 사람들이 지빠귀 부리 왕의 것이라고 답했다. 공주는 그와 진작 결혼하지 않은 것을 후회했다. 공주는 계속 길을 가면서 아름다운 초원과 커다란 도시를 만났는데 모두가 지빠귀 부리 왕의 것이었다. 공주의 후회는 점점 커졌다.

공주를 작은 오두막으로 데리고 간 떠돌이 악사는 거기서 함께 지내면서 아내에게 집안일을 맡겼다. 그리고 생계를 위해 버드나무 가지로 바구니를 짜게 했다. 공주의 손은 상처투성이가 됐다. 악사는 다시 실을 잣게 했고, 시장에 나가 옹기그릇을 팔게 했다. 공주는 시장에 나가 앉는 것이 창피했지만 먹고살기 위해서는 어쩔 수 없었다.

어느 날 공주가 힘들게 장만한 새 그릇들을 벌려놓았는데 술 취한 군인 하나가 말을 타고 뛰어들어서 박살내버렸다. 그 말을 들은 남편은 울음을 터뜨리는 아내를 책망하고는 그녀를 궁궐의 부엌데기로 들여보냈다. 아내는 거기서 궂은일을 한 뒤 남은 음식을 옷 속에 챙겨 와서 먹고 살았다.

그러던 중 왕의 맏아들이 결혼하는 날이 다가왔다. 화려하게 입은 사람들이 모여드는 모습을 넘겨다보면서 공주는 과거의 오만방자한 삶을 뼈저리게 후회했다. 그가 막 음식들을 옷 안에 챙겨넣을 때, 갑자기 왕자가 나타나더니 손을 잡고 춤을 추려고 했다. 전에 자기에게 망신을 당했던 지빠귀 부리 왕이었다. 그가 여자를 끌고 연회장에 들어가는 순간 여자의 옷 속에서 음식이 쏟아져 사방으로 튀었다. 여자가 너무나 창피해서 달아나려고 할 때 한 남자가 그녀를 붙들고 데려갔다. 이번에도 지빠귀 부리 왕이었다.

지빠귀 부리 왕은 여자를 향해서 다정하게 말했다. "겁내지 말아요. 떠돌이 악사와 술 취한 군인은 바로 나였답니다. 내가 당신을 위해 변장한 거였어요. 당신의 오만한 마음을 꺾고 교만한 행동을 벌하기 위해서였지요." 그러자 여자가 쓰라린 눈물을 흘리며 말했다. "저는 정말 못된 짓을 했어요. 당신의 아내가 될 자격이 없습니다." "그만 진정해요. 나쁜 세월은 지나갔어요. 이제 우리의 결혼을 축하합시다."

시녀들이 여자에게 예복을 입혀주었고, 신부의 아버지를 비롯한 많은 사람들이 와서 축복해주었다. 더할 나위 없는 기쁜 날의 시작이었다. 우리도 거기 같이 있었다면 얼마나 좋았을까.

내용을 보면 한 남자가 교묘한 술수로 여자의 콧대를 꺾는 이야기로 느껴지기도 해요. '말괄량이 길들이기'라고나 할까요. 하지만 이야기 속 젊은 왕의 행동을 악의적인 계략이나 술수로 보고 싶지는 않습니다. 그는 한 명의 훌륭한 치료사라고 할 수 있어요. 치료 대상은 유아적이고 자기중심적인 오만과 독단이지요. 모든 것을 누리며 부족함 없이 자라는 가운데 몸에 밴 깊은 병 말이에요.

이야기에서 부모는 딸의 잘못된 태도를 고치기를 포기한 것처럼 보입니다. 짜증을 내면서 잔소리를 하는데 전혀 통하지 않아요. 부모 대신 그 일을 하겠다고 나선 사람은 '남자'였습니다. 여자가 오만으로 가득 찬 태도를 보이지만 그녀 내면에 본연의 가치와 가능성이 있음을 알아보고 발 벗고 나섰겠지요. 이야기는 이를 '아름다운 공주'라는 말로 함축해서 나타냅니다. 남을 낮춰보고 깎아내리는 오만방자함만 아니었으면 더할 나위 없는 여성이었을 거예요. 남자의 일련의 행위는 사랑의 이름으로 행해진 치료라 할 수 있습니다.

지빠귀 부리 왕의 사람 바꾸기 작업은 체계적이고 치밀하게 이뤄집니다. 먼저 그가 공주의 마음보다 '몸'을 공략한다는 점을 주목할 만합니다. 그는 공주로 하여금 산속 오두막에서 험한 집안일을 하게 하고, 창피함을 무릅쓰고 밖에 나가 돈을 벌게 합니다. 이 과정을 통해 공주는 그동안 자기가 깔보던 세상일이 얼마나 힘든지, 자기가 얼마나 오만하고 무모했는지를 온몸으로 느낍니다. 이 일은 한두 번이 아닌 매일의 일상에서 장기간에 걸쳐 이뤄지지요. 공주의 오만이 오랜 세월에 걸쳐 몸에 밴 것이라 바꾸는 데도 오랜 시간이 필요했던 겁니다. 그렇게 오랜 시간에 걸친 과정은 자연스레 마음의 변화도 가져와, 과거의 삶을 뼈저리게 후회하는 태도로 이어집니다.

남자가 공주로 하여금 그동안 자신이 남에게 어떤 일을 했는지를 스스로 경험하게 한다는 점도 눈길을 끕니다. 공주는 아무 생각 없이 남을 조롱해서 모욕을 주곤 했지요. 멀쩡한 왕을 '지빠귀 부리'로 만든 일이 대표적입니다. 이에 대한 남자의 처방은 공주가 이러한 창피와 모욕을 직접 느껴보게 한 것입니다. 사람들 앞에서 옹기를 팔게 하고 연회장에서 옷 속에 감췄던 음식을 떨어뜨리게 한 일이지요. 이는 그동안 그녀가 저지른 잘못에 대한 처벌인 동시에 죄를 씻는 과정이라고 할 수 있습니다.

이 모든 과정은 냉정한 밀치기를 통한 변혁의 과정으로서 의의를 지닙니다. 남자의 밀치기는 사실 '따뜻한 것'이었다고 할 수 있지요. 지빠귀 부리 왕은 자신을 모욕한 공주에게 복수를 하는 대신 그를 다른 사람으로 만들어서 포용하려 합니다. 공주의 본래 모습을 알고 변화될 가능성을 본 것이겠지만, 거기에는 왕의 자기확신도 있었을 것입니다. 믿음의 대가로 좋은 결과를 얻을 수 있었으니 그의 밀치기는 홀륭한 감싸기였다고 할 수 있습니다. 고도의 '밀당'이라고나 할까요?

모든 과정이 높은 자리에서 상대방을 짓누르는 방식이 아니라 함께 움직이는 방식으로 진행되는 점을 특별히 유의할 만합니다. 지빠귀 부리 왕은 공주에 앞서서 스스로 비루한 떠돌이 악사가 되어 구걸을 하고, 작은 오두막에서 공주와 함께 살면서 구차하고 험한 생활을 감수합니다. 상대방의 삶을 바꾸기 위해 스스로 가장 비루한 삶을 택한 것이지요. 이 정도면 왕이 될 만하지 않나요?

연회장에서 왕이 그동안의 일을 고백하면서 손을 내밀 때 공주는 화를 내면서 덤비는 대신 스스로의 잘못을 후회하며 남자의 손을 잡습니다. 남자의 진심이 오롯이 전해졌기 때문일 겁니다. 그렇게 손을 맞잡고 온 세상의 축복 속에 서로의 눈을 바라보는 두 사람. 그 모습은 얼마나 아름답고 행복한지요! 그림형제의 말마따나 우리도 거기 같이 있었다면 얼마나 좋았을까 상상해봅니다.

이런 해석에도 불구하고, 이 이야기에서 남자가 나서서 여자를 바꾸는 전개가 마음에 안 드신 분들이 있을 겁니다. 이제 반대의 경우를 소개합니다. 여자가 자기 방식으로 관계의 프레임을 만들어나가는 이야기예요. 이탈리아 민담 〈현명한 카테리나〉입니다.[6]

옛날 팔레르모에 거상이 있었다. 그에게는 딸이 있었는데 어려서부터 집안의 모든 일을 꿰뚫을 만큼 똑똑해서 현명한 카테리나로 불렸다. 커가면서 모든 언어를 배우고 책을 읽었는데 그보다 나은 사람은 없었다.

세월이 검증하는 '밀당'의 모든 것

카테리나가 열여섯 살이 됐을 때 어머니가 세상을 떠났다. 슬픔에 빠진 소녀는 방 안에 틀어박혀서 나오지 않았다. 상인이 현자를 불러서 그 일을 말하자 현자는 대규모 기숙사 학교를 만들어서 딸로 하여금 학생들을 가르치게 하라고 했다. 학교를 가질 수 있다는 말에 카테리나는 마음을 바꾸었다.

카테리나는 멋진 학교를 꾸린 뒤 '카테리나에게 수업 받기를 원하는 사람에게 학비는 무료'라는 현판을 내걸었다. 수많은 아이들이 공부를 하러 왔고, 카테리나는 그들을 차별없이 나란히 앉혔다. 석탄공이라고 해도 먼저 왔으면 공주보다 우선이었다. 카테리나는 모두를 평등하게 가르쳤으며, 수업을 제대로 듣지 않는 학생한테는 매를 들었다.

학교의 명성이 궁궐까지 알려지자 왕자가 학교에 입학했다. 카테리나는 좋은 옷을 차려입고 온 왕자를 빈 자리에 앉혔다. 왕자가 질문에 대답하지 못하자 카테리나는 얼얼하게 회초리질을 했다. 화가 난 왕자는 궁궐로 돌아온 뒤 왕에게 카테리나를 아내로 맞게 해달라고 했다. 아버지를 통해 그 말을 전해들은 카테리나는 제안을 받아들였다. 둘은 성대하게 결혼식을 올렸다.

결혼식을 마치고 밤이 되자 왕자는 주변 사람을 물리친 뒤 아내에게 말했다. "나를 때렸던 것 기억하오? 이제 뉘우치시는지?" 그러자 카테리나가 말했다. "뉘우치다니요? 원하면 한 대 더 때려드리지요." 여자가 그렇게 나오자 왕자는 자기가 어떤 사람인지 보여주겠다며 깊은 구덩이에 가둘 태세를 하고 아내에게 뉘우치라고 위협했다. "구덩이 속이 시원하겠는데요." 그러자 왕자는 약간의 먹을 것과 함께 카테리나를 구덩이 속에 집어넣었다. 하룻밤이 지난 뒤 왕자가 기분이 어떠냐고 묻자 카테리나가 말했다. "당신을 때려줘야겠다고 생각하고 있어요." 그래서 그녀는 계속 구덩이에 갇히게 됐다.

굶주린 카테리나는 코르셋 고리로 벽을 파낸 끝에 밖으로 통하는 구멍을 냈다. 그는 아는 사람을 시켜서 아버지를 부른 다음 그 구덩이와 자기 집을 연결하는 지하통로를 만들어달라고 청했다. 왕자와 카테리나가 기싸움을 하는 동안 지하통로가 완성됐고 카테리나는 집을 오가며 생활했다.

얼마 뒤 왕자는 나폴리로 떠나게 됐다. 왕자가 카테리나에게 와서 그 사실을 말하면서 할 말이 없느냐고 묻자 카테리나는 잘됐다면서 잘 놀다 오라고 했다. 화가 난 왕자는 구덩이를 덮고 자리를 떴다. 카테리나는 비밀통로로 집에 온 뒤 필요한 걸 갖추고 길을 떠나 왕자보다 먼저 나폴리에 도착했다. 나폴리에 도착해서 카테리나를 발견한 왕자는 자기가 좋아하는 여자랑 닮았다면서 청혼했고 여자는 이를 받아들였다. 아홉 달 뒤에 아들이 태어났고, 둘은 이름을 '나폴리'라고 지었다.

2년 뒤 제노바로 떠나게 된 왕자는 아내와 아들에게 증서를 써준 뒤 홀로 길을 나섰다. 카테리나는 다시 모든 걸 준비해서 그보다 먼저 제노바에 도착했다. 카테리나를 닮은 여자를 발견한 왕자는 다시 그녀에게 청혼했다. 두 사람은 아홉 달 뒤에 아들을 낳았고 이름을 '제노바'로 지었다. 2년이 지나자 다시 떠나고 싶어진 왕자는 증서를 써준 뒤 베네치아로 향했다. 이번에도 카테리나가 먼저 도착했고, 둘은 다시 결혼해서 아들을 낳았다. 아이의 이름은 '베네치아'였다.

세월이 검증하는 '밀당'의 모든 것

2년 뒤 왕자는 증서를 남기고 그곳을 떠나 팔레르모로 왔다. 카테리나가 먼저 돌아와 구덩이 속에 들어가 있으니까 왕자가 와서 자기를 때린 일을 뉘우치느냐고 물었다. "당신을 더 때려주겠다고 생각했어요." 왕자가 화를 내면서 말했다. "당신이 안 뉘우치면 다른 여자랑 결혼하겠소. 뉘우친다고 하면 당신을 다시 아내로 맞지!" 하지만 카테리나의 대답은 명확했다. "싫어요."

왕자는 아내가 죽었다면서 재혼을 선언했다. 그는 다른 나라 왕들에게 구혼한 끝에 영국 공주를 아내로 맞게 됐다. 그들이 결혼식을 앞두고 있을 때 카테리나는 왕자비 격식을 갖추고 세 아들에게 옷을 갖춰 입힌 뒤 왕궁으로 향했다. 세 아들이 달려가서 아버지 손에 입을 맞추자 왕자는 카테리나의 승리를 선언할 수밖에 없었다. "당신에게 한방 먹었군." 왕자는 아이들을 안았고, 영국 공주는 그냥 돌아가야 했다.

카테리나는 남편에게 자기와 똑같이 닮은 여자들에 대해서 설명했고 왕자는 끝없이 용서를 구했다. 그래서 그들은 행복하게 잘 살았다는데, 우리에게는 먹을 것이 하나도 없다.

내용이 좀 길어졌네요. 원래 긴 이야기예요. 원전에는 왕자가 아내를 닮은 여자에게 속아넘어가는 과정이 생생하게 나와 있지요. 뛰어봤자 부처님 손바닥 안이라고 했던가요? 왕자가 아무리 잘난 척 수를 써봐도 아내의 손바닥을 벗어나지 못합니다. 결정적인 순간에 왕자들을 안겨 끝내 항복을 받아내는 장면까지, 카테리나의 행보는 정말로 놀랍습니다. 계산해보면 10년이 넘는 시간이잖아요? 왕자는 평생을 가도 아내를 이길 수 없다는 사실을 인정할 수밖에 없었을 겁니다. 그동안 내내 그녀가 마음속에 있었고 또 함께 살았던 것이니 잠시도 벗어나지 못한 셈이지요.

어떻게 보면 여자가 괜한 고집을 부린다고 생각할 수도 있습니다. 한번 져주면 될 텐데 왜 저렇게까지 하느냐고 말할 수 있지요. 왜 그러냐면, 왕자의 행동이 옳지 않기 때문입니다. 당당히 자기 할 일을 한 데 대해서 거짓 반성을 할 수는 없었지요. 잘못도 없이 위세에 눌려서 꺾이면 정상적인 관계가 될 수 없습니다. 학생들을 가르칠 때부터 평등을 기본 가치로 추구했던, 씩씩하고 진보적인 아내로서는 받아들일 수 없는 일이었지요. 결국 왕자에게 "내가 졌다"라는 말을 받아내는 일은 "내가 이겼지!" 하고 과시하기 위해서가 아닙니다. 인간 대 인간으로서 동등한 관계를 맺기 위한 투쟁이었다고 보는 게 옳습니다. (참고로 이 이야기는 왕족과 부르조아의 대결을 연상시키기도 합니다. 대결에서 부르조아가 보기 좋게 승리하지요. 역사의 발전이라는 측면에서 볼 때, 진보적이고 근대적인 세계관을 담은 이야기라 할 수 있습니다.)

왜 굳이 저런 남자를 짝으로 선택해서 고생하냐고 할 수도 있겠습니다. 아내를 구덩이에 가두고 다른 여자를 찾는 남자라면 한방 먹이고 헤어지는 게 맞지 않냐고요. 그 말도 맞지만, 이건 '이야기'입니다. 상상력을 조금 보태서 변호하자면, 두 사람은 처음부터 서로가 마음에 들었던 게 아닐까 싶어요. 그러니 왕자도 그녀와 결혼하려 하고, 카테리나도 이를 받아들였겠지요. 나폴리와 제노바, 베네치아로 옮겨

가면서도 계속 인연이 이어져서 자식까지 낳는 걸 봐도 둘의 특별한 관계를 짐작할 수 있습니다. 다만 문제가 된 것은 남자 입장에서는 여자의 '센 기'를 꺾고자 하는 고집이었고, 여자 입장에서는 남자의 허세를 꺾어야 한다는 과제였지요. 둘 가운데 정당한 것은 후자였고, 그 뜻이 관철되면서 이야기는 해피 엔딩이 됩니다.

길고 힘든 싸움이었지만, 하나의 '즐거운 도전'이었다고도 생각할 수 있습니다. 사방팔방 자유롭게 다니면서 바보 같은 남자가 자기를 보고 희희낙락할 때 여자는 얼마나 재미있었을까요? 카테리나는 훌륭한 교사였잖아요? 버릇없는 학생을 바른 길로 계도하는 즐거움을 한껏 누렸을지도 모릅니다.

인문학을 공부하는 연구자로서 세상이 사람을 바꾸는 것이 아니라 사람이 세상을 바꾼다고 말하곤 합니다. 한 사람이 바뀌면 그만큼 세상이 바뀐다고요. 이는 문학치료학의 기본 철학이기도 합니다. 이 작은 변혁의 이야기들이 전해주는 감동은 작지 않습니다. "역시 세상은 살 만한 곳이야!" 하는 느낌, 저만의 것은 아니겠지요?

행복한 사랑을 이어가기 위한
어렵고도 쉬운 답

사랑이란 성취하는 것보다 유지하는 것이 더 어렵습니다. "오래오래 행복하게 살았다"라는 말, 절대 가볍지 않아요. 수많은 걸림돌과 함정이 도사리고 있지요. 세상의 수많은 커플 가운데 '행복한 지속'을 이어가는 경우는 소수일지도 모릅니다.

문학치료학은 부부 관계, 곧 부부 서사의 기본 과제를 '지속'으로 봅니다. 물론 이건 '헤어지지 않고 버틴다'는 차원이 아닙니다. 서로에게 가치 있고 행복한 관계를 멈추지 않고 지속하는 일을 뜻합니다. '성숙'과 '확장'이라는 의미를 포함하고 있지요.

함께 살다 보면 맞이하는 크고 작은 위기를 보란 듯이 극복하고, 행복한 지속을 성취하는 특별한 방법은 무엇일까요? 어렵다면 어렵고

세월이 검증하는 '밀당'의 모든 것

쉽다면 쉬운 그 일에 특별한 답을 전해주는 이야기 두 편을 만나봅니다. 먼저 볼 이야기는 체코 민담 〈현명한 아내 만카〉입니다.[7]

옛날에 돈은 많지만 파렴치한 농부가 있었다. 그는 억지 거래로 가난한 사람들을 괴롭혔다. 이웃에 살던 양치기가 노동의 대가로 암소를 받게 돼 있었는데 막상 때가 되자 농부는 못 준다며 잡아뗐다. 양치기는 시장을 찾아가서 그 일을 해결해달라고 했다. 시장은 두 사람에게 세 개의 수수께끼를 주면서 훌륭한 대답을 한 사람에게 암소를 주겠다고 했다. 수수께끼는 이랬다. "세상에서 제일 빠른 것은? 제일 단 것은? 제일 부유한 것은?"

농부가 집에 와서 시장이 자기 편을 안 들었다며 씩씩대자 아내가 걱정 말라며 답을 알려주었다. 축 처져서 돌아온 양치기에게는 딸 만카가 답을 말해주었다. 다음 날 시장 앞에 선 두 사람은 차례로 답을 말했다. 먼저 농부가 나섰다. "세상에서 제일 빠른 것은 우리 집 말입니다. 비호 같지요. 제일 단 것은 우리 집 꿀입니다. 제일 부유한 것은 금화가 가득 든 금고지요." 이번에는 양치기가 말했다. "제일 빠른 것은 생각입니다. 눈 깜짝할 사이에 어디든 가지요. 제일 단 것은 잠입니다. 지쳤을 때 잠만큼 단 것이 없어요. 제일 부유한 것은 땅입니다. 모든 것이 땅에서 나오니까요."

답은 들은 시장은 암소가 양치기 것이라고 판결했다. 양치기를 불러서 답을 말해준 사람을 알아낸 시장은 그를 시험하고자 했다. 시장은 양치기에게 달걀 열 개를 주면서 딸을 시켜서 다음 날까지 병아리로 부화시키라고 했다. 그 말을 전해들은 만카는 아버지에게 기장 한줌을 가지고 가게 했다. "딸이 말하길 이 씨앗을 심어서 내일까지 수확하면 병아리 열 마리를 가져와서 그 낟알을 먹이겠다고 합니다." 그러자 시장은 껄껄 웃으면서 말했다. "정말 지혜롭군요. 당신 딸과 결혼하고 싶습니다. 나에게 오라고 해주세요. 다만 밤도 아니고 낮도 아닌 때에, 옷을 입지도 안 입지도 않은 채로, 무엇을 탄 것도 걷는 것도 아닌 상태로 와야 합니다."

그 말을 전해 들은 만카는 다음 날 새벽 해가 뜨기 전에 고기 잡는 어망으로 몸을 감싼 다음 한 다리는 염소에 걸치고 한 다리는 땅을 디디고서 시장에게 갔다. 조건을 다 충족했음을 깨달은 시장은 그녀에게 청혼했고, 얼마 뒤 두 사람은 결혼했다. 결혼할 때 시장은 한 가지 단서를 내걸었다. "당신이 현명하다고 해서 내 일에 참견하면 안 되오. 괜스레 일에 끼어들면 집으로 돌려보낼 겁니다."

만카는 남편 일에 개입하지 않으려고 조심했고, 평화로운 날이 이어졌다. 그러던 어느 날 두 농부가 싸움이 붙어서 시장을 찾아왔다. 한 농부가 구입한 노새의 새끼가 다른 사람의 마차 아래로 들어가자 마차 주인이 자기 거라고 우긴 것이다. 잠시 다른 생각을 하던 시장은 얼결에 노새 새끼를 발견한 마차 주인이 임자라고 판결했다. 농부가 길에서 만난 만카에게 억울함을 호소하자 만카는 살짝 해결책을 알려줬다. 농부는 길바닥에 그물을 펼쳐놓고는 무슨 일이냐고 묻는 시장에게 물고기를 잡는 중이라고 했다. 시장이 미쳤냐고 하자 마차가 새끼를 낳는 것과 무슨 차이가 있냐고 항변했다. 시장은 잘못을 인정하고 노새 새끼를 찾아줄 수밖에 없었다.

시장은 농부에게 누가 방법을 알려줬는지 캐물었다. 아내가 한 일임을 알아낸 시장은 집으로 돌아와서 말했다. "내 일에 개입하지 말라고 분명히 말했지요? 변명은 필요없소. 친정으로 돌아가시오. 내가 너무 심했다는 말은 듣고 싶지 않으니 이 집에서 가장 좋아하는 걸 딱 하나 가져가도 좋소." 그러자 만카가 말했다. "알겠어요. 어쩔 수 없지요. 그래도 마지막으로 함께 저녁식사를 한 뒤 좋게 헤어지게 해주세요."

시장이 허락하자 만카는 남편이 좋아하는 음식을 정성껏 만든 뒤 좋은 포도주를 준비했다. 만찬을 즐긴 시장이 술에 취해 잠들자 만카는 준비했던 마차에 남편을 태우고 친정으로 왔다. 다음 날 아침, 양치기 집에서 눈을 뜬 시장은 어떻게 된 일이냐고 물었다. "무슨 일은요. 저에게 집에서 제일 좋아하는 걸 하나 가져가라고 했잖아요. 그게 당신이라서 데려왔어요."

남편은 잠시 눈을 부빈 뒤 너털웃음을 터뜨리고 말했다. "만카. 당신에게는 못 당하겠구려. 내가 졌소. 함께 집으로 돌아갑시다." 만카를 데리고 돌아간 뒤에 시장은 어려운 문제가 생길 때마다 이렇게 말했다고 한다. "이 문제는 아내에게 물어보는 게 좋겠어요. 내 아내가 현명한 사람이라는 것, 다들 잘 알지요?"

만카가 정말 현명하지 않나요? 요즘 말로 '매력 터지는' 사람이에요. 제 마음을 확 사로잡은 저 여인은 사실 꽤나 유명인사입니다. 유럽 전역에 비슷한 이야기가 전해오고 있지요. 대충 확인한 것만 해도 유고와 러시아, 터키, 이탈리아, 그리고 독일에 거의 같은 이야기가 있어요. 그림형제 민담집에는 〈농부의 영리한 딸〉(Die kluge Bauerntochter; KHM 94)이라는 제목으로 실려 있지요. 이야기 끝에 남자가 아내와 '다시 결혼식을 올렸다'고 하는 점이 인상적입니다. 비로소 진짜 부부가 됐다는 뜻이겠지요. 이 이야기 대신 체코 민담을 소개한 것은 내용이 잘 짜여져 있다는 사실 외에 '만카'라는 멋진 이름이 마음에 들어서입니다. 상대방이 왕이 아니라 젊은 시장이라는 점도 그럴싸했고요.

이 이야기는 따로 긴 설명이 필요없을 것 같습니다. 현명한 여성이 관계가 단절될 위기를 극복한 과정이 보는 그대로입니다. "누가 뭐래도 세상에서 제일 소중한 건 당신이에요!"라는 믿음으로 자기를 감싸주는 사람에게 어떻게 감동하지 않을까요. 따지고 보면 그가 아니라 자기가 잘못한 상황인데도요.

이런 남자를 왜 여자가 굳이 붙잡는지 모르겠다 할 수도 있겠지만, 사람 관계라는 게 이렇게 함께 성숙해가는 것이라고 생각해봅니다. 남자가 그 후로 아내를 전보다 더 존중하면서 사람들 앞에서 자랑을 했다잖아요. 하찮은 양치기의 딸 출신인데도 말이에요. 두 사람은 조건의 차이를 다 떨쳐내고 인간 대 인간으로 서로 사랑하고 존중하는 사이가 됐으니 행복한 지속은 당연한 결과라 할 수 있습니다.

소개하고 싶은 이야기가 참 많지만 하나만 더 보겠습니다. 남녀 관계의 위기와 극복을 다룬 이야기인데, 〈현명한 카테리나〉나 〈현명한 아내 만카〉보다 상황이 더 어려웠지요. 강력한 저주에 사로잡혀 있었

세월이 검증하는 '밀당'의 모든 것

거든요. 이들은 어떻게 상황을 극복하는지, 〈연못 속의 요정 닉세〉(Die Nixe im Teich; KHM 181) 속으로 들어가봅니다.

옛날 한 방앗간 주인 부부가 행복하게 잘 살았는데 재산이 점점 줄어서 방앗간을 날릴 지경이 되었다. 남자가 걱정에 빠져서 들을 서성일 때 연못에서 무슨 소리가 나더니 아름다운 여인이 떠올랐다. 하얀 몸에 긴 머리카락을 지닌 물의 요정 닉세였다. 닉세는 몸이 굳은 남자에게 왜 그렇게 슬픈 얼굴을 하고 있냐고 묻고는 이렇게 말했다. "걱정 말아요. 당신을 전보다 더 잘살게 만들어줄게요. 그 대신 당신 집에서 태어난 것을 주겠다고 약속하세요." 그게 개나 고양이일 거라고 생각한 남자는 제안을 받아들였다. 그가 즐거운 마음으로 집에 왔을 때 하녀가 뛰어나오면서 말했다. "마님이 방금 사내아이를 낳았어요." 남자는 교활한 요정에게 속았음을 깨달았지만 이미 늦은 뒤였다.

그 뒤로 남자는 하는 일마다 잘돼서 큰 부자가 되었다. 하지만 마음속에는 닉세와 한 약속이 가시처럼 걸려 있었다. 그는 연못 근처를 피했고, 아들에게도 물 가까이 가지 못하게 했다. "조심해라. 물을 건드리면 손이 쑥 나와서 너를 끌고 들어갈 거야." 아들은 아버지 말을 따랐고 문제 없이 여러 해가 흘러갔다. 훌륭한 청년으로 성장한 아들은 마을에 사는 예쁘고 충실한 소녀와 결혼했다. 두 사람은 서로 사랑하면서 평화롭고 행복하게 살았다.

그러던 어느 날 청년은 사냥을 나가서 사슴을 잡은 뒤 무심코 피를 씻으려고 물가로 갔다. 그가 손을 담그는 순간 닉세가 떠올라서 그를 잡아당겼다. 청년은 물속으로 사라지고 말았다. 남편이 안 오자 걱정이 돼서 연못가로 나간 아내는 남편의 가방을 발견했다. 울면서 남편의 이름을 부르고 연못을 향해 아우성쳤지만 소용없었다.

불쌍한 여인은 연못을 떠나지 않았다. 연못을 맴돌면서 소리를 지르고 흐느껴 울었다. 그러다 기진맥진해 쓰러진 여인은 꿈을 꾸었다. 가시덤불과 빗줄기를 헤치며 절벽을 기어오르자 파란 하늘과 아름다운 초원이 나타났다. 초원의 집에 있던 하얀 할머니가 그를 향해 손짓을 했다. 꿈에서 깬 여인은 그 산을 찾아내서 기어오르기 시작했다. 그녀가 꿈에서 본 집을 찾아가자 할머니가 맞이했다. 할머니는 슬피 우는 여인에게 황금 빗을 주면서 보름날 밤에 연못가에서 머리를 빗으라고 했다.

여인이 할머니 말대로 연못가에서 머리를 빗고 있으니까 갑자기 파도가 솟구치면서 빗을 가져갔다. 그때 연못에서 남편의 머리가 나타나 슬픈 눈으로 아내를 바라봤다. 하지만 새로운 파도가 솟구쳐서 남편을 휘감았다. 여인이 다시 초원의 집을 찾아가자 할머니는 황금 피리를 주면서 연못가에서 불라고 했다. 아내가 피리를 불자 다시 파도가 솟구쳐 빼앗아갔다. 남편 몸이 절반만큼 나타났으나 금방 파도에 휩싸였다. 불행한 여인은 다시 할머니를 찾아갔고, 황금 물레를 받아와서 연못가에서 물레질을 했다. 전보다 큰 파도가 밀려와 물레를 앗아갔고 남편의 몸 전체가 솟구쳤다. 그는 물가로 뛰어나와 아내의 손을 잡고 도망치기 시작했다. 하지만 연못의 물이 한꺼번에 몰려와서 그들을 잡아챘다.

죽음에 직면한 여인은 할머니를 부르며 도와달라고 소리쳤다. 그 순간 두 사람의 몸이 변해서 아내는 두꺼비가 되고 남편은 개구리가 되었다.

물살에 휩쓸린 두 사람은 서로 멀리 떨어진 곳으로 떠내려갔다. 물이 빠진 뒤 다시 사람으로 돌아왔지만 둘은 상대방의 행방을 찾을 수 없었다. 전에 살던 곳이 어딘지도 알 수 없었다. 높은 산과 골짜기를 사이에 둔 채 두 사람은 먹고살기 위해 각각 양 떼를 지켜야 했다. 그렇게 여러 해가 흘렀다.

그러던 어느 해, 얼었던 땅에 봄이 찾아온 어느 날 양 떼를 몰고 나간 두 사람은 골짜기를 사이에 두고 마주하게 됐다. 골짜기 아래로 내려가서 만난 두 사람은 서로를 알아보지 못했다. 다만 함께할 사람을 만난 일을 반가워하면서 양 떼를 몰았다.

어느 보름날 밤, 남자가 피리를 꺼내서 아름다운 곡을 연주하자 여자가 슬피 울었다. "제가 마지막으로 이 곡을 연주한 날에도 보름달이 떠 있었지요. 피리 소리를 듣고 남편이 물에서 솟아올랐었어요." 여인을 바라보는 남자의 눈에서 장막이 걷혔다. 여인 또한 남편을 알아보았다. 그들은 얼싸안고서 입을 맞추었다. 그들이 얼마나 행복했는지 물어볼 필요도 없다.

보름달 아래서 서로를 알아본 순간 두 사람은 정말로 얼마나 행복했을까요! 이 장면을 볼 때 딱 떠오르는 작품이 있습니다. 한국 고전소설 〈최척전〉이에요. 최척과 옥영 부부가 이역만리 바닷가에서 음악을 매개로 이와 같은 기적적인 상봉을 하지요. 늘 서로를 향해 마음이 열려 있던 두 사람의 재회는 하나의 필연이었습니다. 여기 두 사람 또한 마찬가지입니다. 몇 년간 서로 그리워하면서 마음으로 찾아헤맨 끝에 이루어진 만남이니 우연이 아닙니다.

이야기에서 남자가 물속에 빠져 실종된 일은 '태생적 저주'와 같습니다. 동양식으로 말하면 사주팔자라고나 할까요? 하지만 잔인한 운명의 파고(波高)도 둘을 완전히 갈라놓지는 못합니다. 건너지 못할 파도는 없다고 하면 될까요? 서로를 향한 지극한 사랑의 힘이, 끝까지 포기하지 않는 치열한 노력의 힘이 어느 순간 가혹한 저주의 힘을 넘어선 것이지요. 행복한 지속을 위한 어렵고도 쉬운, 멀고도 가까운 비법이라고 할 만합니다.

두 사람 중에도 특히 아내가 참 대단한 것 같습니다. 둘이 최악의 상황을 이겨내고 다시 만나서 행복을 되찾을 수 있었던 것은 90퍼센트 이상 그녀의 힘이었지요. 이야기는 아내에 대해 '공주'나 '영주의 딸'이라고 하지 않고 따로 이름을 말하지도 않습니다. 그냥 '마을에 사는 예쁘고 충실한 소녀(In dem Dorf war ein schönes und treues Mädchen; KHM B.2, p.334)'라고 표현하지요. 하지만 그는 정말 훌륭한 사람입니다. 그는 세상 누구라도 진실한 사랑의 열정과 노력을 통해 관계의 위기를 극복하고 영원한 행복을 얻을 수 있다고 말해줍니다.

만약 두 사람이 다시 만나지 못했다면 모든 일은 헛수고 아니냐고 할지 모르지만, 제 생각은 다릅니다. 두 사람을 물리적으로는 끝까지 갈라놓을 수 있을지 몰라도 마음은 갈라놓지 못했을 거예요. 닉세가 아니라 하느님이라 해도요. 그들의 사랑은 죽음을 넘어서까지 이어졌을 것입니다.

Part 4

세상과의 대면

이야기로 투시하는
냉혹한 현실

Chapter 10

옛이야기가 보여주는
소름 돋는 일상 정치학

함정과 모험으로 가득한
세상을 산다는 것

예전에 봤던 웹툰 제목이 생각납니다. '타인은 지옥이다.' 인기를 얻으면서 텔레비전 드라마로도 제작된 작품이지요. 말을 조금 바꾸어보면 '세상은 지옥이다'가 될 수도 있겠어요. 때로는 타인이 아닌 가족이나 친구가 지옥이 되기도 하니까요. 지나치게 부정적이라고 생각되지만, 이것이 세상의 진실임을 부인할 수 없습니다. 온갖 함정과 폭력이 도사리고 있는 게 세상이니까요. 어디에 어떻게 숨어 있는지 알 수 없어서, 또는 속내를 감쪽같이 숨긴 채 웃는 모습으로 다가와서 더 무서운 세상입니다.

옛이야기는 즐거운 상상의 언어이지만, 한편으론 매우 현실적입니다. 세상의 여러 이면을 가차없이 드러내지요. 《그림형제 민담집》에도

옛이야기가 보여주는 소름 돋는 일상 정치학

이런 이야기가 무척 많습니다. 민담집의 첫번째 이야기인 〈개구리 왕자〉가 엉뚱발랄한 이야기인 데 비해 두 번째 이야기는 정반대입니다. 놀랍도록 현실적이에요. 제목은 〈함께 살게 된 고양이와 쥐〉인데, 세상의 어두운 면을 정확하게 투시합니다. 마치 "옛날이야기 우습게 보지 마라." 하고 말하는 것 같아요.

세상 곳곳에 도사린 함정을 담아낸 이야기로 먼저 〈수수께끼〉(Das Rätsel; KHM 22)를 만나봅니다.

옛날에 넓은 세상을 보고 싶어했던 왕자가 하인과 함께 길을 떠났다. 왕자는 커다란 숲에 들어갔다가 날이 저물어 방황하던 중 작은 집으로 들어가는 여자아이를 발견하고 하룻밤 묵고 가기를 청했다. 아이는 자기 계모가 나쁜 마법을 부리며 낯선 사람을 싫어한다고 했다. 하지만 두려움이 없었던 왕자는 개의치 않고 안으로 들어갔다. 불가에 있던 노파가 빨간 눈으로 빤히 쳐다보더니 편히 쉬라면서 친절한 척했다.

노파는 불을 피우고서 냄비에 무언가를 끓이기 시작했다. 여자아이는 손님들한테 나쁜 음료이니 먹지 말라고 슬쩍 일러주었다. 다음 날 아침에 노파가 이별주라면서 음료를 가지고 왔다. 왕자가 먼저 길을 나선 뒤라서 하인이 음료를 받았는데 그릇이 깨지면서 말에게 음료가 튀자 말이 바로 쓰러져 죽었다. 왕자에게 달려가서 그 사실을 알린 하인이 안장을 챙기려고 돌아왔더니 까마귀가 말을 파먹고 있었다. 하인은 먹을거리가 떨어질 때를 대비해서 까마귀를 잡아서 가지고 갔다.

왕자와 하인은 온종일 걸었는데도 숲을 빠져나가지 못했다. 날이 어두워져서 여관을 찾아간 두 사람은 주인에게 까마귀를 주면서 요리를 부탁했다. 그 여관은 살인자들의 소굴이었다. 열두 명의 살인자들은 나그네를 죽이고 물건을 훔칠 계획을 짰다. 여관 주인과 전날의 마녀도 합세했다. 그들은 일을 시작하기에 앞서 함께 앉아 까마귀 고기가 든 죽을 먹었는데, 순식간에 다 쓰러져 죽었다. 까마귀에게 독이 퍼져 있었기 때문이다.

살아남은 사람은 그 일에 가담하지 않았던 여관집 딸뿐이었다. 정직한 사람이었던 소녀는 두 손님에게 집 안에 쌓인 보물을 보여주면서 가져도 좋다고 했다. 왕자는 보물에 손을 대지 않고 그곳을 빠져나왔다.

앞에서도 말했지만 그림민담에서 숲은 세상이나 사회를 의미합니다. 숲은 집이나 마을과 달리 거칠고 음험한 경우가 많지요. 곳곳에 도사린 마녀와 거인 괴물, 사나운 난쟁이 등은 사람들의 생명과 재산을 위협하는 무서운 공격자에 해당합니다.

이야기 속의 왕자는 구경 삼아서 하인 한 명만 데리고 넓은 세상으로 길을 나섭니다. 두려움이 없었다고 하는데, 세상은 생각보다 훨씬 무서운 곳이었지요. 친절한 척 다가와 독이 든 음료를 건네는 노파와 자기 집에 묵으러 온 손님을 해치고 재산을 가로채려는 여관 주인까지, 사방에 적이 가득합니다. 살인자만 열두 명이었으니 두 사람이 감당할 만한 상대가 아니었지요. 만약 그들이 까마귀 죽을 먹지 않았다면 둘은 꼼짝없이 당했을 것입니다.

까마귀에 얽힌 사연은 엄중합니다. 까마귀에 밴 독은 악당과 한패

옛이야기가 보여주는 소름 돋는 일상 정치학

였던 노파가 만든 것이지요. 그것이 말을 거쳐 까마귀에게 퍼졌다가 자신들에게 되돌아갑니다. 자업자득으로 벌을 받은 셈이지요. 결과적으로는 잘된 일이지만, 세상 곳곳에 무서운 독이 이렇게 돌고 돈다는 사실을 생각하면 섬뜩합니다. 왕자와 시종은 자기도 모르는 사이에 독이 든 물건을 들고 움직이고 있었던 거예요. 자칫 악당들이 손을 쓰기도 전에 독으로 죽을 뻔했으니 아찔한 일입니다.

왕자는 여관집 딸이 보물을 보여주는데도 외면하고 빠져나왔다고 합니다. 까마귀를 통해 얻은 교훈 덕분이지 않았을까요? 그 보물에도 독이 스며 있어서 두 사람을 해칠 수 있으니까요. 요즘으로 치면 '장물 취득죄'가 되겠네요. 이야기는 여관집 딸이 정직했다고 말하지만 그 것도 모르는 일입니다. 자진해서 보물을 보여주는 아이에게 다른 꿍 꿍이가 있을 수도 있지요. 그동안 그곳에서 살면서 물든 것이 있을 테니까요.

이야기는 계속 이어집니다.

길을 나선 두 사람은 한 도시에 도착했다. 그곳에는 아름답지만 오만한 공주가 있었다. 공주는 자기가 풀 수 없는 수수께끼를 낸 남자를 남편으로 맞이하겠다고 했다. 대신 자기가 사흘 안에 수수께끼를 풀면 목을 내놔야 했다. 공주는 워낙 영민해서 어떤 수수께끼든 다 풀었다. 그렇게 아홉 사람의 목이 날아갔다.
다음 도전자는 공주의 아름다움에 눈이 먼 여행자 왕자였다. 그가 낸 수수께끼는 이러했다. "아무도 공격하지 않았는데 열두 명이 죽은 게 무엇입니까?" 공주는 수수께끼를 풀려고 안간힘을 썼지만 불가능했다. 공주는 궁리 끝에 남자의 잠꼬대에서 꼬투리를 찾으려고 하녀를 침실로 들여보냈다. 하지만 왕자 대신 하인이 누워 있다가 하녀를 쫓아냈다. 이틀을 실패한 공주는 마지막날 밤에 직접 왕자의 침실로 들어가 잠든 왕자에게 수수께끼의 답을 물었다. 왕자는 잠자는 척 답을 말해주었다. 공주가 답을 듣고 빠져나갔으나 왕자가 미리 붙잡고 있던 망토를 놔두고 갈 수밖에 없었다.

다음 날 공주는 수수께끼를 풀었다면서 판관들 앞에서 답을 말했다. 그러자 왕자는 공주가 직접 푼 것이 아니고 자기에게 와서 물어봤다면서 망토를 증거로 내밀었다. 판관은 남자의 승리를 선언하면서 망토를 수놓아서 결혼 예복으로 삼게 했다.

왕자가 도시에서 아름다운 공주가 낸 시험을 통과해 결혼하는 것은, 전형적인 민담의 전개이고 결말입니다. 숲속에서의 경험을 자산 삼아서 성공을 이룬 왕자의 행보가 자못 훌륭하지요. 하지만 저의 눈길을 끈 것은 결말보다 수수께끼를 두고 벌이는 시합이었습니다. 이 대목에서 소름 끼치는 현실이 확 다가왔지요.

그것은 목숨을 건 시합이었습니다. 공주의 목적은 지혜로운 남자와 결혼하는 것보다 자기 영리함을 과시하면서 남자의 목을 베는 데 있었지요. 벌써 아홉 명의 목을 벤 것도 그렇고, 문제가 풀리지 않자 교묘한 술수를 써서라도 시합에서 이기려는 태도에서도 알 수 있습니다. 지는 것을 죽도록 싫어하는, 어떤 수를 쓰더라도 이겨야 만족하는 사람이지요. 남들보다 똑똑하다는 이유로 자기보다 못한 사람의 목을 단칼에 베면서 누구도 넘보지 못할 자리에서 세상을 내려다보며 뽐내는 일, 무섭지 않나요?

여기서 칼로 목을 베는 행동은 심리적이면서도 사회적인 상징으로 볼 수 있습니다. 상대를 완전히 망가뜨려서 매장하는 일이지요. 소름 끼치는 것은 지금도 SNS나 유튜브에서 이런 일이 버젓이 일어난다는 사실입니다. 남보다 좀 더 똑똑하고 많이 안다는 것을 빌미로 무수한 '인격 살인'이 자행되고 있지요. 이 이야기는 한 편의 옛이야기인 동시에 '지금의 이야기'라고 할 수 있습니다.

이야기는 공주가 아름다웠다고 합니다. 공주의 미모에 이끌려서 목숨을 건 시합에 나섰던 왕자는 그 뒤로 행복하게 잘 살았을까요? 그림형제는 따로 답을 말하지 않습니다. 판관이 남자의 승리와 결혼을 선언하는 데서 이야기를 끝내지요. 공주 또는 왕자가 그 일을 받아들였는지 어쨌는지도 나와 있지 않습니다. 그 부분은 여러분이 상상해보면 좋겠습니다.

이제 그림형제 민담집의 두 번째 이야기인 〈함께 살게 된 고양이와 쥐〉(Katze und Maus in Gesellschaft; KHM 2)를 볼 시간입니다. 이 이야기의 원제목에서 눈에 들어온 단어가 있습니다. 흔히 '이익사회'로 번역되는 'Gesellschaft(게젤샤프트)'입니다. '공동사회'로 번역되는 'Gemeinschaft(게마인샤프트)'와 짝을 이루는 말이지요. 사전을 찾아보니 게젤샤프트의 뜻이 '인간이 특수한 목적을 달성하기 위하여 계약과 규칙에 따라 인위적으로 형성한 사회'네요. 이야기에서 고양이와 쥐가 속한 사회가 꼭 그랬습니다.

어떤 고양이가 쥐와 알고 지냈다. 고양이는 쥐에게 계속해서 그를 정말로 사랑하고 좋아한다면서 함께 살자고 청했다. 쥐는 그 말을 믿고서 고양이와 한 집에서 살림을 꾸리게 됐다. 고양이는 쥐에게 잘못하면 덫에 걸리니 겁 없이 아무데나 가지 말라고 말해주었고, 쥐는 충고를 새겨들었다.

그들은 겨울을 날 준비를 하기 위해 굳기름을 한 단지 샀다. 단지를 둘 곳을 놓고 고민하던 둘은 고양이의 제안대로 교회 제단 밑에 단지를 숨기기로 했다. 꼭 필요할 때가 아니면 단지에 손을 대지 않기로 약속했다. 그 말을 먼저 한 것은 고양이였다.

고양이는 얼마 지나지 않아서 굳기름이 먹고 싶어졌다. 그는 사촌 누이가 아들을 낳았는데 대부가 돼주어야 한다면서 혼자 밖으로 나온 뒤 교회로 가서 굳기름을 핥아먹었다. 겉에 낀 기름막을 핥아먹고 돌아온 고양이는 아이 이름을 어떻게 지었느냐고 묻는 쥐에게 '겉에낀막'이라고 대답했다. "그래? 그거 참 이상한 이름이네." "그게 어때서? 네 대부들이 널 '빵부스러기도둑놈'이라고 부르는 것보다 낫지!"

얼마 뒤 다시 굳기름이 먹고 싶어진 고양이는 같은 핑계를 대고 외출해서 굳기름을 절반만큼 먹어치웠다. 아이 이름은 '절반만큼'이라고 둘러댔다. 그리고 얼마 뒤에 다시 같은 핑계로 외출해서 굳기름을 깡그리다 먹어치웠다. "이번 아이 이름은 뭐야?" "깡그리다!" "이름이 '깡그리

옛이야기가 보여주는 소름 돋는 일상 정치학

다'라니, 대체 무슨 일이야!" 쥐는 고개를 흔들면서 몸을 동그랗게 말고 잠자리에 들었다.

겨울이 돼서 먹을 것이 떨어지자 쥐는 고양이를 이끌고 교회로 갔다. 굳기름을 먹을 생각에 마음이 부풀어 있었지만 단지는 텅 비어 있었다. 그제야 그간의 일을 눈치 챈 쥐가 입을 열었다. "그랬구나. 이제 알겠어. 대부 노릇을 한다고 나갔을 때 먹어치웠군. 처음에는 겉에 낀 막, 다음에 절반만큼, 그리고……." 그러자 고양이가 소리쳤다. "입 닥쳐! 한 마디 더하면 죽는다!" 하지만 다음 말이 불쌍한 쥐의 입에서 나오고 말았다. "깡그리 다!" 그 말이 나오자마자 고양이는 덥석 쥐를 붙잡아서 꿀꺽 삼켜버렸다.

여러분도 알겠지만, 세상일이란 게 다 그런 거다.

이야기 전체 내용입니다. 번역이 쉽지 않은 이야기인데 김경연 번역본¹을 바탕으로 정리했어요. 짧고 단순하고 우스운 내용이지만, 느낌이 편안하거나 유쾌하지 않습니다. 아주 씁쓸한 쪽이지요. '잔인한 도시'를 떠올리게 하는 냉정한 서사입니다.

동물 우화의 형태를 띤 이 이야기는 알레고리(allegory, 풍유) 형태로 사회를 풍자합니다. 서사의 맥락과 의미를 어렵지 않게 풀 수 있지요. 'Gesellschaft'라는 제목에 답이 이미 있습니다. 화자가 이야기 끝에 직접 나서서 설명하기도 해요. "세상일이란 다 그런 겁니다." 하고요.

여기서 말하는 세상일이란 거짓과 술수, 욕망과 약탈, 적자생존의 폭력이 횡행하는 비열하고 냉혹한 삶입니다. 처음부터 고양이가 의도

옛이야기의 힘

적으로 쥐를 속였는지는 잘 모르겠지만, 뒷일을 보면 십중팔구 그랬을 것 같습니다. 쥐는 고양이에게 속아서 속절없이 이용만 당한 채 허무하게 죽임을 당합니다. 삶을 함께하는 동반자로 여겼던 상대에게 배신을 당하니 더욱 쓰라린 일이었지요. 자기도 모르는 사이에 고양이가 혼자서 단물을 쪽쪽 빨아먹었음을 뒤늦게 깨달았을 때 쥐의 억울함과 분노는 오죽했을까요. 그럼에도 눈을 부라리며 입을 막는 적반하장이라니! "이 쬐끄만 게! 그동안 안 잡아먹고 봐준 것만 해도 감사할 일이지!" 이런 식입니다. 그 앞에서 "깡그리 다……" 한마디를 비명처럼 토하고 죽어간 쥐의 최후가 눈물겨울 따름입니다.

　옛이야기일 뿐인데 무슨 눈물이냐고요? 이 이야기가 더없이 슬픈 것은 우리의 현실을 리얼하게 반영하기 때문입니다. 고양이와 쥐의 관계는 강자와 약자의 관계와 정확히 겹칩니다. 주인과 노예, 또는 사용자와 노동자의 관계를 생각하면 쉽습니다. 사용자와 노동자는 긴밀히 연결돼서 하나의 사회를 이루고 있지요. 겉보기에 그들은 가깝고 소중한 동반자입니다. 사용자는 노동자의 어깨를 두드리면서 우리가 '운명 공동체'임을 강조하지요. 하지만 속내는 어떤가요? 일부 사용자에게 노동자란 단물을 빨아먹기 위한 수단에 가깝습니다. 힘들게 일해도 노동자에게 돌아오는 것은 턱없이 부족한 급여지요. 억울함을 못 참고 항의의 뜻을 입 밖으로 내는 순간, 감히 사용자에게 불만을 갖고 덤비는 순간 그들을 기다리는 것은 가혹한 폭력이고 죽음입니다. 그렇게 죽어간 사람들이 얼마나 많은지…… 생각하면 정말 눈물 나는 일 아닌가요?

옛이야기가 보여주는 소름 돋는 일상 정치학

과연 사용자와 노동자뿐일까요? 돈과 권력을 가진 자와 못 가진 자의 관계도 그렇습니다. 학벌이나 인맥, 정보를 가진 자와 못 가진 자도요. 이것은 국제관계에도 적용될 수 있습니다. 강대국과 약소국의 관계가 꼭 이와 같지요. 겉으로는 '좋은 동반자'를 말하지만 진짜 속셈은 따로 있어요. 우리를 둘러싼 강대국들이 꼭 그렇습니다.

그럼 약자는 강자한테 잡아먹힐 수밖에 없느냐면, 꼭 그렇지는 않습니다. 뒤에서 보겠지만, 약자가 강자를 이긴 이야기도 많이 있지요. 이 이야기가 전하는 메시지도 약자는 강자에게 당하기 마련이라는 것이 아니라고 봅니다. 세상이 이런 식이니 정신을 똑바로 차리고 살아야 한다는 뜻 아닐까요? 함께할 상대를 잘 고르고 계약 사항을 꼼꼼히 챙기면서 말이지요. 스스로 자신을 지키지 못할 때 남이 그를 지켜주기는 어려운 법이니까요.

진보와 보수는
어떻게 어울릴 수 있을까

여기 함께 숲길을 가게 된 두 사람이 있습니다. 한 명은 구두장이이고 한 명은 재봉사예요. 서로 성격이 다른 사람인데 길에서 만난 뒤 동행하게 됩니다. 이들이 함께 나아가면서 겪는 일에는 세상사의 빛과 그림자가 단적으로 함축돼 있지요. 현실의 자비 없는 냉정함을 환기시키는 한편으로 그 출구에 대해 의미심장한 계시를 주는 이야기 〈두 나그네〉(Die beiden Wanderer; KHM 107)를 만나봅니다. 두 인물에게 나 자신의 모습이 각각 어떻게 담겨 있는지 헤아리면서 읽어보면 좋겠습니다.

산봉우리와 골짜기는 만나는 법이 없지만 사람들은 어디서든 만나게 된다. 착한 사람과 악한 사람이 만나기도 한다. 어느 날 구두장이와 재

옛이야기가 보여주는 소름 돋는 일상 정치학

봉사가 여행길에서 마주친 것도 그러했다.

작고 예쁜 생김새를 가진 재봉사는 늘 명랑했다. 맞은편에서 구두장이가 오는 것을 본 재봉사는 농담 삼아서 놀림 섞인 노래를 불렀다. 그러자 구두장이는 식초를 마신 사람처럼 얼굴을 찡그리며 멱살을 잡으려 했다. 재봉사는 술병을 건네면서 화해를 구했고, 술을 얻어 마신 구두장이는 마음이 풀려서 동행을 청했다.

함께 길을 나선 그들은 구두장이의 제안으로 큰 도시로 향했다. 먹을 것이 충분치 않았던 두 사람은 길을 가면서 동업자들에게 도움을 청했다. 예쁘고 쾌활한 재봉사는 많은 도움을 받을 수 있었다. 그는 자기가 구한 것들을 골을 잘 내는 구두장이와 나누었고, 함께 맛난 음식을 먹었다. 쉽게 벌어서 쉽게 쓰는 식이었다.

왕국의 수도로 가기 위해서 둘은 큰 숲을 지나야 했다. 숲에는 두 개의 길이 있었다. 하나는 이틀이 걸리는 길이고 하나는 이레가 걸리는 길이었다. 어느 쪽이 빠른 길인지 알지 못했던 두 사람은 운에 맡기는 수밖에 없었다. 숲에 들어가기에 앞서 구두장이는 7일분의 빵을 챙겨서 짊어졌지만, 재봉사는 많은 짐을 질 필요가 없다고 생각했다. 하늘을 믿고 행운을 믿었던 그는 이틀분의 빵만 준비했다.

숲속은 어둡고 고요했다. 무거운 짐을 진 구두장이가 끙끙거리며 길을 갈 때 재봉사는 노래를 부르면서 쾌활하게 길을 걸었다. 하지만 이틀이 지났는데도 숲은 끝나지 않았다. 재봉사는 마음이 무겁게 가라앉았다. 사흘이 가고 나흘이 가자 배가 많이 고팠다. 그는 혼자서 밥을 먹는 구두장이를 구경할 수밖에 없었다. 빵을 달라고 청했지만 돌아온 것은 매

옛이야기의 힘

정한 거절과 비웃음이었다. "그렇게 즐거워하더니 꼴 좋군. 먼저 노래하는 새는 매에게 채이기 마련이지!"

닷새가 되자 재봉사는 자리에서 일어날 수가 없고 말도 잇기 어려웠다. 그런 재봉사에게 구두장이는 눈 한쪽을 도려내면 빵을 주겠다고 제안했다. 재봉사는 살기 위해서 그리할 수밖에 없었다. 한쪽 눈을 빼앗긴 재봉사 마음속에 '먹고 싶은 대로 먹으면 필요할 때 고생한다'던 어머니 말씀이 아프게 되살아났다.

다음 날 재봉사는 다시 굶주림에 쓰러져 죽기 직전이 되었다. 구두장이는 한쪽 눈을 마저 도려내는 조건으로 빵을 주겠다고 했다. 재봉사가 자신에게 눈이 필요함을 간절히 호소했지만 구두장이는 냉정했다. 그는 빵값으로 재봉사의 남은 눈을 마저 도려낸 뒤 지팡이를 건네며 따라오게 했다.

해질 무렵 그들은 숲을 빠져나왔다. 숲 앞 들판에는 교수대가 하나 서 있었다. 구두장이는 눈먼 재봉사를 교수대로 끌고 가서 눕혀놓고는 혼자서 제 갈 길을 가버렸다.

자못 유쾌하게 시작한 이야기인데 내용이 점점 무거워지다가 처절한 지경에 이릅니다. 과연 무엇이 문제였을까요? 두 사람 중 누가 문제일까요?

일단 재봉사에게 문제가 있었습니다. 스스로 어머니 말씀을 되새기며 후회했듯, 지나친 낙관으로 만약의 경우를 제대로 대비하지 못한 탓이었지요. 하지만 아무래도 동행자 구두장이에게 눈을 돌리지 않을 수 없습니다. 길을 가는 내내 재봉사의 도움을 받아놓고 이렇듯 냉정하고 가혹하게 친구를 공격하다니, 어떻게 봐야 할까요? 아마 그는 처음 재봉사를 만났을 때부터 길을 가는 내내 마음속에 시기심과 불만을 지니고 있었던 것 같습니다. '그래. 언제까지 그렇게 잘나가나 보자!' 하는 식으로요. 그런 악연에 더해 행운까지 외면함으로써 재봉사는 처절한 상황에 빠진 것이었습니다.

한 명은 재봉사이고 한 명은 구두장이였습니다. 신분도 비슷하고 하는 일도 크게 다르지 않아요. 나이도 엇비슷했을 것 같습니다. 겉보기에 별로 달라 보이지 않았던 두 사람은 사실상 뼛속부터 다른 사람이었습니다. 재봉사는 밝고 긍정적인 믿음과 낙관의 존재였고, 구두장이는 어둡게 뒤틀린 불신과 비관의 존재였지요. 굶주려 쓰러진 재봉사를 비웃으며 눈을 도려내는 모습은 영락없는 악마입니다. 그림형제 민담에 많은 악인이 등장하지만, 그중에서도 극단적이에요. 더군다나 그는 마녀나 거인이 아닌 보통 사람입니다. 함께 길을 가는 옆 사람이 이런 모습을 하고 있다는 것은 얼마나 끔찍한지요!

인간으로서 어떻게 그럴 수 있느냐고 할 수도 있지만, 사실 생각해보면 그렇게 놀랄 일이 아닙니다. 갖은 협박과 폭력으로 채무자를 괴롭혀 피를 짜내고 파멸로 몰아넣는 악덕 사채업자가 실재하는 것이 현실이니까요. 그는 그것을 '당연한 자기 일'로 생각하며 누군가의 아버지나 친구로 살아가고 있을 테니 구두장이와 다르지 않습니다. 그래요. 어쩌면 우리 안에도 이런 악마가 앉아 있을지 모릅니다. 내 옆 사람이 더 잘나가거나 행복한 것을 기꺼이 받아들이지 못하는 마음속에요.

이 이야기 속의 재봉사와 구두장이로부터 좌우 대립의 정치학을 본다면 좀 지나칠까요? 왠지 그런 해석을 내려놓기 어렵습니다. 김어준은 말하길, 좌파가 상호부조의 공생을 통해 삶이라는 정글을 헤쳐 나가려는 이상주의자라면 우파는 약육강식의 경쟁논리로 무장한 현실주의자라고 합니다. 그것은 단순한 생각의 차이가 아니라 생물학적 차이라고 해요. 근본적으로 몸 자체가 다르다는 거죠. 재봉사와 구두장이에게서 이러한 차이를 봅니다. 두 사람은 함께 앞으로 나아가고 있지만, 걷는 길이 다릅니다. 한 사람은 왼쪽, 한 사람은 오른쪽으로 가고 있지요. 세상의 선의를 믿고 가진 것을 나누려는 이상주의자인 재봉사가 왼쪽이라면, 자기 것을 먼저 챙기며 타인 위에 올라서려는 현실주의자인 구두장이는 오른쪽입니다. 재봉사가 약점을 드러내자 구두장이가 가차 없이 짓밟은 것은 전형적인 우파의 생존방식이지요.

이야기에서 구두장이가 빵을 주는 대가로 재봉사의 눈을 도려내는 일은 물론 비유입니다. 심리 상황의 은유로 보는 게 어울리지요. 재봉사가 눈을 빼앗긴 채 교수대 아래 눕혀지는 것은 그가 냉혹한 현실에 부딪혀 심리적 죽음을 당하는 상황을 보여줍니다. 문제는 현실에서 수많은 사람들이 이러한 상황을 겪는다는 사실입니다. 앞이 전혀 안 보이는, 다시 일어나기 힘든 아득한 좌절과 절망을요. 이런 상황에서 우리는 어떻게 해야 할까요? 속절없이 쓰러져야 할까요?

만약 이야기가 여기서 끝났다면 더없이 참담했을 것입니다. 다행히 이야기는 더 이어집니다. 우리가 기대하는 극적인 반전을 향해서요. 반전은 그리 멀리 있지 않았습니다.

옛이야기가 보여주는 소름 돋는 일상 정치학

눈이 먼 상태로 밤이 되어 교수대 아래에 누워 있던 재봉사는 지치고 아프고 배가 고픈 나머지 그대로 잠이 들었다. 그는 동이 틀 무렵에 눈을 떴지만 앞을 볼 수 없어서 어디가 어디인지 알 수 없었다.

그곳 교수대에는 두 명의 불쌍한 죄인이 죽은 채로 매달려 있었고 그 머리 위에 까마귀가 한 마리씩 앉아 있었다. 그때 시체들이 서로 대화를 나누기 시작했다. 한 시체가 이상한 말을 했다. "내가 할 말이 있어. 우리 교수대에서 떨어진 이슬로 눈을 씻으면 눈이 다시 떠지게 돼 있거든. 장님들이 눈을 되찾으면 좋으련만, 그들이 믿지 않겠지?"

그 말을 들은 재봉사는 손수건을 집어서 풀 위에 댔다. 수건이 이슬로 젖자 재봉사는 그것으로 눈을 닦았다. 그러자 죽은 자가 한 말이 그대로 이루어졌다. 건강한 두 눈이 눈구멍에 들어차며 앞이 밝아졌다. 해가 막 솟아오르고 있었다.

말 그대로 극적인 반전입니다. 좀 급작스럽고 억지스러워 보이는 면도 있지요. 하지만 심리적·상징적 맥락을 헤아려보면 억지가 아닙니다.

재봉사는 교수대 밑에 누워서 하룻밤을 지냅니다. 그 밤은 얼마나 길었을까요? 마음속에 떠오른 상념과 감정이 어땠을지 헤아리기 어려울 정도입니다. 모든 감정의 소용돌이가 하룻밤에 집약되어 있다고 해도 좋을 것입니다. 그 깊고도 아픈 어둠 속에서 재봉사는 스스로 희망의 눈을 뜬 것이라 할 수 있습니다. 그는 원래 그런 사람이었으니까요. 그리고 어떻게든 죽지 않고 살아 있었으니까요.

이야기는 죽은 사람이 매달려 있는 교수대에서 내린 이슬이 재봉사의 눈을 띄웠다고 합니다. 재봉사는 그들의 죽음 앞에서 살아야겠다는 의지를 역설적으로 찾아냈던 게 아닐까요? 그렇게 죽는 것은 너무나 억울하고 불의한 일이니까요. 새로운 태양이 떠오를 날들이 그의 앞에 무수히 남아 있으니까요.

교수대에서 떨어졌다는 이슬에 대해서, 혹시 그것이 죽은 사람들의 피가 아니었을까 상상해봅니다. 이야기는 그들에게 특별히 '불쌍한 죄인'이라는 수식어를 붙이고 있어요. 구체적인 사연은 모르지만, 억울하게 죽은 사람들이었다는 말이지요. 재봉사와 비슷한 방식이었을지도 모릅니다. 그들은 지금 재봉사에게 "너는 우리처럼 허무하게 죽으면 안 된다"라고 말하고 있다는 생각을 합니다. 재봉사는 어둠 속에서 들려오는 '신의 목소리'를 새겨들은 뒤 믿음을 가지고 일어나 움직였고, 그러자 새로운 희망의 눈을 뜨게 되었다는 것이 저의 해석입니다. 그가 눈을 뜬 것은 갑자기 주어진 선물이 아니라 절망의 끝에서 스스로 찾아낸 구원이었다는 뜻이지요.

눈을 되찾은 재봉사의 심장은 기쁨으로 뛰놀았다. 그는 무릎을 꿇고서 자비를 베푼 하느님에게 감사 기도를 올렸다. 교수대에 대롱대롱 매달린 채 바람 따라 흔들리는 불쌍한 죄인들을 위해 기도하는 일도 잊지 않았다. 그런 다음 그는 보따리를 짊어지고서 다시 노래를 부르며 걸어가기 시작했다.

그가 길에서 처음 만난 것은 망아지였다. 그는 그것을 타고 도시로 가

옛이야기가 보여주는 소름 돋는 일상 정치학

려 했으나 말은 아직 어리다면서 놓아달라고 사정했다. 재봉사가 말을 놓아주자 망아지는 기뻐하며 들판으로 달려갔다. 이어서 황새를 잡아서 구워 먹으려다가 새의 하소연에 이번에도 그냥 놓아주었다. 그다음에 잡은 오리 새끼들도 놓아주고, 벌집에 있던 꿀도 그대로 남겨두었다. 배가 고파 죽을 지경이었지만 곧 도시의 여관에 도착해서 배를 채울 수 있었다.

재봉사는 다시 일을 하기 시작했다. 그는 솜씨가 좋았던 터라 금세 유명해졌고 궁정 재단사가 되었다. 거기 가보니 지난번의 구두장이도 궁정 구두공이 되어 있었다. 재봉사가 눈을 되찾은 것을 본 구두장이는 복수를 당하기 전에 미리 선수를 치고자 했다. 그는 임금을 찾아가서 재봉사가 예전에 잃어버린 임금님의 왕관을 찾겠다고 말했다며 거짓을 고했다. 그 말에 넘어간 왕은 재봉사에게 왕관을 찾아오라고 명령했다. 재봉사가 궁정을 떠나려 할 때, 전날 그가 살려준 동물들이 그를 도왔다. 먼저 오리들이 나서서 물속에 잠겨 있던 왕관을 건져다주었다. 구두장이의 책략으로 궁정 안의 모든 것을 밀랍 모형으로 만들라는 명을 받았을 때는 꿀벌들이 나서서 그 일을 해결했다. 물 없는 궁정 마당에 물이 솟구치게 하는 과업은 말이 도와주었다. 말이 재봉사를 태우고 궁정 안을 달린 뒤 땅으로 털썩 넘어지자 땅덩이가 떨어져나가며 맑은 물줄기가 솟구쳤다. 왕은 기뻐하며 재봉사를 끌어안았다.

그것으로 끝이 아니었다. 구두장이는 다시 재봉사가 하늘로부터 임금의 아들을 데려다줄 수 있다고 떠벌인다고 고했다. 왕으로부터 그 일을 명령받은 재봉사가 방법을 못 찾고 있을 때 황새가 나섰다. 황새가 천사처럼 예쁜 남자아이를 물고 창문으로 들어와 재봉사에게 전해주었다. 아들을 얻은 왕비는 아이를 껴안고 입을 맞추었다.

황새는 덤으로 공주들에게 줄 사탕까지 물고 왔다. 사탕을 받지 못한 첫째 공주는 그 대신 재봉사를 남편으로 얻었다. 공주와 결혼하게 된 재봉사가 말했다. "어머니는 하늘을 믿고 행운이 함께하는 사람은 부족함이 없다고 하셨지. 그 말씀이 맞았어."

재봉사가 눈을 되찾은 뒤로부터 이야기는 하나의 판타지처럼 진행됩니다. 모든 일이 착착 풀리면서 최고의 해피 엔딩으로 이어지지요. 말 그대로 하늘의 도움과 행운의 힘이라고 할 만합니다.

하지만 내용을 잘 들여다보면 일련의 과정이 우연한 행운으로 이루어진 것이 아님을 알 수 있습니다. 재봉사는 배가 고프고 지친 상태인데도 새를 잡아먹거나 벌집을 망가뜨려 꿀을 빼앗지 않습니다. 그의 본래 방식대로 상호부조의 공생을 선택하지요. 그것은 눈앞의 욕망보다 미래의 가능성을 취한 일이기도 했습니다. 돌아보면 재봉사는 숲에서 당장의 배고픔에 굴복하느라 두 눈을 잃었었지요. 어머니 말마따나 '먹고 싶은 대로 먹는' 삶의 결과였습니다. 그런데 지금 재봉사는 당장의 배고픔이라는 싸움에서 계속 이기고 있습니다. 이전과 다른 사람이 되었다는 말입니다. 그렇게 하고 보니 사실 별일도 아니었어요. 곧 도시가 나타나 먹을 것을 구할 수 있었지요.

세상 이치가 꼭 이렇습니다. 당장 눈앞을 보면 절박하게 여겨지지만 조금만 움직이면 상황은 바뀌기 마련이지요. 깜깜하던 세상에 해가 떠오르는 것처럼 말이에요.

절망에서 다시 일어난 재봉사의 현실 대응력은 이어지는 장면에서도 확인할 수 있습니다. 구두장이의 모함으로 왕에게서 감당하기 어려운 명령을 받았을 때 재봉사가 한 일을 주목할 만합니다. 그는 구두장이를 공격하지도 않았고, 변명을 하며 그 상황을 모면하지도 않았고, 억지로 그 일을 해보려 하지도 않았습니다. 그는 그냥 그곳을 떠나려 합니다. 불필요한 갈등과 곤경을 피할 현실적인 방법이었지요. 다른 곳으로 가면 또 살 길이 있을 테니 포기라고 할 수 없습니다. 쿨한 선택이지요. 말하자면 재봉사는 어떤 식으로든 문제없이 자기 삶을 펼쳐갈 수 있는 상태가 되었다고 할 만합니다. 물론 이야기 속에서는 자기가 도와줬던 친구들의 도움으로 문제를 훌륭히 해결하니 더할 나위 없는 결과였지요.

이야기는 아직 끝나지 않았습니다. 구두장이 이야기가 남아 있어요. 그는 어떻게 됐을까요?

구두장이는 재봉사가 결혼식에서 신고 춤을 출 구두를 만들어야 했다. 그가 구두를 완성하자 영원히 도시를 떠나라는 명령이 내려졌다. 숲을 향해 가다가 교수대에 도착한 구두장이는 화가 나고 지친 채 그 아래에 주저앉았다. 그가 눈을 감고 잠을 자려 할 때 죽은 죄인들 위에 앉아 있던 까마귀가 날아와 두 눈을 쪼았다. 구두장이는 미친 듯 숲속으로 달려갔다. 그 후로 그를 본 사람도 소식을 들은 사람도 없었다. 필시 거기서 굶어죽었을 것이다.

구두장이가 벌을 받아 멸망한 것은 이야기 흐름상 예견된 결말입니다. 주목할 것은 그의 종말이 재봉사의 반격이나 임금의 징벌이 아닌 '자멸'과 '천벌'의 형태로 주어진다는 사실입니다. 이야기는 왕이 그를 쫓아냈다고 하는데 사실은 스스로 설 자리를 잃은 것입니다. 지레 겁을 먹고 가시방석에 앉아 갈등을 부추긴 데 따른 대가였지요. 더 인상적인 내용은 구두장이가 스스로 교수대 아래 주저앉는다는 점입니다. 그는 일련의 삶을 통해 스스로를 교수대에 매단 것이라고 볼 수 있지요. 마음속에 이미 죽음이 가득했던 것입니다. 그렇게 그는 눈을 잃고, 나아가 자기 자신을 완전히 잃어버립니다. 공생을 거부하고 이기적 욕망에만 충실했던 삶의 결말이 눈먼 상태에서의 외로운 아사(餓死)였다는 사실은 많은 점을 생각하게 합니다.

앞에서 재봉사와 구두장이의 서사를 좌파와 우파의 서로 다른 길로 풀었지요. 여기서 말하는 좌파와 우파란 정치 노선이라기보다 삶의 방식과 동선에 대한 것입니다. 굳이 좌우라는 말을 쓰는 것보다, 또는 진보나 보수라는 말을 쓰는 것보다 재봉사의 길과 구두장이의 길이라고 하는 쪽이 더 나을 것 같기도 하네요. 돌아보면 오늘날에는 두 길 가운데 구두장이의 길이 우세한 것이 아닌가 생각됩니다. 약육강식과 적자생존의 원리를 속성으로 하는 자본주의 체계의 반영일 수도 있고, 현실에서 먹고사는 문제가 워낙 팍팍하기 때문이기도 하지요.

이에 대해 재봉사의 길이 정답이라는 식으로 손쉽게 말할 수는 없을 것입니다. 그것 또한 하나의 편견이 될 수 있지요. 어느 한 극단으

옛이야기가 보여주는 소름 돋는 일상 정치학

로 가기보다 재봉사의 이상적인 낙관과 구두장이의 현실 대응력을 모두 갖추는 것이 최선이 아닐까 합니다.

여러 사람들을 대상으로 자기서사를 진단해본 결과, 재봉사나 구두장이 어느 한쪽으로 딱 맞아떨어지는 경우는 드물었습니다. 어떤 식으로든 두 사람의 모습을 모두 갖춘 경우가 대부분이었지요. 그것을 어떻게 생산적으로 통합할 것인가 하는 것이 관건입니다. 분석심리학으로 말하면 '나와 그림자의 통합'이라고 할 수 있지요. 이야기 속의 재봉사는 시련을 겪으면서 자기통합에 성공한 사람입니다. 후반부 서사에서 보이는 현실적 문제해결력이 이를 말해주지요. 이에 비하면 구두장이는 통합에 실패한 경우입니다. 끝까지 재봉사를 배척하고 공격한 결과, 한쪽 극단으로 치달아 결국 쓰러지지요. 이런 자아의 결핍과 소진을 이야기는 '사라짐'과 '굶어 죽음'으로 표현합니다.

이영희 선생께서 말씀하셨지요. '새는 좌우의 날개로 난다'고요. 어느 한 극단으로 치닫는 식으로는 개인이든 사회든 건강하게 발전하기 어렵습니다. 공존과 통합이 필요합니다. 이때 통합은 각자의 캐릭터에 기초해서 이루어져야 합니다. 만약 자신이 구두장이 쪽이라면 구두장이 식의 통합을, 재봉사 쪽이라면 재봉사 식의 통합을 이루어야 맞지요.

추측컨대 그림형제는 재봉사 쪽이 아니었을까 싶어요. 재봉사에게 마음이 강하게 끌리는 것을 보면 저도 대략 그쪽인 것 같습니다. 하지만 구두장이도 얼마든지 환영입니다. 같으면서도 다른 사람들이 함께 어울려 살아가는 것이 세상살이니까요.

이게 현실이고
이게 정치야

우리 모두는 저마다의 방식으로 살길을 찾아 경쟁하고 갈등하지요.
이런 현실에서 어떤 길을 어떻게 가야 할지에 대해 〈두 나그네〉보다
더 다양한 길을 보여주는 이야기가 있습니다. 우화 형태를 갖춘 민담
입니다. 여러 캐릭터가 독특하면서도 전형적이어서 흥미를 자아내는
〈굴뚝새〉(Der Zaunkönig; KHM 171)를 소개합니다.

먼 옛날, 모든 소리마다 뜻이 있던 시절의 일이에요. 대장장이의 망치
소리는 "쾅 때려! 쾅 때려!" 이렇게 말하고 대패질 소리는 "쓱싹 밀어!
쓱싹 밀어!" 하고 말하는 식이었지요. 물레방아가 쿵덕거리며 돌기 시
작하면 "아이고 하느님! 아이고 하느님, 제발!" 하고 말했다고 해요.

그때는 새들도 서로 알아들을 수 있는 자기들의 말을 가지고 있었습니다. 어느 날 새들은 지도자가 있으면 좋겠다고 생각했고 왕을 뽑기로 결정했습니다. 단 한 명, 푸른 도요새만은 반대였어요. 그는 지금까지 자유롭게 살아온 것처럼 죽을 때도 자유롭기를 바랐지요. 도요새는 이리저리 날면서 외쳤어요. "나는 어디로 가지?" 그는 결국 아무도 찾지 않는 쓸쓸한 늪으로 가서 다시는 무리 앞에 나타나지 않았습니다.

아름다운 5월의 어느 아침, 수많은 새들이 이 일을 상의하려고 모였습니다. 독수리와 되새, 올빼미, 까마귀, 종달새, 참새, 뻐꾸기, 후투티 등이 다 모였지요. 아직 이름이 없는 작은 새도 끼었습니다. 암탉이 놀라서 무슨 일이냐고 묻자 수탉이 진정시키면서 "배들이 불러서 그래." 하고 말했지요.

새들은 가장 높이 날 수 있는 새를 왕으로 삼기로 했습니다. 그 결정에 많은 새들이 눈물을 흘리게 될 거라고 예견한 개구리가 "글썽 글썽!" 하고 울었지요. 그러자 까마귀가 "신경 꺼! 신경 꺼!" 하고 말했어요.

일은 착착 진행되었습니다. 뒷말이 없도록 곧바로 시합을 시작했지요. 신호가 떨어지자 모든 새들이 공중으로 날아올랐습니다. 새들이 오르는 모양이 꼭 검은 구름이 피어오르는 것 같았어요. 먼저 작은 새들이 처져서 내려왔고, 좀 더 큰 새들도 오래 버티지 못했습니다. 독수리를 이길 새는 없었지요. 태양의 눈을 쪼아댈 정도로 날아오른 독수리는 "누가 더 높이 날겠어. 내가 왕이야." 하면서 내려가기 시작했습니다. 새들이 "그가 왕이다" 하고 외쳤지요.

그때였어요. 이름 없는 작은 새가 독수리의 가슴 깃털에서 기어 나오더니 위로 솟구쳤습니다. 기운이 남았던 새는 하느님을 볼 수 있을 정도로 높이 날아올랐지요. 새는 그곳에서 "내가 왕이다!" 하고 소리쳤습니다. 그러자 새들이 화를 내며 소리쳤습니다. "네가 왕이라고? 잔꾀로 속인 거잖아!"

그들은 작은 새의 승리를 인정하지 않고, 다른 조건을 내걸었습니다. 땅속으로 가장 깊이 내려가는 새를 왕으로 뽑겠다는 것이었지요. 새들이 땅을 파기 시작했습니다. 거위가 땅을 쳤고 수탉이 헛되게 구멍을 팠지요. 오리는 도랑으로 뛰어들다 다리를 삐고서 "빌어먹을!" 하고 소리쳤습니다. 그때 이름 없는 작은 새가 쥐구멍으로 깊이 파고 들어갔다가 나오면서 "내가 왕이다!" 하고 외쳤습니다.

새들은 이번에도 화를 내며 인정하지 않았습니다. 새를 그대로 구멍 속에 가둬서 굶겨 죽이기로 했지요. 올빼미가 보초로 뽑혔습니다. 올빼미는 눈을 부릅뜨고 쥐구멍을 쏘아봤지만 점차 졸음이 밀려왔습니다. 그의 두 눈이 감긴 순간 작은 새는 재빨리 구멍을 빠져나왔지요. 그 뒤로 올빼미는 낮에 모습을 나타낼 수 없게 됐어요. 다른 새들이 날갯죽지를 쥐어뜯을 테니까요. 작은 새 역시 잡히면 목숨을 잃을까 봐 모습을 잘 드러내지 않았습니다. 산울타리에 숨어 있다가 안전하다 싶을 때 살짝 나와서 "내가 왕이다!" 하고 외쳤어요. 다른 새들은 그를 '울타리의 왕'이라고 부르며 놀렸습니다.

울타리의 왕, 그러니까 굴뚝새에게 복종할 필요가 없어서 제일 기뻐한 것은 종달새였어요. 해가 쨍쨍한 날이면 종달새는 하늘 높이 날아오르며 "아름답구나! 정말로 아름다워!" 하고 외치곤 한답니다.

옛이야기가 보여주는 소름 돋는 일상 정치학

이솝우화처럼 해학적이면서도 풍자가 가득한 이야기입니다. 여러 새들의 각양각색 행동이 꽤 재미있어요. 그런데 이 우스꽝스러운 형상에는 인간의 벌거벗은 모습이 함축돼 있습니다. 경쟁과 술수가 판치는 현실에서 아웅다웅 우격다짐하면서 서로 잘났다고 떠들어대는 모습이지요.

이야기에 따르면 처음부터 그랬던 것은 아니었습니다. 새들은 본래 자유롭게 날아다니면서 자기 목소리를 냈지요. 그런데 '왕'으로 상징되는 권력이 생기고 그것을 향한 욕망이 퍼져 나가자 상황이 완전히 달라집니다. 겉으로 내세우는 명분은 규율과 질서, 즉 안정이었어요. 하지만 그 밑에서 작동하는 것은 서로 조금이라도 더 높이 올라서고자 하는 치열한 경쟁이었습니다. 정점의 자리를 두고 힘이 센 새와 술수에 능한 새가 경합합니다. 결국 술수에 능한 새가 왕의 자리를 차지하자 다른 새들은 스스로 정했던 규칙을 부정하고 또 다른 조건을 내세우지요. 분란은 끊이지 않고, 문제는 끝내 해결되지 않습니다. 이 모습은 우리의 현실과 어쩜 이렇게 비슷할까요! 이야기에서 새들이 다시 내세운 조건은 땅속 깊이 들어가는 것이었습니다. 새들이 땅속으로 들어가는 경쟁을 한다니 완전한 자기부정이지요. 이야기는 이렇게 현실을 극적으로 풍자합니다.

만약 왕을 뽑는 경쟁에 굴뚝새가 끼어들지 않아서 독수리가 무난하게 왕의 자리를 차지했다면 모든 것이 정상으로 돌아갔을까요? 그럴 리 없습니다. 땅으로 들어가는 시합이 이어진 것처럼, 또 다른 기준을 내세우며 불만과 저항이 이어졌을 거예요. 한편으로는 권력을 쥔자에게 다가가기 위한 경쟁과 분란이 치열했겠지요. 너 나 할 것 없이 서로를 짓누르고 올라서려는 세상, 예의 '구두장이'들이 가득한 세상에서 진정한 평화와 공생을 기대하는 것은 사막에서 물고기를 구하는 격입니다.

이야기에서 자신과 가장 다르거나 닮은 새를 찾는다면 무엇일지 궁금합니다. 개인적으로 특별히 마음이 가는 것은 맨 처음 등장하는 도요새와 맨 나중에 나오는 종달새입니다. 둘 다 자유를 추구한다는 점에서 비슷해 보이지만 살펴보면 중요한 차이를 발견할 수 있지요.

푸른 도요새는 처음부터 왕을 뽑는 일을 싫어하면서 무리에 끼기를 거부합니다. 권력이나 사회 규율의 필요성을 부정한 쪽이지요. 도요새에게서 전면적 자유주의자로서 '아나키스트'의 모습을 봅니다. 남다른 소신이고 혜안을 가졌으나 그 결과 아웃사이더가 되어 스러졌으니 돌이켜보면 쓸쓸한 일입니다. 글쎄요. 본연의 자유를 찾아 자기만의 삶을 살았을 테니 가장 현명하고 행복한 선택이었다고 봐야 할까요? 그럴 수도 있을 것 같습니다.

종달새에게는 도요새와 다른 모습의 자유주의자를 봅니다. 세상과 단절하지 않고 사회 체계와 규율을 인정하는 쪽이지요. 그가 무리 안에서 살아간다는 데서 알 수 있습니다. 하지만 늘 마음속에 답답함을 지니고 있었던 것 같습니다. 해가 환하게 빛나는 날 하늘 높이 올라가 자유를 맛보는 데서 알 수 있지요. 하지만 그의 비상은 영속적인 건 아니었어요. 결국은 다시 무리에게 돌아오니 한정된 자유라 할 수 있습니다. 이걸 '신자유주의'와 연결시키면 너무 억지일까요?

옛이야기가 보여주는 소름 돋는 일상 정치학

답은 무엇일까요? 도요새의 길일까요, 종달새의 길일까요? 아니면 독수리나 굴뚝새의 길에 답이 있을까요? 딱히 이름이 나오지 않는 이름 없는 새들의 길? 실상 답이 없는 질문입니다. 다만 이런 생각을 해봅니다. 왕을 세우기로 결정하기 이전의 상태, 곧 모든 새가 저마다 자신의 목소리로 자유롭게 말하던 시절이 가장 나았던 것이 아닐까 하고요. 이건 역사 발전을 부정하는 생각일까요? 그렇다면 사회 체계와 규율을 인정하되 그것이 본래의 모습과 가장 가까운 형태로 발현되는 세상은 어떨까요? 필요한 사회적 책임을 지키되 각자의 개성과 자유와 행복이 보장되는 세상이지요. 이것은 유토피아를 향한 판타지일 뿐일까요? 이 이야기를 전승해온 사람들의 생각은 어땠을지 궁금해집니다. 이야기를 정리한 그림형제의 생각과, 여러분의 생각도요.

이야기 속 동물들이 내뱉던 여러 말을 무작위로 열거해봅니다. "글썽 글썽", "나는 어디로 가지?", "내가 왕이다!", "그가 왕이다!", "네가 왕이라고?", "빌어먹을!", "배가 불러서 그래!", "신경 꺼! 신경 꺼!", "쾅 때려! 쾅 때려!", "아이고 하느님, 제발!", "아름답구나. 정말로 아름다워!" 이 중 어느 한 가지에 마음이 간다면 유심히 기억해둘 일입니다. 그것이 본인의 자기서사일 가능성이 있으니까요.

〈굴뚝새〉 이야기를 매개로 주변 사람들의 자기서사를 짚어보다가 느낀 한계는, 이야기 속 동물들에게 부정적인 성향이 강하다는 점이었습니다. 등장인물들이 새여서인지 캐릭터가 치우치는 면도 있지요. 현실을 살아가는 사람들의 다양한 캐릭터를 잘 보여주는 이야기가 또

없을까 생각하던 차에 〈열두 띠 이야기〉가 딱 다가왔습니다. 이 이야기에도 많은 동물이 등장하는데 각 개인의 서사와 관련되지요.

다들 아실 내용이지만 잠깐 소개합니다. 어릴 때 선친에게서 여러 번 들은 이야기라, 따로 자료를 참고하지 않고 제 기억에 남아 있는 내용으로 풀어보겠습니다.

하늘신이 세상을 창조하고 세계의 질서를 이룩해나갈 때의 일이에요. 지상에 질서와 법도를 세워야겠다고 결심한 신은 지상의 여러 동물들에게 선포했지요. "지금부터 해가 몇 번 지고서 뜨는 날, 하늘로 찾아온 동물들에게 '띠'를 하나씩 주어서 땅의 체계를 세울 것이다. 찾아오는 순서대로 띠를 받게 될 것이야."
신의 말을 전해들은 동물들은 날짜에 맞춰 하늘나라로 갈 준비를 시작했습니다. 그때 고양이가 쥐를 찾아가서 물었지요. "쥐야, 하느님이 해가 몇 번째로 뜨는 날 찾아오라고 했지? 내가 헷갈려서." 그때 쥐가 재빨리 머리를 굴려보니 어떻게 해도 고양이보다 먼저 하늘에 도착하기 어려울 것 같았지요. 쥐는 신이 얘기한 날짜에 하루를 더 보태서 알려줬습니다. 고양이는 그 말을 곧이곧대로 믿고서 돌아갔지요.
날짜가 다가오자 동물들이 하늘나라로 향해서 가는데 제일 먼저 서두른 것은 소였습니다. 며칠 전부터 부지런히 짐을 챙겨서 길을 나섰지요. 여러 동물을 눈여겨 살피던 쥐는 길을 떠나는 소의 짐보따리 위에 몰래 올라탔습니다. 소가 밤낮으로 길을 가는 동안 편히 쉬면서 소가 준비한 식량도 슬쩍했지요.

옛이야기가 보여주는 소름 돋는 일상 정치학

해 뜨는 시간에 맞춰서 밤새 길을 간 소는 한밤중, 날이 막 바뀌는 시간에 하늘 궁궐 앞에 도착했습니다. 그가 문으로 들어가려 할 때 쥐가 펄쩍 뛰어내려서 앞서 들어갔지요. 그렇게 1등은 쥐의 차지가 됐습니다. 소는 2등이 되었고요.

쥐와 소에 이어서 도착한 것은 밤에도 잘 움직이는 크고 날쌘 호랑이였습니다. 그다음은 부지런하고 재빠른 토끼였고요. 이어서 먼길을 훌쩍 날아갈 수 있는 용이 도착했습니다. 땅을 기어야 하는 악조건을 지닌 뱀이 부지런히 움직인 덕에 여섯 번째로 도착했지요. 조금 늦게 출발한 대신 힘이 좋고 빨랐던 말이 한낮에 도착했고, 여덟 번째는 양의 차지였습니다. 여유 있게 장난치면서 온 원숭이와 느긋하게 출발해 걷다가 날다가 하면서 이동한 닭이 다음으로 도착했습니다. 닭의 뒤를 줄레줄레 따라서 온 개가 열한 번째였지요. 이미 깜깜해져서 날이 바뀌려고 할 무렵에 돼지가 서두를 것 없이 느긋하게 들어왔습니다.

신이 지정한 날에 도착한 동물은 돼지까지 총 열둘이었습니다. 신은 그들이 도착한 순서대로 띠를 하나씩 부여했지요. 그렇게 해서 자축인묘(子丑寅卯)와 진사오미(辰巳午未), 신유술해(申酉戌亥)까지 '지지(地支)'라고 부르는 열두 띠가 생겨났습니다. 단순한 띠만이 아니에요. '하늘 줄기'를 뜻하는 천간(天干)과 짝을 이루는 '땅의 가지'(地支)는 세계 질서의 기본 축을 이루는 요소니까요.

그렇게 띠가 주어지고 날이 바뀌는 순간, 고양이가 문으로 펄쩍 뛰어들어왔습니다. "하하, 내가 1등이지요?" 좋아한 것도 잠시, "늦었어, 이놈아. 벌써 날이 바뀌었다. 왜 어제 안 오고!" 그제야 자기 자리가 사라졌음을 깨달은 고양이는 당황했습니다. 날짜를 잘못 알았다고 항변했지만 소용없었지요. 결국 떠를 못 받은 고양이는 날짜를 잘못 알려준 쥐에게 분노했습니다. 이때부터 고양이는 쥐를 보는 족족 잡아먹게 됐다고 해요.

지지(地支)를 이루는 열두 동물은 지상의 다양한 속성을 상징합니다. 이야기에 쓴 대로 천간과 짝을 이루어 세계의 질서와 운행 체계를 구성하지요. 명리학의 기본 체계이기도 한데, 여기서 이 이야기를 소개한 것은 명리학이나 사주팔자를 말하기 위해서가 아닙니다. 고양이까지 포함한 열세 동물을 통해 사람들의 다양한 캐릭터 내지 자기서사를 볼 수 있다는 점에 주목해서지요. 이야기 속의 열세 동물 가운데 무엇이 본인의 캐릭터와 가장 가깝게 느껴지시는지 궁금합니다.

세상에는 여러 종류의 사람들이 있지요. 소 같은 사람, 호랑이 같은 사람, 토끼나 양 같은 사람 등등으로요. 호랑이는 강력한 힘을 가진 존재입니다. 빠르기도 웬만한 동물 저리 가라 할 정도예요. 그런데 그는 순서에서 소에게 밀립니다. 소는 부지런한 존재이자 불굴의 의지를 가진 존재지요. 소가 호랑이보다 먼저라는 것은 타고난 위력보다 노력과 의지가 더 우선되는 가치임을 말해줍니다. 이런 식으로 열두 동물의 속성과 순서를 서로 연결시키면서 의미를 해석할 수 있지요.

문제는 쥐입니다. 앞에서 읽은 이야기와 연결하면 굴뚝새와 비슷하지요. 그가 교묘한 술수로 맨 앞자리를 차지했다는 것은 세계 질서의 모순을 단적으로 보여줍니다. 고생하는 사람 따로 있고 빛 보는 사람

옛이야기가 보여주는 소름 돋는 일상 정치학

따로 있는 식이지요. 실제 현실이 그렇기 때문에 더 마음에 걸립니다.

하지만 이는 그리 간단하게 말할 바가 아닙니다. 몸도 작고 힘도 약한 입장에서 머리를 쓰는 것은 쥐로서는 최선의 선택이지요. 그건 일종의 능력이라고 보는 게 합당합니다. 소로 대표되는 불굴의 의지와 부지런한 노력보다 영민한 지혜가 더 우선시되고 효과적인 가치라는 인식을 쉽사리 부정할 수 없습니다. 현실을 봐도 머리를 잘 쓰는 사람이 소나 호랑이 같은 사람보다 높은 자리에 오르는 것을 자주 보게 되지요.

그런데 여기 함정이 하나 있습니다. 바로 고양이예요. 고양이가 열두 띠에 포함되지 못한 것은 억울하고 화나는 일이지만 남을 탓할 일은 아닙니다. 스스로 날짜를 못 챙긴 것이, 그리고 확인도 하지 않고 쥐의 말을 믿은 것이 실수였지요. 원망해봤자 소용없는 일이라 할 수 있습니다. 주목할 것은 고양이가 체계 안에 들지 못한 대신 체계의 첫 자리에 있는 쥐를 잡아먹게 됐다는 사실입니다. 아웃사이더의 힘이라고나 할까요? 세계 질서를 뒤흔드는 힘은 고양이 같은 존재에게서 나온다는 역설이 무척 흥미롭습니다. 체제에 속해 있지 않으니 자유롭게 그것을 흔들 수 있지요. 쥐가 처음부터 술수를 써서 배제하려 했을 정도로 특별한 능력을 가지고 있다는 점도 눈여겨볼 만합니다.

고양이와 제일 가까운 동물을 〈굴뚝새〉에서 찾는다면 누구일까요? 아마 도요새일 것입니다. 앞에서 그를 아나키스트와 연결했는데 그 또한 체제에 포함되지 않는 존재라는 점에서 고양이와 통합니다. 가장 높이, 멀리 나는 새가 도요새잖아요? 그가 한번 마음먹고 등장하면 세상이 크게 흔들릴 것입니다. 고양이가 마음먹고서 장화를 신고 등장하면 세상이 뒤집어지는 것처럼요.

혹시 스스로가 개나 돼지 쪽으로 느껴진다고 해서 너무 실망하지는 마시기 바랍니다. 그렇게 느긋하고 여유롭게 움직이는 사람들이 있어서 세상은 돌아가니까요. 중요한 것은 나의 캐릭터가 무엇인가 하는 것보다 캐릭터 특유의 장점을 살려서 자기 역할을 다하며 행복하게 사는 일일 것입니다. 캐릭터와 맞지 않게 무리하는 것은 탈이 나는 중요한 원인이 되지요. 뱀이 용이나 말 행세를 하거나 개와 양이 호랑이처럼 움직이는 것은 무리라는 뜻입니다.

자기 자신을 정확히 파악하는 일은 거친 세상을 행복하게 살아가는 출발점입니다. 자기를 정확하게 파악한다는 게 쉬운 일은 아니지만, 우리에게 'S-Ray'라는 특별한 무기가 있다는 사실을 잊지 않았으면 좋겠습니다. 오랜 세월을 흘러온 옛이야기라는 무기가요.

Chapter 11

옛이야기가 예언하는
충격적인 미래 사회학

무엇이 정상이고
무엇이 비정상인가

옛이야기를 연구하면서 그 안에 담긴 미래적 상상과 만날 때마다 깜짝 놀라곤 합니다. 몇 백 년 뒤의 미래를 훤히 예견한 듯한 내용을 만나면서 소름이 돋은 적이 여러 번이에요. 이번에는 그런 이야기들을 살펴보고자 합니다. 먼저 〈외눈박이 두눈박이 세눈박이〉(Einäuglein, Zweiäuglein und Dreiäuglein; KHM 130)입니다. 이야기 속 세 사람이 무엇을 나타내는지 함께 헤아려보면 좋겠습니다.

어떤 여자에게 세 딸이 있었는데 첫째는 외눈박이이고 둘째는 두눈박이, 막내는 세눈박이였다. 첫딸의 한 눈과 막내딸의 세 번째 눈은 이마 한가운데에 박혀 있었다. 세 딸 중 두눈박이는 언니와 동생, 그리고 엄마로부터 미움을 받았다. 눈이 두 개라서 천한 사람들과 다를 바 없다는 이유였다. 그녀는 낡은 옷을 입고 남은 밥을 먹으며 살아야 했다.

어느 날 들판에서 염소를 지키던 두눈박이는 배가 고파서 둔덕에 앉아 슬피 울었다. 그러다 눈을 들어보니 앞에 낯선 부인이 서 있었다. 사정을 들은 부인은 염소를 시켜 먹을 것을 구하는 방법을 알려주었다. 소녀가 부인 말대로 "염소야, 매애애 울어라. 식탁아, 상을 차려라." 하고 외치자 앞에 맛있는 상이 차려졌다. 그리고 음식을 먹은 뒤 "염소야 매애애 울어라. 식탁아, 상을 물려라." 하고 외치자 모든 것이 사라졌다. 마음껏 먹을 수 있게 된 소녀는 정말 행복했다.

두눈박이가 전과 달리 빵 조각에 손을 대지 않자 식구들이 수상히 여겼다. 엄마는 외눈박이를 시켜서 누가 먹을 것을 주는지 엿보라고 했다. 하지만 외눈박이는 동생이 부르는 노랫소리에 눈이 감기며 잠이 들었다. 그사이에 두눈박이는 염소와 식탁을 불러서 음식을 먹고 상을 물렸다. 외눈박이는 아무것도 볼 수 없었다.

다음 날은 세눈박이 동생이 따라나섰다. 두눈박이는 전날처럼 노래를 불러서 동생이 두 눈을 감고 잠들게 한 뒤 염소와 식탁이 차려준 음식을 먹었다. 하지만 두 눈을 감은 세눈박이는 이마에 있는 세 번째 눈을 살짝 뜨고 그 일을 지켜보았다. 두눈박이가 자신들보다 좋은 음식을 먹는다는 말을 들은 엄마는 화가 나서 염소를 찔러 죽였다.

염소를 잃은 두눈박이가 슬피 울고 있을 때 다시 부인이 나타나서 염소의 내장을 대문 앞에 심으라고 말했다. 소녀가 그대로 하자 다음 날 그 자리에 황금 열매가 주렁주렁 달린 나무가 생겼다. 외눈박이가 나무에

옛이야기의 힘

올라가 열매를 따려 했지만 나뭇가지가 피하는 바람에 하나도 딸 수 없었다. 세눈박이와 엄마도 나뭇가지가 물러나는 바람에 헛수고만 했다. 이어서 두눈박이가 나무에 올라가자 황금 사과들이 스스로 손 안으로 내려왔다. 두눈박이가 앞치마 가득 열매를 따서 내려오자 식구들은 화를 내면서 사과를 빼앗았다.

그들이 나무 아래에 모여 있을 때 젊고 잘생긴 기사가 다가왔다. 식구들은 남 보기 창피하다며 두눈박이를 황금 사과와 함께 빈 통 안으로 밀어넣었다. 기사는 나무를 보고 감탄하면서 누구라도 가지를 하나 꺾어주면 원하는 것을 들어주겠다고 했다. 큰딸과 막내딸이 가지를 못 꺾고 고생하고 있을 때 두눈박이가 통 속에서 기사의 발밑으로 황금 사과를 굴렸다. 기사는 소녀를 나오게 했고, 소녀는 은빛 잎사귀와 황금 열매가 달린 나뭇가지를 꺾어서 기사에게 주었다. 소원을 묻는 기사에게 소녀는 자기를 그곳에서 데려가달라고 청했다.

소녀를 성으로 데리고 간 기사는 그녀를 좋아하게 돼서 청혼을 하고 결혼식을 올렸다. 남은 식구들은 나무가 문밖에 있는 걸 위안으로 삼았지만, 나무는 다음 날 감쪽같이 사라졌다. 나무는 어느새 두눈박이가 잠자는 창가로 옮겨와 있었다.

그 뒤 외눈박이와 세눈박이가 거지가 돼서 성으로 찾아오자 두눈박이는 그들을 맞이해 돌봐주었다. 두 사람은 전날 자매에게 저지른 잘못을 진심으로 뉘우쳤다.

이야기 속 세 자매의 사연이 무척 특이합니다. 눈이 두 개인 딸이 사랑을 받고 외눈박이와 세눈박이가 배척을 받을 것 같은데 반대예요. 흥미로운 발상입니다. 이런 설정을 통해 이야기는 무엇이 정상이고 비정상인지를, 정상적인 것이 어떻게 비정상으로 몰리는지를 잘 보여주고 있지요.

엄마는 왜 다른 사람들과 똑같이 생긴 두눈박이를 미워하고 외눈박이와 세눈박이를 더 사랑했을까요? 엄마 또한 두눈박이였을 것 같은데 말이에요. 상식으로 이해하기 어려운 상황이지만, 이야기 속 상징을 짚어보면 맥락을 이해할 수 있습니다. 핵심은 외눈과 두 눈, 그리고 세 눈의 상징입니다.

이야기에서 엄마와 두 딸은 둘째 딸에게 "다른 천한 사람과 다를 게 없다"고 타박합니다. 그녀는 특별함이 없는 '평범한 존재'라서 미움을 받고 있습니다. 엄마는 자식들에게 남과 다른 특별한 무엇을 원하고 있지요. 자신의 평범함을 보상해줄 수 있는 무엇을요. 남다른 모습을 지닌 외눈박이와 세눈박이는 그런 기대를 만족시켜주는 존재였습니다. 말하자면 그들은 '특출난 자식'이라고 할 수 있어요. 외눈박이 딸은 한 가지를 특별히 잘하고 세눈박이는 무엇이든 두루 잘한다고 생각해볼 수 있지요. 두 딸은 그런 자기 자신에게 강한 만족감과 자기애를 느끼고 있습니다. 현실로 연결시켜보면 어떤 식으로든 '튀는 존재'가 되어서 성공하고자 하는 욕망을 이들에게서 보게 됩니다.

이야기는 그런 욕망의 실상을 적나라하게 보여줍니다. 외눈박이로 표상되는 외곬의 삶이나 세눈박이가 상징하는 다재다능한 삶은 사실 흉하게 뒤틀린 비정상적인 삶이지요. 그런 삶 자체가 잘못인 게 아니라, 자기중심이 없는 상태에서 과시하려는 욕망에 휘둘리는 상황이 문제입니다. 두 사람의 삶이 꼭 그래요. 두눈박이를 한심하다고 무시하고 괴롭히는 모습은 정상이라 할 수 없습니다.

욕망에 휘둘리고 타인의 시선에 얽매이는 비정상적인 삶으로는 황금 사과라는 진정한 성공을 쟁취할 수 없다는 것이 이 이야기가 전하는 메시지입니다. 두 눈을 가진 상태로 제 앞가림도 하고 주변도 돌볼 수 있어야 진정한 성취를 거둘 수 있다는 것이지요. 두눈박이 딸이 낯선 부인으로 표현된 신적인 존재나 염소와 소통하며 젊은 기사와 교감을 이루는 것은 모두 정상적인 시선을 가졌기 때문입니다. (여기서 오해하지 말아야 하는 것은, 이야기에서 말하는 두 눈이 실제 눈이 아니라 '세상을 보는 눈'을 뜻한다는 점입니다. 시력을 잃은 사람도 이런 삶을 살 수 있고 두 눈이 멀쩡한 사람도 정상인이 되지 못하는 경우가 부지기수지요.)

이 이야기에서 저에게 강렬한 인상으로 다가온 내용은 따로 있습니다. 바로 세눈박이예요. 외눈박이와 달리 세눈박이가 드물어서가 아닙니다. 세눈박이가 하는 행동에 전율하지 않을 수 없었지요. 두 눈을 감고 잠들었으면서도 나머지 한 눈을 살짝 뜨고 주변을 살피는 모습. 영락없는 우리 자신의 모습이 아닌가요? 뭐 하나라도 더 보려고, 어디 재미있는 게 없나 보려고 이리저리 시선을 굴리면서 TV나 인터넷을 헤매는 사람들…… 잠자리에 누워서도 내내 스마트폰을 내려놓지 못하고 끊임없이 살펴보는 사람들이 바로 세눈박이의 모습이 아니고 무엇일까요. 스스로 특별하다고 여기고 똑똑하다고 자부하겠지만, 이야기는 이러한 삶이 세눈박이 괴물의 삶이라는 사실을 여지없이 폭로합니다.

옛이야기를 전승해온 사람들이 살던 세상은 지금처럼 복잡하고 요 란하지 않았습니다. 이야기 식으로 비유하자면 외눈박이나 두눈박이 는 많아도 세눈박이는 드물었지요. 그런데도 이야기는 세눈박이의 상 징을 생생히 살려내고 있습니다. 마치 몇 백 년 뒤의 세상을 훤히 내다 본 것처럼요. 이것이 옛이야기입니다.

소름 돋는 이야기를 하나 더 봅니다. 제목은 〈군소〉(Das Meerhäschen; KHM 191)예요. '열두 개의 요술 창문'이라는 제목으로 의역되기도 합 니다. 군소는 작은 바다생물인데 생김새가 토끼와 비슷해서 어부들이 바다토끼라고 부른다고 해요. 크기가 아주 작다는 사실을 염두에 두 고 보시기 바랍니다.

옛날에 한 공주가 높은 성에서 살았다. 그 성에는 사방팔방으로 창문이 열두 개 달린 홀이 있어서 거기 들어가면 온 세상을 환히 내려다볼 수 있었다. 열두 창문으로 밖을 내다보는 공주의 눈을 피할 수 있는 것은 아무것도 없었다.

공주는 무척 거만했다. 어떤 간섭도 없이 혼자 나라를 다스리려 했다. 그녀는 자기가 찾을 수 없게 숨을 수 있는 사람이라야 남편이 될 수 있 다고 했다. 많은 남자들이 공주와 결혼하려고 몸을 숨겨봤지만 아무도 그 눈을 피할 수 없었다. 그들은 모두 목이 잘린 채 장대에 매달리는 신 세가 되고 말았다.

어느 날 세 형제가 공주의 남편 자리에 도전하러 나섰다. 첫째가 석회굴에 숨고 둘째가 지하실에 숨어봤지만 단숨에 공주의 눈에 띄어서 목이 잘렸다. 다음은 막내의 차례였다. 그는 자기에게 세 번 기회를 달라면서 세 번째도 들키면 목숨을 내놓겠다고 했다. 공주는 그가 어차피 성공하지 못할 거라 여기고 그렇게 하라고 말했다.

숨을 곳을 찾아 머리를 짜내던 젊은이는 묘안을 찾지 못한 상태로 사냥에 나섰다. 그는 까마귀와 물고기와 여우를 차례로 붙잡았는데, 그들이 은혜를 갚겠다면서 애원하자 그냥 살려주었다. 그들은 보답으로 젊은이에게 몸을 숨길 꾀를 내주었다. 먼저 까마귀가 알을 쪼개서 젊은이를 들어가게 한 다음 그 위에 앉았다. 감쪽같았지만 공주는 열한 번째 창문에서 그를 찾아냈다. 다음은 물고기였다. 물고기는 젊은이를 뱃속에 삼키고 호수 밑바닥으로 내려갔다. 공주는 당황했지만, 결국 열두 번째 창문에서 그를 찾는 데 성공했다.

남은 기회가 단 한 번인 상황에서 여우가 나섰다. 장사치로 변신한 여우는 젊은이를 물에 담가 군소로 변하게 한 다음 공주에게 팔았다. 젊은이는 여우가 알려준 대로 공주의 머리카락 속에 들어가 숨었다. 공주가 열두 번째 창문까지 옮겨 가면서 샅샅이 찾아봤지만 젊은이는 좀처럼 보이지 않았다. 화가 난 공주가 창문을 세게 닫자 유리가 부서져 흩어졌다. 그때 머리카락에서 군소를 발견한 공주는 그것을 바닥에 내동댕이치면서 당장 사라지라고 소리쳤다.

다시 사람으로 변한 젊은이가 성으로 들어가자 운명에 굴복한 공주가 그를 맞이했다. 공주와 결혼식을 올린 왕자는 나라의 왕이 되었다. 그

옛이야기가 예언하는 충격적인 미래 사회학

는 자기가 세 번째에 어디에 숨었고 누가 도와주었는지 아내에게 끝까지 말하지 않았다. 아내는 남편이 자기보다 한 수 위라고 생각하며 그를 존경했다.

이야기는 길지 않지만 내용이 매우 흥미롭습니다. 젊은 남녀가 아슬아슬한 대결을 거쳐 부부가 되는 과정이 긴장감과 재미를 자아내지요. 세상 모든 것을 한 수 아래로 내려다보던 공주가 평범해 보이는 남자를 못 이기고 굴복한다는 반전이 인상적입니다. 한편으로 좀 궁금해지기도 합니다. 만약 남자가 여자의 머리카락 속에 숨어 있었다는 사실을 알려주면 공주가 어떻게 반응했을지가요. 잘 모르긴 해도, 상대에게 존경심을 갖기보다 자기의 어리석음에 울화가 치밀지 않았을까요? 그래서 남자가 끝내 말하지 않았는지도 모르겠습니다. 가까운 사이에도 비밀은 필요한 법이지요.

이야기에서 평범한 젊은이가 놀라운 능력을 지닌 공주를 이긴 힘은 까마귀와 오리, 여우처럼 보잘것없는 동물들에게서 나왔습니다. 젊은이는 그들을 불쌍히 여겨서 살려주고 그들의 말에 귀를 기울였지요. '다른 세상'과 소통함으로써, 그리고 작은 것들의 힘을 빌림으로써 그는 아무도 못했던 일을 해냅니다. 이야기는 주인공 자신이 군소로 변하는 과정을 통해서 작은 것의 힘을 더욱 잘 보여줍니다. 앞뒤가 꼭 맞게 짜인 서사라 할 수 있지요.

〈군소〉에서 특별히 관심을 끈 요소는, 공주가 특별한 도구로 지니고 있었던 열두 개의 요술창문입니다. 세상 모든 것을 환히 내려다볼 수 있는 창문이라니 드넓은 지혜의 창이라 할 수 있지요. 활짝 열린 정보의 창이라는 해석도 잘 어울립니다. 공주가 그 창문을 이용해서 혼자 세상을 다스렸다는 것은 정보의 힘이 얼마나 대단한지를 단적으로 보여줍니다. 그런 공주를 젊은이가 이길 수 있었던 것도 정보 덕분이었지요. 작지만 큰 힘을 지니는 숨어 있던 정보와 접속되었기 때문입니다.

이렇게 보면 〈군소〉는 참신하고 멋진 이야기입니다. 그런데 이야기가 전해준 것은 편안한 감동보다 무서운 소름과 전율이었어요. 세상을 환히 내다보는, 아무것도 숨을 수 없는 요술창문. 무엇이 연상되나요? 제가 직관적으로 떠올린 것은 CCTV였습니다. 머리 위에서 세상 구석구석을 살피는 수많은 CCTV 렌즈들. 내가 무심코 하는 일들을 누군가가 실시간으로 보고 있다는 것은 얼마나 소름 끼치는 일인지요. 누군가 창문에 눈을 대고 우리의 발가벗은 모습을 일거수일투족까지 들여다보고 있다면 참으로 끔찍한 일일 것입니다.

CCTV 이상으로 요술창문과 어울리는 것은 인터넷 창입니다. 윈도우 창을 열두 개쯤 띄워놓고 뒤지면 세상에 못 찾아낼 정보가 없지요. 그야말로 요술창문이 아닐 수 없습니다. 좋은 일이든 나쁜 일이든 작은 것 하나도 숨기기 어려운 세상이에요. 고성능 레이더를 가동해서 '세 개의 눈'을 이리저리 돌려 타인의 숨은 신상을 낱낱이 턴 다음, 그것을 보란 듯 내걸고 자신의 능력과 성공을 과시하는 사람들. 그리고 그 정보에 감탄하고 열광하고 환호하는 사람들……. 열두 개의 창문으로 세상을 내려다보며 걸려든 사람의 목을 잘라 매다는 공주에게

옛이야기가 예언하는 충격적인 미래 사회학

서, 그리고 공주의 지배에 종속돼 있던 사람들에게서 현대인의 모습을 본다고 하면 지나친 일일까요?

　미셸 오슬로 감독의 애니메이션 〈프린스 앤드 프린세스〉를 아시는지요? 옛이야기를 재구성한 명작입니다. 그림자 애니메이션이라는 기법도 대단하지만 이야기를 해석하는 감각이 놀라운 작품이지요.

　작품은 총 여섯 편의 삽화로 구성돼 있는데 그림형제 민담을 적용한 것이 많습니다. 다섯 번째 삽화인 '잔인한 여왕과 새 조련사'가 〈군소〉를 차용한 것이지요. 감독은 작품에서 배경을 초현대로 하고 여왕을 '고성능 레이더'를 지닌 인물로 묘사합니다. 미셸 오슬로 또한 이 오래된 이야기에서 오늘날 우리 삶의 상징을 간파한 것이겠지요. 뒤늦게 영화를 보면서 발견한 그 사실에 또 한 번 소름이 돋을 수밖에 없었습니다. 옛이야기가 동서고금의 경계를 넘어서는 만국 공통의 언어라는 사실을 새삼 실감했지요. 이 언어, 정말 특별하지 않나요!

옛이야기의 힘

빅브라더라는
21세기의 독재

〈군소〉에서 중요한 요소가 정보라고 했습니다. 명실상부한 정보의 시대라는 21세기에 더욱 눈여겨볼 바가 아닐 수 없습니다. 이제 유럽 민담들 가운데 정보의 힘과 성격을 인상적으로 보여주는 두 편의 이야기를 만나보려고 합니다. 숨은 정보, 또는 고급 정보가 갖는 양면성에 주목하면 좋겠습니다.

먼저 볼 이야기는 유고 민담인 〈동물의 언어〉입니다.[2]

옛날에 부지런하고 정직한 목동이 살았다. 어느 날 그가 양들과 함께 숲을 지나는데 이상한 소리가 들려왔다. 소리를 쫓아가니 뱀 한 마리가 불구덩이에 갇힌 채 살려달라고 울부짖고 있었다. 목동이 뱀을 위해 지

옛이야기가 예언하는 충격적인 미래 사회학

팡이를 밀어주자 뱀은 그걸 타고 불길에서 빠져나와 목동의 팔을 타고 목을 휘감았다. 놀란 목동이 화를 내자 뱀은 걱정 말라며 자기를 뱀의 왕인 아버지 집으로 데려가달라고 했다.

목동을 이끌고 어느 문 앞에 도착한 뱀이 휘파람을 불자 사방에서 뱀이 모여들었다. 뱀은 목동에게 자기 아버지가 선물을 준다고 하면 다른 것을 제쳐놓고 '동물의 언어'를 요구하라고 했다. 그러면 아버지가 그를 한참 동안 물고 있다가 원하는 걸 줄 거라고 했다.

뱀의 왕은 아들을 구해준 일을 고마워하면서 목동에게 원하는 것을 말하라고 했다. 목동이 동물의 언어를 달라고 하자 왕은 그것을 가져도 소용이 없고 곧 죽을 테니 다른 것을 가지라고 했다. 하지만 목동은 뜻을 굽히지 않았다. 그러자 왕은 눈을 감으라고 하고 목동의 입을 물었다. 그리고 목동에게 자기 입을 물라고 했다. 그렇게 서로의 입을 세 번 문 다음, 왕이 말했다. "자네는 동물의 언어를 얻었네. 하지만 아무에게도 이 일을 말해서는 안 돼. 그러면 곧바로 죽게 되지."

그곳을 떠난 목동은 숲속을 지나면서 새와 잔디들이 나누는 이야기를 들었다. 그가 양 곁으로 다가가자 까마귀 두 마리가 날아오더니 "목동이 지금 누워 있는 땅속에 금과 은이 가득한 걸 알려나 몰라." 하고 말했다. 그 말을 들은 목동은 주인과 함께 땅을 파서 귀한 보물을 잔뜩 얻었다. 덕분에 목동은 부자가 되고 예쁜 여자하고 결혼도 했다. 농장 주인이 된 그는 재산이 계속 늘어나 근동에서 제일가는 부자가 됐다.

성탄절이 되자 그는 술과 음식을 충분히 준비해 목동들한테 나눠주고 가축들이 있는 곳으로 갔다. 가축들의 말을 들어보니 닭들이 농장을 엉

옛이야기의 힘

망으로 만들자고 선동하고 있고 개들이 동조하는 중이었다. 그때 늙은 개 하나가 나서서 절대 그렇게 못 한다고 외쳤다. 대화를 다 들은 그는 하인을 시켜 늙은 개를 제외한 다른 동물을 몽둥이로 때리게 했다. 하인이 이유를 물었지만 말하지 않았다.

그가 아내와 함께 집으로 돌아가는데 아내가 탄 암말이 남자가 탄 수말을 따라오지 못하고 자꾸 처졌다. 수말이 암말에게 왜 그렇게 못 오느냐고 하자 암말이 말했다. "너랑 달리 나는 셋을 태우고 가는 중이라고! 마님이랑 그 뱃속의 아기, 그리고 내 아기까지." 그 말을 들은 농장주가 얼굴을 붉히면서 웃자 아내가 왜 웃느냐고 물었다. 남편이 아무 일 아니라고 둘러댔지만, 아내는 계속 이유를 말하라고 재촉했다. 남자가 그걸 말하면 죽는다고 했지만 소용없었다.

집에 와서도 계속 아내가 말하라고 다그치자 남자는 자기가 이유를 말하는 동시에 죽을 거라면서 미리 관 속에 들어가 누웠다. 그때 늙은 개가 달려와서 울자 농장주가 먹을 것을 주게 했는데 수탉이 음식을 가로챘다. 개가 주인이 죽는 마당에 무슨 짓이냐고 꾸짖자 수탉이 말했다. "정신이 나갔는데 죽으라고 내버려둬. 나를 따르는 암컷이 수백 마리거든. 깩깩대는 녀석은 부리로 쪼면 그만이지. 근데 어리석은 주인은 아내의 말 한마디에 죽으려고 하잖아."

그 말을 들은 주인은 퍼뜩 깨닫고 관에서 나와 몽둥이를 들고 아내에게 뛰어갔다. 그는 몽둥이를 휘두르면서, "이거야. 이게 내가 웃은 이유라고!" 하고 소리쳤다. 아내는 더 이상 이유를 궁금해하지 않았다.

옛이야기가 예언하는 충격적인 미래 사회학

결말이 조금 황당한데, 민담 특유의 유머로 받아들이면 좋겠습니다. 이런 엉뚱함에 너무 사로잡히지 않고 이면을 들여다보면 깊은 의미를 찾을 수 있지요. 이 이야기의 핵심 화소는 '동물의 언어를 알아듣는 일'입니다. 다른 사람들은 모르고 지나치는 정보를 꿰뚫어서 아는 일로 해석할 수 있지요. 다른 사람들은 '까악, 까악' 하고 듣는 까마귀 소리에서 땅속에 묻힌 보물에 대한 정보를 알아내는 식이니 아주 특별한 능력입니다. 뱀이 다른 걸 다 제쳐놓고 그것을 요구하라고 한 이유를 알 만합니다.

우리의 삶을 돌아보면 그야말로 지식과 정보의 홍수입니다. 사람들은 그중 어느 것이 진짜이고 가짜인지 모른 채 이리저리 휩쓸려 다닙니다. 수많은 동물들이 짖는 소리를 귀 따가운 소음으로 느끼는 것과 비슷하지요. 그런데 그 소음이 '의미를 지닌 말'로 들린다고 생각하면 그야말로 별세계입니다. 수많은 고급 정보를 착착 찾아낼 수 있으니 단숨에 세상의 주인공이 될 수 있지요. 평범했던 목동이 제일가는 부자가 돼서 사람들에게 턱턱 인심을 쓰는 것이 그럴 만합니다. 자기도 모르게 웃음이 나왔을 거예요.

유의할 것은 고급 정보의 양면성입니다. 세상의 숨은 정보를 알아내는 것은 위험한 일이었지요. 일단 비밀코드와 접속하는 게 쉽지 않습니다. 뱀의 왕과 서로 입을 물고 물리는 일을 반복해야 했어요. 상상해보면 참 희한하고 섬뜩한 행동입니다. 언뜻 신이나 악마와의 교감 같은 것을 연상시키기도 해요. 왜 신과 악마를 함께 말하냐면, 거기 독이 있기 때문입니다. 뱀의 왕이라니 당연히 맹독을 가진 존재였겠지

옛이야기의 힘

요. 목동은 위험한 입맞춤을 통해 독을 중화하면서 자기 것으로 삼는 중이라고 할 수 있습니다.

고급 정보가 어떻게 독이 되는지를 우리는 이야기에서 볼 수 있습니다. 그것은 먼저 '손 쉬운 독재'로 이어집니다. 남자는 자기를 공격할 마음을 품었던 동물들을 몽둥이로 다스리지요. 하인은 이유를 모른 채 명령을 따르고, 주인은 "너희들이 뛰어봤자 손바닥 안이지!" 하는 식으로 회심의 미소를 짓습니다. 요즘 식으로 풀면 농장주는 부하 직원들의 속내를 일거수일투족까지 감시하고 지배하는 경영자와 같습니다. 그에게서 정보를 독점해서 세상을 쥐고 흔드는 '빅브라더'의 면모를 봅니다. 무섭지 않나요? 그에게는 최고의 능력이겠지만 아랫사람으로서는 정보 독재에 꼼짝없이 당하는 '개와 닭' 신세니까요.

고급 정보가 갖는 또 하나의 독은 그것이 자기 자신을 해칠 수 있다는 것입니다. 이야기에 따르면 주인공이 동물의 언어를 안다는 사실이 세상에 알려지는 순간 그가 죽는다고 합니다. 아무도 모르게 전면적으로 진행돼온 정보 수집과 활용의 비밀이 노출되는 순간, 사용자는 무사할 수 없지요. 그동안 자기도 모르는 사이에 당했던 사람들과 개 돼지 취급을 당했던 이들이 가만 있지 않을 테니까요. 국정원의 민간인 사찰이 드러나면서 권력이 흔들린 사례를 봐도 이것이 상상 속 허구가 아님을 알 수 있습니다.

〈동물의 언어〉에서 농장주는 수탉의 말에서 힌트를 얻어서 죽을 위험을 피합니다. 과연 이것이 잘된 일이라 할 수 있을지 모르겠어요. 아내가 이유를 묻지도 못한 채 살아간다는 결말이 꺼림칙합니다. "그들은 행복하게 잘 살았다"라는 결말이 없다는 점에도 주목하게 됩니다. 그 뒤의 일이 어떻게 됐을지에 대한 상상은 여러분에게 맡깁니다.

이 이야기에서 주인공에게 동물의 언어라는 초특급 비밀 코드를 전해준 존재는 뱀입니다. 뱀과 정보의 연결은 꽤 자연스럽습니다. 뱀은 수풀 속을 스스르 기어다니는 존재이니 숨은 정보를 쉽게 얻을 수 있지요. 뱀이 움직이는 곳이 바닥이니까 밑바닥 정보와의 연결도 자연스럽습니다. 이야기는 이것을 '동물의 언어'로 표현하고 있다고 보면 됩니다.

옛이야기에서 뱀과 정보가 연결되는 사례는 많습니다. 우리나라에도 인상적인 이야기가 있지요. 신라의 48대 왕인 경문왕을 아시나요? 유명한 〈임금님 귀는 당나귀 귀〉의 주인공입니다. 유난히 귀가 컸으며 그것을 숨기려 했다는 경문왕은 정치적 혼란기를 살았던 인물입니다. 왕위가 이리저리 넘어가면서 왕좌가 불안했던 시기였지요. 경문왕 자신도 선대 임금인 헌안왕의 사위로서 왕위에 오른 경우입니다. 이런 경문왕과 관련해 당나귀 귀 이야기 말고 또 하나의 범상치 않은 이야기가 전해 내려옵니다. 바로 뱀에 대한 내용이에요.

왕의 잠자리에는 매일 저녁 수많은 뱀 무리가 함께 모였다. 궁인이 놀라고 겁나서 쫓아내려고 하자 왕이 말했다. "과인은 뱀이 없으면 편안히 잘 수가 없다. 금하지 말지어다!" 매번 잠잘 때 뱀들은 혀를 내밀어 가슴을 가득 덮었다.

《삼국유사》의 '경문대왕(景文大王)' 조에 실려 있는 내용입니다. 여기서 왕의 잠자리에 몰려들어 혀로 가슴을 덮었다는 뱀 무리의 정체는 무엇일까요? 학자들의 일반적인 해석은 그것이 왕을 지키던 화랑이나 호위무사라는 것입니다. 간혹 궁녀로 해석하기도 하지요.

저는 뱀이 명백히 정보와 연관된다고 생각합니다. 뱀들은 왕의 정보원이라는 것이지요. 자리가 불안했던 왕은 곳곳에 비밀 정보원들을 심어놓았다가 밤이 되면 그들을 통해 각종 정보를 취합했다는 것입니다. 뱀들이 혀를 내밀어 가슴을 덮었다는 것이나, 그래야 편안히 잠들 수 있었다는 것은 '정보 보고'와 꼭 맞아떨어지지 않나요?

뱀으로 표현된 정보의 속성을 화제로 삼는 이야기를 하나 더 보겠습니다. 그림 민담 〈하얀 뱀〉(Die weiße Schlange; KHM 17)입니다.

온 나라에 지혜롭기로 이름난 왕이 있었다. 무엇이든 그가 모르는 일은 없었다. 아무리 꼭꼭 감춰도 공기를 통해서 소식이 전해지는 듯 알아냈다. 왕에게는 이상한 습관이 있었다. 점심 식사를 마친 뒤 사람들이 물러나면 믿을 만한 시종을 시켜서 그릇을 가져오게 했다. 남들 앞에서는 뚜껑을 열지 않았기 때문에 시종조차도 그릇에 무엇이 담겨 있는지 알지 못했다.

그런 일이 계속되던 어느 날, 젊은 시종은 궁금증을 참지 못하고 그릇을 자기 방으로 가져가서 열어보았다. 그 속에는 하얀 뱀 한 마리가 요리되어 있었다. 한번 맛보고 싶은 욕구에 휩싸인 시종은 한 조각을 입에 넣었다. 고기가 혀에 닿자 창가에서 이상한 속삭임이 들려왔다. 다가가니 참새들이 자기들이 본 일을 이리저리 말하고 있었다. 이때부터 시종은 동물들의 말을 알아듣게 되었다.

다음 날 왕비가 특별히 귀하게 여기던 반지가 사라졌다. 왕은 방을 드나들던 시종을 의심해서 벌을 주려고 했다. 다음 날까지 범인을 못 찾아내면 사형에 처하겠다고 했다. 걱정에 빠져 있던 시종의 귀에 오리들이 주고받는 이야기가 들려왔다. 그중 한 마리가 왕비의 방 창문에 있는 반지를 삼키고서 체했다고 투덜거렸다. 시종은 그 오리를 붙잡았고 그 뱃속에서 반지가 나오는 바람에 무죄를 증명할 수 있었다.

시종은 귀한 자리를 주겠다는 왕의 제안을 거절하고 말 한 마리와 노잣돈을 받아서 세상 구경을 나섰다. 그가 연못가를 지나는데 통 속의 물고기 세 마리가 죽음을 앞두고 탄식하는 말이 들려왔다. 불쌍하게 여긴 시종은 말에서 내려 그들을 물로 돌려보냈다. 이어서 그가 들은 것은 자기 백성들이 말발굽에 밟혀 죽을 것을 걱정하는 개미 왕의 말이었다. 시종은 말의 방향을 틀어 개미들을 살려주었다. 다음은 부모에게 쫓겨나서 죽게 된 새끼 까마귀들이 배가 고프다며 우는 말이었다. 시종은 자기 말을 잡아서 그들이 배불리 먹도록 했다. 구원을 얻은 동물들은 기뻐하면서 꼭 은혜에 보답하겠다고 말했다.

다시 길을 가던 시종은 신랑감을 구하는 아름다운 공주에 대한 이야기를 들었다. 주어진 과제를 완수하면 짝이 될 수 있지만 해내지 못하면 목숨을 내놓아야 한다고 했다. 벌써 여러 사람이 실패한 상황이었다. 공주는 더없이 아름다웠고, 시종은 그녀에게 반해서 청혼을 했다.

옛이야기의 힘

시종에게 주어진 첫 번째 과제는 공주가 바닷물에 내던진 금반지를 되찾아오는 일이었다. 시종이 어찌할 바를 모르고 있을 때 물고기 세 마리가 헤엄쳐 왔다. 예전에 목숨을 구해준 물고기들이 반지를 물고 온 것이었다. 두 번째 과제는 잔디밭에 뿌려진 수많은 알곡을 빠짐없이 주워 모으는 일이었다. 이번에는 개미떼가 나타나 그 일을 해주었다.

공주는 만족하지 않고 또 다른 과업을 요구했다. 생명의 나무에서 사과를 따 와야 결혼하겠다는 것이었다. 시종이 그런 나무가 어디 있는지 알지 못한 채 방황하고 있는데 까마귀들이 나서서 바다 너머 세상 끝에 있는 생명의 나무에서 황금빛 사과를 따 와서 은인의 손에 안겨주었다. 기쁨에 찬 시종은 공주와 과일을 나누어 먹었고, 공주의 가슴속에 사랑이 가득 차올랐다. 그들은 오래오래 평화롭고 행복하게 살았다.

이 이야기도 동물의 말을 알아듣는 일이 화두인데, 그 능력이 뱀과 관련된다는 점이 눈길을 끕니다. 앞에서는 '뱀의 왕'이었는데 이번에는 '하얀 뱀'이에요. 백사는 예전부터 희귀한 대상이었지요. 뱀이 정보력을 상징한다고 할 때 뱀의 왕이나 하얀 뱀은 아주 특별한 정보력을 의미합니다. 최고의 정보, 또는 희귀한 정보와 접속하는 능력이지요.

〈동물의 언어〉에서는 뱀의 왕과 주인공이 거듭해서 서로 입을 물었다고 하는데 여기서는 시종이 뱀 고기를 먹었다고 합니다. 조금 싱거운 느낌이지만, 의미상으로 보면 자연스럽습니다. '먹어서 소화하는 일'은 대상을 자기 것으로 만드는 가장 가깝고도 확실한 방법이지요. 주인공은 뱀 고기를 먹음으로써 고급 정보를 얻는 비밀스럽고도 특별

옛이야기가 예언하는 충격적인 미래 사회학

한 능력을 얻게 되었다고 볼 수 있습니다.

이야기에서 주인공인 시종에 앞서 살펴볼 것은 이전부터 하얀 뱀 고기를 먹어온 왕입니다. 오랫동안 하얀 뱀을 먹어왔으니 시종보다 훨씬 큰 능력을 가지고 있었겠지요. '무엇이든 그가 모르는 것은 없었다'는 데서 막대한 능력을 짐작할 만합니다. 그는 그 능력으로 무엇을 했을까요?

이야기에서 왕의 구체적인 행적은 관심 대상이 아니지만, 짐작할 만한 단서들이 있습니다. 먼저 눈여겨볼 것은 그가 남몰래 혼자서만 뱀 고기를 먹었다는 사실입니다. 뱀에 관한 사항은 최측근에게도 완벽한 비밀이었지요. 특별한 정보를 혼자서 독점하고 있었던 것입니다.

또 한 가지 주목할 사항은 그가 왕이었다는 사실입니다. 정보를 가지고 그가 한 일은 나라를 통치하는 일이었겠지요. 문제는 그게 어떤 지배였을까 하는 점입니다. 모름지기 독재일 가능성이 큽니다. 혼자만 알고 있는 고급 정보로 자행하는 정보 독재 말입니다. 앞서 〈동물의 언어〉의 농장주를 '빅브라더'라고 언급했는데, 이 말은 세상을 지배하는 왕에게 더 잘 어울립니다. 고도의 정보 시스템을 독점한 채로 저 위에서 세상을 조종하는 빅브라더 통치자. 무섭지 않나요? 그가 다스리는 세상이 살 만한 곳이었을지 의문입니다. 가까이 두었던 측근을 곧바로 처형하려 한 데서 그의 지배 방식을 확인할 수 있지요. 인간적 상호교감이나 공생 같은 것은 없고 오로지 정보와 효율성만 난무하는 차가운 사회를 떠올리게 됩니다. 우리가 살고 있는 세상도 점점 그런 쪽으로 가고 있어서인지 더 엄중하게 느껴집니다.

흥미로운 사실은 왕이 비밀리에 사용했던 정보 통제 시스템이 완벽하지 않았다는 사실입니다. 왕비가 반지를 잃어버린 일은 이를 단적으로 보여줍니다. 거기에는 구멍이 있었지요. '안에서 새는 바가지 모른다'는 식으로, 정작 옆에서 발생한 문제의 답을 못 찾고 있는 상황입니다. 허점이 드러나자 왕은 당황하면서 엉뚱한 사람을 의심하고 몰아붙이지요. 극단적인 합리성을 추구하는 정보 사회의 비합리성이라 할 수 있습니다. 저런 1인 독재가 문제없이 지속될 수는 없는 법이지요. 아마 저 왕국은 오래가지 못했을 것입니다.

시종은 최고의 자리를 주겠다는 왕의 제안을 거절하고 왕국을 떠납니다. 세상 구경을 하고 싶어서라고 말하지만, 왕국의 독재 시스템에 반감을 느낀 것이라고도 볼 수 있습니다. 왕의 제안을 받아들이면 그 시스템과 한몸이 되는 셈이니 그의 거절은 현명한 선택이었지요.

왕국을 떠나서 세상으로 나아간 시종이 자신의 특별한 정보력으로 행하는 일들이 아주 인상적입니다. 그는 왕과 전혀 다른 새로운 길, 즉 소통과 공생의 길을 걷고 있어요.

시종은 특유의 능력을 남을 돕는 일에 아낌없이 활용합니다. 통에 갇힌 물고기나 발에 밟힐 뻔한 개미들을 도와주는 것도 그렇지만 굶주린 새끼 까마귀들을 위해 자기 말을 먹게 하는 일은 예상을 뛰어넘습니다. 물고기나 개미, 까치는 모두 사람들이 무시하는 미천한 존재들이에요. 그럼에도 기꺼이 그들의 '말'을 듣고 문제를 해결하는 시종은, 독재가 아닌 민주적 의사소통과 시스템이라는 새로운 질서의 주역으로서의 면모를 지닙니다. 시종의 도움을 받은 미천한 동물들이 기꺼이 나서서 그를 도우니, 어떤 어려운 과제도 척척 해결되지요. 수평적 연대와 상호부조의 공생이 오롯이 실현되는 모습입니다. 이렇게 세상을 바꾸어나가는 주인공은 한 명의 혁명가라 할 만합니다.

공주도 잠깐 살펴봅니다. 이 이야기에서 공주는 앞에서 본 〈수수께끼〉나 〈군소〉의 공주와 비슷합니다. 아름답지만 무척 냉정한 인물이지요. 그녀가 중요하게 여기는 것은 오로지 '능력'입니다. 공주가 낸 과제들을 보면, 그 능력은 역시 정보력과 관련이 깊습니다. 바닷물에 빠진 반지를 찾아오려면 넓고 깊은 정보가 필요하고, 잔디밭의 알곡을 모으려면 정확한 정보와 치밀한 탐지력이 필요하지요. 황금 사과를 구하기 위해서는 현실에 존재하는 것을 넘어서는 새로운 정보가 필요합니다. 주인공은 이것들을 혼자만의 힘이 아닌 연대와 공조를 통해 얻습니다. 새로운 방식으로 공주의 틀을 깨지요.

이야기는 공주가 주인공과 황금 사과를 나눠 먹은 뒤 마음속에 사랑이 차올랐다고 합니다. 여기서 '나누어 먹었다'라는 사실이 아주 중요합니다. 그동안 '이겨서 상대방을 누르는 일'을 당연하게 여겼던, 능력이 없으면 꺼져야 한다고 믿었던 공주는 이 남자를 통해서 삶의 패러다임을 바꾸고 있습니다. 귀한 가치를 함께 나누는 것이 얼마나 좋은 일인지 깨달으면서 따뜻한 공존의 가치를 발견하고 있지요. 그 모습에서 우리가 나아가야 할 미래의 길을 봅니다. 〈수수께끼〉나 〈군소〉와 달리 이들이 '오래도록 평화롭고 행복하게 살았다'고 서술돼 있음을 무심히 볼 일이 아닙니다.

신세계가 되는 플랫폼,
지옥이 되는 플랫폼

이야기를 이야기답게 만드는 요소를 화소(motif)라고 합니다. 옛이야기의 화소는 아주 다양하지요. 상상할 수 있는 모든 것이 화소가 될 수 있습니다. 방금 본 〈하얀 뱀〉만 해도 '하얀 뱀의 고기', '동물의 말소리', '목숨을 건 청혼', '황금 사과' 같은 여러 화소를 포함하고 있지요.

옛이야기를 보면서 화소의 다채로움과 신기함에 놀랄 때가 많습니다. 특히 수백, 수천 년 뒤의 세상을 내다본 듯한 화소를 만날 때 충격을 받습니다. 앞에서 본 세눈박이나 열두 창문도 그랬지요. 빅브라더의 원형이라 할 '남몰래 뱀 고기를 먹는 왕'도 마찬가지고요. 이제 툴(tool)이나 플랫폼(platform) 차원에서 먼 미래를 미리 내다본 듯한 화소가 담겨있는 이야기들을 살펴보려고 합니다.

먼저 볼 것은 살아서 움직이는 그림에 대한 이야기입니다. 한국에도 이런 이야기가 있는데 중국 것으로 볼게요. 제목은 〈마량의 신기한 붓〉입니다. 한국에서 살고 있는 중국인 여성이 구술한 내용으로 소개합니다.[3]

옛날에 마량이라는 남자아이가 있었다. 그림 그리기를 아주 좋아했는데 집이 너무 가난해서 붓을 가질 수 없었다. 어느 날 마량이 길을 가는데 어떤 화공이 원님 집에서 그림을 그리고 있었다. 그 모습을 구경하던 마량이 "나도 잘 그릴 수 있는데. 붓 하나만 있으면!" 하고 말하사 원님이 "이놈의 거지, 썩 꺼져!" 하면서 쫓아냈다.

마량은 매일 힘들게 일하면서 계속 그림을 그렸다. 산에서 나무를 하면서 나뭇가지로 땅에 그림을 그리고, 물가로 가면 손으로 물에 그림을 그렸다. 그의 그림 실력은 남달랐다. 꽃을 그리면 나비들이 진짜인 줄 알고 날아올 정도였다.

마량은 밤에 잠을 자면서도 꿈속에서 "아, 붓 하나만 있으면!" 하고 말했다. 그러던 어느 날 꿈에 수염이 하얀 할아버지가 나타나 붓을 하나 주면서 그걸로 좋은 그림을 많이 그리라 하고 사라졌다. 깜짝 놀라서 눈을 떠보니까 꿈에서 본 붓이 손에 들려 있었다.

붓이 생긴 마량은 행복한 마음으로 얼른 그림을 그렸다. 그가 수탉 한 마리를 다 그렸을 때였다. 닭이 "꼬끼오!" 소리를 내면서 그림 속에서 나왔다. 그림 속의 닭이 실제로 살아난 것이다. 다른 것을 그려도 마찬가지였다. 그 붓으로 그림을 그리면 무엇이든 실물이 되었다.

마량은 그 붓을 가지고 불쌍한 사람을 도왔다. 굶주린 아이들을 위해 밥을 그려서 먹게 하고, 힘들게 일하는 노인들을 위해 소를 그려서 밭을 갈게 했다. 그에 관한 소문이 퍼지자 원님이 그를 붙잡아서 자기를 위해 그림을 그리라고 했다. 마량이 명을 받들지 않자 원님은 그를 감옥에 가두었다. 마량은 사다리를 그려서 감옥을 빠져나온 뒤 말을 그려서 타고 도망쳤다.

사는 곳을 옮긴 마량은 가난한 사람을 도우면서도 소문이 안 나게끔 조심했다. 그림을 그릴 때 다리를 하나 빼든가 눈을 덜 그려서 움직이지 않게 했다. 그러던 어느 날 마량은 동물을 그리다가 무심코 두 눈을 다 그렸고, 그 동물이 살아서 움직였다. 소문은 곧 세상에 퍼졌고 그는 임금에게 잡혀가는 신세가 됐다.

마량은 그림을 그리라는 임금의 명령을 거부했다. 임금은 그 붓을 빼앗아서 다른 사람에게 그림을 그리게 했으나 아무 소용이 없었다. 임금은 마량에게 그림을 안 그리면 사람들을 해치겠다고 협박했다. 생각 끝에 붓을 잡은 마량은 멀리 뒤쪽에 금으로 된 산을 그렸다. 왕이 빛나는 금산을 보고 좋아하자 마량은 그 앞에 바다를 그렸다. 임금은 마량에게 배를 그리라고 명령하고 부하들과 함께 배에 올라탔다.

"배가 나아가게 바람을 그려라." 바람을 그리는 마량에게 왕은 더 세게 그리라고 소리쳤다. 마량은 쉬지 않고 바람을 그렸다. "이제 됐으니 그만……" 아득히 소리가 들려왔지만 마량의 붓질은 계속됐다. 결국 배는 뒤집어지고 거기 탄 사람들은 다 죽고 말았다. 붓을 들고 사라진 마량은 다시 세상에 나타나지 않았다.

옛이야기가 예언하는 충격적인 미래 사회학

살아서 움직이는 그림을 그리는 붓, 재미있지 않나요? 방금 플랫폼이라고 했는데, 이 붓은 어떤 플랫폼일까요? 움직이는 그림이니 애니메이션이 떠오르지만, 생각해보면 그 이상입니다. 그냥 그림이 움직이는 게 아니라 실물이 돼서 움직이니 '실사 동영상'에 가깝습니다. 영상을 찍은 것도 아니고 그림을 그렸는데 실사 동영상이 된다면 완전 최첨단 아닐까요? 그런 붓이 있다면 유튜브를 능가하는 놀라운 플랫폼이 될 것입니다.

처음 마량의 붓 화소에 대한 생각은 이 정도였어요. 이미 동영상이 보편화된 상황에서 '미래의 플랫폼'이라고까지 말하기는 어렵겠다고 여겼지요. 그런데 생각해보니 저 붓이 만들어낸 것은 애니메이션이나 실사 동영상 수준이 아니었습니다. 임금이 타고 간 배를 상상해보세요. 휘몰아치는 바람 속에 물결 위를 떠가는 배라니, 3D를 넘어서 4D VR이나 증강현실 수준입니다. 아니, 그 이상이에요. 단순한 가상효과가 아니라 실제 상황이니까요. 이런 플랫폼이 만들어진다면 세상은 완전히 뒤집어질 것입니다. 사람이나 괴물이 실제로 피를 흘리며 죽어나가는 슈팅 게임, 소름 돋지 않나요? 세상에 '핵 단추'를 누르도록 명령할 권한을 가진 사람이 한 명이 아니라는 사실을 생각하면 더욱 소름이 끼칩니다.

마량의 붓은 새롭고 놀라운 마법의 도구이지만 그만큼 위험합니다. 그 위험성은 굳이 길게 설명하지 않아도 될 거예요. 임금이 어리석다고 비난할 일이 아닙니다. 동영상이나 가상현실 게임, 데이트 앱 따위에 빠져서 허우적대는 사람이 부지기수인 세상이니까요. 어쩌면 그것은 옛이야기 속 거인이나 마녀보다 더 무섭고 끔찍한 저주가 될 수 있습니다. 마량이 붓을 가지고 사라진 것도 그 위험성을 알았기 때문이 아닐까요? 붓을 없애는 일이 불가능해진 상황에서 첨단 도구나 플랫폼의 빛과 그늘을 냉철히 통찰해야 할 시기입니다.

이어서 한국의 민담을 살펴봅니다. 플랫폼에 해당하는 화소는 여우가 가지고 있던 신기한 해골바가지입니다. '머리에 쓰면 둔갑하는 해골'로 보고된 이야기인데 그냥 제목을 〈신기한 해골〉로 하겠습니다. 구술자료 원전을 최대한 살려서 소개합니다.[4]

그 전에 한 사람이, 옛날 사람이 쟁기를 짊어지고 쟁기질을 하러 산골짜기로 가니까, 여우가 해골바가지를 둘러쓰면 이쁜 각시가 되고 그놈 벗으면 여우고 되고 그러더라우. 그러니까 개를 데리고 가서는, "야, 가만가만 가서 쾅 짖고 뒷다리 꽉 물어라." 그랬어. 그러니까 개가 가서 컹 하니까 그 해골바가지를 내버리고 도망했네, 여우가.
그놈을 갖고 와서는 인제 강아지에게다 그놈을 씌우니까 예쁜 각시가 됐어. 그놈을 쓰고는 쟁기질하는 데 졸졸 따라댕겨. 각시가 밥을 해서 있는 것 없는 것 장만해서 이고 가니까 아 예쁜 각시가 쟁기질하는 데로 졸졸 따라댕기거든. '저 오살할 영감이 나보고 좋게 하고 살았건만 저런 년 어디 가서 얻어갖고 와서 데리고 댕긴다.' 그놈을 그냥 산비탈에다 내팽개쳐버리고 집으로 달려와서 머리를 싸매고 누웠어. 작은 년 얻어갖고 그러고 댕긴다고.

옛이야기가 예언하는 충격적인 미래 사회학

아 쟁기질하다가 배고파 죽겠는데 아무리 봐도 밥을 가지고 와야지. 해다 가서 집에 오니까 머리를 싸고서 누웠더라우. "아이 배고파 죽겠네. 얼른 밥 쪼께 해주소." 아내가 보니까 이쁜 각시가 부엌에 와 섰거든. 밥은 안 하고 부지깽이 갖고 그놈을 때리는데 개니까 얼마나 잘 도망하겠어? 쫓아가서 때리려고 하면 도망갔다가 집에 오면 도로 와서 섰고 섰고, 굿이 볼 만하드래여.

그제서는 인제 "워리 워리!" 그래갖고는 해골바가지를 벗겨서 소에다가 그놈을 씌워놨어. 소가 또 이쁜 각시가 됐어. 외양간에 가서 그놈을 때리니까 매여 있어서 도망도 못하고 홀딱 뛰고 홀딱 뛰고 그러드랴. 아 우습고 배는 고파서 못 살겠드랴.

그제서는 "여보소, 이것 좀 보소. 이만저만해서 여우 해골바가지라서 그러네." 딱 벗겨놓으니까 소거든. 개에다 씌워놓으니까 개가 또 이쁜 각시가 되거든. "보소. 내가 이랬지 언제 작은 사람 얻었다고 그러는가? 밥이나 어서 해줘."

"그러면 그렇지. 우리 서방님이 그럴 리가 있간디!" 하면서 밥을 해서 주고서는, 그 앞에 큰 주막이 있는데 예쁜 가시나 하나를 얻어서 쓰련다고 그러더라우. 그놈을 팔아먹으려고 개를 데리고 가서는, "야, 여기서 있거라. 나 나오기까지 서 있거라." 그러고는 씌워가지고 가서 큰애기 값을 단단히 받고는 뒷문으로 가버렸어.

가니까, 이왕 돈 주고 샀으니까 큰애기 건드려본다고 가서 건드리니까 홀딱홀딱 뛰더니만 도망해버리고 없어. 개라서 먼저 뛰어서 왔길래 얼른 해골바가지를 벗고 있으니까, "야 이 사람아. 큰애기를 손 조금 대려니까 어디로 뛰어서 도망하고 없다." "이 사람아. 그러니까 내가 조심하라고 않던가!" 그러니까 뭐 할 수가 없지.

그놈을 서울로 가지고 갔던가 봅디다. 서울 갖고 가서 그놈을 씌워놓고는 이쁜 큰애기로 팔아먹고 팔아먹고 해놓고는 집에 왔더니 개가 서울에서 집까지 찾아왔더라우.

내용도 표현도 무척 재미있어서 유쾌하게 웃고 넘기기에 딱 좋은 이야기입니다. 그런데 이 이야기에 미래사회학이 담겨 있고 첨단 플랫폼이 들어 있다는 건 무슨 소리일까요?

개든 소든 씌우기만 하면 단번에 미인으로 바꿔주는 해골. 실제로 존재한다면 많은 사람들이 탐낼 만한 보물이에요. 그런데 이런 게 오늘날 현실 속에 실제로 존재한다면 믿어지시나요?

제가 먼저 떠올린 것은 메이크업 기술이나 전신 성형수술, 포토샵, 아바타, 가상현실 캐릭터 등이었습니다. 사람을 놀랍게 변화시켜주는 기술이지요. 이어서 떠올린 것은 페이스북이나 인스타그램 같은 SNS였습니다. '개나 소나' 전부 미남 미녀이고 '내가 제일 잘 나가'로 만들어주는 놀라운 알고리즘과 매커니즘이 작동하는 곳이지요. 그 속에 담긴 것은 0과 1의 무수한 조합이고 드러난 것은 수천만 화소(pixel)일 따름이니 그야말로 메마른 뼈다귀이지요. 그런데 그게 사람을 감쪽같이 탈바꿈시키는 거예요. 이야기 속의 해골바가지와 딱 들어맞지 않나요?

본래 여우의 것이었던 해골은 보물인 동시에 요물이었습니다. 특성

옛이야기가 예언하는 충격적인 미래 사회학

을 잘 아는 사람에게는 보물이지만 거기 속아서 이성을 잃고 돈까지 날리는 사람에게는 요물이지요. 현실에도 요물에 정신이 팔렸다가 돈은 말할 것도 없고 인생이 망가지는 사람이 정말 많아요. 이야기 속의 '미녀로 변신한 개'처럼 그것은 욕심을 품고 건드리는 순간 증발해버리는 신기루와 같습니다.

아직 실현되지 않은 미래적인 툴 혹은 플랫폼에 관한 이야기를 하나 더 살펴볼게요. 역시 한국의 민담인 〈호랑이 눈썹〉입니다. 제목에 주인공이 나와 있네요. 그 눈썹은 어떤 물건일지 함께 볼까요?

옛날에 부모 없이 남의집살이를 하는 사내가 있었다. 사내의 착실함을 눈여겨본 주인은 그를 자기 딸과 결혼시키고 살림을 내주었다. 아내를 얻은 사내는 전보다 더 열심히 일했다. 그런데 하는 일마다 통 되는 것이 없었다. 자식도 안 생기고 재산이 자꾸 줄어 빈털터리가 되었다.

살기 싫어진 사내는 차라리 호랑이 밥이 되겠다며 깊은 산골짜기로 들어갔다. 그가 하얀 범을 발견하고 자기를 잡아먹으라고 소리치자 호랑이가 잡아먹지는 않고 눈썹 하나를 뽑아주었다. 그걸 가지고 내려가서 눈에 대고 사람들을 살펴보면 뭔가를 알게 될 거라고 했다.

마을로 내려온 사내가 호랑이 눈썹을 눈에 대고 사람들을 살펴보니 모양이 제각각이었다. 사람으로 보이는 이들도 있지만 동물로 보이는 사람들이 많았다. 자기를 내려다보니 사람이었는데 집에 와서 살펴보니 아내는 사람이 아니고 암탉이었다.

자기 삶이 안 풀리는 이유를 알게 된 사내가 시름에 빠져 있는데 옹기를 파는 부부가 다가왔다. 사내가 호랑이 눈썹을 대고 보니까 여자는 사람인데 남자는 수탉이었다. 사내가 남자를 불러서 사는 게 어떠냐고 묻자 그는 되는 일이 하나도 없다면서 한숨을 내쉬었다. 사내는 자기도 마찬가지라면서 인연이 엇갈려서 그런 듯하니 서로 아내를 바꿔서 살아보자고 했다. 일이 되려고 그랬는지 양쪽 부부가 모두 제안을 받아들였다. 옹기 장사꾼이 집에 눌러앉고, 사내는 짐을 짊어지고 길을 나섰다. 그 후로 사내는 하는 일마다 술술 풀려서 몇 년 만에 큰 부자가 되고 자식도 얻었다. 그가 궁금한 마음에 예전에 살던 곳을 찾아가보니 그 부부도 자식을 낳고 부자가 되어 잘 살고 있었다고 한다.

부부끼리 배우자를 바꾸다니 상당히 충격적입니다. 그렇게 해서 양쪽 부부가 다 잘됐다고 하니 더 놀라운 일이에요. 사람마다 저마다의 속성이 있고 어울리는 짝이 있다는 인식을 파격적인 스토리로 펼쳐낸 이야기입니다. 어른들이 맺어준 짝을 본인들이 나서서 조정한다는 점에서 도전적인 의미도 담겨 있지요.

이야기에서 눈여겨볼 것은 호랑이 눈썹이라는 화소입니다. 이야기는 눈에 호랑이 눈썹을 대면 사람의 숨은 모습이 보인다고 합니다. 자료에 따라서는 전생이 보인다고도 해요. 이때 전생은 '타고난 숨은 본질'로 이해할 수 있습니다. 누구나 타고난 기질과 속성이 다르잖아요? 호랑이 눈썹은 그것을 한눈에 보여주는 힘을 가진 물건이니 신기하고 놀라운 보배라 할 수 있습니다. 도구나 플랫폼의 차원으로 이해하자

옛이야기가 예언하는 충격적인 미래 사회학

면, 사람을 태양인과 태음인 등으로 나누는 사상의학이나 인간의 성격을 열여섯 가지 유형으로 구분하는 MBTI 등을 떠올리게 됩니다. 호랑이 눈썹은 그 속성을 닭과 개, 쥐와 소 등으로 짚어내니 더 정교하고 유기적인 도구라 할 만하지요.

호랑이 눈썹을 대고 살펴본 전생, 또는 이면적 본질을 저는 '서사'라고 표현합니다. 우리 각자의 삶을 움직이는 이야기로서의 자기서사가 그것이지요. 자기서사를 제대로 투시함으로써 우리는 새로운 길을 찾을 수 있습니다. 꽉 막힌 절망적인 상황이 희망과 행복으로 바뀌는 인생 역전을 경험할 수 있지요. 그 자기서사를 비춰주는 호랑이 눈썹은? 바로 옛이야기입니다.

세월의 검증을 거친 인류의 원형적 유산인 옛이야기가 인간의 내면을 비춰주는 도구이자 플랫폼이 될 수 있다는 사실이 흥미롭지 않나요? 이 플랫폼을 실용화할 수 있다면 아주 놀라운 일이 될 것입니다.

그게 과연 가능하겠냐고 묻는다면, 그렇다고 말하고 싶습니다. 그 비슷한 도구가 있습니다. 아직 초기 단계에 있지만, 점차 효과가 드러나고 있지요. 바로 문학치료학의 원리를 적용한 자기서사 진단도구입니다. 제가 몇 년간 연구와 시험을 거쳐서 만든 것으로 이름은 'MMSS 진단지'입니다. '내 안의 심층 서사를 비춰주는 마법의 거울(Magic Mirror for the Story-in-depth of Self)'이라는 뜻을 가진 진단지예요. 국내외 26개 설화의 서사적 쟁점에 대한 반응을 확인하는 170여 개 문항으로 구성돼 있는데, 그 반응을 종합해서 자기서사의 특징을 짚어내는 방식으로 진단합니다. 이 책에서 소개한 이야기들도 26개 설화 안에 다

수 포함돼 있지요.

MMSS 진단지로 300건이 넘는 검사를 진행하고 100명이 넘는 인원을 대상으로 서사상담을 진행한 결과 그것이 자기이해에 큰 효과가 있음을 확인할 수 있었습니다. 두 번의 공개발표를 거쳐 2020년에 정식 논문을 제출했고, 문학치료 현장에서 활용하고 있지요.[5] 세상을 바꿀 수 있는 하나의 새로운 플랫폼이 될 거라 기대하고 있습니다. 이야기의 숨결과 힘이 깃든 새로운 폼이니, 플랫폼(platform)이 아니라 '라이브폼(liveform)'이라고 말하고 싶네요. 우리 인문학이 세계에 던지는 하나의 맹랑한 도전입니다. K-POP, K-드라마, K-방역에 이어 K-HUMANITAS, 곧 K-인문학도 한번 힘을 내봐야 하지 않겠어요!

저는 이 새로운 플랫폼이 많은 사람들의 폭넓은 참여 속에 진정한 보배로 발전하면 좋겠다는 꿈을 가지고 있습니다. 옛이야기가 시공간의 경계를 뛰어넘는 원형적 힘을 가지고 있는 것은 수많은 사람들이 전승에 참여했기 때문이지요. 여러분이 새 역사를 함께 만들어가는 주역이 되어주면 더 바랄 것이 없겠습니다.

옛이야기가 예언하는 충격적인 미래 사회학

Chapter 12

냉혹한 세상에도
나만의 길은 있다

그때도 지금도
도피는 방법이 아니다

요즘 판타지가 유행입니다. 로맨스 판타지나 현대 판타지 같은 이름으로 인터넷에 올라오는 작품들은 그대로 판타지인 경우가 많아요. 전능한 능력이나 만능 도구를 가지고 별다른 어려움 없이 최고의 성공을 이루어가는 식입니다. 이런 판타지는 대리만족을 전해주지만, 공허한 면도 있지요.

그런데 민담은 다릅니다. 민담은 단순한 판타지가 아니에요. 그 속에는 인생의 현실이 정확하게 투영됩니다. 앞에서 '판타스틱 리얼리티'라는 말을 썼는데 순서를 바꾸어서 '리얼리스틱 판타지'라고 해도 좋겠어요.

이제 볼 이야기는 〈헨젤과 그레텔〉(Hänsel und Gretel; KHM 15)입니다.

모르는 사람이 없을 정도로 유명한 이야기지요. 많은 사람들이 잔혹하다고 여기는 작품이기도 합니다. 이 이야기를 생각하면 끔찍한 장면이 떠오르는 분들이 많을 거예요. 그레텔이 노파를 불속에 밀어넣는 장면이 대표적입니다. 노파는 그대로 불에 타서 죽지요. 현실이라 생각하면 무척 잔혹합니다. 산 채로 타죽는 노파도 그렇지만 그 일을 직접 한 소녀는 어땠을까요? 자기 손으로 민 사람이 불타 죽는 모습을 눈앞에서 본다면 평생 떨치기 어려운 트라우마가 될 것입니다.

이야기를 이렇게 실제 상황으로 연상하는 것은 민담의 코드와 맞지 않습니다. 우리가 보는 것은 구체적 현실이 아니라 옛날에 있었던 일로 꾸며낸 이야기지요. 현실로 치자면 깊은 숲속에 과자로 만든 집이 있다는 것부터가 말이 안 됩니다. 노파가 아이들을 요리로 만들어서 먹으려는 일도 마찬가지지요. 이야기는 은유와 상징으로 읽는 것이 어울립니다.

그런데 이 이야기는 매우 현실적이기도 합니다. 서사적 상징의 형태로 현실을 반영하고 있지요. 이야기가 담아낸 현실은 만만치 않습니다. '자비 없는 세상'이라고 할 만큼 무서운 모습을 하고 있지요. 이야기 첫부분부터 그런 면모가 두드러집니다.

어느 커다란 숲가에 가난한 나무꾼 부부가 살았다. 그들에게는 헨젤이라는 아들과 그레텔이라는 딸이 있었다. 가난해서 늘 먹을 게 부족했는데 큰 흉년까지 겹치자 부부는 당장 먹을 양식도 마련할 수 없었다. 남편이 잠을 못 이루고 살아갈 일을 걱정할 때 아내가 아이들을 숲속 깊은 곳에 버려두고 오는 게 어떠냐고 속삭였다. 남편이 어찌 그런 일을 할 수 있느냐고 하자 아내는 그럼 온 식구가 다 굶어죽어야 하느냐고 말했다. 결국 남편은 아내의 말에 설득되고 말았다. 배가 고파 잠을 못 이루고 있던 남매는 그들이 하는 말을 다 듣고 있었다.

다음 날 부모는 아무 일 없던 것처럼 남매를 데리고 깊은 숲속으로 들어갔다. 아이들은 숲으로 들어갈 때 미리 준비해둔 하얀 조약돌을 군데군데 떨어뜨려놓았다. 숲에서 부모가 사라지고 날이 어두워졌을 때 남매는 달빛 아래 빛나는 조약돌을 따라 집으로 찾아올 수 있었다.

하지만 그것으로 끝이 아니었다. 계모는 다시 남편을 부추겨서 아이들을 데리고 깊은 숲속으로 갔다. 문이 잠겨 있어 조약돌을 준비하지 못했던 아이들은 빵 조각을 길에 흘려놓았다. 하지만 그들은 집으로 가는 길을 찾을 수 없었다. 새들이 빵을 먹어버린 것이었다. 헨젤과 그레텔은 오갈 데 없이 깜깜한 숲속에 갇힌 신세가 되고 말았다.

먹을 것이 없다는 이유로 자식을 깊은 숲에 내다버리는 부모라니, 이게 무슨 일인가 싶지만 엄연한 현실입니다. 실제로도 자식을 버리는 부모들이 많지요. 여기서 말하는 버림은 물리적 형태보다 심리적 맥락에서 이해하는 것이 어울립니다. 부모가 자식을 버리는 것은 심리적 측면에서 보편적인 진실일 수 있어요. 부모가 자기 욕망이나 처지를 앞세우면서 자녀양육의 책임을 회피하려는 일을 현실에서 얼마든지 볼 수 있습니다. 자식이 소중하다지만 자기 안위가 걸려 있으면 제 자신에게 먼저 마음이 가는 것이 인간의 본능이지요. 이 이야기는 이러한 심리적 진실을 '아이들을 숲에 버리는 일'로 표현한 것이라고 볼 수 있습니다.

부모가 자신들을 짐으로 여기고 버리려 한다는 것은 아이들 입장에서는 큰 충격이지요. 아이들이 찾은 해결책이 스스로 집으로 찾아온 것이라는 점은 생각할수록 슬픈 일입니다. 문제는 그렇게 간단하게 해결될 수 없는 것이었지요. 이미 자기를 버리기로 작정한 부모를 어린 자식이 이길 수는 없으니까요. 그렇게 두 아이는 숲속에 완전히 버려집니다. 참혹한 일이지만, 살면서 누구나 겪는 일이기도 해요. 부모로부터 심리적으로 버려지는 일을 한 번도 겪지 않은 사람이 세상에 얼마나 될까요.

이제 진짜 시험이 시작됩니다. 아이들은 거친 숲속에서 스스로 길을 찾아야 하지요.

헨젤과 그레텔은 숲속을 밤낮으로 걷고 또 걸었다. 하지만 집으로 가는 길은 나오지 않았고, 더 깊고 거친 숲으로 들어갈 뿐이었다. 남매가 하염없이 헤매다 지쳐서 굶어죽을 지경이 됐을 때, 그들 앞에 눈처럼 하얀 새가 나타났다. 새가 아름다운 소리로 노래하면서 날아가자 남매는 그 새를 따라서 나아갔다. 얼마를 가다 보니 멀리 작은 집이 나타났고, 하얀 새가 지붕으로 날아가 앉았다. 아이들이 가서 보니 그 집은 온통 빵으로 만들어져 있었다. 지붕은 과자이고 유리창은 사탕이었다.

굶주린 남매는 집으로 달려들어서 정신없이 먹기 시작했다. 헨젤은 지붕을 뜯어먹고 그레텔은 유리를 갉아 먹었다. 그때 한 노파가 문을 열고 나오면서 소리쳤다. "누가 내 집을 먹는 거야?" 노파는 깜짝 놀라서 긴장한 아이들을 좋은 말로 안심시키며 집 안으로 데리고 들어갔다. 안에는 훌륭한 식사와 푹신한 침대가 준비돼 있었다. 밥을 먹고 침대에 누운 남매는 하늘나라에 온 것 같았다. 하지만 착각이었다. 노파는 아이들을 노리는 마녀였고, 작은 집은 그들을 유혹하려고 지어놓은 것이었다. 두 아이는 마녀의 요릿감이 될 운명이었다.

다음 날 아침, 마녀는 헨젤을 우리에 가두고 그레텔에게 요리를 하게 했다. 오빠가 좋은 먹잇감이 되도록 살을 찌우기 위한 요리였다. 남매는 비명을 지르며 울었지만 헛수고였다. 그레텔은 마녀의 명령대로 음식을 만들 수밖에 없었다. 우리에 갇힌 헨젤은 손가락 대신 뼈다귀를 내밀어 마녀의 눈을 속였지만, 일시적인 모면일 뿐이었다. 마녀는 더 이상 기다리지 않고 헨젤을 요리해 먹기로 결심하고 그레텔에게 물을 끓이게 했다. 물을 끓이는 동생의 마음은 한없이 슬펐다. 차라리 숲속에서 짐승에게 먹히는 편이 나았겠다고 생각했다. 하지만 소용없는 일이었다.

하루아침에 거친 숲에 던져진 상태에서 힘겨운 방황을 피할 수는 없습니다. 걸을수록 더 깊은 숲속으로 들어갔다는 것은 엄연한 진실이에요. 한번 수렁에 빠지면 점점 깊이 빠져드는 법이니까요. 더군다나 두 아이는 아무것도 가진 게 없으니 더 그랬겠지요. 앞이 전혀 안 보이는 아득한 상황입니다.

이야기는 그때 아름다운 하얀 새가 나타나 아이들을 인도했다고

냉혹한 세상에도 나만의 길은 있다

합니다. 그 새는 구원자처럼 보였지만, 사실은 아이들을 지옥으로 이끄는 올가미였지요. 지쳐서 지푸라기라도 잡고 싶은 상황에서 아이들은 그 덫을 구원의 메신저인 양 붙잡습니다. 새를 따라간 곳에서 화려한 집이 나타나자 아이들의 기대는 확신이 되지요. 둘이 앞뒤 가리지 않고 다가가서 과자와 사탕을 뜯어먹은 것은 이런 맥락에서 벌어진 일입니다. 예고 없이 큰 시련에 처한 사람들이 보이는 전형적인 행동이지요. 어른들도 이렇게 반응하기 십상입니다.

구원의 빛처럼 다가온 달콤한 속삭임이 사실은 무서운 지옥이었다는 것이 이야기가 말하는 세상의 실상입니다. 실제 현실도 그렇지요. 과자의 집이 그런 것처럼, 지옥은 종종 천국의 모습으로 다가오곤 합니다. 사이비 종교, 다단계 업체, 인신매매, 조직폭력…… 도박, 불법 촬영, 마약 따위도 마찬가지입니다. 집에서 가출한 아이들과 갈 곳이 없어 방황하는 사람들을 노리는 무서운 지옥이지요.

가진 것이 없고 경험이 부족한 상태에서 심리적으로 무너져 있던 남매는 속절없이 그 지옥에 빠져듭니다. 과자와 사탕을 뜯어먹고 침대에서 잠까지 잔 아이들은 그 행동이 자신들을 옭아매는 빚이 될 것임을 전혀 몰랐지요. 그 사실을 깨달았을 때는 이미 늦었습니다. 그들을 기다리는 것은 끔찍한 죽음뿐이었지요.

그 상태에서 반전이 펼쳐집니다. 문제의 장면이지요.

마녀는 그레텔을 빵 굽는 가마로 데려가더니 안에 들어가서 잘 데워졌는지 살펴보라고 했다. 마녀는 그레텔이 불이 타오르는 가마 속으로 들어가면 그대로 문을 닫아서 구워 먹을 심산이었다. 그때 그레텔이 마녀를 돌아보며 말했다. "방법을 모르겠어요. 저 안에 어떻게 들어가야 돼요?" 그러자 마녀가 화를 내면서 말했다. "멍청하긴! 구멍이 얼마나 넓은지 나도 들어가겠다!" 그러면서 마녀가 구멍에 고개를 넣었을 때 그레텔은 마녀를 안으로 힘껏 밀어넣은 다음 철문을 닫고 빗장을 걸었다. 안에서 노파가 큰 소리로 울부짖었으나 그레텔은 돌아보지 않고 오빠가 갇힌 우리로 가서 문을 열었다. 마녀는 가마 안에서 타 죽고 말았다.

어떤가요? 아이들이 마녀를 이렇게 죽이는 건 잔혹한 일일까요? 이것은 아이들의 정서에 악영향을 미치는 폭력적이고 비윤리적인 장면일까요? 그렇지 않습니다. 마땅히 그렇게 해야 할 일이었어요. 정의를 위해서도 그렇고, 나 자신을 지키기 위해서도 그렇습니다. 자기 생명을 스스로 지키는 것은 인간의 절대적 과제지요.

두 아이가 마녀를 죽인 것은 끔찍한 죽음을 피하기 위한 최소한이자 최대한의 방법이었습니다. 그렇게 안 하면 자신들이 죽으니 완전한 정당방위지요. 저 상황에서 아무것도 못 하고 당한다면 그것이야말로 불의입니다. 싸울 때는 싸워야 한다는 것은 정말 중요합니다.

굳이 마녀를 죽이는 대신 몰래 도망칠 수도 있지 않았을까 하고 생각할 수도 있습니다. 하지만 그것이 최선의 해결책일까요? 언제든 다시 붙잡힐 수 있는 상황에서 지옥을 벗어나는 방법은 일시적인 도피가 아닌 완전한 절연이 최선입니다. 그레텔이 마녀를 죽이는 것은 그러한 절연의 서사적 표현이지요. 그것은 단호한 정의 구현의 행동이기도 합니다. 무섭고 위험한 상황을 감수해야 싸움에서 이길 수 있지요.

남매는 이 힘든 싸움을 함께 해나갑니다. 그레텔의 활약이 컸지만, 손가락 대신 뼈다귀를 내민 헨젤의 기지도 한몫했지요. 워낙 어려운 싸움이라 혼자서는 감당하기 어려웠을지 모릅니다. 곁에 소중한 누군가가 있어서 더 큰 힘을 낼 수 있었겠지요. 그레텔이 마녀를 불 속으로 밀어넣자마자 오빠에게 달려가는 모습에서 둘의 심리적 연결성을 볼 수 있습니다.

힘들게 얻은 승리는 남매에게 전리품을 안겨줍니다. 이야기에서 '보석'이라고 표현한 것을 저는 적응력과 대항력, 또는 자립과 성장으로 읽습니다.

남매는 마녀의 집에서 보석을 챙긴 뒤 곧바로 길을 떠났다. 가다 보니 큰 강물이 길을 막았다. 주위를 살피던 남매는 하얀 오리를 발견하고 자기들을 도와 강물을 건너게 해달라고 청했다. 한꺼번에 오리 등에 타는 것이 무리라는 사실을 깨달은 남매는 한 명씩 번갈아 오리 등을 타고 강을 건넜다.

무사히 강을 건넌 남매가 계속 앞으로 나아가다 보니 낯익은 숲이 나타났다. 멀리 자기들이 살던 집이 보였다. 남매는 안으로 뛰어들어가 슬픔에 잠겨 있던 아버지를 얼싸안았다. 그사이 계모는 죽고 없었으며 더 이상 근심할 일은 없었다. 그들은 함께 행복하게 잘 살았다.

남매가 지난번에 만난 하얀 새는 그들을 함정으로 이끌었는데 이번에 만난 하얀 오리는 아이들을 돕습니다. 잘 보면 그 도움은 저절로 주어진 것이 아니었어요. 이야기는 남매가 한 명씩 오리를 타고 강을 건넜다고 전합니다. 한 명은 이쪽에, 한 명은 저쪽에 있는 상황을 감수하지요. 아이들이 그만큼의 분별력과 문제해결력을 갖추었음을 의미합니다. 숲의 생리를 깨우친 상태에서 그에 맞게 행동하는 모습이지요. 이것은 물론 마녀의 집에서 배운 경험이라고 할 수 있습니다.

극한의 위기를 스스로 감당한 아이들에게 나아갈 길을 찾는 것은 더 이상 어려운 일이 아니었습니다. 스스로 길을 찾아낸 남매는 집으로 돌아옵니다. 그런데 이 결말에는 조금 걸리는 부분이 있어요. 두 사람만의 세계로 갈 수 있을 텐데 왜 굳이 집으로 갔는지 의문이고, 아버지와 기쁘게 상봉하면서 왜 계모는 배제하는지 납득하기 어렵습니다. 이건 어떻게 해석해야 할까요?

좀 무리한 해석일 수도 있지만, 저는 아이들이 집으로 돌아온 것을 퇴행이나 원상복구가 아닌 가정 질서의 갱신으로 볼 수 있다고 생각합니다. 이제 아이들이 집안의 당당한 주체가 되었다는 말이지요. 계모가 죽고 없다는 것은 더 이상 '나쁜 엄마'가 없다는 뜻이 아닐까요? 아이들이 스스로 자기 앞가림을 하게 된 상황에서 자식은 더 이상 부모 눈치를 볼 필요가 없고, 부모는 더 이상 자식을 짐으로 여길 이유가 없지요.

〈헨젤과 그레텔〉은 여러 가지 불편한 내용을 담고 있습니다. 이리저리 순화시키고 싶은 충동을 일으키지요. 부모가 아이들을 버렸다고 하는 대신 아이들이 실수로 길을 잃었다고 하면 좋을 것 같고, 소녀가 노파를 불태워 죽였다고 하는 대신 꾀를 내서 도망쳤다고 하면 더 나을 것 같습니다. 만약 이야기가 이렇게 서술됐다면 좀 더 쉽고 편안하게 받아들일 수 있었겠지요. 하지만 이건 좋은 방법이 아닙니다. 이런 식으로는 삶의 진실을 제대로 담아낼 수 없지요. 이야기의 참맛도 살아나지 않고요. 원래의 화소들이 제자리에서 힘을 내야 앞뒤가 맞고 의미가 살아나는 '진짜 이야기'가 됩니다.

그림형제가 처음 민담집을 냈을 때 잔인하고 끔찍한 내용에 대한 반발과 비판이 많았다고 해요. 하지만 형제는 대부분의 설화적 화소들을 원형대로 유지했습니다. 구비전승 설화의 힘에 대한 신뢰가 있었기에 가능한 일이었지요. 덕분에 수많은 진짜 이야기들이 오래오래 살아남아 지금까지 전해졌으니 얼마나 다행인지 모릅니다. 옛이야기는 원 모습 자체일 때 최고라고 여긴 두 형제의 굳은 믿음이 고마울 따름입니다.

절체절명의 순간에도
침착하고 차분하게

'자비 없는 현실'이라고 하면 떠오르는 이야기가 있으신지요? 생각만 해도 소름 끼치는 무서운 이야기로 프랑스 민담 〈푸른 수염〉을 빼놓을 수 없습니다. 아내들을 가차없이 난도질해서 죽이는 사이코패스가 나오는 이야기지요. 내용을 간략하게 소개하면 다음과 같습니다.[6]

옛날에 도시와 시골에 멋진 집을 가지고 황금 마차도 가진 부유한 남자가 있었다. 흉하고 무시무시한 푸른색 수염을 지니고 있어서 여자들은 그를 보면 다 달아났다. 그의 이웃집에 아름다운 처녀가 둘 있었는데 푸른 수염은 그 모친에게 두 딸 중 한 명과 결혼하게 해달라고 청했다. 남자가 이미 여러 번 결혼했는데 아내들이 어떻게 됐는지 모른다는 사실을 아는 두 처녀는 그와 결혼하지 않으려 했다. 그때 남자가 두 처녀의 가족과 친지를 저택에 초대해서 일주일 동안 즐거운 잔치를 베풀었다. 그러자 작은딸은 마음이 변해서 결혼을 받아들였다.

결혼한 지 한 달이 됐을 때 푸른 수염은 6주 동안 지방을 다녀와야 한다면서 자기가 없는 동안 도시와 시골의 저택을 오가며 마음껏 먹고 마시라고 했다. 그는 모든 방을 열 수 있는 열쇠를 주면서 다른 방은 다 열어도 되지만 아래층 끝의 작은 방은 안 된다고 했다. 그 방문을 열면 끝장이라고 했다.

남편이 떠나자 이웃과 친구들이 몰려와 화려한 집 안을 구경하면서 감탄했다. 하지만 새색시는 기쁘지 않았다. 작은 방에 무엇이 있는지 너무나 궁금했기 때문이다. 비밀계단으로 작은 방 앞으로 간 여인은 유혹을 떨치지 못하고 열쇠를 꺼내서 방문을 열었다.

방 안의 어둠에 익숙해졌을 때, 눈앞에 펼쳐진 광경은 끔찍했다. 방바닥이 끈적한 피로 덮여 있고 벽에 여자들의 시체가 쭉 걸려 있었다. 푸른 수염이 이전에 결혼한 여자들이었다. 공포에 질린 여자의 손에서 열쇠가 떨어졌다. 겨우 열쇠를 집어들어 문을 잠그고 올라왔지만 정신을 차릴 수 없었다. 열쇠에 피가 묻은 것을 보고 닦으려 했지만 소용없었다. 마법이 걸린 열쇠여서 피를 닦는 건 불가능했다.

그날 저녁, 갑자기 푸른 수염이 돌아와서 열쇠를 달라고 했다. 아내를 다그쳐 작은 방 열쇠를 받은 푸른 수염은 왜 피가 묻었느냐고 추궁했다. 말을 돌리던 아내가 방에 들어간 일을 실토하고서 엎드려 울며 용서를 빌었지만 남편은 까딱도 하지 않았다. 아내가 얻은 것은 신에게

기도할 시간 10여 분뿐이었다. 기도를 하기 위해 혼자가 된 여자는 언니를 불러서 말했다. "언니, 첨탑에 올라가서 오빠들이 오는지 봐줘. 오늘 온다고 약속했거든. 오빠들이 보이면 서두르라고 해."

언니는 첨탑으로 올라갔고 동생은 오빠들이 보이는지 애타게 물었다. 칼을 든 남편은 어서 방으로 오라고 소리쳤다. 시간이 흐르는데 오빠들은 오지 않았다. 오빠들이 멀리서 보인다는 얘기를 들었을 때 푸른 수염이 여자를 붙들고 가서 머리채를 움켜쥐고 칼을 쳐들었다. 그가 막 칼을 내리치려는 찰나, 누가 문을 쾅쾅 두드렸다. 그가 멈칫할 때 문이 열리면서 칼을 든 기사 둘이 달려들었다. 아내의 오빠들이었다. 오빠들은 몸을 빼서 도망치려는 푸른 수염을 붙잡아서 칼로 찔러 죽였다.

죽다가 살아난 여자는 모든 재산의 주인이 되었다. 그는 언니가 귀족 청년과 결혼하는 일에 돈을 쓰고 오빠들이 장교가 되는 데도 돈을 썼다. 나머지는 푸른 수염과의 악몽을 잊게 해줄 선량한 사람하고 결혼하는 데 썼다.

정말 끔찍한 이야기입니다. 비밀의 작은 방에 들어갔을 때 느꼈을 공포는 허구적 상상으로 돌리기 어려울 정도예요. 과자의 집도 마녀도 아닌, 평범한 저택에서 현실적 인물 사이에 벌어진 일이어서 더 생생한 공포로 다가옵니다. 열쇠에 묻은 피가 닦이지 않을 때, 그리고 목이 잘릴 시간이 1분 1초 다가올 때 여자의 심정은 어땠을까요? 첨탑에서 오빠들을 기다리는 언니도요. 악몽 그 자체였을 것입니다.

이 이야기를 정리한 페로는 호기심의 무서움을 말합니다. 경망스러운 즐거움을 찾다간 값비싼 대가를 치른다는 것이지요. 살펴보면 호기심만이 아닙니다. 화려한 삶에 대한 유혹에 이끌려 판단력을 잃은 것도 원인이었습니다. 안 좋은 예감과 정보를 가지고 있음에도 눈앞의 단맛에 취해서 자기 선택을 정당화한 결과가 저런 악몽으로 이어졌지요. 나중에 재산을 다 차지해서 좋은 사람과 결혼했다지만, 여자의 삶이 행복했으리라는 생각은 들지 않습니다. 그 방에 다시 들어가고 피를 닦는 꿈을 반복해서 꾸지 않았을까요?

이 이야기에서 한 가지 의아한 것은 문제해결 과정입니다. 푸른 수염을 물리치는 데 몇 개의 우연이 이어집니다. 그날 마침 오빠들이 집에 오기로 돼 있었고, 그들이 늦지 않게 도착하며, 둘 다 힘센 기사였지요. 이 조건 중 하나라도 맞아떨어지지 않으면 여자는 죽음을 피할 수 없었을 것입니다. 요컨대, 여자의 회생은 필연보다 우연처럼 다가옵니다. '공포에 질린 채 벌벌 떨다가 겨우 살아났다'는 것 이상의 서사적 인과관계를 찾기 어려워요. 페로의 동화가 대개 그렇듯이 이 이야기도 뭔가 내용이 각색되었을 거라고 의심하게 되는 이유입니다.

그렇다면 이 이야기의 본 모습은 어떨까요? 그 단서는 그림형제 민담집에서 찾을 수 있습니다. 〈푸른 수염〉과 아주 비슷하면서도 다른 이야기가 수록돼 있지요. 제목은 〈너덜네의 새〉(Fitchers Vogel; KHM 46)입니다. 'Fitcher'[7]는 독일어 사전에서도 찾기 힘든 단어인데 김경연 선생이 '너덜네'로 재미있게 번역했어요. 어떤 내용인지 보겠습니다.

옛날에 어떤 마법사가 불쌍한 남자로 변장하고 구걸을 다니면서 예쁜 소녀들을 잡아갔다. 잡혀간 소녀는 돌아온 적이 없어서 그가 어디로 데려가는지 알지 못했다. 어느 날 그는 딸이 셋 있는 집 앞에 나타났다. 그가 광주리를 짊어진 불쌍한 모습으로 먹을 것을 청하자 큰딸이 빵을 건네주려고 했다. 그와 살짝 스쳤을 뿐인데 딸은 어느새 광주리 속으로 들어가 있었다. 마법사는 서둘러 그곳을 빠져나가 캄캄한 숲속에 있는 집으로 향했다.

숲속의 집은 더없이 화려했다. 그는 큰딸을 귀염둥이라고 부르면서 원하는 것을 다 주었다. 며칠 뒤 그는 길을 떠나면서 그녀에게 열쇠 꾸러미를 주고 어디든 다 구경해도 되지만 작은 열쇠로 열리는 방만은 안 된다고 했다. 거기 들어가면 죽이겠다고 했다. 그는 또 달걀을 하나 주면서 늘 몸에 잘 간직하라고 했다. 그걸 잃어버리면 불행해질 거라고 했다.

마법사가 떠난 뒤 큰딸은 이곳저곳 집 안을 구경했다. 집은 금과 은으로 반짝거렸다. 마침내 금지된 문 앞에 다다른 여자는 호기심을 억누를 수 없었다. 그가 열쇠를 꽂고 아주 조금 돌리자 문이 활짝 열렸다. 아뿔싸! 방 안에는 피가 가득한 큰 통이 있고 그 속에 토막난 시체가 들어 있었다. 깜짝 놀란 맏딸은 달걀을 통에 빠뜨리고 말았다. 얼른 꺼내서 닦았지만 아무 소용이 없었다.

얼마 뒤 여행에서 돌아온 마법사는 열쇠와 달걀을 가져오라고 했다. 핏자국을 발견한 그는 여자의 머리채를 끌고 들어간 뒤 몸을 토막내서 통속에 집어던졌다. 그리고 둘째 딸을 데리러 갔다. 둘째 딸도 빵을 주다가 그에게 붙잡혀왔고 작은 방의 문을 열었다가 희생자가 되었다.

그다음에 붙들려온 것은 막내딸이었다. 지혜로웠던 막내딸은 마법사가 열쇠와 달걀을 주고 떠나자 달걀을 조심스레 보관해두었다. 그가 집을 구경하다가 금지된 방에 들어가보니 언니들이 토막난 채로 통에 들어 있었다. 막내딸은 그 조각들을 모아서 빠짐없이 맞추었다. 그러자 조각들이 서로 달라붙더니 두 사람이 되살아났다. 그들은 서로 껴안고 입을 맞추었다.

집에 돌아와 열쇠와 달걀에서 핏자국을 찾지 못한 마법사는 막내딸에게 "시험에 합격했으니 너를 신부로 맞이하겠다"고 말했다. 이제는 그가 막내딸이 요구하는 것을 들어줄 차례였다. 막내딸이 자기는 집에 남아서 결혼식 준비를 하겠다며 마법사에게 광주리 가득 금을 담아 자기 부모님에게 가라고 했다. 막내딸이 광주리에 넣은 것은 금이 아닌 두 언니였다. 그녀는 언니들에게 집에 도착하는 대로 도와줄 사람들을 보내라고 일러두었다.

마을로 향하던 마법사는 광주리가 너무 무거워서 내려놓으려 했다. 그러자 큰딸이 광주리에서 막내 흉내를 냈다. "내가 창에서 다 보고 있거든! 쉬지 말고 곧바로 가요." 그가 조금 가다가 또 쉬려고 하자 이번에는 둘째딸이 그냥 가라고 말했다. 다 막내딸이 시킨 일이었다. 마법사는 쉬지 못하고 마을로 들어가 부모 집에 광주리를 내려놓아야 했다.

남아 있던 막내딸은 결혼식 준비를 마치고 마법사의 친구들에게 초대장을 보냈다. 그는 해골을 산 사람처럼 치장해서 창문 바깥으로 세워둔 뒤 온몸에 꿀을 바르고 틀어낸 이불 위에서 몸을 굴렸다. 그러자 한 마리 괴상한 새처럼 보였다. 막내딸은 그 차림으로 길을 나서서 마법사의 친구들을 만나고 또 신랑을 만났다.

"괴상한 하얀 새야, 어디서 오니?" "괴상한 하얀 새의 집에서 오지." "젊은 신부는 뭘 하고 있어?" "집 안을 아래위로 다 쓸고 지붕 창으로 내다보고 있지."

괴상한 새를 보내고 집에 도착한 신랑은 높은 창에 서 있는 해골에게 다정하게 인사를 했다. 그가 손님들과 함께 집으로 들어갈 때 신부의 오빠들과 친척들이 도착했다. 그들은 아무도 도망가지 못하게 문을 잠그고 집에 불을 질렀다. 마법사는 패거리들과 함께 불타 죽고 말았다.

〈너덜네의 새〉는 〈푸른 수염〉 못지않게 내용이 끔찍하고 공포스럽습니다. 남자가 두 소녀를 토막내는 내용이 들어 있어서 더 그렇지요. 하지만 그는 일반인이 아닌 마법사입니다. 그리고 죽은 소녀들은 동생 덕분에 되살아나지요. 이는 두 사람의 죽음이 실제가 아니라 상징임을 말해줍니다. 일방적이고 압도적인 폭력 앞에서 극도의 공포로 무너진 상황을 그렇게 표현한 것이지요. 이성을 냉철하게 지키는 데 성공한 사람이 그들의 조각난 이성을 되찾아준 것이고요.

〈푸른 수염〉의 처녀와 달리 이 이야기에서 세 소녀가 마법사의 집으로 향한 것은 본인들 잘못이 아니었습니다. 그들은 불쌍한 걸인에게 음식을 나눠주려 했을 뿐인데 선의를 악용한 마법사가 그들을 함정에 빠뜨렸지요. 어리고 예쁘다는 이유로 사이코패스 범죄의 사냥감이 돼버린 상황입니다. 흔하진 않아도 현실에서 실제로 벌어지는 일이지요.

죄 없는 희생자들은 살아나 구원을 받아야 합니다. 이것이 세상의 이치이고 정의이지요. 그 일은 타인의 도움만으로 되지 않습니다. 스스로 움직여야 해요. 이야기에서 막내딸이 행동하는 방식이 아주 인상적입니다. 상황을 정확하게 분석하고, 신중하고 능동적으로 대처하는 모습이 놀라워요. 그의 대처는 깨지기 쉬운 달걀을 잘 보관하는 데서 시작합니다. 달걀은 행동을 제한하는 작은 함정이었지요. 간악한 범죄자의 말을 지켜야 할 이유는 전혀 없습니다. 막내딸이 '피의 방'에 들어간 뒤에 한 행동도 참으로 놀랍지요. '호랑이 굴에 들어가도 정신만 차리면 산다'는 속담이 꼭 어울립니다. 처참한 광경 앞에서도 소녀는 이성을 잃지 않고 침착하게 조각들을 찾아내서 하나하나 맞춥니다. 신중하고도 체계적인 심리 회복 과정이지요. 그렇게 두 언니를 살려냅니다. 그래요. 싸움은 이렇게 해야 합니다.

이어서, 죽음에서 살아 돌아온 언니들과의 협력이 이어집니다. 자기 힘으로 언니들을 빼돌릴 수 없는 상황에서 소녀는 적의 힘을 이용하지요. 사이코패스 범죄자의 등에 업힌 채 움직이는 건 대단히 무섭고 긴장되는 일이지만, 살기 위해서는 안 할 수 없습니다. 동생의 당부를 잊지 않고 동생이 맡긴 임무를 다하는 두 소녀 또한 이 싸움의 주역이라 할 수 있습니다.

마법사의 집에 혼자 남은 막내딸의 활약은 싸움의 정점을 보여줍니다. 사이코패스 한 명도 버거운 상황에서 소녀는 그 일당을 모두 집으로 부릅니다. 이야기에는 나오지 않지만 신랑까지 다들 비슷한 시간에 도착하도록 "몇 시까지 오세요"라고 시간도 정했을 것 같아요.

해골을 산 사람처럼 치장해서 지붕 창 옆에 세워놓는 부분도 흥미롭습니다. 밑에서는 형체를 잘 알아볼 수 없다는 점과, 일부러 거기까지 올라와 확인할 사람이 없을 거라는 점을 이용한 전략이지요. 그리고 사이코패스는 인간을 해골처럼 취급하잖아요? 그러니 해골과 인간을 구별하지 못하겠지요.

그다음에 한 일은 변장입니다. 옷을 벗고 온몸을 꿀통에 담근 다음, 미리 틀어놓은 이불 위를 뒹구는 일은 생각만 해도 흥미롭습니다. 온몸에 거위털이 달라붙어 괴상망측한 새 모양이 된 채로, 소녀는 큰길로 나아가 정면으로 적들과 대면합니다. 새처럼 살랑살랑 춤을 추면서 나아갔겠지요. 신기해하는 사람들에게 소녀는 행위예술가라도 되는 양 말을 건넵니다. 신부가 집에 있다고 말해 그들을 안심시키지요. 아주 위험하지만 가장 확실한 방법입니다.

그다음은 일망타진입니다. 세상 사람들이 함께 나서서 그 일을 합니다. 당연한 일이지요. 약자를 보호하고 정의를 세우는 것이 사회의 의무니까요. 악당들을 집에 가둔 채 불태웠다는 결말이 시원하게 느껴집니다. 저런 악의 소굴은 깨끗이 불태워버리는 것이 정답이지요.

길지 않은 민담이지만 〈너덜네의 새〉는 〈범죄와의 전쟁〉이나 〈미션 임파서블〉 같은 영화 이상의 블록버스터라는 것이 저의 생각입니다. "그 영화 제작비가 얼마인데!" 하신다면 이렇게 답하겠습니다. "이 이야기가 만들어지는 데 걸린 세월이 얼마인데!"

냉혹한 세상에도 나만의 길은 있다

어떤 촛불은
세상을 바꾼다

이번에는 민담의 환상을 잘 살린 이야기를 보겠습니다. 한국에도 잘 알려져 있는 〈늑대와 일곱 마리 새끼 염소〉(Der Wolf und die sieben jungen Geisslein; KHM 5)입니다. 그림형제 민담집에 다섯 번째로 수록된 이야 기지요.

독일 사람들에게 이 이야기가 갖는 의미는 남다른 것 같습니다. 그 림형제의 고향인 하나우(Hanau)와 함께 독일 동화가도의 출발점 구실 을 하는 작은 마을 슈타이나우(Steinau an der Straße)에 '그림형제의 집 (Brüder Grimm-Haus)'이라는 박물관이 있어요. 방문해보니 재미있는 전 시물이 많았는데 민담집의 이야기 중 독일인들이 좋아하는 것들을 선 정한 결과가 흥미로웠습니다. 〈늑대와 일곱 마리 새끼 염소〉가 당당히 맨 윗자리를 차지하고 있었지요. 조금 놀라웠지만 이내 고개가 끄덕여졌습니다. 그럴 만한 자격이 있는 이야기니까요.

옛날에 어미 염소가 일곱 마리 새끼와 함께 살고 있었다. 어미 염소는 자식들을 사랑했다. 어느 날 어미 염소는 숲으로 먹이를 구하러 가면서 자식들에게 단단히 일렀다. "늑대를 조심해야 해. 늑대가 들어오면 너희들을 송두리째 먹어버릴 거란다. 그 나쁜 놈들은 변장도 하지. 하지만 목소리와 발을 보면 알아볼 수 있을 거다." 새끼 염소들은 어미에게 걱정 말고 다녀오라고 했고 안심한 어미는 웃으면서 집을 나섰다.

얼마 뒤 누가 와서 문을 두드렸다. "얘들아, 문 열어라. 엄마가 먹을 것을 구해 왔다." 하지만 새끼 염소들은 목소리를 듣고서 늑대임을 알아차리고 문을 열지 않았다. 잠시 물러났던 늑대는 목소리를 고쳐가지고 와서 다시 문을 열라고 했다. 아이들은 이번에 검은 발을 보고 늑대를 알아차렸다. 다시 물러난 늑대는 발에 하얀 밀가루를 칠하고 와서 문을 열라고 했다. 새끼들은 결국 그 말에 속아 넘어가고 말았다.

문이 열리자 무서운 늑대가 안으로 들이닥쳤다. 놀란 염소들이 집 안 구석구석으로 숨었지만 늑대의 손아귀를 벗어날 수 없었다. 여섯 마리 염소가 늑대에게 붙잡혀서 뱃속으로 삼켜졌다. 목숨을 구한 건 한 마리뿐이었다. 시계 속에 숨었던 막내만 늑대의 눈을 피할 수 있었다.

집에 돌아온 어미 염소는 무슨 일이 벌어졌는지 단번에 깨달았다. 집 안이 온통 난장판이었고 어디서도 사랑하는 새끼들을 찾을 수 없었다. 그때 시계통 속에서 가냘픈 소리가 들렸다. 막내를 발견한 어미 염소는 다른 자식들이 늑대에게 먹혔다는 말을 듣고서 하염없이 울었다.

울기를 마친 어미는 막내를 데리고 집 밖으로 나와 늑대를 찾아나섰다. 늑대는 풀밭의 나무 아래에서 드르렁 드르렁 코를 골며 자고 있었다. 어미 염소가 찬찬히 살펴보니 불룩한 배가 꿈틀꿈틀 움직이고 있었다. "오 하느님! 우리 불쌍한 아이들이 아직 살아 있는 건가요?" 어미는 막내에게 집에서 가위와 바늘과 실을 가져오게 한 다음 가위로 괴물 같은 짐승의 배를 가르기 시작했다. 그러자 아이들이 하나씩 뛰쳐 나오기 시작해서 여섯 명이 다 살아 나왔다. 욕심 많은 짐승이 아이들 을 통째로 삼킨 터라서 살아 있었던 것이었다. 되살아난 새끼들과 어미 는 마냥 즐거워하지 않았다. 어미는 새끼들을 시켜서 돌멩이를 찾아오 게 해 늑대 뱃속에 가득 채웠다. 그런 뒤 재빨리 배를 꿰맸다.

잠에서 깬 늑대는 어찌 됐을까? 늑대는 이상하게 목이 말라서 샘물로 향했다. 휘청대면서 물가로 가서 몸을 숙일 때 돌덩이들이 앞으로 쏠리 면서 늑대는 그대로 물속으로 빠지고 말았다. 일곱 마리 새끼 염소가 그 모습을 보고 달려와서 승리의 함성을 질렀다. "늑대가 죽었다! 늑대 가 죽었다!" 새끼 염소들은 어미와 함께 샘 주위를 돌면서 기쁘게 춤을 추었다.

이 이야기에도 인간과 세상의 진실은 생생하게 담겨 있습니다. 냉 혹한 세상을 살아가는 일이 어떤 것인지 잘 보여주지요. 이야기는 어 미 염소가 일을 하러 가고 새끼들만 남았을 때 늑대가 찾아왔다고 합 니다. 음험한 욕망과 살의를 품고요. 이런 상황, 익숙하지 않나요? 약자들이 있는 집을 노리는 간악한 범죄자가 현실에도 무척 많잖아요. 수법은 또 얼마나 교묘한지! 목소리를 가장하고 발톱을 숨기는 일 정도는 아무것도 아니지요. 마음먹고 침범하기로 작정하면, 그 상황을 피하기가 참으로 어렵습니다. 철모르는 아이들은 더 그렇지요. 그렇게 한 가정이 하루아침에 파괴된 것이 이야기 속 상황입니다. 도저히 상대가 되지 않는 '늑대 대 새끼염소'라는 대립구도 때문에 모순이 더 명확하고 강력하게 부각되지요.

그런데 반전이 생깁니다. 새끼를 잃고 비탄에 빠져 있던 어미 염소가 늑대를 찾아 배를 가른 일이 그것입니다. 상식으로 보자면 말이 안되지요. 염소가 늑대에게 덤벼든다는 게 이치에 맞지 않고, 늑대 뱃속에 있던 새끼들이 되살아나는 것도 넌센스입니다. 하지만 정말 그럴까요? 염소는 정말로 늑대에게 덤빌 수 없을까요? 일반적인 경우라면 그렇겠지만, 이야기 속의 염소라면 가능합니다. 그는 '새끼를 잃은 어미'잖아요. 사랑하는 자식을 살리기 위해서라면, 또는 자식의 원한을 갚기 위해서라면 무슨 일도 하는 것이 '어미'의 마음이죠. 이 이야기에서 어미 염소가 한참을 운 뒤에 눈에 불을 켜고 늑대를 찾아나서는 일은, 그리고 가위를 들고 늑대의 배를 가르는 일은 모성과 연결해서 이해할 때 완연한 진실이 됩니다.

이 이야기에서 자식들이 늑대에게 먹힌 상황은 죽음 같은 절망을 상징합니다. 다 끝나버린 듯한, 아무 희망도 보이지 않는 상황이지요. 이때 무력하게 주저앉으면 정말로 끝난 일이 됩니다. 이야기가 말하는 '죽음'이지요. 하지만 이야기는 말합니다. 아직 끝나지 않았다고요.

냉혹한 세상에도 나만의 길은 있다

실낱같은 희망이라도 놓지 않고 온힘을 다하면 죽음은 다시 삶이 될 수 있다고요. 이야기 속의 어미는 시계통 속의 막내로 표상된 작은 희망의 끈을 잡고 결연히 나아가 절망과 맞섰고, 마침내 구원의 길이 열립니다. 늑대가 아무리 사납고 무섭다 한들 자기 새끼를 살리려고 덤비는 어미를 어떻게 당하며, 절망의 어둠이 아무리 짙다 한들 타오르는 불씨를 어찌 이길 수 있을까요!

싸움을 어미 혼자서 하지 않는다는 사실도 주목할 만합니다. 어미 염소는 늑대의 배에 집어넣을 돌멩이를 가져오는 일을 새끼 염소들에게 시킵니다. 그 싸움은 아이들이 당사자로 나서서 감당해야 할 무엇이었지요. 앞으로 험한 세상에서 지지 않고 살아가려면 말이에요. 아마 자기 자신도 그렇게 자랐을 어미는 지금 그 '서사'를 새끼들에게 심어주고 있습니다. 이렇게 함께 공공의 적을 물리치고 자유를 되찾아 기쁘게 춤추는 저 염소들, 대단하지 않나요? 저항과 정의의 가치를 소중히 여기는 사람들이라면 이 이야기를 최고의 이야기로 손꼽는 일이 전혀 어색하지 않을 것입니다.

혹시 이 이야기를 보면서 떠오른 한국 설화가 있지 않나요? 〈해와 달이 된 오누이〉를 떠올린 분들이 계실 것입니다. 호랑이가 목소리를 바꾸고 발톱을 숨기면서 아이들을 속여서 집 안으로 들어오는 내용이 이 이야기와 무척 비슷하지요. 다만 그 뒤의 전개는 좀 다릅니다. 〈해와 달이 된 오누이〉 속의 아이들은 스스로의 힘으로 호랑이 손아귀에서 벗어난 뒤 하늘로 올라가서 해와 달이 되니 더 적극적이라고 볼 수 있지요.

개인적으로 〈늑대와 일곱 마리 새끼 염소〉와 잘 연결된다고 생각하는 한국 민담은 〈팥죽할머니와 호랑이〉입니다. 프롤로그에서 소개한 이야기지요. 약자들이 절대 강자의 폭력에 맞서 죽음을 극복하는 것을 기본 맥락으로 삼는 이야기입니다. 호랑이에게 걸려 죽을 상황에 처해 있던 할머니가 그것을 극복하고 평화와 행복을 찾는 과정도 그렇고, 호랑이가 물에 빠져 죽는 결말도 흡사해서 눈길을 끕니다. 밤톨과 송곳, 맷돌, 멍석, 지게 같은 세간살이가 힘을 합쳐 호랑이를 죽였다는 내용이 어미 염소가 새끼들과 합세해서 늑대를 물리쳤다는 내용과 의미상 잘 통하지요. 강자에게 당하는 약자가 아이들과 할머니라는 차이를 제외하면 두 이야기는 공통성이 두드러집니다.

덧붙이자면 염소나 할머니의 싸움은 힘겹고 끔찍한 것이라고 할 바가 아닙니다. 그렇게 스스로를 지키면서 살 길을 찾고 있으니 빛나고 보람된 삶의 과정이라 할 수 있지요. 어미와 새끼 염소들이 기쁘게 춤을 춘 것이나 할머니의 세간살이들이 게임을 즐기듯 호랑이와 싸우고 승리를 자축하는 일을 단지 재미를 위한 설정으로 볼 일이 아닙니다. 강자와의 싸움은 기꺼이, 즐겁게 해야 하는 무엇이지요.

폭력적인 존재와의 싸움을 즐겁고 씩씩한 형태로 풀어낸 이야기를 하나 소개합니다. 제목은 〈코르베스 씨〉(Herr Korbes; KHM 41)입니다. 이야기가 길지 않아 전문을 번역해서 싣습니다.

옛날에 어린 암탉과 수탉이 함께 여행을 떠나기로 했어요. 수탉은 네 개의 빨간 바퀴를 가진 예쁜 탈것을 만들어서 그 앞에 작은 쥐 네 마리를 맸지요. 암탉은 수탉하고 나란히 올라앉아서 앞으로 수레를 몰고 갔어요. 머지않아 고양이 한 마리가 그들에게 물었습니다. "어디 가는 거야?" 수탉이 대답했어요. "저 너머 코르베스 씨를 만나러." "나도 데려가줘." 수탉이 다시 말했어요. "기꺼이! 앞으로 떨어지지 않도록 뒤에 올라앉아. 자, 다들 조심하라고. 내 빨간 바퀴들이 더렵혀지지 않도록 말이야. 바퀴들아, 굴러라. 쥐들아 휘파람을 불어라. 저 너머 코르베스 씨를 만나러 그 집으로!"

이어서 작은 맷돌이 오고 달걀과 오리와 핀과 바늘이 차례로 왔어요. 다들 수레에 올라타고 함께 나아갔지요. 그들이 코르베스 씨의 집에 도착했을 때 코르베스 씨는 거기 없었어요. 쥐들은 수레를 헛간으로 끌고 가고, 암탉은 수탉과 함께 횃대 위로 올라갔습니다. 고양이는 벽난로 안에 앉고, 오리는 샘 막대에 자리 잡고, 달걀은 손수건 속으로 들어갔지요. 핀은 의자 쿠션에 몸을 박고, 바늘은 침대로 뛰어올라가 베개 가운데에 박혔어요. 맷돌은 문짝 위에 올라앉았지요.

그때 코르베스 씨가 집으로 왔습니다. 그는 벽난로로 가서 불을 붙이려고 했지요. 그때 고양이가 그의 얼굴에 재를 확 던졌어요. 코르베스 씨는 급히 부엌으로 뛰어가서 얼굴을 씻으려고 했지요. 그때 오리가 그의 얼굴에 물을 뿌렸어요. 그가 손수건으로 물기를 말리려고 할 때 달걀이 그에게 굴러가 깨지면서 눈에 달라붙었지요. 코르베스 씨는 쉬려고 의자에 앉았어요. 그때 핀이 그를 찔렀습니다. 그는 화가 잔뜩 나서 침대에 몸을 던졌어요. 머리를 베개 깊숙이 묻자 바늘이 그를 찔렀습니다.

그는 비명과 함께 분노가 폭발해서 밖으로 나가려 했지요. 그가 문에 이르렀을 때 맷돌이 툭 떨어져 그를 때려서 죽였습니다.

코르베스 씨는 정말로 나쁜 사람이었나 봅니다.(KHM B.1, pp.213-214)

작은 동물과 사물들이 힘을 합쳐서 커다란 상대를 물리치는 과정이 〈팥죽할머니와 호랑이〉와 아주 비슷합니다. 핀이 엉덩이를 찌르고 맷돌이 머리를 때리는 일은 구체적인 모습까지도 일치하지요. 어떤 군더더기도 없이 속도감 넘치게 이야기를 풀어내고 있어서 더 즐거워요. 이야기에 유쾌한 유머와 밝은 기운이 넘쳐납니다.

이야기는 코르베스 씨가 어떤 사람인지 말하지 않아요. 오히려 '씨(Herr)'라는 호칭을 써서 훌륭한 사람처럼 느끼게 하지요. 다들 함께 놀러 가는 느낌이어서 싸우러 간다는 생각이 들지 않습니다. 그런데 일행은 그 집에 도착하자 착착 진영을 정비하고 곧바로 공격에 나섭니다. 긴밀한 협동으로 완벽한 승리를 거두지요. 닭들은 횃대에 앉아서 구성원들을 지휘하고 있었다고 보면 됩니다. 처음부터 주동자이자 인솔자였으니 그 역할이 어울리지요. 목청도 좋으니 제격입니다.

그림형제는 이야기 맨 마지막에 마치 몰랐던 양 "코르베스 씨는 정말로 나쁜 사람이었나 봅니다(Der Herr Korbes muß ein recht böser Mann gewesen sein)."라고 덧붙입니다. 의뭉스러운 유머지요. 처음부터 '그 사람 나쁜 놈이야' 하고 시작하는 것보다 상상력과 반전의 재미를 더하는 방식입니다. 실제로 코르베스 씨는 나쁜 사람이었음이 분명합니다. 동물들이 너나없이 그를 치려고 나서잖아요. 그동안 그에게 많은

냉혹한 세상에도 나만의 길은 있다

괴롭힘을 받았던 것이 분명합니다. 요즘으로 치면 악덕 건물주나 고용자, 권력자 등을 생각하면 되겠네요. 아마 오래도록 참다가 저렇게 움직인 것 같습니다. 그러니까 다 함께 나선 것이겠지요.

저는 이들의 움직임에서 '촛불'을 봅니다. 말없이 당하던 약자들의 전면적인 저항! 촛불 한 개의 힘은 약하지만 다 함께 모이자 거대한 횃불이 됩니다. 또는 계란이라고 볼 수도 있겠어요. 수많은 계란을 계속 던지면 마침내 바위도 깨지는 법. 코르베스 씨의 죽음에서 그런 상황을 봅니다. 나 자신의 삶은 스스로 지켜야 한다는 것, 힘이 약할수록 똘똘 뭉쳐서 나아가야 한다는 것, 이 설화에 깃든 주체적이고 저항적인 사회의식에 한 표를 던지지 않을 수 없습니다.

이 이야기에서 강자에 맞서는 싸움은 무겁거나 처절하지 않습니다. 오히려 가볍고 즐거운 쪽이지요. 싸움이 꼭 처절해야 한다는 법은 없습니다. 당연한 일처럼 즐겁게 움직일 때 더 큰 힘을 낼 수 있지요. 축제 같은 싸움이라고나 할까요. 우리의 촛불혁명도 그랬지요. 폭력이나 억압 앞에서 주눅 들면 바보이고 손해입니다. 보란 듯이 즐겁게 씩씩하게 나아가야 거침없는 불길이 되고 물결이 되어 세상을 뒤집을 수 있지요. 작은 유머와 같은 이야기지만, 〈코르베스 씨〉에 들어 있는 사회적 함의의 무게는 바위를 넘어 거의 태산만 합니다.

〈헨젤과 그레텔〉부터 〈코르베스 씨〉까지, 오래 이어져온 옛이야기들은 원형적 서사 특유의 강력한 힘으로 불의와 폭력에 맞서는 용기와 투쟁심을 듣는 이의 마음속에 내면화합니다. 스스로를 지킬 힘을 길러주는 이런 서사가 몸에 새겨진다는 것은 정말 중요합니다. 바로 이런 이야기를 우리 아이들에게 들려줘야 하지 않을까요? 아니, 아이들만이 아닙니다. 어쩌면 옛이야기는 현실에 점점 순응해가는 기성세대에게 더 필요한 것일 수 있습니다.

그림형제는 이야기 수집자 겸 언어학자로서 괴팅겐 대학교에서 교수를 지냈습니다. 그들은 1837년에 있었던 '괴팅겐 7교수 사건'의 두 멤버였지요. 하노버 국왕의 독단적인 헌법 개정에 항의하고 나선 주역이었습니다. 이 일로 형제는 모두 교수직에서 해임됩니다. 이 일은 독일은 물론이고 유럽에 큰 파장을 일으켰다고 해요. 이들의 노력은 훗날 독일 정치에 큰 영향을 미쳤고 독일에 자유공화국이 세워지는 데 기여했다고 합니다.[8] 그들의 용감한 실천의 밑바탕에는 오랜 세월 동안 입에서 입으로 이어져온 빛나는 옛이야기들이 있었던 것이라고 생각해봅니다.

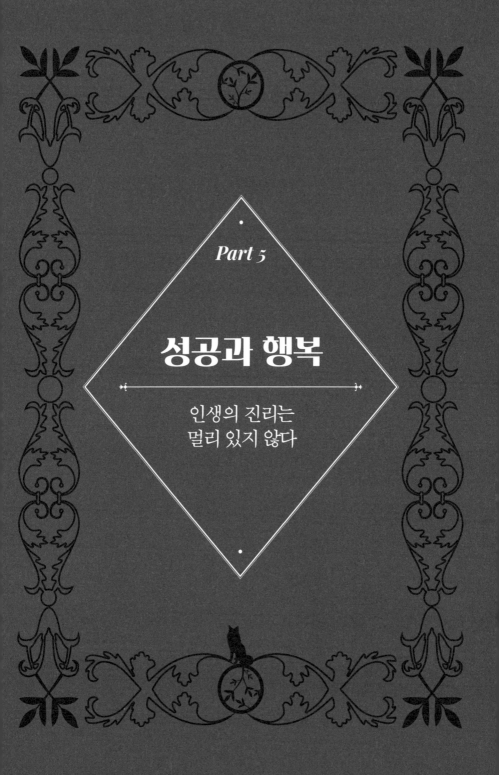

Part 5

성공과 행복

인생의 진리는
멀리 있지 않다

Chapter 13

어떻게 세상의
주인이 될 것인가

용감하게 대면하라,
변하기 때문에 운명이다

삶을 움직이는 보이지 않는 힘을 운명(運命)이라고 부릅니다. 사람들은 흔히 운명이 삶을 조종한다고 말하지요. "그게 다 팔자야.""아, 내 팔자는 왜 이럴까?" 할 때의 '팔자'가 곧 운명을 일컫습니다.

사람마다 타고나는 것들이 모두 다릅니다. 생김새와 성격과 능력이 다르고, 집안 형편과 사는 곳이 다르지요. 잘사는 나라의 좋은 집안에서 태어나 돌봄을 받는 자식이 있는가 하면 전쟁과 굶주림 와중에 태어나서 버려지는 아이도 있습니다. 흔한 말로 금수저와 흙수저의 차이지요. 안타까운 것은 그 일을 우리 스스로 선택할 수 없다는 사실입니다. 주어지는 대로 받아들일 수밖에 없지요.

중요한 사실은 우리의 삶이 타고난 것이나 주어진 것으로 결정되지 않는다는 것입니다. 한날한시에 같은 집에서 태어난 쌍둥이도 인생이 극과 극으로 달라지곤 하지요. 왜냐하면 세상이 원래 그런 곳이기 때문입니다. 예상 못한 변수로 수많은 극적인 변화가 펼쳐지는 곳이 조물주가 만든 이 세상입니다.

옛이야기는 변화에 대한 이야기입니다. 세상에 숨어 있는 무한한 변화의 가능성을 찾아내서 그것을 실현시키지요. 변화는 좋은 방향으로도 나쁜 방향으로도 펼쳐집니다. 공통점이 있다면 그 과정이 놀랍고 극적인 동시에 매우 정합적이라는 사실입니다.

운명은 민담이 꽤나 사랑하는 소재입니다. 그것을 보란 듯이 실현시키는가 하면, 때로는 완전히 바꿔놓기도 하지요. 사람들은 그것을 일컬어 '운명의 장난'이라고도 하고 '놀라운 기적'이라고도 하지만 그럴 리 없습니다. 그 이면에는 그렇게 될 만한 이유가 있기 마련이지요. 그 맥락을 꿰뚫어봄으로써 우리는 운명을 바꾸는 힘을 낼 수 있습니다. 프레임의 변경이자, 자기서사의 변혁이지요.

우리가 타고나는 운명 가운데 최악은 무엇일까요? 고약한 팔자가 많이 있지만 일찍 죽을 운명이 최악일 것입니다. 뭐 하나 제대로 해보지도 못한 채 덜컥 죽어버린다는 건 기막힌 일이지요. 죽음은 사람이 어떻게 할 수 있는 게 아니라고들 하지만, 옛날이야기는 죽을 운명도 바꿀 수 있다고 말합니다. 그냥 모면만 하는 게 아니라 엄청난 성공으로 역전될 수 있다고 해요. 어떻게 그게 가능하냐고 물으면 이야기는 이렇게 대답할 것입니다. "원래 인생이 그런 거거든."

설화 조사를 하러 갔다가 만난 흥미로운 운명담을 하나 소개합니다. 2006년에 대구에서 채록한 민담이에요. 팔자가 꽤나 사나웠던 젊은이에 대한 이야기입니다. 제목은 〈굶어죽을 관상을 가진 아이〉예요.[1] 화자가 구술한 원문을 살려서 정리합니다.

옛날에 자기 부모는 다 죽어버리고 의지할 데가 없으니까 삼촌에게 의지해 사는 거래요. 소죽이나 끓여주고 말이지. 옛날에는 보면 사랑방에 과객이 잘 옵니다. 길 가다가 저물면 사랑방에 가 하룻밤 자고 가. 옛날에는 보편적으로 재워 보내고 재워주고. 규칙이 그런 모양이래요.

그런데 웬 과객이 한 사람 오더니마는, 아랫방 소죽솥에 소물을 끓이는데 방에 들어가더니 자기 삼촌하고 하는 얘기가, "바깥에 소물을 끓이는 애가 어이 되냐?" 관상쟁이던 모양이래요. "아 쟤는 얼굴 인상을 보니까 굶어죽을 팔자요." 삼촌에게 그런 이야기를 하는 거래요. 얘가 들으니까, "굶어죽을 팔자니까 저런 애를 집에 두면 재수가 없다." 이런 얘기를 하는 거라요.

그러니 얘가 듣고 얼마나 실망을 했겠어요. 그러고 나서는 삼촌이 조카를 갖다가 박대를 하고 자꾸 이러는 거라요. 그러니까 얘가 그만 그 이튿날 보따리를 싸가지고 삼촌에게 작별인사도 없이 마을을 떠나는 거래요. '내가 뭐 굶어죽을 팔자니까 어데든지 가는 대로 가보자.'

며칠을 계속 굶으면서 가니까 한 군데 정자나무가 있는데, 개울에 물은 쨀째거리며 내려가고 정자나무 밑에 앉아 있는데 웬 보따리가 하나 있는 거라요. 흔들어보니까 묵직하거든요. 보니 엽전 돈이라요. 돈 보따리라. "하이고. 내 굶어죽을 팔자에 돈 이거 필요없다." 이거래요.

다시 묶어가지고 밀쳐놓고 가려고 나서니까 어떤 참 나졸 같은 사람이 말을 타고 막 달려오거든요. 오더니마는, "이상하다. 이 자리가 분명한데 돈보따리가 없다." 그 사람이 놔두고 갔다 이거라요. 그러니 이 사람이, "보소 보소. 저기 저 보따리 저거 당신 것 아니냐?" 하니까 "아이 맞다." 이거라요. 돈 보따린데 돈을 십분의 일인가 준다고 하는데, "나는 돈 필요없으니 가지고 가라"고. 이 사람이 참 뭐냐 하며는 요즘 같으면 재정부장관이 공금을 가지고 가다가 잊어버리고 놔뒀던 모양이라요. 그래가지고 말이지, "나는 필요없으니 가지고 가라." 그러니 이런 정직한 사람이 없거든. 그러니 이 사람 주소 성명을 적고 말이지, 고맙다 하면서 절을 열 번 더 하고 가더래요.

그 길로 이 사람이 또 가는 거래요. 한 군데 산골길로 가니까 날이 저물어 어둡다 말이야. 더 갈라 해도 갈 곳도 없고 외딴집이 한 집 있는데 주인을 찾으니 아주 흥가마냥 빈집이거던요. 빈집인데 자꾸 주인을 찾으니까 웬 아가씨가 하나 나오는 거라요. "들어가는 것은 좋은데 여기 자면 당신이 생명이 위험하니까 빨리 가라"고. 뭐 굶어죽을 팔잔데 호랑이 물어간들 조금도 어려워 안 하는 거라. "하이고, 내 죽어도 좋으니 좀 자고 가자."

그래 방에는 아가씨에게 못 들어가고 마룻바닥에 누워 자는데 밤중 되니까 잇따라서 진동 소리가 나더니마는, "아이고. 마루에 고약한 사람이 한 사람 있다." 도깨비래요. 도깨비가 나오더니 덥석 멱살을 검어쥐거든. 조금도 겁 안 내는 거라요. "내가 굶어죽을 팔잔데 겁낼 필요 없다." 호령을 쳤어요. "네 이놈! 어떤 놈인데 나에게 달려드노?" 고함을 치니까 그 담에 도깨비가 이 사람에게 절을 하더니마는, "아이고, 선생님 만났다"고 말이지, "대감님 만났으니 날 좀 살 길을 열어달라"고 이카더래요.

그게 딴 게 아니고 장독간 밑에 묻혀 있는 금은보화 금덩어린데 그 전 주인은 대대로 삼대 사대 지나도 그 금덩어릴 조상이 묻어놓은지 몰랐는기라. 그래 너무 오래 묻어놓으니 빛을 못 봐가지고 도깨비로 화했는기라. 자기가 그런 사람이다 이력하면서, 내일 당장 빛을 보게 만들어달라고 이카면서 도깨비가 가버리거든.

그래 이제 날이 샜는데 아가씨 이거는 죽은 줄 알았는데 말이지, 아침에 보니 눈이 말똥말똥해가지고 앉아 있거든. 그래가지고 그 아가씨에게 뭐 괭이나 삽이나 가지고 오라고 해서 장독간 밑을 한 길 이상 파니 금덩어리가 막 쏟아져 나오는기라. 금이 한이 없거든. 아가씨가 금을 둘이서 가르자 이카니, "나는 금도 필요없다. 아가씨 혼자 해라."

그러고 나설라 하니까 아가씨가 붙잡는 거라요. "그러지 말고, 금을 안 가지고 가려면 이것도 인연인데 나하고 결혼을 합시다." 애원을 하는기라. 아가씨가 부부 인연이라. 이 사람이 가만히 생각해보니 그럴듯하거든. '설마 내가 굶어죽을 팔자라도 이런 아가씨하고 있으면 먹고 안 살겠나.' 참 둘이서 뭐 마당에 말이지 찬물 떠놓고 예의를 올리고 부부가 됐는 거라.

그래 금은 참 그렇게 내놨으니 둘이 말에다 잔뜩 금을 싣고 어디 가냐 하면 자기 삼촌에게 찾아가는기라. 가니 삼촌이 그냥 그대로 살고 있거든. 삼촌에게 금덩어리를 내놓으니 뭐 관상쟁이라 하는 놈 말 듣고 쫓

어떻게 세상의 주인이 될 것인가

아냈더니마는 희한하거던. 그래 삼촌이 받아들여가지고 참 잘 살고 있는데, 인제 나라에서 이 사람을 요새 같으면 방송을 하고 해서 찾아왔는기라. 거기 살고 있거든. 그래 이 사람이 하도 정직하니까 나라에서 불러가지고 않혔는기라. 좋은 자리 앉아가지고 큰 벼슬까지 했는기라. 인제 그래 잘 사니 또 언젠가 그 집에, 뭐 수년 돼서 과객이 또 왔는기라. 그 사람이 말이지, "조카, 인상 나쁜 애 어떻게 됐냐"고 묻는 거라. 물으니 나라에 벼슬하고 부자가 됐단 말이라. 그래 이 사람이 얼굴을 보더니, "그때는 굶어죽을 팔잔데 지금 보니 아주 인상이 좋다." 이래 해명을 하더래요. 그러니 그 관상쟁이도 모르는 놈이래요.

그래가지고 그 사람이 나라에 참 좋은 일도 하고 말이지, 벼슬도 하고 그래 잘 살았다는 그런 이야기를 한번 들었어요.

주인공인 소년은 꽤나 복이 없는 사람이었습니다. 어린 나이에 부모를 잃고 친척 집에서 눈칫밥을 먹으면서 고단하게 연명하는 상황에서 굶어죽을 팔자라는 기막힌 말까지 들었으니 심정이 오죽했을까요. 검은 운명의 그늘에서 그가 할 수 있는 일이란 대체 무엇일지……. 제3자 입장에서는 그냥 그런가 보다, 할지 몰라도 당사자로서는 사방이 꽉 막힌 심정이었을 거예요.

그런데 소년이 처한 상황에 극적인 변화가 생깁니다. 굶어죽을 거라던 소년은 땅에서 금덩어리를 파내서 부자가 되고 번듯한 처녀랑 결혼도 하지요. 그뿐 아니라 관리가 잃어버린 공금을 고스란히 찾아준 공으로 좋은 벼슬에까지 오릅니다. 상전벽해(桑田碧海)라는 말이 어울리는 극적인 인생 역전이에요. 굶어죽을 팔자라던 예언을 보란 듯이 뒤집었으니 멋들어진 반전입니다. 서사의 방향이 완전히 바뀌지요.

주인공의 운명은 과연 어떻게 바뀐 것일까요? 내용을 보면 화자가 끝부분에서 "그러니 그 관상쟁이도 모르는 놈이래요." 하고 말합니다. 주인공이 본래 잘될 사람인데 과객이 그걸 몰랐다는 것이지요. 저의 생각은 좀 다릅니다. 과객이 관상을 잘못 봤다기보다는 소년의 관상이 바뀐 것이라고 여기고 있어요. 과거의 소년에게 궁기(窮氣)가 가득했다면 훗날의 그는 화기(和氣)가 가득해서 완전히 딴사람이 됐다는 말이지요. 물론 이건 겉모습을 두고 하는 말이 아닙니다. 내적이고 질적인 차이이요. 소년은 존재 자체가 변화되었고 그것이 관상의 변화로 드러났다는 뜻입니다. 왜 그렇지 않겠어요! 관상은 실제로 바뀝니다. 왜냐하면 인간은 변하는 존재니까요.

이 이야기에서 소년의 존재가 변화될 수 있었던 핵심 동력은 무엇일까요? 저는 '길 떠남'과 '마음 비움'이라는 두 가지를 들고 싶습니다. 만약 주인공이 그 상태로 삼촌의 집에 머물렀다면 상황은 좋아지지 않았을 거예요. 주변 사람들의 태도도 그렇고 스스로도 더 위축돼서 계속 쪼그라드는 느낌이었을 겁니다. 그러다 보면 존재는 운명에 질식되고 서사는 동력을 잃게 되지요. 그런데 '어차피 죽을 인생, 어디든지 가는 대로 가보자!'라는 마음으로 훌쩍 길을 나서니 이게 하나의 모멘텀이 됩니다. 스스로 동선(動線)을 바꾸자 자연스럽게 변화가 시작되지요.

주인공의 서사 변화에는 '마음 비움'이 길 떠남 이상으로 큰 몫을

어떻게 세상의 주인이 될 것인가

합니다. 죽고 사는 일에 얽매이지 않게 된 그는 뭔가를 가지거나 채우는 일에 연연하지 않습니다. 그러자 자유로워지지요. 마음가짐이 변하니 두려움과 걱정이 걷히면서 막혔던 일들이 풀립니다. 그렇게 존재가 극적으로 변화되지요. 주인공의 서사적 변화는 내면과 행동 모두에 걸쳐 일어났고, 두 가지가 서로 연결되면서 실질적이고 강력한 힘이 발휘된 것이라 할 수 있습니다.

'내려놓으니 보인다'라는 말이 있지요. 이 사람이 꼭 그랬습니다. 마음을 비우자 예전에 안 보이던 것들을 새롭게 보고 들을 수 있게 되지요. 도깨비를 만나서 그가 전해주는 비밀을 들은 것이 대표적입니다. 도깨비와의 만남은 땅속에 묻혀 있던 보물의 발견으로 이어지지요. 주인공이 땅속에 묻혀 있던 보물을 캐내는 일은 자기 내면 깊숙이 묻혀 있던 빛나는 가치를 발견하는 일과 평행을 이루어 흥미롭습니다.

주인공이 성취한 극적인 변화는 그 사람만의 것이라 할 수 없습니다. 이 세상에 불운과 불행, 절망감에서 자유로운 사람은 아무도 없지요. 그리고 세상에 죽지 않는 사람은 없습니다. 그러니 거기 짓눌려 신음할 일이 아닙니다. 삶을 무겁게 하는 허튼 소유욕과 집착 따위 홀쩍 내려놓고서 있는 그대로의 나를 가볍고 자유롭게 움직여보는 건 어떨까요? 그렇게 나의 삶을 살 수 있다면 그것이 성공한 인생이고 부유한 삶 아닐까요? 오랜만에 만난 사람이 "이게 누구야! 내가 알던 그 사람 맞아?" 하고 눈이 휘둥그레진다면 아주 멋진 일이 될 것입니다.

옛이야기의 힘

세상을 바꾸는 건
권력도 재산도 아닌 감성

불필요한 소유욕이나 욕망을 내려놓고 무엇에도 걸릴 것 없이 가볍게 사는 사람들을 저는 '민담형 인간'이라고 부릅니다. 조금 전의 주인공은 "어차피 굶어죽을 팔자인데 뭘!" 하면서 거침없이 움직이는 순간, 다시 말해 "인생 뭐 있나! 마음 가는 대로 사는 거지!" 하고 삶의 방식을 바꾼 순간, 민담형 인간이 되었다고 할 수 있지요.

얼마 전에 민담형 인간을 주제로 책을 한 권 출간했습니다.[1] 매력적인 여러 주인공들에 대한 이야기를 즐겁게 풀어냈지요. 그 책에서 다루지 않았던 흥미로운 인물을 한 명 소개하려고 합니다. 직업은 재봉사입니다.

옛날에 오만한 공주가 있었다. 구혼하러 온 사람이 수수께끼를 풀지 못하면 조롱하면서 쫓아냈다. 공주는 자기가 낸 수수께끼를 푸는 사람과 결혼할 테니 아무라도 찾아오라고 했다.

세 명의 재봉사가 함께 도전에 나섰다. 위의 두 재봉사는 훌륭한 바느질로 큰 성공을 거둔 터라 이번에도 잘될 거라고 믿었다. 맨 아래 재봉사는 바느질은 신경을 안 쓰고 쓸데없이 떠돌아다니던 사람인데 이런 기회를 놓칠 수 없다고 생각했다. 두 재봉사가 무시하면서 그냥 포기하라 했지만 꼬마 재봉사는 하는 데까지 할 거라며 기운차게 나아갔다.

세 명의 재봉사를 앞에 둔 공주는 자기 머리카락 색깔이 두 개인데 무엇과 무엇이냐고 물었다. 첫째 재봉사가 검은색과 흰색이라고 했으나 오답이었다. 갈색과 붉은색이라는 둘째 재봉사의 답도 맞지 않았다. 그때 꼬마 재봉사가 자신 있게 나서면서 금빛과 은빛이라고 했다. 정답이 나오자 당황한 공주는 과제를 추가했다. 우리 속에서 곰과 하룻밤을 보내고도 여전히 살아 있다면 결혼하겠다는 것이었다. 그 곰은 근처로 온 사람을 살려둔 적이 없는 사나운 짐승이었다. 하지만 재봉사는 "이미 반은 된걸요!" 하면서 기꺼이 받아들였다.

저녁이 되자 재봉사는 곰이 있는 곳으로 들어갔다. 곰이 환영인사 삼아 앞발을 휘두르려고 하자 재봉사가 말했다. "아, 조심. 조심! 내가 편안하게 해주지." 그는 아무 걱정 없이 주머니에서 호두를 꺼낸 뒤 이빨로 깨서 알맹이를 꺼내 먹었다. 곰이 호두를 탐내자 재봉사는 주머니에서 자갈을 꺼내서 건넸다. 이빨로 자갈을 깨려다 실패한 곰은 재봉사에게 해달라고 했다. 재봉사는 자갈을 얼른 호두로 바꾼 뒤 입으로 깨물어서 두 조각을 냈다. 그걸 본 곰이 다시 온힘을 다해 자갈을 깨물었으나 헛수고였다.

그때 재봉사가 재킷 아래에서 바이올린을 꺼내 연주하기 시작했다. 음악 소리를 들은 곰은 참지 못하고 춤을 추기 시작했다. 기분이 좋아진 곰은 자기도 연주를 해보고 싶다며 가르쳐달라고 했다. "기꺼이 가르쳐주지. 그런데 네 발톱이 너무 긴걸. 좀 깎아야겠어." 재봉사는 고정용 바이스를 가져오게 한 뒤 곰의 앞발을 올려서 단단히 죄었다. "이제 가위를 가져올 때까지 기다려." 재봉사는 구석에 있는 짚단에 드러누워서 쿨쿨 잠이 들었다.

곰이 밤새 으르렁대는 소리를 들은 공주는 재봉사가 당했으리라고 믿었지만 아침에 보니 그는 물속의 물고기처럼 쌩쌩했다. 할 말이 없어진 공주는 재봉사와 결혼식을 올리려고 교회로 향했다. 그들이 마차에 올랐을 때 심통이 난 두 명의 재봉사가 우리로 가서 곰을 풀어주었다. 곰은 미친 듯이 화를 내며 마차를 쫓아갔다. 겁에 질린 공주가 곰이 쫓아온다고 외치자 재봉사는 얼른 물구나무를 서서 두 다리를 창밖으로 내밀고 소리쳤다. "바이스 보이지? 안 돌아가면 다시 조인다!" 그것을 본 곰은 놀라서 도망쳤고 재봉사는 느긋하게 교회로 가서 공주와 결혼식을 올렸다. 그리고 공주와 함께 들판의 종달새처럼 즐겁게 살았다. 이 거 못 믿으면 벌금 1달러!

그림형제 민담 〈영리한 재봉사 이야기〉(Vom klugen Schneiderlein; KHM 114)의 내용입니다. 꽤나 엉뚱하고 해학적이지요. 맨 마지막의 "못 믿

어떻게 세상의 주인이 될 것인가

으면 500원!" 하는 식의 너스레가 인상적이에요. 그냥 이야기일 뿐이니 편하게 즐기면 된다는 말인 동시에, 엉터리로 치부하지 말라는 뜻도 담겨 있지요. 따지고 보면 인생이란 게 이런 식이라는 말입니다.

꼬마 재봉사는 겉보기에 바보 같지만 그렇지 않습니다. 바느질에는 관심이 없고 사방으로 돌아다니기만 했다는데 그것부터가 범상치 않아요. 먹고사는 일에 매달려서 사는 사람과 달리 무엇에도 얽매이지 않고 사는 자유인을 연상하게 됩니다. 그가 보이는 자신감을 비난할 바가 아니에요. 세상 곳곳을 돌아다니면서 많은 일을 겪다 보니 사는 게 별것 아니라는 신념이 몸에 뱄다고 볼 수 있지요. "그냥 부닞치는 거지 뭐! 어차피 한 번 왔다가 가는 인생이잖아." 이런 식이에요.

그러고 보니 이 사람, 굶어죽을 팔자라는 말을 듣고 발길 가는 대로 길을 떠났던 사람과 비슷하지 않나요? 그가 낯선 상황에 부딪힐 때마다 한 말은, "어차피 굶어죽을 팔자인데 뭘"이지요. 그렇게 마음을 비우고 움직이다 보니 만사가 쭉쭉 풀렸고요. 꼬마 재봉사도 이런 식으로 성공한 것이라고 생각해볼 수 있습니다.

그래도 재봉사의 성공을 인정하기 어렵다면, 될 대로 되라는 식으로 한 일이 대박을 내는 전개를 납득하기 어렵다면, 재봉사가 곰을 다룬 모습을 살펴볼 필요가 있습니다. 재봉사가 곰을 제압한 것은 단순한 우연일까요?

재봉사는 곰의 공격 앞에서 태연자약합니다. 여유가 넘치지요. 당장 머리가 날아갈 판에 주머니에서 호두를 까서 먹고 있으니 곰 입장에서 이건 뭔가 싶었을 거예요. 재봉사는 그렇게 상대의 주의를 분산

시킨 뒤 자갈을 내밀어서 기를 탁 꺾습니다. 만만치 않아요. 곰을 긴장시킨 상황에서 갑자기 바이올린을 꺼내 연주하는 역발상은 또 어떤가요? 우리에 갇힌 곰으로서는 이렇게 '라이브 연주'를 들은 것이 평생 처음이었을 거예요. 거기 이끌려 들어갈 수밖에 없지요. 그렇게 상대를 자신이 짜놓은 틀로 끌어들인 다음 바이스로 발을 묶기까지, 재봉사의 기지와 책략은 교묘하고도 정확합니다.

여기서 헤아릴 것은 곰의 상징입니다. 우리 안에 있는 커다란 곰이 뜻하는 것은 무엇일까요? 온갖 짐을 짊어진 채 무거운 몸으로 살아가는 세상 사람들을 나타내는 건 아닐까요? 남들을 쓰러뜨리고 정상에 서보겠다고 발톱을 치켜들고 으르렁대지만 사실은 우리 안에 갇힌 짐승일 따름입니다. 무엇에도 얽매이지 않고 여유로운 재봉사 앞에서 그는 바이스에 발이 묶인 허깨비에 지나지 않지요. 곰이 바이스에 묶여서 소리치는 모습이 불쌍할 수도 있지만, 거기 발을 집어넣은 것은 자신임을 잊지 말아야 합니다.

이야기는 곰이 재봉사에게 바이올린 연주를 배우려 했다고 합니다. 그 일은 발톱을 세운 상태로 불가능하지요. 발톱을 깎아내야, 더 이상 곰으로 살지 않아야 가능한 일입니다. 그래서 재봉사는 곰의 발톱을 깎으려 한 게 아닐까요? 만약 곰이 가위가 도착할 때까지 조용히 기다렸다면, 스스로 '곰의 서사'를 벗어나려는 노력을 보였다면 재봉사는 실제로 발톱을 깎아주고 바이올린을 가르쳐줬을지도 모를 일입니다. 곰은 우리에서 나와 재봉사와 함께 즐거운 여행을 했을 수도 있지요.

재봉사가 오만하고 심술궂은 공주와 결혼해서 즐겁게 산 일은 어떻게 봐야 할까요? 그에 대한 저의 답은 공주가 제대로 된 임자를 만났다는 것입니다. 앞뒤 맥락을 보면 공주는 평범함을 꺼리고 어딘가에 얽매이는 일을 싫어했을 것 같아요. 자기 하고 싶은 대로 하면서 살아야 하는 사람처럼 보입니다. 그런 공주가 제일 싫어한 것은 우리 안에 갇힌 곰 같은 사람이 아니었을까요? 그와 반대되는 꼬마 재봉사가 그녀가 찾던 짝이었던 것이고요.

이 해석은 반대 방향으로도 적용됩니다. 자유로운 영혼의 소유자인 재봉사에게는 저 공주 정도는 돼야 어울리는 짝이 될 수 있다는 뜻이지요. 만약 공주가 '진짜배기'가 아니었다면, 머리카락이 '금빛과 은빛' 정도 되는 사람이 아니었다면 재봉사는 공주를 깨끗이 포기했을지도 모릅니다. 하여튼 운명처럼 짝이 된 두 사람, 티격태격 조용한 날이 없었을 것도 같지만 긍정적이고 유쾌한 기운이 넘쳐났을 것 같아요. 어쩌면 결혼 후에 곧바로 작은 배낭을 하나씩 짊어지고 함께 세계여행을 떠났을지도요.

한 가지 덧붙이면, 두 사람이 종달새처럼 살았다고 할 때의 새는 일반적인 종달새(die Lerche)가 아닙니다. '황야 종달새(die Heidelerche)'로 표현돼 있는데, 재봉사 캐릭터와 딱 맞는 대상입니다. 황야 종달새처럼 넓은 세상을 거침없이 살다가 바람처럼 떠나는 인생, 한번 살아볼 만하지 않나요?

이 이야기에서 재봉사가 보이는 남다른 여유와 수완은 세상을 떠도는 과정에서 몸에 밴 것이라고 할 만합니다. 이와 관련해서 세상 곳곳을 떠도는 일이 어떻게 삶의 동력으로 이어지는지를 보여주는 이야

기를 소개할게요. 스웨덴 민담 〈나그네의 못죽〉입니다.[2]

옛날에 한 나그네가 깊은 숲속을 걸으며 쉴 곳을 찾던 중에 불 켜진 오두막을 발견했다. 집 안 화로에는 불길이 활활 타오르고 있었다. 나그네가 집 밖으로 나온 할머니한테 다가가 반갑게 인사를 하자 할머니는 어디서 오는 길이냐고 물었다. "태양의 남쪽, 달의 동쪽에서요. 집에 돌아가는 길이에요. 이 동네 빼고 다른 데는 다 돌아다녔지요." 그러면서 나그네는 하룻밤만 재워달라고 했다. 할머니는 자기 집이 여관이 아니고 쌀 한 톨도 없다며 거절했지만 나그네는 계속 매달렸다.

할 수 없이 그를 안으로 들인 할머니는 마루에서 밤을 보내게 했다. 그러자 나그네가 말했다. "산속에서 떨면서 헤매는 것보다 백배 낫습니다. 감사해요."

집 안을 살펴본 나그네는 할머니가 그리 가난하지 않음을 알 수 있었다. 하지만 욕심 많고 인색한 할머니는 계속 불평을 늘어놓았다. 젊은 이가 조심스레 먹을 것을 청하자 이렇게 말했다. "먹을 거? 나도 하루 종일 죽 한 그릇 구경도 못한걸!" 그러자 나그네가 말했다. "그러셨군요. 그럼 제가 먹을 것을 나누어드릴게요." 그는 미심쩍어하는 할머니를 안심시키며 냄비를 빌려달라고 했다.

냄비에 물을 붓고 불 위에 올려놓은 나그네는 주머니에서 긴 대못을 꺼내 손으로 세 번 돌린 다음 냄비에 넣었다. "지금 뭐하는 거요?" "예, 못으로 죽을 끓이려고요." 나그네는 부젓가락으로 냄비를 휘휘 저었다. "못죽이라니 가난한 사람들이 먹는 건가봐. 나도 가르쳐줘." 그러자 나그네는 자기 하는 모습을 지켜보면 된다고 했다. 할머니는 웅크리고 앉아서 나그네의 손을 유심히 살폈다.

"일주일 내내 같은 못으로 끓였더니 오늘 죽은 너무 묽을 것 같아요. 밀가루 한줌만 있으면 맛이 괜찮을 텐데……." 이 말에 할머니는 찬장을 뒤져서 밀가루를 가져왔다. 그걸 넣고서 한참을 젓던 나그네가 다시 말했다. "이 정도로도 훌륭하지만 쇠고기와 감자를 조금 넣으면 누구라도 반할 텐데요. 괜히 신경 쓰실 필요는 없어요." 그러자 할머니는 조금 남아 있던 쇠고기와 감자를 가져다주었다. 그걸 넣고 죽을 젓던 나그네가 또 말했다. "보세요. 최상급이지요? 여기 보리랑 우유가 조금 들어가면 왕에게 바쳐도 될 텐데 말예요. 제가 예전에 왕의 요리사 밑에서 일했거든요." 할머니는 깜짝 놀라 보리랑 우유를 꺼내왔다. 나그네는 그걸 냄비에 넣고서 다시 열심히 저었다.

죽을 젓던 나그네는 냄비에서 못을 꺼내고서 말했다. "다 됐습니다. 최고급 죽이에요. 왕과 왕비는 이런 죽을 먹을 때면 식탁보를 깔고 술과 샌드위치를 곁들이지요. 없는 사람들은 못할 일이지만요." 그러자 할머니는 최상급 식사가 욕심나서 술병과 잔, 버터와 치즈, 송아지 고기를 꺼내와서 식탁에 차렸다. 그러고서 함께 식사를 하니 할머니가 먹어본 것 중 가장 우아하고 맛있는 식사였다.

맛있는 죽을 먹은 할머니는 나그네가 더없이 고마웠다. 그가 마룻바닥에 누우려 하자 방에 있는 침대를 내주었다. "아, 오늘이 성탄절 같아요. 할머니처럼 좋은 분은 처음입니다. 역시 사람은 마음이 통하는 사람을 만나야 해요." 나그네는 이렇게 말하고서 단잠에 빠져들었다.

다음 날 눈을 뜬 나그네가 받은 것은 브랜디를 곁들인 커피였다. 집을 나설 때 할머니는 그의 손에 금화 한 닢까지 쥐어주었다. "정말 고맙네. 그렇게 좋은 것을 알려줘서. 못죽을 끓일 수 있으니 이제 편히 살 수 있 겠어." "네. 정말 간단해요. 양념만 좋다면 말이지요." 할머니는 떠나가 는 나그네를 문간에 서서 바라보면서 중얼거렸다. "저렇게 훌륭한 사 람은 흔하지 않지."

이 이야기에 대한 반응은 조금 엇갈릴 것 같습니다. 재미있다는 반 응 외에 "이거 순 사기꾼이잖아!" 할 분들도 있겠네요. 나그네에게 속 아넘어간 할머니가 한심하거나 불쌍하게 여겨졌을지도요.

저는 나그네가 정말 대단하다는 쪽입니다. 상대방을 감쪽같이 속 인 지략이나 대못 하나로 멋진 죽을 만들어낸 처세술을 두고 하는 말 이 아닙니다. 그보다 사람의 마음을 움직이는 능력이 놀라워요. 이야 기 속의 할머니는 꽤나 인색하고 꼬장꼬장한 사람이잖아요? 그런데 나그네와 함께 지내다 보니 자기도 모르는 사이에 마음이 열리면서 너그러워집니다. 처음에는 "대체 뭔 짓을 하나 보자"며 지켜보던 일이 시간이 지나자 함께 즐겁게 요리를 하는 상황으로 바뀌지요. 그날의 저녁 식사가 최고로 우아하고 맛있었다는 것은 착각도 과장도 아닙니 다. 굳게 닫혀 있던 마음을 활짝 열고 즐거운 마음으로 먹는 음식이니 특별할 수밖에요. 왕과 왕비가 먹는 음식에 못지않습니다.

까다로운 노인을 한두 시간 만에 인자한 할머니로 바꾸는 사람, 스 스로를 귀찮은 불청객에서 고맙고 귀한 손님으로 변화시키는 사람.

어떻게 세상의 주인이 될 것인가

비록 정처없이 떠돌고 있고 주머니 속에는 대못 하나밖에 없지만 나그네는 세상 모든 것을 가진 주인이 아닐까요?

어쩌면 나그네는 그러한 자기 자신을 잘 알고 또 믿기 때문에 이것저것 무겁게 짊어지지 않고 가볍게 세상을 여행하는 건지도 모르겠습니다. 저런 놀라운 수완으로 돈을 벌거나 귀중한 물건을 가지려고 나섰다면 뭐든 못 가졌을까요! 그런 것들을 다 밀쳐놓고 '있는 그대로의 나'라는 가장 귀중한 한 가지를 가지고 세상을 누비는 나그네를 꼭 한번 만나보고 싶네요. 그는 '태양의 남쪽과 달의 동쪽까지, 이 동네만 빼고 다 다녔다'고 하는데, 과장으로 들리지 않습니다. 인색한 할머니의 오두막을 자기 집처럼 편한 곳으로 만드는 사람인데 가지 못할 곳이 어디일까요. 우리 동네에도 와서 문을 두드려주길!

이 이야기를 보면서 세상을 바꾸는 것은 '감성'이라는 점을 새삼 실감합니다. 이야기에서 실현된 극적인 변화는 어떤 권력이나 재물, 또는 고급 지식이나 논리로 가능한 것이 아니었어요. 마음과 마음을 잇는 감성적 교감이 변화를 가져옵니다. 주인공이 "역시 사람은 마음이 통하는 사람을 만나야 해요"라고 말한 것이 정답입니다.

사람을 움직이는 감성은 스토리의 힘과 깊은 연관이 있습니다. 대못 하나가 최고의 식사로 탈바꿈하는 과정은 그 자체로 놀랍고 멋진 스토리라고 할 수 있지요. 이 스토리가 구두쇠 노파를 인자한 천사로 변화시키는 또 하나의 스토리를 만들어냅니다. 나그네는 온몸으로 이야기를 만들어내는 스토리텔러라고 해도 좋겠어요.

희로애락과 애오욕, 일곱 감정을 일컬어 칠정(七情)이라고 합니다.

실은 그것뿐이 아니지요. 인간의 마음속에 깃든 감성은 매우 다양합니다. 긍정적인 것과 부정적인 것이 복잡하게 맞물려 있지요. 그중 우리를 힘나게 하는 것은 역시 긍정 쪽일 것입니다. 대못으로 죽을 만든 나그네는 '긍정의 왕'이라고 해도 좋겠어요.

나그네처럼 긍정의 힘을 보여주는 이야기를 하나 더 만나봅니다. 그리스 민담 〈1년 열두 달〉입니다.[3]

옛날에 다섯 아이를 데리고 사는 가난한 과부가 있었다. 집에 동전 하나 없는데 일거리는 매주 한 번 이웃 귀부인 집에서 빵을 굽는 게 전부였다. 귀부인은 빵 한 조각도 나눠주지 않았다. 손에 밀가루 반죽을 묻힌 채 돌아와서 그걸로 죽을 쑤어 먹어야 했다. 아이들은 죽을 맛있게 먹었지만, 그걸 다시 먹으려면 일주일을 기다려야 했다.

그런데 신기한 일이 있었다. 귀부인의 아이들은 새 빵을 잘 먹여도 빼빼 말랐는데 과부의 자식들은 통통하게 살이 올랐다. 귀부인은 과부가 자기 아이들의 행운을 손에 묻혀서 가져간다며 집에 갈 때 손을 씻게 했다. 과부는 빈손으로 돌아와야 했다.

아이들과 함께 울던 과부는 자식들이 굶어죽는 모습을 차마 볼 수 없어서 집 밖으로 나왔다. 칠흑 같은 어둠 속을 헤매던 과부는 높은 곳에서 빛나는 불빛을 보고 다가갔다. 웬 천막 안에 열두 개의 거대한 촛대가 있고 공처럼 생긴 물건이 매달려 있었다. 그 밑에는 이상하게 생긴 열두 명의 청년이 뭔가를 심각하게 상의하고 있었다. 셋은 옷깃을 젖힌 채 풀과 꽃을, 셋은 소매를 걷은 채 밀 이삭을 들고 있었고, 셋은 포도

어떻게 세상의 주인이 될 것인가

송이를 들고 있었다. 셋은 모피 외투로 몸을 두르고 있었다.

청년들은 과부가 몹시 굶주렸다는 걸 알았다. 그들은 과부한테 먹을 것을 차려준 뒤 이것저것 물었다. 과부가 아는 대로 열심히 대답하자 옷깃을 젖힌 청년이 물었다. "아주머니, 1년 열두 달을 어떻게 생각하시나요? 3, 4, 5월 좋아하세요?" "좋고 말고요. 온 세상에 새 생명이 넘치는걸요. 마음이 저절로 뿌듯해지지요." 이어서 밀 이삭을 든 청년들이 물었다. "6, 7, 8월은 어떤가요?" "온갖 곡식과 과일을 익게 하니 고맙지요. 옷 없이도 살 수 있어서 정말 좋아요." 다음은 포도를 든 청년들이었다. "9, 10, 11월은 어떠세요?" "열매가 익어서 포도주를 담그잖아요. 따뜻하게 겨울을 보낼 준비를 하는 시간이 참 좋아요." 모피를 걸친 청년들도 물었다. "그럼 12월과 1, 2월은요?" "참 좋은 때예요. 일에 지친 몸을 쉬게 하고 씨앗들에게도 휴식을 주지요."

과부의 말을 다 들은 청년들은 뚜껑이 닫힌 단지를 하나 주면서 그걸 가지고 가서 아이들을 잘 키우라고 말했다. 과부는 감사 인사를 하고 집으로 와서 단지를 열어보았다. 거기에 든 것은 금덩어리였다. 과부는 그것으로 먹을 것을 준비한 뒤 아이들을 깨웠다. 아이들은 오랜만에 배불리 먹을 수 있었다.

그 이야기를 전해들은 귀부인은 자신도 청년들을 만나고자 했다. 한밤중에 집을 나와서 과부가 알려준 대로 가보니 정말로 천막이 있고 안에 청년들이 있었다. 귀부인은 자신이 가난한 사람이라면서 도와달라고 했다. 세상이 어떠냐는 말에 별로 안 좋다고 했다. 1년 열두 달 지내기가 어떠냐는 질문에는 이렇게 답했다. "말도 말아요. 한 달 한 달이 끔찍해요. 8월 무더위에 익숙해질 만하면 금세 9월, 10월, 11월이 닥쳐서 콜록거리게 되지요. 그리고는 12월 1월이 와서 얼어붙게 만들고요. 2월 그 녀석은 절름발이예요…… 3, 4, 5월은 또 어떻고요. 그놈의 꽃샘추위! 6, 7, 8월은 가관이지요. 우리를 쪄 죽이기로 작정했는지!"

귀부인의 말을 다 들은 청년은 뚜껑을 덮은 단지를 하나 주면서 말했다. "집에 가져가서 방으로 들어가 문을 잠그고 혼자만 보세요. 절대 중간에 열지 말고요." 귀부인은 기뻐하면서 집으로 갔다. 그가 방에 들어가서 문을 잠그고 단지를 열었을 때, 거기서 나온 것은 우글거리는 뱀이었다. 뱀은 귀부인을 산 채로 잡아먹었다. 그 집 아이들은 엄마 없는 자식이 되고 말았다.

이 이야기는 따로 길게 설명할 필요가 없을 것 같습니다. 보는 그대로예요. 가난하고 힘든 와중에도 긍정의 믿음으로 사는 사람과 많은 것을 가지고도 불만에 가득 찬 사람의 차이는, 하늘과 땅처럼 아득합니다. 꼭 금을 얻거나 뱀에 물려 죽어서가 아니에요. 이전부터 그랬다고 할 수 있지요. 과부의 아이들은 통통하게 살이 오르고 귀부인의 아이들은 빼빼 말랐다고 하잖아요! 사랑과 긍정을 먹고 사느냐 그렇지 않느냐의 차이는 이렇게 큽니다.

이 이야기는 하나의 밝은 거울과 같습니다. 이 거울에 비친 우리의 모습은 어느 쪽인가요? 거울 안쪽에서 열두 명의 청년이 한 손에는 금을, 한 손에는 뱀을 들고 우리를 지켜보고 있다는 사실을 잊지 말아야 겠습니다.

어떻게 세상의 주인이 될 것인가

영원한 갑도 을도 없는,
모두가 주인인 세상

세상은 수많은 차이로 가득합니다. 외모와 체형, 학력, 재능, 인종, 출신, 재산까지 차이가 없는 게 없지요. 그래서 세상이 재미있기도 하지만, 문제는 그것이 쉽게 차별로 이어진다는 점입니다. 별것 아닌 차이 때문에 편견과 배척, 폭력의 대상이 되는 경우가 정말 많지요. 뭔가가 조금 부족하다는 이유로 아예 사람 대접을 못 받는 경우도 많습니다. 그렇게 한번 '을'이 되면, 그 편견에서 벗어나기가 얼마나 힘든지 모릅니다.

옛이야기는 이러한 차별과 편견, 억압이 지울 수 없는 낙인이 아니라고 말합니다. 옛이야기에서 한번 갑은 영원한 갑이 아니고, 을도 영원한 을이 아닙니다. 한순간에 인생이 역전되곤 하지요. 방금 살펴본 귀부인과 과부는 좋은 예입니다.

갑과 을이 극적으로 역전되고 더 나아가 모두가 갑이 되는 과정을 생생하게 보여주는 멋진 이야기를 하나 보려고 합니다. 얼간이 한스의 놀라운 성공을 그리는 〈괴물새 그라이프〉(Der Vogel Greif; KHM 165)입니다. '쌍갑(雙甲)'의 서사라고 할 만한 이야기지요. (참고로 '쌍갑'은 다음 웹툰 〈쌍갑포차〉에서 가져왔습니다. 차별을 넘어서 모두가 주인이 되는 세상에 대한 철학을 오롯이 펼쳐낸 명작이지요.)

옛날에 어떤 왕에게 아들은 없고 공주만 있었는데 늘 몸이 아팠다. 어느 날 누군가가 말하길 공주가 특별한 사과를 먹으면 나을 수 있을 거라고 했다. 그 말을 들은 왕은 딸의 건강을 회복시킬 수 있는 사과를 가져오는 사람을 사위로 삼고 왕의 자리에 앉히겠다고 선언했다.

삼형제를 둔 농부가 그 말을 듣고 똑똑하기로 이름난 큰아들 윌레에게 빨간 사과를 한 바구니 챙겨서 성으로 가게 했다. 공주와 결혼해서 왕이 될지도 모른다는 말에 윌레는 사과를 잘 챙겨서 길을 떠났다. 그가 한창 길을 가는데 백발의 난쟁이가 나타나서 바구니 속에 뭐가 들었느냐고 물었다. "개구리 다리!" "그래. 네 말대로 될 거다." 난쟁이를 지나치고서 성에 간 윌레는 공주를 고쳐줄 사과를 가져왔다며 바구니를 바쳤다. 하지만 바구니 안에 든 것은 꿈틀대는 개구리 다리였다. 왕은 화를 내면서 그를 쫓아냈다.

농부는 다시 둘째 아들 재메를 성으로 보냈다. 재메도 길에서 난쟁이를 만났다. 바구니에 든 것을 묻는 난쟁이의 말에 그는 "돼지털" 하고 답했다. 그가 성에 들어갔을 때 바구니에서 나온 것은 사과가 아닌 돼지 털이었다. 화가 난 왕은 매질을 해서 내쫓았다.

형들이 실패하고 돌아오자 막내아들인 얼간이 한스가 자기도 사과를 가져가겠다고 했다. 아버지가 바보 녀석이 무슨 소리냐며 짜증을 냈지만 한스는 개의치 않고 길을 나섰다. 하얀 옷을 입은 더러운 난쟁이가 바구니 속에 든 게 무엇이냐고 묻자 한스는 이렇게 답했다. "공주의 병을 낫게 할 사과예요." "그래. 그 말대로 될 거다." 성에 도착한 한스가 고생 끝에 안으로 들어가서 바구니를 열었을 때 그 안에 든 것은 탐스러운 황금빛 사과들이었다.

사과의 효과는 곧바로 나타났다. 사과를 먹은 공주는 금세 건강해져서 자리에서 일어났다. 왕은 뛸 듯이 기뻤지만 딸을 얼간이와 결혼시키고 싶지 않았다. 그는 공주와 결혼하기 위해서는 조건이 있다면서 물보다 땅에서 더 빨리 달리는 나룻배를 만들어 오라고 했다.

한스가 집에 와서 왕이 내준 과제를 말하자 아버지는 그 일을 큰아들 윌레에게 시켰다. 그가 숲에 가서 배를 만들고 있을 때 난쟁이가 와서 무엇을 만드느냐고 물었다. "나무 주발!" "그래. 나무 주발!" 배가 완성됐을 때 그건 어느새 나무 주발로 변해 있었다. 다음 날 재메가 숲으로 갔으나 결과는 마찬가지였다. 이어서 한스의 차례였다. 한스는 난쟁이에게 물보다 땅에서 더 빨리 달리는 나룻배를 만드는 중이라고 했고, 그 말대로 이루어졌다. 한스가 노를 젓자 배는 바람처럼 빠르게 성으로 내달렸다.

왕은 다시 새로운 조건을 내걸었다. 하루 종일 백 마리 토끼를 돌보되

옛이야기의 힘

한 마리라도 도망가면 안 된다고 했다. 한스가 토끼를 지키고 있을 때 성에서 하녀가 와서 손님을 대접해야 하니 토끼를 달라고 했다. 한스는 공주가 직접 와야 줄 수 있다면서 하녀를 돌려보냈다. 그사이에 난쟁이가 나타나서 한스에게 피리를 하나 건넸다. 공주가 직접 와서 토끼를 가지고 성으로 향했지만, 한스가 피리를 불자 토끼는 뛰어서 제자리로 돌아왔다. 한스는 저녁 때까지 모든 토끼를 지킬 수 있었다.

왕은 다시 말을 바꾸었다. 그라이프라는 새의 꼬리 깃털을 뽑아 와야 공주와 결혼시키겠다는 것이었다. 한스는 곧바로 새를 찾아 나섰다. 한스는 어느 성에 묵게 됐는데 그라이프를 만나러 간다는 말에 주인은 그 새가 모르는 게 없다면서 자기 금고 열쇠가 어디 있는지 물어봐달라고 했다. 그 다음 날 밤을 보내게 된 성의 성주는 그라이프를 만나거든 병들어 아픈 딸이 어떻게 해야 나을 수 있는지 알아봐달라고 했다. 그다음에 만난 것은 강물에서 사람들을 들어서 건너편으로 옮겨주는 거인이었다. 거인은 한스에게 자기가 언제까지 이 일을 해야 하는지 물어봐달라고 했다.

강을 건넌 한스는 괴물새 그라이프의 집을 찾아서 안으로 들어갔다. 집에는 그라이프가 없고 아내만 있었다. 한스는 자신이 찾아온 이유와, 오는 길에 들은 사연들을 이야기했다. 한스를 좋은 사람이라 여긴 여자는 그라이프가 이교도를 보면 잡아먹는다며 침대 밑에 숨게 했다. 그리고 그라이프가 돌아온 뒤 기독교인이 온 것을 의심하는 남편을 안심시켜서 잠들게 했다. 한스는 살짝 손을 뻗어서 그 꼬리 깃털을 뽑았다. 그라이프가 놀라서 깨어나자 아내는 다시 그를 안심시킨 뒤 낮에 이상한 얘기를 들었다면서 금고 열쇠의 행방과 처녀의 병과 강물에서 일하는 거인에 대해 물었다. 그라이프는 별일 아니라는 듯 답해주었다. 한스는 침대 밑에서 그 말을 다 듣고 있었다.

다음 날 그라이프가 나간 뒤 침대 밑에서 나온 한스는 꼬리 깃털을 가지고 길을 떠났다. 거인이 강물을 건너게 해주자 한스는 아무라도 처음 만나는 사람을 강 한가운데 내려놓으면 문제가 해결된다고 말해주었다. 성주의 딸이 병든 이유는 두꺼비가 그녀 머리카락으로 집을 지었기 때문이었다. 한스가 지하실 맨 아래 계단 밑에서 두꺼비집을 찾아서 갖다주자 그녀의 병은 금세 나았다. 첫 번째 묵었던 성의 주인이 잃어버린 열쇠는 문 뒤에 있는 장작더미 아래에서 찾아주었다.

한스가 그라이프의 꼬리 깃털과 두 성에서 받은 귀한 선물을 잔뜩 가지고 돌아오자 왕은 놀라면서 그걸 어디서 얻었느냐고 물었다. 괴물새 그라이프가 원하는 것을 다 주었다는 말을 듣고 욕심이 생겨난 왕은 자기도 그를 만나보겠다며 길을 떠났다. 하지만 그가 강물을 건널 때 거인이 그를 강 한가운데에 내려놓고 사라졌다. 왕은 물에 빠져 죽고, 한스는 공주와 결혼해서 왕이 되었다.

무척 길고 디테일이 풍부한 이야기인데 꼭 필요한 내용만 정리했습니다. 그림형제 민담 가운데 한스나 난쟁이가 등장하는 이야기가 많지만 그중에도 으뜸으로 꼽을 만하지요. 이 서사에도 예외없이 깊은 뜻이 담겨 있습니다.

이야기는 차별을 받고 있는 형제에 대해 말합니다. 다른 사람도 아

옛이야기의 힘

닌 아버지가 형제들을 차별하지요. 형들과 달리 한스는 겉보기에 나사가 빠진 듯 허약하고 모자라 보이는 사람이었던 것 같습니다. 그러니 아버지와 형들이 속내를 알아보지도 않고 얼간이 취급을 했겠지요. 왕 또한 마찬가지입니다. 분명 한스가 공주를 살렸는데도 약속을 어기고 계속 힘든 일로 괴롭힙니다. 타고난 이미지만으로 을(乙)이 되어 루저 취급을 받은 인물이 한스입니다.

흥미로운 것은 삼형제의 이름입니다. 막내가 흔하고 평범한 한스(Hans)인 것과 달리 두 형은 윌레(Üle)와 재메(Säme)라는 특별한 이름을 가졌습니다. 거의 쓰이지 않는 낯선 이름이지요. 아마 부모가 귀하게 여긴 두 아들에게 남들과 다른 특별한 이름을 붙여준 게 아닌가 싶습니다. 두 형은 아버지 입장에서 공주의 짝이 되기에 충분하다 싶을 정도로 멋지고 자랑스러운 존재들이었습니다. 사실은 빛 좋은 개살구이고 거품이었지만요.

두 형제의 거품은 난쟁이와의 만남에서 폭삭 꺼집니다. 난쟁이는 '미약한 존재감'을 상징하지요. 그는 작은데다 늙고 누추한 모습으로 형제들 앞에 나타납니다. 스스로 '갑'으로 행세했던 윌레와 재메로서는 상대할 가치도 없는 대상이었지요. '내가 지금 공주를 만나러 왕궁에 가는 길인데 보잘것없는 늙은이가 재수없게!' 이런 식이었을 거예요. 그런 마음이 자신도 모르게 나온 결과가 '개구리 다리'이고 '돼지 털'입니다. 그들은 난쟁이를 딱 그 정도로 여긴 것이지요.

결과는 보는 그대로입니다. 난쟁이가 "그 말대로 될 것"이라 하고, 실제로 그렇게 됩니다. 이야기는 사과가 개구리 다리와 돼지털이 됐

어떻게 세상의 주인이 될 것인가

다고 하지만, 의미상으로는 두 형제가 개구리 다리와 돼지털이 됐다고 볼 수 있습니다. 자기보다 작고 약한 이들을 대놓고 무시하는 사람은 자신보다 크고 높은 사람 앞에서 비굴해지기 마련이지요. 왕과 공주 앞에서 두 사람이 꼭 그랬을 것입니다. 그런 이들이 어떻게 공주를 치료하고 왕이 될 수 있을까요. 두 사람은 난쟁이를 무시하는 순간 이미 자격미달임이 드러난 것입니다. 똑똑해서 기대를 한몸에 받았다지만 속 빈 허울이었지요.

한스는 두 사람과 달랐습니다. 아버지조차 아무 기대를 안 할 정도로 어리숙하고 존재감이 없었지만, 바깥 세상에서는 상황이 완전히 역전됩니다. 그는 지능이 부족하고 겉보기에 어수룩했을지 모르지만 그것을 덮고도 남을 자질과 능력을 지니고 있었지요. 바로 타인을 포용하고 협력을 이끌어내는 능력입니다. 그는 난쟁이로 표상된 낮고 작은 존재에게 기꺼이 손을 내밀고 격의 없이 소통합니다. 이것은 배려나 동정심과 거리가 멉니다. 잣대를 대지 않고 '있는 그대로' 받아들이고 대하는 쪽에 가깝지요. 한스에게는 갑과 을 같은 개념이 따로 없었던 것입니다.

이는 단순한 추측이 아니라 이야기에서 거듭 드러나는 특징입니다. 뒤에 그라이프를 만나러 가는 길에 한스는 여러 이질적인 상대와 자연스럽게 소통하지요. 차별과 편견에서 자유로운 모습입니다. 그런 한스에게 상대방이 마음을 열고 도움을 주는 것은 당연한 결과입니다.

성으로 간 한스는 왕의 권력과 재물로도 고치지 못했던 공주의 병을 고치는 데 성공합니다. 이에 대해, 공주의 병은 혹시 갑질이 몸에 밴 사람들 사이에서 생겨난 병이 아니었을까 생각해봅니다. 이렇게 보는 이유는 그의 아버지가 '갑질의 왕'이기 때문입니다. 왕이 한스에게 한 일이 갑질 자체지요. 그런 아버지와, 비슷한 부류의 사람들 사이에서 공주는 얼마나 스트레스를 받았을까요. 추한 권력욕을 숨긴 채 웃는 낯으로 아첨하는 사람들이 득실거렸을 테니 말이에요. 하지만 한스는 달랐습니다. 난쟁이와 나란히 섰던 그는 왕이나 공주 앞에서도 비굴하지 않고 당당합니다. 다 같은 '사람'이기 때문이지요. 바로 그런 모습이 공주를 치유한 원동력 아닐까요? 한스라는 사람 자체가 차별과 갑질로 병든 세상을 고칠 수 있는 생명의 사과였다는 뜻입니다.

다행히 공주가 살아나지만 세상은 여전히 꽉꽉합니다. 한스를 맞이한 것은 갑질을 일삼는 기득권의 공격이었지요. 그 정점에 서 있던 왕은 실행 불가능한 과제를 내서 한스를 누르려고 합니다. "네까짓 게 감히 여기가 어디라고!" 슬픈 일은 그런 공격을 사람들이 당연한 것처럼 용인한다는 사실입니다. "그래. 저런 얼간이가 어찌 감히 공주의 짝이 돼!" 한스 아버지의 태도가 이를 대변합니다. 공주의 병을 고치고 과제를 받은 것은 한스인데 그를 제쳐놓고 윌레와 재메에게 배를 만들게 하지요. 몸에 밴 편견을 없애기란 정말 어려운 일입니다.

그런데 물보다 땅에서 더 빨리 달리는 배를 만드는 일은 형들이 할 수 있는 바가 아니었습니다. 고정관념에 사로잡힌 그들이 나무로 만들 수 있는 것이란 주발 정도였지요. 한스는 달랐습니다. 그는 생각이 열려 있었고 대상을 가르지 않았지요. 그에게 땅과 물은 다른 곳이 아니라 서로 통하는 곳이었어요. 그가 물에서도 땅에서도 다닐 수 있는 배를 만들어낸 것은 그 때문입니다.

이어진 과제 또한 다르지 않습니다. 중구난방으로 움직이는 백 마리의 토끼를 두루 돌보는 것은 왕에게는 불가능한 일이었지만 한스는 그렇지 않습니다. 하나하나를 존중하고 소통하니 통제가 가능했지요. 이야기는 왕궁으로 옮겨지던 토끼가 스스로 한스에게 돌아왔다고 합니다. 한스가 한 것은 '통제'가 아니라 '자발적 참여'였던 거예요. 이 일을 가능하게 한 피리 소리는 진정한 소통의 목소리를 상징한다고 볼 수 있지요.

이야기는 신기한 배를 만들 수 있게 해주고 신비로운 피리를 전해준 존재가 난쟁이였다고 합니다. 작고 비루하고 보잘것없어 보이는 존재가 사실은 커다란 능력자였지요. '작은 고추가 맵다'라는 말도 있지만, 진짜 능력은 내면에 있는 법입니다. 앞에서 본 〈코르베스 씨〉에서 작은 것들이 모여 만들어내는 큰 힘을 보았는데 난쟁이도 그러한 힘을 지니고 있다고 할 수 있습니다.

한스가 만난 난쟁이는 딱 한 명이라 할 바가 아닙니다. 한스가 늘 저런 식으로 움직였을 테니 세상의 모든 난쟁이와, 곧 세상의 수많은 작은 이들과 연결되었다고 볼 수 있지요. 사회적으로 표현하면 시민의 힘이 되겠네요. 이렇게 보면 한스가 왕이 되는 것은 필연적인 전개입니다. 그는 민심을 얻은 존재였으니까요.

이 이야기의 제목이 '괴물새 그라이프'라는 점을 눈여겨볼 만합니다. 원래 제목은 '새 그라이프'예요. 그라이프가 사람처럼 움직이는 크고 무서운 존재여서 괴물이라는 수식이 붙은 것입니다. 이야기를 보면 그는 꽤 독특한 존재예요. 기독교인을 보는 대로 잡아먹는가 하면 세상 무슨 일이든 모르는 것이 없다고 합니다. 실제로 그가 알려준 비밀 덕분에 여러 사람들의 고민이 해결되지요. 이야기에서 그는 단순한 보조자나 적대자 이상의 무게감을 발휘합니다. 이는 어떻게 풀이해야 할까요?

그라이프가 연상시키는 것은 이민족 통치자입니다. 기독교인을 공격한다는 데서 단적으로 엿볼 수 있지요. 그는 이쪽 나라 왕이 감히 대적하지 못할 만큼 대단한 위력을 가진 존재였던 것 같습니다. 왕이 한스를 그에게 보내서 털을 뽑으라고 한 것은 그게 불가능한 일이라고 생각했기 때문이지요. 이러한 상황을 한스가 역전시킨 것입니다.

역전의 동력은 역시 차별과 편견 없는 진실한 교감과 소통이었지요. 한스가 오는 길에 부탁받은 여러 가지 일에 대해 말하는 것을 듣고서 그라이프의 아내가 한스를 좋은 사람으로 여겨서 도와줬다고 합니다. 한스가 부탁받은 일 중에는 강물에 있던 거인의 일도 포함되지요. 한스는 대상을 안 가리고 누구의 말이든 귀 기울이면서 돕고자 하는 사람이었고, 그라이프의 아내는 그의 진정성에 마음을 연 것이라고 볼 수 있습니다. 죽고 죽이는 대결 대신 평화로운 공존을 택한 것이지요. 그렇게 한스는 세상 누구도 하지 못했던 일을 해냅니다.

사람들이 오래 풀지 못했던 골치 아픈 문제들이 그라이프를 통해 해결된다는 것은 하나의 큰 반전입니다. 이상한 괴물 취급받던 이교도 지도자가 깊은 지혜와 문제 해결력을 갖추고 있다는 것은 통념을

어떻게 세상의 주인이 될 것인가

뒤엎는 설정이지요. 이렇게 편견은 깨지고 동(東)과 서(西)의 경계는 허물어집니다. 개인과 개인을 넘어 종족과 종족 차원에서도 세상은 '바른 것과 틀린 것'이 아닌 '서로 다른 것들'이 공존하는 곳으로 재구성되지요. 이만하면 그라이프가 표제가 될 만하지 않나요?

한스가 그라이프에게 다녀오면서 해결한 문제 가운데 두 번째가 마음을 끕니다. 성주의 딸이 병든 이유는 두꺼비가 그녀의 머리카락으로 집을 지었기 때문이었어요. 지하실 계단 맨 아래에 살고 있는 두꺼비였지요. 그 두꺼비를 갖다주자 딸의 병이 낫습니다. 이건 무슨 뜻일까요? 두꺼비는 혹시 딸이 남몰래 사랑하던 사람이 아닐까요? 신분이 미천해서 두꺼비 취급 당하는 남자 말이에요. 그 일을 알면 아버지가 가만히 있지 않고 또 사방에서 손가락질을 할 테니 혼자 냉가슴만 앓는 상황이 떠오릅니다. 그러니 아무도 못 고쳤겠지요. 두꺼비를 데려다주자 공주의 병이 나았다는 것은 그들이 결혼해서 잘 살게 됐다는 뜻일 것입니다. 계층의 편견을 넘어서는 사랑의 실현을 통해 병든 삶을 치유한 서사입니다.

이 일은 한스 자신에게도 일어납니다. 얼간이에 루저 취급을 받던 한스가 보란 듯이 편견을 떨쳐내고 공주와 결혼하지요. 갑질이 난무하는 세상에서 병들어 신음하던 공주와 말입니다. 그를 병들게 했던 왕은 강물에 빠져 죽습니다. 거인이 그를 물에 던졌다고 하지만, 그곳을 자기 발로 찾아간 것은 왕 자신이었어요. 자기가 판 차별과 편견의 함정에 스스로 빠져든 셈이지요. 알량한 권력을 믿고 백성을 함부로 대한 권력자의 종말이 이와 같다는 건 과장이 아닙니다.

옛이야기의 힘

이 이야기의 결말은 "왕은 물에 빠져 죽고, 한스는 공주와 결혼해서 왕이 되었다"입니다. 서로 연결되어 있는 두 사건은 별개가 아닙니다. 왕이 물에 빠져 죽은 일은 차별과 편견의 종말을 뜻하고, 한스가 공주와 결혼해서 왕이 되는 것은 소통과 공존의 시작을 뜻하지요. 새로운 세상이 시작되었음을 이야기는 이렇게 표현합니다. 인싸와 아싸, 위너와 루저가 따로 없는, 모두가 갑인 세상 말입니다.

Chapter 14

불행의 서사에서 배우는
성공의 절대 원칙

모든 실패자들의
한 가지 공통점

옛이야기에 성공하는 사람만 있는 것은 아닙니다. 실은 실패하는 사람이 훨씬 많아요. 〈괴물새 그라이프〉만 봐도 두 형은 실패하고 막내만 성공하지요. 민담에는 삼형제나 세 친구 등 3인이 나란히 과제에 도전하는 설정이 많은데 마지막 한 명만 성공하는 게 보통입니다. 이때 앞의 둘은 '평범한 다수'를, 마지막 한 명은 '특별한 소수'를 나타낸다고 보면 됩니다.

성공과 행복을 거머쥐는 사람보다 그렇지 못한 사람이 더 많다는 것은 우리가 후자가 될 가능성이 많다는 뜻입니다. 문학치료학 식으로 표현하면 우리의 자기서사는 실패자의 길로 나아갈 가능성이 많지요. 실패에서 벗어나 성공 서사를 써내려가기 위해 우리가 할 일은 성

불행의 서사에서 배우는 성공의 절대 원칙

공한 주인공의 뒤를 좇는 일만이 아닙니다. 실패한 인물의 서사를 냉철히 성찰해서 오류를 되풀이하지 않는 일이 그에 못지않게 중요합니다. 옛이야기는 이를 위한 거울을 다양하게 갖추고 있지요. 이제 그에 대해 이야기하려 합니다.

　먼저 볼 것은 모방과 답습입니다. 남이 잘되는 것을 보고 그대로 따라 하는 일명 '따라쟁이의 서사'입니다. 설화학에서는 이런 이야기를 '모방담'이라고 부르지요. 〈일 년 열두 달〉에서 귀부인이 과부의 일을 따라 하다가 망한 사연이 여기 해당합니다. 이런 이야기는 민담에 무척 많아요. 한국의 유명한 설화 〈도깨비 방망이〉나 〈혹부리 영감〉이 이런 구조를 갖추고 있지요. 주인공을 흉내 냈던 사람의 결말은 모두가 아는 대로입니다.

　한국의 모방담 가운데 도깨비 이야기 못지않게 널리 전승돼온 것이 여우에 대한 이야기입니다. 〈여우 잡은 작대기〉라는 이야기예요. 《한국구비문학대계》에만 30편 이상의 자료가 수록돼 있는데 경기도 용인에서 채록된 내용을 소개합니다.[4]

　옛날에 무척 가난한 사람이 소금장수를 해서 먹고 살았다. 그는 벚나무로 만든 지팡이를 들고 다녔는데 하도 오랫동안 쓰다 보니 무슨 나무인지 모를 정도로 반들반들 닳았다. 하루는 그가 소금 짐을 짊어지고 산을 올라가다가 덤불 밑에서 도시락을 먹는데 그 아래에서 이상한 소리가 들렸다. 뭔가 살펴보니 하얀 여우가 웬 해골을 닥닥 긁고 있었다. 여우는 그걸 뒤집어쓰더니 할머니로 변했다.

이상하게 여긴 소금장수는 지팡이를 들고 몰래 여우 뒤를 밟기 시작했다. 여우가 큰마을의 혼인잔치 하는 집으로 들어가자 소금장수도 밥 빌어먹을 핑계로 따라 들어갔다. 얼마 뒤 가마를 타고 도착한 신부가 안방으로 들어갔는데 잠시 후 안에서 사람이 죽어가는 비명 소리가 났다. 소금장수가 안으로 들어가보니까 할머니가 신부의 배를 쓰다듬고 있었다. 소금장수는 사람들이 말릴 틈도 없이 작대기로 할머니의 머리를 내리쳤다. 사람들이 말리는데도 계속 작대기로 내리치자 할머니가 죽어 쓰러지면서 꼬리가 희끗희끗한 여우로 변했다.

여우가 죽고 신부가 살아나자 사람들이 소금장수를 칭찬하면서 어떻게 그게 여우인 줄 알았냐고 물었다. 그는 몇 대째 내려온 작대기 덕분이라고 말했다. 그러자 동네에서 크게 농사를 짓는 사람 하나가 소금장수에게 작대기를 팔라고 했다. 그는 소금장수가 그걸로 먹고 산다면서 안 팔겠다고 하는데도 물러서지 않고 거듭 재촉해서 큰돈을 주고 작대기를 샀다.

작대기를 산 사람이 그걸 써먹을 길을 찾는데 마침 어디서 혼인잔치를 한다는 얘기가 들려왔다. 그가 그 집에 들어가서 이리저리 살펴보고 있는데 방에서 신부가 배 아프다고 야단하는 소리가 났다. 그가 병을 볼 줄 안다면서 들어가보니 신부 옆에 허리가 꼬부라진 할머니가 앉아 있었다. 그는 "이놈의 여우 죽어봐라!" 하면서 작대기로 할머니를 마구 쳤다. 그래서 할머니가 죽었는데 보니까 여우가 아닌 사람이었다. 생사람을 잡은 부자는 한순간에 홀랑 망하고 말았다.

불행의 서사에서 배우는 성공의 절대 원칙

작대기를 산 부자는 의도와 달리 엉뚱한 살인을 저지르고 쫄딱 망합니다. 그가 망한 원인은 무엇일까요? 작대기를 속여서 판 소금장수 때문이라고 하면 민담의 코드와 어울리지 않는 해석입니다. 작대기를 사겠다고 고집을 부린 것은 부자 자신이지요. 그는 스스로 망한 것입니다. 속내와 맥락을 모른 채 결과만 보고 따라 한 것이 문제였지요. 어설픈 따라쟁이의 처참한 실패입니다.

이 이야기에서 눈여겨볼 요소는 '지팡이'입니다. 이야기는 그 지팡이가 소금장수와 삶을 함께해온 오래된 물건이라고 말합니다. 그걸 짚고 사방 천지를 다녔고 소금 짐을 날랐으니 거기에는 소금장수의 역사가 깃들어 있는 셈이지요. 이야기에서 소금장수는 여우를 잡은 것이 지팡이 덕분이라고 말하는데 틀린 말이 아닙니다. 지팡이를 짚고 여기저기 다니다 보니 세상의 온갖 비밀을 접하게 되었고, 여우가 할머니로 둔갑한 일도 발견했지요. '지팡이는 비밀을 알고 있다'고 해도 좋을 정도입니다. 그 힘으로 소금장수는 여우를 퇴치하지요.

이제 부자가 망한 이유를 명확히 알 수 있습니다. 그는 한 곳에 머물면서 농사만 짓던 사람이에요. 작대기의 힘에 해당하는 '서사'를 가지고 있지 않습니다. 그러니 그가 하는 일은 흉내 이상이 될 수 없지요. 멋지게 활약해서 칭찬을 받고 성공하겠다는 욕심만 있을 뿐입니다. 그러니 일이 잘못될 수밖에요.

부자가 작대기로 생사람을 때린 것은 그 자체로는 허황한 일이지만, 의미상으로 아주 현실적이고 시사적인 메시지를 담고 있습니다. 다른 사람이 성공한 결과만 보고 맥락도 모른 채 무작정 따라 하는 사람들이 세상에 정말 많지요. 자영업만 해도 그렇습니다. 가진 돈을 다 쏟아붓고 장밋빛 미래를 꿈꾸지만 돌아오는 건 참담한 실패지요. 답답하고 억울할 수도 있지만, 망하지 않으면 더 이상합니다. 남들이 힘들게 이룬 성과를 쉽게 가지려고 한다면 놀부 심보 아니겠어요?

또 하나 눈길을 끄는 것은 '머리에 뒤집어쓰는 해골'입니다. 앞에서 본 〈신기한 해골〉과 유사한 화소예요. 거기서는 미녀가 됐는데 여기서는 할머니가 되는 정도만 다릅니다. 흥미로운 사실은 여우가 해골을 쓰면 해골의 주인으로 변한다는 사실입니다. '유전자 복제' 같은 것을 연상시켜서 흥미로워요. 수천년 전 동물의 유골 조각으로도 복제가 가능하다는데, 이 화소에도 미래상이 담겨 있다고 할 수 있습니다. 문제는 그게 '교묘한 가짜'라는 사실이에요. 대충 변장한 정도가 아니라 완벽하게 원래 모습대로라서 진짜와 구별하기 힘듭니다. 참 어려운 문제지요.

세상에는 여우의 속내를 숨긴 채 멀쩡한 사람 노릇을 하고 번듯한 어른 행세를 하는 사람들이 참 많습니다. 사기꾼들이 판치는 세상이라고 해도 과언이 아니지요. 이렇게 볼 때 이 설화는 무척 현실적인 이야기가 됩니다. 이런 상황에서 진짜와 가짜를 가려내는 방법은? 바로 지팡이, 곧 '서사'입니다. 숨겨진 내력을 아는 사람을 속일 수는 없는 법이지요.

모방담 구조를 갖춘 이야기는 그림형제 민담에도 많습니다. 난쟁이와 관련된 이야기가 많은데, 이번에는 또 다른 특별한 존재에 대한 이

불행의 서사에서 배우는 성공의 절대 원칙

야기를 보려고 합니다. 〈홀레 할머니〉(Frau Holle; KHM 24)입니다.

어느 과부에게 부지런하고 아름다운 의붓딸과 게으르고 못생긴 친딸이 있었다. 과부는 늘 친딸을 감싸면서 의붓딸에게 잔소리를 하고 모든 궂은일을 시켰다. 소녀는 큰길 우물가에 앉아 손에서 피가 나도록 실을 자아야 했다.

어느 날 소녀는 얼레에 묻은 피를 씻으려고 몸을 구부리다가 우물 속에 얼레를 빠뜨리고 말았다. 그 말을 들은 엄마는 화를 내면서 물에 들어가서 건져오라고 했다. 소녀는 우물 속으로 뛰어들었고 그대로 정신을 잃었다. 다시 눈을 떴을 때 그녀가 있는 곳은 아름다운 초원이었다.

소녀가 꽃들 사이로 걸어가다 보니 오븐 속에서 빵들이 타기 직전이라며 꺼내달라고 말했다. 소녀는 얼른 빵을 꺼내주었다. 이어서 사과들이 소녀에게 열매가 다 익었다며 나무를 흔들어달라고 했다. 소녀는 또 그 말대로 해주었다.

소녀가 더 가다 보니 웬 작은 집이 나왔는데 창문에서 노파가 내다보고 있었다. 노파는 아주 큰 이빨을 가지고 있었다. 무서움을 느낀 소녀가 도망치려고 하자 노파가 가까이 불렀다. 그는 자기는 홀레 할머니라고 소개하며 자신과 살면서 침대를 정리하고 침구를 터는 일을 하면 좋은 일이 생길 거라고 했다.

그 집으로 들어간 소녀는 할머니를 위해 열심히 일했다. 그가 열심히 침구를 털 때마다 깃털이 눈송이처럼 휘날렸다.

어느 날 소녀는 문득 집이 그리워져 슬퍼졌다. 가족들이 보고 싶었다.

그 말을 들은 홀레 할머니는 기특하게 여기면서 소녀를 큰 대문 앞으로 데리고 갔다. 소녀가 문을 열고 밖으로 나섰을 때 황금 비가 쏟아져서 소녀의 몸에 달라붙었다. 소녀가 황금과 함께 잃어버렸던 얼레를 받았을 때 문이 닫히는가 싶더니 어느새 지상에 와 있었다.

소녀가 황금으로 덮인 채 집으로 들어가자 엄마와 동생이 맞으면서 어찌 된 일이냐고 물었다. 사연을 들은 엄마는 친딸도 똑같은 행운을 얻게 해주고 싶었다. 그래서 친딸은 처음으로 우물가에 앉아서 실을 잣게 됐다. 그녀는 일부러 가시로 손을 찔러 피를 낸 다음 얼레에 묻혔다. 그걸 우물에 집어던지고 자기도 뛰어들었다.

얼마 뒤 친딸은 아름다운 초원에 이르렀고 이복 자매와 같은 길을 가게 됐다. 빵이 자기를 좀 꺼내달라고 하자 그녀가 말했다. "내 손이 더러워질 일을 왜?" 이어서 사과나무가 자기를 흔들어달라고 하자 "사과가 머리에 떨어지면 어떡하라고!" 하면서 그냥 지나갔다.

홀레 할머니 집에 도착한 소녀는 이빨에 대해 이미 들은지라 무서움 없이 안으로 들어갔다. 그녀는 할머니를 도와서 일을 하겠다고 자처했다. 첫날은 선물로 받을 금을 생각하며 제대로 일했으나 둘째 날부터 게을러지기 시작했다. 셋째 날에는 아침에 일어나지도 않고 침구를 터는 일도 하지 않았다.

홀레 할머니는 소녀에게 일을 그만두라면서 문밖으로 데려갔다. 소녀는 황금 비를 기대했지만 몸을 뒤덮은 것은 검은 역청이었다. 소녀는 역청에 덮인 채 집으로 돌아와야 했다. 수탉이 그를 보고 "우리 더러운 아가씨 돌아왔네!" 하고 소리쳤다. 역청은 그녀가 죽는 날까지 벗겨지

불행의 서사에서 배우는 성공의 절대 원칙

지 않았다.

이 이야기는 긴 설명이 필요없습니다. 앞에서 봤듯, 달콤한 결과만 바라보면서 겉으로만 흉내 낸 따라쟁이의 처참한 실패를 다루고 있지요. 진정성은 흉내 낼 수 없는 법입니다. 서사가 다르고 몸에 밴 바가 다른데 어떻게 같을 수가 있겠어요. 빵이나 사과나무를 지나친 일도 그렇지만, 보답을 받기 위해 일부러 도운 할머니의 일조차 사흘을 못 채웠다는 내용이 과장이 아닙니다. 세상의 수많은 따라쟁이들이 움직이는 방식이 꼭 이렇습니다. 그러면서 상대를 원망하고 주변을 탓하지요. 역청을 뒤집어쓴 친딸도 자매와 엄마에게 책임을 돌리면서 광분했을 가능성이 90퍼센트 이상입니다. 이것이 바로 옛이야기가 말하는 악(惡)이지요.

대학원 수업에서 〈홀레 할머니〉에 대해 이야기를 나누다가 머리가 하얘지는 충격을 받았습니다. 구박을 받으며 고통스러운 삶을 이어가던 소녀가 우물에 뛰어든 장면에서 불현듯 '자살'이 연상됐던 거예요. 부르튼 손에 배어난 피를 씻으려고 얼레를 우물에 넣었다가 빠뜨렸을 때 절망감은 어땠을까요? 엄마는 우물 속에 들어가서 그걸 건져 오라고 닦달하지요. 다시 우물로 다가온 소녀가 모든 것을 포기하고 물로 뛰어들었다고 생각하니 틀림없었습니다. 그렇게 생각하니 너무 슬픈 이야기가 됐지요.

주인공이 투신을 통해 새 세상을 만난다는 점에서, 이어 자매도 거기 뛰어들어서 별세계를 만난다는 점에서 이것을 '실제 자살'로 보는 것은 어울리지 않을 수 있습니다. 하지만 어떻든 죽음을 연상시키는 것은 사실입니다. 심리적으로 풀면 '까마득한 절망' 정도가 되겠지요. 그러니까 주인공이 찾아낸 성공은 아득한 절망 속에서 힘겹게 길어낸 것이라 할 수 있습니다. 무게감을 쉽사리 가늠하기 어려울 정도예요.

현실에서 누군가가 이룬 빛나는 성공에도 대개 이런 역사가 담겨 있기 마련이지요. 그것을 도외시한 채 속성으로 성공을 거두려 할 때, 예컨대 '빽'의 힘을 빌려 최고가 되려고 할 때 어떤 결과가 생기는지를 이야기는 명쾌하고 생생하게 말해줍니다. 죽는 날까지 벗어낼 수 없는 역청이라는 화소로요.

이야기에서 홀레 할머니를 주목하게 됩니다. 이야기의 표제이기도 하지요. 전해지는 말로는 홀레 할머니가 침구를 털어서 깃털이 날리면 세상에 눈이 흩날린다고 해요. 우물 깊은 곳에서 세상을 조정하는 홀레 할머니는 자연신의 이미지를 지닙니다. 눈길을 끄는 사항은 그가 겨울과 깊은 관련성을 지닌다는 점이에요. 겨울은 죽음과 연결되는 요소지요. 하지만 그것은 끝이 아닙니다. 겨울이 문을 닫으면 세상에 따뜻한 기운이 감돌고 생명이 움트지요. 주인공이 별세계의 문을 닫고 나온 일을 '긴 겨울 끝에 찾아온 봄'과 연결지을 수 있을 것입니다. 심리적으로 푼다면 '오랜 절망의 터널을 지나 찾아낸 금빛 희망'이라고 할 수 있겠지요.

중요한 사실은 그 봄이 모두에게 금빛은 아니라는 사실입니다. 스스로 찌들어 있는 사람들에게 봄은 또 다른 검은 날의 시작일 뿐이지요.

불행의 서사에서 배우는 성공의 절대 원칙

인생이 꼬이는 데는
하룻밤이면 충분하다

모방담 속 따라쟁이들의 실패는 원래 그렇게 될 결과였습니다. 처음부터 문제가 있었으니까요. 이와 달리 대단한 능력을 갖추고 있어서 성공이 보장된 것 같던 이들이 실패의 나락으로 굴러떨어지는 경우도 적지 않습니다. 스스로 잘나간다고 생각하는 사람들이 특히 유심히 봐야 할 이야기지요.

　여기 대단한 실력을 갖춘 세 명의 의사가 있습니다. 신의(神醫)라고 불러도 될 만한 사람들이지요. 이들의 귀추가 어떻게 되는지, 왜 이런 일이 벌어지는지 함께 살펴볼까요? 그림 민담 〈세 군의관〉(Die drei Feldscherer; KHM 118)입니다.

의술에 대해 더 배울 게 없다고 여긴 군의관 세 사람이 세상을 돌아다니다가 한 여관에 들어갔다. 여관 주인이 뭐 하는 사람들이냐고 묻자 그들은 기술을 시험하려고 세상을 다니는 의사들이라고 했다. 어떤 기술이냐고 하자 첫 번째 의사는 손을 잘랐다가 다음 날 아침에 붙일 수 있다고 했고, 두 번째 의사는 심장을 떼었다가 붙일 수 있다고 했다. 그리고 세 번째 의사는 눈알을 도려냈다가 다시 붙일 수 있다고 했다. 여관 주인은 정말 그럴 수 있다면 대단한 일이라며 감탄했다.

모든 것을 원래대로 붙일 수 있는 연고를 가지고 있었던 세 사람은 각자 손과 심장과 눈을 잘라서 여관 주인에게 건넸다. 주인은 그것을 하녀에게 맡기면서 찬장에 잘 보관하라고 했다. 그날 밤, 하녀는 한밤중에 몰래 찾아온 애인에게 먹을 것을 꺼내주느라 찬장을 열었다가 문 닫는 일을 깜빡했다. 둘이 노닥거리고 있을 때 고양이가 살그머니 들어와서 세 사람의 손과 심장과 눈알을 물고 도망쳤다.

이 사실을 뒤늦게 발견한 하녀는 깜짝 놀라면서 애인에게 어쩌면 좋냐고 하소연했다. 군인이었던 애인은 자기가 어떻게 해보겠다고 나가더니 교수대에 매달려 있는 도둑의 손을 자르고, 고양이를 잡아서 눈알을 뽑고, 지하실에 있던 돼지의 배를 갈라서 심장을 꺼내 가져왔다. 하녀는 그것들을 그릇에 담고 찬장 문을 닫은 뒤 마음을 놓고 잠자리에 들었다.

다음 날 아침, 세 명의 의사는 그릇을 가져오게 한 뒤 그것을 몸에 붙이기 시작했다. 첫 번째 의사가 도둑의 손을 대고 연고를 바르자 손은 팔에 딱 달라붙었다. 다음 사람이 고양이 눈알을 자기 눈에 붙여 넣었고,

불행의 서사에서 배우는 성공의 절대 원칙

또 한 사람은 돼지 심장을 가슴속에 집어넣었다. 그 모습을 본 여관 주인은 놀라운 의술에 찬탄하면서 아는 사람에게 그들을 널리 추천하겠다고 했다.

세 군의관은 여관을 나와 여행을 계속했다. 그런데 돼지 심장을 넣은 의사가 한쪽 구석으로 가더니 킁킁거리며 냄새를 맡기 시작했다. 옆에서 말렸지만 그는 자꾸 쓰레기더미로 달려갔다. 고양이 눈을 넣은 의사도 좀 이상했다. 눈이 침침해서 안 보인다며 넘어지지 않게 잡아달라고 했다. 그들이 힘들게 여관에 도착했을 때 한 신사가 돈을 세고 있었는데 첫 번째 의사가 주변을 서성이다가 돈뭉치를 슬쩍했다. 친구가 말렸지만 소용없었다. 그날 밤 고양이 눈을 가진 의사가 동료들을 깨우면서 하얀 생쥐가 돌아다니는 게 보이지 않느냐고 물었다. 그들은 뭔가가 잘못됐음을 깨달았다.

다음 날 그들은 이전에 묵었던 여관으로 가서 주인에게 물건을 제대로 돌려받지 못한 것 같다고 항의했다. 도둑의 손과 돼지의 심장과 고양이 눈이 아니냐고 따졌다. 여관 주인이 하녀를 부르려 했으나 군의관들이 오는 것을 보고 도망간 뒤였다. 세 사람이 대가를 지불하지 않으면 불을 지르겠다고 하자 여관 주인은 가진 것을 다 끌어다가 돈을 마련해주었다. 평생 먹고살 액수였지만, 그냥 자기 손과 심장과 눈을 가지고 사는 편이 더 나았을 거다.

이 이야기는 그리 널리 알려진 것은 아닙니다. 손과 심장, 눈알을 뗐다가 연고로 붙인다는 내용이 좀 억지스럽게 보이기도 해요. 남의 손과 심장과 눈알을 붙인 뒤 도둑이나 돼지, 고양이처럼 행동한다는 데서 풍자적 재미를 느끼게 되지만, 서사가 잘 함축됐다고 보기는 어렵습니다. 하지만 이 이야기를 처음 접했을 때 강한 충격을 받았습니다. 의술과는 거리가 먼 삶을 살고 있지만 마치 저에게 하는 이야기 같았지요.

이야기 속 의사들은 앞길이 창창한 잘나가는 사람들이었습니다. 이 정도 기술과 수단을 가지고 있으면 세상의 찬탄과 추앙을 받으면서 멋진 인생을 살 수 있겠지요. 그런데 하루아침에 인생이 뒤틀려버립니다. 보기에 멀쩡하고 돈이 많더라도 저런 손과 심장과 눈을 가지고 정상적인 삶을 살 수는 없는 노릇이지요.

문제는 그 일이 발생한 원인입니다. 하녀의 부주의와 속임수 때문에 일이 꼬였지만, 진짜 원인은 세 사람에게 있었습니다. 바로 헛된 자기과시지요. "하하, 내가 뭐 이 정도입니다!" 하고 경쟁하듯 자기 의술을 자랑하다가 생긴 일이니까요. 환자가 생긴 것도 아닌데 괜히 손을 자르고 심장을 꺼내고 눈알을 빼내니 어떻게 허튼 일 아니겠어요. 그 알량한 과시욕과 인정욕구 때문에 평생 불구로 살게 됐으니 정말 큰 대가가 아닐 수 없습니다. 뒤늦게 후회해봤자 무슨 소용일까요.

이제 이 이야기가 왜 저 자신을 향한다고 했는지 눈치 채셨을 것입니다. 〈빨간 모자〉에서도 얘기했지만 허튼 자만심과 과시욕을 벗어나기가 영 쉽지 않습니다. 누구에게 지는 것이 왜 그렇게 싫은지 몰라요. 겉으로는 아무렇지 않은 듯 웃지만, 뒤에서는 내가 더 훌륭하다고 인정받고 싶은 욕구가 피어오릅니다. '내가 옛이야기 분야에서는 최고

불행의 서사에서 배우는 성공의 절대 원칙

아니겠어? 이런 해석은 내가 봐도 놀랍거든.' 하는 식이지요. 누가 제 글을 읽고 "글을 정말 잘 쓰시네요." 하고 추켜주기라도 하면, "아이, 뭘요!" 하면서도 내심 만족하는 모습이 이야기 속 군의관들과 얼마나 다른지 자문하지 않을 수 없습니다.

이 이야기가 더 날카롭게 와닿은 것은 도둑의 손과 돼지의 심장, 그리고 고양이의 눈이 지니는 의미 때문이었습니다. 이것들은 실제로 남의 물건을 훔치는 일을 뜻하지는 않습니다. 나의 이 대단한 능력으로 어디서 돈을 좀 끌어올 순 없나 하고 주변을 살피는 일, 어디 맛있는 것, 재미있는 것 없나 하고 구석구석을 탐색하는 일, 한밤중에 눈을 빛내면서 인터넷을 검색하며 '사냥감'을 탐색하는 일 등등이 세 가지가 의미하는 바일 것입니다. 스스로를 돌아보니 그 가운데 안 걸리는 게 없더군요. 인생이 꼬이는 데는 하룻밤이면 충분하다는 이야기의 경고를 가슴에 새겨봅니다.

스스로 잘났다고 생각하는 사람일수록 조심하고 경계해야 한다는 깨우침을 인상적으로 새겨주는 이야기를 하나 더 봅니다. 〈세 군의관〉과 달리 전형적인 민담 체취를 풍기는 이야기예요. 제이콥스가 묶은 영국 민담집 맨 앞에 수록된 이야기, 〈톰 팃 톳〉(Tom Tit Tot)[5]입니다.

옛날에 어떤 부인이 파이 다섯 개를 구웠는데 조금 딱딱했다. 부인은 딸을 시켜 그 파이를 찬장에 넣어두게 했다. 엄마가 그것을 치우고 새로 파이를 구울 거라고 생각한 딸은 파이를 다 먹어치웠다.

얼마 뒤 파이를 가져오라고 했다가 딸이 다 먹었다는 걸 알게 된 부인은 어처구니가 없었다. 부인은 실을 자으면서 "내 딸이 오늘 파이를 다섯 개나 먹어치웠다네!" 하고 노래를 불렀다. 그때 우연히 근처를 지나가던 왕이 노래를 얼핏 듣고 부인에게 다시 불러보라고 했다. 딸이 한 일이 창피했던 부인은 "내 딸이 오늘 실을 다섯 타래나 자았다네." 하고 바꿔서 불렀다. 그러자 왕은 그런 처녀를 못 봤다면서 그게 사실이면 자기 아내로 삼겠다고 했다. 부인은 뒷일이 어찌 되든 상관하지 않고 제안을 받아들였다.

딸과 결혼한 왕은 한동안 왕비를 편안히 놓고 지내게 한 뒤 한 달 동안 매일 밤까지 실 다섯 타래씩을 잣게 했다. 그 일을 못하면 목이 날아갈 거라고 했다. 왕이 그 일을 잊었겠지 했다가 과제를 부여받은 왕비가 어쩔 줄 모르고 울고 있는데 문 두드리는 소리가 들렸다. 문을 열자 괴상한 꼬리를 가진 검은 새가 호기심 어린 눈으로 바라보면서 왜 그렇게 우느냐고 물었다. 재촉해서 사정을 알아낸 검은 새는 자기가 그 일을 할 수 있다고 했다. 아침마다 아마를 가져가서 실을 자은 뒤 밤에 가져다주겠다고 했다. 조건은 딱 하나였다. 한 달이 되도록 자기 이름을 맞추지 못하면 여자를 갖겠다는 것이었다. 이름을 맞출 기회는 하루에 딱 세 번이었다.

다음 날부터 잠긴 방 안에서 왕비의 실 잣기가 시작됐다. 검은 새는 약속대로 아침에 창문으로 날아와 아마를 가져간 뒤 저녁 때가 되면 실 다섯 타래를 가져왔다. 왕비는 새의 이름을 맞춰보려고 했지만 세 가지 다 오답이었다. 그런 일이 다음 날도 그 다음 날도 계속됐다. 새는 매일

불행의 서사에서 배우는 성공의 절대 원칙

다섯 타래의 실을 자아서 가지고 왔고 왕비는 이름을 맞추지 못했다. 어떤 특이한 이름을 대도 틀린 답이었다. 시간이 흘러 딱 하루만 남았는데 새의 이름은 오리무중이었다. 다음 날이면 괴상한 새에게 붙잡혀 간다는 생각에 왕비는 불안으로 몸을 떨었다.

그날 밤 왕이 찾아와서 그동안 고생했다며 함께 식사를 하자고 했다. 밥을 먹으려던 왕은 숟가락을 뜨다 말고 갑자기 웃음을 터뜨리더니 이렇게 말했다. "내가 낮에 사냥을 갔다가 낯선 숲에 들어갔다오. 그런데 웬 하얀 구멍에서 콧노래가 들리지 뭐요. 몰래 다가가서 살펴보니까 괴상하게 생긴 검은 새가 꼬리를 흔들면서 작은 물레를 정신없이 돌리고 있더군. 그러면서 노래를 부르는데 말이지, '절대로 절대로 알 리 없지. 내 이름은 톰 팃 톳이라네!' 이러지 뭐요."

그 말을 들은 왕비는 뛸 듯이 기뻤지만 아무 내색도 하지 않았다. 다음 날 저녁에 마지막 실타래를 가져온 검은 새는 입이 찢어져라 웃으면서 꼬리를 흔들었다. "자, 내 이름이 뭐지?" "흠, 솔로몬?" "아니!" "그럼, 제베디?" "아아니!" 새는 꼬리를 정신없이 흔들면서 음흉하게 말했다. "왕비, 이제 남은 기회는 딱 한 번이야. 자, 천천히!" 그러면서 새가 검은 날개를 뻗칠 때 왕비는 그를 향해 손가락질을 하면서 말했다. "절대로 절대로 알 리 없지. 네 이름은 바로, 톰 팃 톳(Tom Tit Tot)!"

왕비의 대답을 들은 새는 전율에 휩싸인 채 몸을 떨더니 어둠 속으로 날아가버렸다. 그 후로 새는 다시 왕비 앞에 나타나지 않았다.

이야기는 이렇게 끝납니다. 엉뚱한 전개에 이은 다소 뜻밖의 결말입니다. 처음 이 이야기를 읽었을 때 조금 당황했어요. 뭘 말하는 건지 잘 와닿지 않았거든요. '어떻게든 위기를 벗어날 방법이 있다'라든가 '문제의 해결책은 우연히 찾아온다' 같은 의미를 연결시켜봤지만 석연치 않았지요. '둘러댄 말 한마디가 나비효과처럼 큰 파장을 불러온다' 같은 것도 생각해봤지만 잘 어울리지 않았어요. 새의 이름만큼이나 오리무중이었습니다.

의문에 대한 답은 '톰 팃 톳'이라는 특별한 이름을 가진 인물에 초점을 맞추자 비로소 풀렸습니다. 하루에 실을 다섯 타래나 자을 수 있었던 그는 숨은 능력자라 할 만합니다. 일종의 '타짜'라고나 할까요? 그 능력을 이용해서 그는 왕비를 차지하려고 합니다. 실 잣는 일을 돕는 것은 명분일 뿐이고 한 달 내내 왕비를 괴롭히면서 놀려먹지요. 자기가 이길 것이 분명하니 더없이 즐거운 게임이었을 겁니다. 그가 괴상한 꼬리를 흔들어대는 일은 놀이에 빠져 흥분한 상태를 연상시킵니다. 마지막 순간에 흥분은 최고조에 달하지요. 그러다가 단박에 모든 게 박살났으니 충격으로 전율했다는 표현이 과장이 아닙니다.

도저히 알아내지 못할 비밀스런 답을 유출한 것은 바로 자기 자신이었습니다. 자기도취 상태에서 무심코 한 실수였지요. 설마 그 깊은 숲속에서 누가 그걸 들을까 했겠지만, 그런 마음이 함정이었습니다. "누가 이걸 알겠어! 다들 죽었다 깨어나도 모를걸? 하하하!" 이런 자만과 과신이 그동안 계획한 것들을 한방에 무너뜨린 상황입니다. 어떤가요? 마냥 남의 일이라고 할 수 있을까요? 세상에 이런 식으로 결정적인 비밀이나 약점을 노출하고 망하는 사람이 적지 않습니다. 그

불행의 서사에서 배우는 성공의 절대 원칙

건 나 자신의 일이 될 수도 있지요. 이렇게 이 이야기는 또 하나의 거울이 됩니다.

〈톰 팃 톳〉과 아주 비슷한 이야기가 그림형제 민담집에도 있습니다. 제목은 〈룸펠슈틸츠헨〉(Rumpelstilzchen; KHM 55)이에요. 검은 새가 아닌 난쟁이가 등장하는데, 특이한 이름을 가진 점이나 이름을 맞추는 조건으로 왕비를 돕는 점이 서로 통합니다. 룸펠슈틸츠헨이 내건 조건은 아기를 가져간다는 것이었지요. 베일에 가려진 이름을 알아낸 것은 왕비가 온 세상으로 보낸 시종 중 한 명이었고요. 열심히 탐지한 결과 단서를 찾은 셈이니 〈톰 팃 톳〉에 비하면 서사적 인과성이 더 높지요. 하지만 그 이름을 당사자가 스스로 실토한 점은 다르지 않습니다. 그리고 그것이 관건이고요. 자신의 특별함과 공교함에 취해서 실패의 결정적 빌미를 스스로 제공한 상황입니다.

〈톰 팃 톳〉과 맥락이 크게 다르지 않음에도 굳이 〈룸펠슈틸츠헨〉을 가져온 것은 마무리가 인상적이어서입니다. 결말이 다음과 같지요.

"악마가 너에게 말해줬군. 악마가 너에게 말해줬어!" 난쟁이는 이렇게 소리치면서 화가 잔뜩 나서 오른발로 땅을 콱 찍었다. 몸뚱이까지 딸려 들어갈 정도였다. 그는 광기에 휩싸여 왼발을 양손으로 움켜쥐고서 제 몸을 두 동강으로 찢어버렸다.(KHM B.1, pp.275-276)

스스로 자기 정신을 가누지 못하고 폭발해서 찢어져버리는 것. 이것이 난쟁이가 벌인 게임의 결말입니다. 팀 톳 팃보다 더 강렬하면서도 시사적이에요. 무심코 저지른 실수가 한꺼번에 모든 걸 날리고 박살낼 수 있음을 우리는 세상의 수많은 사례를 통해서 보고 있습니다. 잠깐의 자만심이 가져온 결과는 아주 크지요. 다른 누구를 원망할 수도 없는 노릇이니 스스로 찢겨질 수밖에요.

〈톰 팃 톳〉과 〈룸펠슈틸츠헨〉을 묶어서 두 가지를 말하고 싶습니다. 하나는 자기도취가 패망으로 가는 지름길이라는 것입니다. 자기도취에 빠지는 순간 판단력이 흐려지고 뜻하지 않은 실수를 저지르지요. 또 하나는 흑심은 결국 노출된다는 것입니다. 만약 저들이 숨겨야 할 비밀이 없었다면, 또는 선의를 가지고 상대방을 도왔다면 저런 결과가 생길 일은 없었겠지요. 자신이 가진 재주를 음험하게 써먹으려다 보니, 검은 속내를 가지고 있다 보니 그것이 은연중에 드러난 것입니다.

스스로는 인지하지 못해도 사람들은 누군가의 내면에 숨어 있는 악마를 어떻게든 감지하게 돼 있습니다. 모든 게 완벽하게 감춰지리라는 확신은 무모한 착각이지요. 〈룸펠슈틸츠헨〉에서 난쟁이가 소리친 마지막 말, "악마가 말해줬다"가 정답입니다. 그는 자기 자신이 악마였다는 사실을 모르고 저 말을 한 걸까요? 그럴지도요!

순수하지 않은 열정,
이성 없는 감정의 끝에는

사람을 수렁으로 빠뜨리는 함정은 뜻밖의 곳에서 갑자기 찾아옵니다. 아무것도 아니라고 가볍게 여긴 일 하나가 모든 것을 뒤엎는 원인이 되곤 하지요. 이러한 반전이 인상적인 장편 민담을 봅니다. 그림형제 민담 중 가장 긴 이야기인 〈두 형제〉(Die zwei Brüder; KHM 60)입니다.

옛날에 심보가 사나운 부자 형과 가난하고 성실한 동생이 살았다. 동생에게는 꼭 닮은 쌍둥이 아들이 있었다. 어느 날 동생은 산에서 금으로 된 새를 발견하고 세 번 시도한 끝에 손에 넣었다. 그 새의 비밀을 알고 있던 형은 동생에게 돈을 주고 새를 받은 뒤 아내를 시켜 통째로 굽게 했다. 그는 혼자서 고기를 다 먹었지만 베개 밑에서 금이 나온 것은 쌍둥이 조카들이었다. 고기를 구울 때 부엌에 들어왔던 쌍둥이 형제가 새에게서 떨어져 나온 심장과 간을 집어먹은 것이었다. 화가 난 형은 동생에게 쌍둥이가 악마의 놀음에 걸려들었다면서 숲속에 버리도록 했다.

버려진 형제는 한 사냥꾼의 눈에 띄어 양자가 되었다. 양아버지에게 사냥을 배운 형제는 얼마 뒤 놀라운 명사수가 되었다. 세상에 나가 실력을 발휘하고 싶다는 형제에게 양아버지는 사냥도구와 함께 그동안 모은 금을 내주었다. 또 칼을 하나 주면서 칼날의 상태를 보면 서로의 안위를 알 수 있을 거라고 했다.

길을 나선 형제가 큰 숲에서 만난 첫 사냥감은 어미 토끼였다. 형제는 그 토끼를 살려주는 대가로 두 마리 새끼 토끼를 얻었으나 불쌍히 여겨서 놓아주자 토끼들은 형제를 따라왔다. 비슷한 상황이 거듭되어 형제는 새끼 여우와 새끼 늑대, 새끼 곰과 새끼 사자를 각각 두 마리씩 얻었다. 열 마리의 동물들은 형제를 따르며 주인으로 받들었다.

간단하게 정리한 앞부분입니다. 흥미로운 화소가 많이 등장하지요. 먼저 관심을 끄는 것은 황금 새입니다. 그 심장과 간을 먹으면 잘 때마다 금이 나온다니 신기한 보물이지요. 이야기는 쌍둥이 형제가 그것을 먹게 된 일을 우연인 것처럼 서술하지만, 겉으로만 그럴 뿐입니다. 그들이 큰아버지 대신 신비한 능력을 얻게 된 이유는 분명합니다. 그들이 능력을 가질 자격이 되는 참주인이었던 것이지요. 늙은 형에게는 황금이 추한 욕망의 대상이지만 쌍둥이에게는 존재의 빛이었습니

불행의 서사에서 배우는 성공의 절대 원칙

다. 가난하지만 성실한 아버지 밑에서, 스스로 황금 새를 얻은 아버지 밑에서 형제는 스스로 빛을 내는 보석 같은 존재로 자라고 있었지요.

쌍둥이 형제의 빛나는 가능성은 숲속에 버려졌다고 해서 가려지지 않습니다. 사냥꾼의 양자가 된 형제가 멋진 능력자로 성장하는 것은 필연이지요. 이야기는 사냥꾼이 형제의 은인이 된 것으로 말하지만 그들은 스스로의 빛으로 세상의 도움을 받고 있습니다. 사냥꾼은 신의 대리인 역할을 할 뿐이지요. 그가 형제에게 칼을 건네주면서 운명에 대한 예언을 전하는 모습에서 신의 이미지를 보게 됩니다.

드디어 세상으로 발걸음을 내딛는 두 형제의 무한한 가능성은 첫 발자국에서부터 드러납니다. 어린 동물들을 살려주어 자발적 협조자로 만들지요. 주변 존재들을 두루 포용함으로써 인생에 힘이 될 '관계의 네트워크'를 형성하고 있습니다. 그 관계의 폭은 아주 넓습니다. 영민한 토끼와 지혜로운 여우, 사나운 늑대, 우람한 곰, 늠름한 사자 등으로 표현된 다양한 능력자들이 형제를 뒷받침하지요. 아직 어린 그들은 훗날 든든한 지원군이 될 테니 최고의 투자라 할 만합니다.

한없는 가능성을 지닌 빛나는 청춘이 펼칠 활약이 기대됩니다. 형제가 맞서 싸울 첫 번째 상대는 일곱 개의 머리로 불을 뿜는 용입니다.

동물들을 데리고 숲에서 나온 쌍둥이 형제는 헤어져서 각자 살길을 찾기로 했다. 둘은 칼을 나무에 꽂은 뒤 동물들을 하나씩 나눠서 이끌고 반대 방향으로 떠났다. 형이 한 도시에 이르러 보니 검은 상장(喪章)이 가득했다. 무서운 용이 젊은 처녀들을 잡아가는데 급기야 왕의 외동딸까지 잡혀가게 되었다는 것이다. 용을 물리치면 왕의 사위가 되어 나라를 물려받게 되지만 소용없는 일이라 했다. 이미 수많은 기사가 용에게 목숨을 잃은 뒤였다.

형은 짐승을 데리고 용이 산다는 산으로 향했다. 그는 산속 교회의 제단에서 세 개의 술잔을 발견했다. 술을 마시고 큰 힘이 솟아난 사냥꾼은 땅에 묻혀 있던 검을 뽑아들고 용과 맞섰다. 용이 일곱 개의 입으로 불을 뿜었으나 동물들이 나서서 불을 껐다. 그때 사냥꾼이 검을 휘둘러 일곱 개의 머리를 베고 용을 처치했다. 기절했다 깨어난 공주가 기뻐하면서 목걸이를 풀어 동물들에게 나눠주고 사냥꾼에게 손수건을 주었다. 사냥꾼은 용의 혀를 잘라서 손수건에 챙긴 뒤 피로에 지쳐 잠이 들었다.

사냥꾼과 공주에 이어 동물들까지 차례로 잠이 들었을 때 그 모습을 지켜보던 한 신하가 다가왔다. 그는 칼로 사냥꾼의 목을 베고 공주를 협박해서 자기가 용을 처치한 것처럼 일을 꾸몄다. 신하의 거짓말에 속아 넘어간 왕은 공주를 그와 결혼시키려 했다. 사냥꾼이 죽은 상태에서 공주가 할 수 있는 일은 신하와의 결혼식을 1년하고도 하루가 지난 날로 미루는 것뿐이었다.

동물들이 잠에서 깨어나서 보니 주인이 목이 잘린 채 죽어 있었다. 책임을 덮어쓴 토끼는 나는 듯이 달려가서 사람을 살리는 약초를 구해 왔다. 짐승들이 잘린 머리를 몸에 붙인 뒤 입에 약초를 넣자 사냥꾼이 되살아났다. 머리가 잘못 끼워져서 다시 잘랐다가 붙이는 우여곡절을 거친 끝에 사냥꾼은 비로소 제 모습으로 돌아왔다.

불행의 서사에서 배우는 성공의 절대 원칙

슬픔에 젖은 채로 동물들과 함께 세상을 돌아다니던 사냥꾼이 1년이 지난 뒤 도시에 도착하니 다홍빛 천이 가득했다. 다음 날이 공주와 신하의 결혼식이었다. 그는 동물들을 보내서 자기 존재를 알린 뒤 성에 들어가서 용의 혀를 내보이며 왕에게 지난 일을 말했다. 그를 알아본 공주가 나서서 신하의 악행을 폭로했다. 신하는 처형되고 쌍둥이 형은 공주와 결혼하여 왕위를 이어받았다.

기대에 어긋나지 않는 무용담입니다. 머리가 일곱 달린 용을 보기 좋게 처리하고 공주를 구하는 과정이 그럴싸하지요. 거느린 동물들의 도움을 받으면서도 자기 힘으로 용을 뺐으니 통찰력과 해결력을 함께 갖춘 영웅의 면모가 드러납니다. 내용 중 술을 마신 뒤 검을 뽑았다는 삽화의 맥락이 궁금한데 용기나 자신감, 과감함 등을 나타내는 것이 아닐까 합니다. 교회라는 배경과 연결시키면 일종의 신탁을 받는 과정으로도 볼 수 있지요. 그의 능력과 자신감도 신으로부터 받은 것이니 두 요소가 연결된다고 할 수 있습니다.

용과의 싸움은 쉽게 끝납니다. 단숨에 용을 물리쳤다고 해도 지나치지 않아요. 주인공의 능력은 과연 놀라웠지요. 하지만 더 어려운 시험은 따로 있었으니, '사람'과의 싸움이었습니다. 동지가 돼야 할 사람의 예기치 못한 배반과 차가운 공격은 치명적이었지요. 무방비 상태로 쓰러질 수밖에 없었습니다. 동물들의 힘으로 되살아나지만 그가 입은 상처는 크고 깊었어요. 1년간 세상을 덧없이 떠돌아다녔다는 것이 이를 말해줍니다. 어쩌면 그는 공주조차 믿지 못했던 것일지도 모릅니다.

어쨌든 그는 1년 만에 상황을 극복하고 자기 자리로 돌아옵니다. 여기서 등장하는 '용의 혀'라는 화소가 인상적입니다. '숨겨진 진실'을 은유하는 용의 혀는 완전범죄는 없다는 사실을 연상시키며, 진실은 땅에 묻히지 않는다는 진리를 환기합니다.

하지만 이 대목에서 물증보다 더 중요한 것은 공주와의 의기투합입니다. 공주가 그의 귀환을 믿고 기다렸다는 사실이야말로 그가 다시 우뚝 설 수 있는 핵심 요소지요. 인간적 신뢰를 회복하는 지점이에요. 이제 그는 완연히 세상의 중심이 됩니다. 이야기는 이를 그가 왕이 된 것으로 표현하고 있지요.

이렇게 상황이 일단락된 것처럼 보입니다. "그들은 오래오래 행복하게 잘 살았다." 한 문장만 더하면 될 것 같아요. 그런데 이야기는 끝이 아닙니다. 예기치 않은 사연이 이어지지요. 하긴, 이야기가 여기서 끝날 수는 없습니다. 헤어진 동생과 어떻게든 만나야 하니까요. 그보다 더 중요한 사실은, 지금까지의 사연만으로는 좀 약하다는 것입니다. 더 결정적인 뭔가가 있어야지요. 이제 그것이 나올 차례입니다.

젊은 왕은 왕비와 더불어 즐겁게 살았다. 사냥을 좋아했던 그는 수하의 동물들을 데리고 종종 사냥을 나갔다. 근처에는 유령이 나온다는 숲이 있었다. 한번 들어가면 빠져나오지 못한다는 곳이었다. 그 숲에서 꼭 사냥을 하고 싶었던 젊은 왕이 마침내 기회를 얻어 숲에 이르렀을 때 눈처럼 하얀 암사슴이 눈에 띄었다. 그는 사람들과 헤어진 뒤 동물들만

불행의 서사에서 배우는 성공의 절대 원칙

거느린 채 사슴을 좇아 숲으로 들어갔다. 그리고 끝이었다. 아무리 기다려도 그는 돌아오지 않았다.

숲에 들어간 젊은 왕은 암사슴에게 홀려 있었다. 잡힐 듯 안 잡히던 사슴이 시야에서 사라졌을 때 그는 깊은 숲에 고립된 상황이었다. 그가 어둠 속에서 불을 지피는데 이상한 신음 소리가 들려왔다. 웬 할머니가 나무에 앉아서 얼어죽을 것 같다고 말했다. 왕이 내려와 불을 쬐라고 하자 짐승들이 무서워서 못 내려간다면서 자기가 주는 회초리로 짐승들을 조용히 시켜달라고 했다. 왕이 나무 회초리로 동물들의 등을 치자 동물들이 조용해지며 돌로 변했다. 그러자 나무에서 뛰어내린 마녀는 나뭇가지로 왕을 쳐서 돌로 만들어버렸다. 마녀는 웃으면서 왕과 동물을 돌이 가득한 구덩이 속에 집어넣었다.

결정적인 뭔가가 나올 때라더니, 막상 내용을 보고 이해가 안 가는 분들이 많을 겁니다. "이건 뭐지? 갑자기 웬 암사슴이고 마녀는 또 뭐야? 영웅이 아무 힘도 못 쓰고 돌이 되는 건 또 뭐고?"

주인공이 돌로 변하는 이 사건을 기점으로, 쌍둥이 동생이 다시 등장합니다. 위의 이야기는 동생의 등장을 위한 장치라고 볼 수 있지요. 하지만 이 대목에 담긴 의미는 그 이상입니다. 주인공은 지금 인생에서 가장 힘든 싸움을 하고 있습니다. 강적으로 상징되는 괴물과의 싸움도 아니고 믿었던 동료와의 싸움도 아닌 그것은 바로 자기 자신과의 싸움이지요. 구체적으로는 '교만적 욕망'과의 싸움입니다.

그는 빛나는 능력으로 용을 물리치고 배반과 불신의 구렁텅이에서 벗어나 세상의 주역으로 우뚝 섰습니다. 아름다운 공주와 결혼하고 왕이 되어 행복한 시간을 누리는 그에게 세상은 온통 자기 것이었지요. 남들은 몰라도 자기가 못할 일은 하나도 없었습니다. 한번 들어가면 못 나온다는 유령의 숲? 그건 남의 이야기였어요. "거기 들어가면 안 된다고? 하하하! 나한텐 어림없지!" 그는 망설임 없이 금지된 숲으로 향합니다. 심지어 군사들까지 다 물리친 상태로요.

결과는 이야기대로입니다. 허무한 종말이지요. 어두운 숲속에 고립된 상태에서도 정신을 못 차린 형은 제 손으로 짐승들을 내리쳐서 조용하게 만듭니다. 자기의 귀한 보호막을 한순간에 걷어버린 그는 최소한의 저항도 못한 채 나뭇가지에 풀썩 쓰러집니다. 차고넘치던 생명력은 한순간에 증발하고 빛나던 인생은 돌덩어리가 되지요. '잘나갈 때 조심해야 한다'는 말이 딱 맞아떨어지는 순간입니다. 교만과 방심이라는 함정이 이렇게 엄중합니다.

앞에서 제가 교만적 '욕망'이라 했어요. 왜 욕망이냐면, 순백의 아름다운 암사슴 때문입니다. 암사슴은 무엇을 상징할까요? 청순한 여성을 상상하면서 성적 욕망을 떠올리기 쉽지만, '붙잡기 힘든 욕망의 신기루' 같은 추상적인 풀이도 어울립니다. 최고의 성공에 대한 환상이나 초월적 아름다움에 대한 집착, 천상의 행복에 대한 몰입 같은 것 말이지요. 뻗으면 손에 잡힐 것 같은 신기루를 좇다가 한순간 마녀의 함정에 빠져 그동안 쌓아온 모든 것을 깡그리 잃어버리는 일은 현실에서도 쉽게 볼 수 있지요.

참으로 허망한 실패이고 몰락입니다. 이게 결말이었다면 정말 허무하겠지요. 그런데 다행히 이야기는 절망의 나락에서 구원의 기회를 줍니다. 방법은 명백합니다. 자기 자신과의 싸움에서 이기는 것이지요. 이제 나타날 또 한 사람, 쌍둥이 동생은 그 일을 해낼 수 있을까요?

쌍둥이 형이 돌이 되어 굴에 던져져 있을 때, 동생이 그 나라에 도착했다. 헤어질 때 꽂아둔 칼이 녹슨 것을 보고 형을 찾아온 것이었다. 그가 동물들을 이끌고 성에 들어가자 사람들이 그를 왕으로 알고 반겼다. 왕비는 그에게 왜 그리 늦었느냐고 물었다. 당분간 형으로 행세하기로 마음먹은 동생은 밤에 왕비와 누우면서 중간에 칼날을 세워서 그녀가 다가오지 못하게 했다.

며칠 뒤 그간의 사정을 알아낸 동생은 사람들을 이끌고 형이 갇힌 숲으로 향했다. 그가 하얀 암사슴을 쫓아서 숲속 깊이 들어가 불을 피우자 마녀가 나타나 형에게 한 것처럼 그를 꼬드겼다. 하지만 동생은 꼬임에 넘어가지 않고 마녀를 향해 방아쇠를 당겼다. 마법을 깨는 은단추 총알에 맞아 떨어진 마녀는 동생이 시키는 대로 구덩이 속의 돌과 모든 동물을 원래 상태로 되돌렸다. 되살아난 형과 동생은 감격의 상봉을 했다.

형제는 마녀를 불태워서 숲을 되살린 뒤 동물들을 이끌고 도시로 향했다. 동생이 그간 있었던 일을 이야기하던 중 왕비와 함께 잤다는 대목에서 형은 질투심에 불타 동생의 머리를 베었다. 잠시 후 자신이 무슨 짓을 저질렀는지 깨달은 형은 곧바로 후회해서 울부짖었다. 마침 토끼가 급히 생명의 뿌리를 가져온 덕분에 형은 동생은 되살릴 수 있었다.

옛이야기의 힘

동생은 어떤 일이 있었는지도 모르는 채 가던 길을 계속 갔다.

똑같이 생긴 쌍둥이 형제가 함께 돌아오자 나라 안의 사람들이 깜짝 놀랐다. 왕비는 동물들에게 선물했던 목걸이를 확인하고서야 겨우 진짜 남편을 가려낼 수 있었다. 밤이 되어 형이 아내와 함께 잠자리에 들었을 때 아내는 왜 요 며칠 동안 침대에 쌍날 검을 세워서 자기가 다가가지 못하게 했느냐고 물었다. 그 말을 들으면서 형은 동생이 얼마나 믿음직한 사람인지 알 수 있었다.

이야기의 결말입니다. 길고 복잡하게 이어진 사연에 비하면 불완전한 결말처럼 보이지만 그렇지 않아요. 얼핏 싱거워 보이지만 실은 가장 큰 싸움이었다고 할 수 있지요.

동생이 마녀의 꾐에 넘어가지 않은 것과 침실에 칼날을 세운 것은 본질이 같습니다. 냉철한 이성이지요. 신기루 같은 욕망의 함정에서, 뭐든 용납되고 이룰 수 있을 것 같은 교만의 함정에서 그를 구한 것은 바로 이성이었습니다. 열정이 순수와 조화를 이뤄야 하듯 감정은 이성과 조화를 이뤄야 하지요. 그래야 인생이라는 험난한 길을 온전히 걸을 수 있습니다. 이 이야기가 전하는 궁극적인 메시지이기도 하지요.

말은 쉽지만 실제로는 아주 어려운 일입니다. 죽음의 나락에 빠졌다가 동생 덕분에 되살아난 형이 순간적인 감정을 못 이기고 그의 목을 벤 것은 그 일의 어려움을 잘 보여줍니다. 금방 후회하고 되돌렸지만, 없었던 일이 되지는 않지요. 너무나 쉽게 이성을 잃고 감정에 휩싸이는 존재가 바로 인간입니다. 이야기에서 형이 동생의 목을 베는 내용을 굳이 넣은 것은 아마 이 때문일 것입니다. 동생이 왕비와의 사이에 칼날을 세워놓은 일 또한 마찬가지입니다. 이성의 칼날이 없다면 둘 사이에 어떤 일이 벌어질지 모르니까요. 그 칼날의 메타포는 참으로 엄중합니다.

한 가지 덧붙일 것은 두 형제의 관계입니다. 쌍둥이인 두 사람을 '인간의 두 자아'로 해석하고픈 충동을 느낍니다. 그렇게 풀어도 훌륭한 해석이 될 거예요. 하지만 이 이야기를 꼭 그렇게 해석할 필요는 없을 것 같습니다. 쓰러진 형을 일으키는 동생을, 나를 지켜주고 바로잡아주는 동반자로 보고 싶어요. 현실에서 그가 형제여야 할 이유는 없지요. 부모, 스승, 배우자, 친구, 동료, 선후배, 그 밖의 수많은 지인이 다 동생일 수 있습니다. 힘들 때 서로 잡아주고 일으켜줄 믿음의 동반자가 있다면, 뜨겁게 손 잡고 나아갈 일입니다. 두 번 실패하지 않기 위해서요.

그 배는 얼마든지
가라앉지 않을 수 있었다

민담은 주인공의 독립성과 자율성을 중시하지만, 여러 인물이 집단으로 움직이는 경우도 많습니다. 서로 다른 캐릭터들이 주인공으로 힘을 합칠 때 멋진 성공을 이루는 것이 보통이지요. 그림형제 민담에도 그런 이야기가 꽤 많습니다. 앞에서 〈코르베스 씨〉를 봤는데 〈브레멘 음악대〉(Die Bremer Stadtmusikanten; KHM 27), 〈여섯 사내가 세상을 헤쳐 간 이야기〉(Sechse kommen durch die ganze Welt; KHM 71), 〈여섯 하인〉(Die sechs Diener; KHM 134) 등도 성격과 재주가 다른 여러 인물이 어울려서 난제를 훌륭히 해결하는 과정을 잘 보여줍니다.

하지만 여러 인물이 합세한다고 늘 성공하는 것은 아닙니다. 오히려 더 크게 실패하는 경우도 있지요. 그림형제 민담 중에도 그런 상황

불행의 서사에서 배우는 성공의 절대 원칙

을 잘 보여주는 이야기가 몇 개 있습니다. 그중 하나를 보겠습니다. 제목은 〈암탉의 죽음〉(Von dem Tode des Hühnchens; KHM 80)이에요. 우리 현실과 연결돼서 마음을 아프게 하는 이야기입니다. 길지 않으니 전문을 옮겨볼게요.

어느 날 암탉이 수탉과 함께 호두산에 올라갔다. 둘은 누구라도 호두알을 찾으면 서로 나누기로 약속했다. 암탉이 아주 아주 커다란 호두를 발견했는데 말을 안 하고 혼자 먹으려고 했다. 그런데 열매가 너무 두꺼워서 삼킬 수 없었다. 목구멍에 끼어서 질식할 상황이 되자 암탉이 소리쳤다. "여보, 부탁이야. 어서 빨리 달려가서 물을 가져다줘. 안 그러면 질식해 죽을 거야."

수탉은 있는 힘껏 샘으로 달려가서 말했다. "샘아, 나에게 물 좀 줘. 암탉이 커다란 호두알이 걸린 채로 호두산에 누워서 질식해가고 있어." 그러자 샘이 대답했다. "먼저 새신부에게 달려가서 붉은 천을 받아와."

수탉은 신부에게 달려가서 말했다. "신부야, 붉은 천 좀 줘. 내가 그걸 샘에게 주면 샘이 나에게 물을 줄 거고, 난 그 물을 커다란 호두알이 목에 걸린 채 호두산에 누워서 질식해가는 암탉에게 가져갈 거야." 그러자 신부가 말했다. "먼저 달려가서 목장에 걸려 있는 화환을 가져다줘." 수탉은 목장으로 달려가서 가지에 걸린 화환을 내려 신부에게로 가져왔다. 그러자 신부는 붉은 천을 줬고 수탉이 그걸 가져가자 샘이 그에게 물을 주었다. 수탉은 물을 가지고 달려갔지만 그가 도착했을 때 암탉이 이미 죽어서 움직이지 못하고 있었다.

옛이야기의 힘

수탉은 너무 슬퍼서 큰 소리로 절규했다. 모든 짐승들이 와서 암탉을 애도했다. 여섯 명의 쥐는 암탉을 묘지로 옮길 작은 수레를 만들었다. 수레가 완성되자 그들은 거기 제 몸을 묶고서 암탉을 실어 나르기 시작했다. 그때 여우가 와서 물었다. "수탉아, 어디 가는 거야?" "나의 암탉을 묻으러 가." "나도 타도 될까?" "그래. 하지만 수레 뒤쪽에 앉아. 앞쪽은 작은 말들이 감당 못할 테니까." 여우가 뒤로 올라탔고 다음으로 늑대가, 곰이, 말이, 사자가, 온 숲의 짐승이 올라탔다.

그렇게 앞으로 가는데 시냇가가 나타났다. "저걸 어떻게 건너지?" 수탉의 말에 시냇가에 있던 지푸라기가 말했다. "내가 냇물을 가로질러서 누울게. 그러면 위로 지나갈 수 있을 거야." 하지만 여섯 명의 쥐가 다리 위에 올라서자 지푸라기는 무너져내렸고 쥐들도 다 물에 빠져서 죽었다. 다시 곤경에 처해 있을 때 숯이 와서 말했다. "나는 충분히 커. 내가 가로질러 누울게. 그 위로 지나가도록 해." 숯이 시냇가 위로 누웠는데 불행히도 물에 스치는 바람에 치지직 소리와 함께 불이 꺼지면서 죽고 말았다. 그 모습을 본 돌멩이가 불쌍한 마음에 수탉을 도우려고 물 위에 누웠다. 그리고 수탉이 나서서 직접 수레를 끌었다. 건너편에 다다른 수탉은 죽은 암탉을 데리고 땅으로 내려선 뒤 뒷편에 앉은 이들을 끌어올리려고 했다. 하지만 너무 무거웠는지 수레가 뒤쪽으로 넘어가면서 모두가 물에 떨어져 익사하고 말았다.

이제 수탉은 죽은 암탉 곁에 혼자 남았다. 그는 무덤을 파고 암탉을 그 안에 넣은 뒤 봉분을 만들었다. 그 위에 앉은 채로 오래도록 슬퍼하다가 그도 죽고 말았다. 그렇게 모두 다 죽었다.(KHM B.1, pp.372-374)

불행의 서사에서 배우는 성공의 절대 원칙

모두가 살 수 있었는데 모두 다 죽어버렸습니다. 얼른 구하러 가면 되는데 이리저리 지체하느라 죽고, 너나없이 우왕좌왕하면서 뒷수습을 못 하다가 또 죽습니다. 돌이킬 수 없는 최악의 실패지요. 남은 것은 허무뿐입니다.

희화적 우화인 이 이야기가 가슴을 아프게 때렸다는 말이 이해되시나요? 그것은 바로 세월호가 생각났기 때문입니다. 이야기 속 상황이 어쩜 이렇게 닮았을까요!

1분 1초가 급한 마당에 이리 갔다 저리 갔다, 귀한 시간은 덧없이 흘러갑니다. 사람 살릴 물 한 그릇을 주는데 빨간 천이라는 격식이 무에 필요하고, 화환을 챙기고 매무새를 갖추는 일이 뭐 그리 중요할까요. 그렇게 속절없이 골든타임이 흘러가는 동안 암탉은 아까운 목숨을 잃어버립니다. 이런 식으로 닭을 죽게 만든 샘과 신부는 자기 잘못을 인정하고 반성이라도 했을까요? 그랬다면 좋겠지만, 실제로 어떻게 했을지는 우리의 현실 그대로입니다.

어떻게든 나서서 장례를 도우려고 수레를 만들어서 시신을 옮기던 쥐들의 죽음은 또 어떤가요. 희생자를 위해 만든 수레에 너나없이 슬쩍 올라타는 저 잔인한 짐승들…… 지푸라기가 무너지면서 쥐들이 물에 빠졌을 때, 어떻게든 해보려던 숯이 파시시 스러졌을 때, 결국 유족인 수탉이 나서서 홀로 힘겹게 수레를 끌고 갈 때, 시종일관 수레 위에 모른 척 앉아 있었던 저들을 짐승이란 단어 외에 뭐라고 부를 수 있을까요? 그렇게 뭉개고 앉아 있다가 한꺼번에 빠져 죽은 저들이 불쌍하다는 생각은 조금도 들지 않습니다.

그나저나 수탉은 대체 무슨 죄일까요. 갑작스레 벌어진 뜻밖의 사고 앞에서 혼자 이리저리 발버둥치다가 어이없게 가족을 잃고, 어떻게든 자기를 도우려고 나섰던 이들까지 허망하게 잃은 뒤 가슴에 돌덩이를 품은 채 하염없이 슬퍼하다 죽어버린 수탉의 억울한 삶은 누가 보상해줄까요. 수탉만이 아닙니다. 지푸라기와 쥐들과 숯에게도 가족이 있을 텐데요! 그런 하찮은 존재들은 이렇게 죽어도 그만일까요?

얼마 전에 본, 유족 한 분이 스스로 세상을 버렸다는 뉴스가 생각나서 감정적으로 흘렀습니다. 덧붙이자면, 이 글은 누군가를 공격하려는 외침이 아니라고 말하고 싶습니다. 오히려 스스로를 돌아보기 위한 것이지요. 나는 이야기 속 인물들 가운데 어느 자리에 있는지, 혹시 수레에 올라탄 이들 중 한 명은 아닌지, 아프게 돌아봅니다. 역사는 또다시 돌아오는 법이니까요.

불행의 서사에서 배우는 성공의 절대 원칙

Chapter 15

저마다 다르지만
모두에게 같은 성공의 서사

자기만의 방식으로
삶을 일군다는 것

흔히들 평소 가까이하는 것을 닮는다고 하지요. 우울한 실패 사례를 계속 되새기다 보면 마음이 가라앉는 느낌이 듭니다. 그런 시간도 우리에게 꼭 필요하지만, 이왕이면 즐겁고 힘찬 이야기를 많이 접하는 게 좋지요. 이것이 우리 안의 자기서사를 밝고 강하게 만드는 쉬우면서도 효과적인 방법입니다. 밝은 기운을 가진 이야기들과 교감하다 보면 자연스레 그 기운이 몸과 마음에 배니까요.

그림형제 민담 가운데 소품에 가까운 이야기이면서도 밝고 좋은 기운을 주는 이야기를 보겠습니다. 성공은 조건에 있지 않고 멀리 있지도 않음을 잘 보여주는 이야기지요. 공주가 아닌 하녀가 주인공이라 더 참신하게 다가오는 그 이야기의 제목은 〈부지런한 하녀〉(Die

저마다 다르지만 모두에게 같은 성공의 서사

Schlickerlinge; KHM 156)입니다. 원제 그대로 번역하면 '버려진 것들'이라는 뜻이에요. 전문을 번역해서 옮겨봅니다.

옛날에 예쁘지만 지저분하고 단정치 못한 공주가 있었어요. 실을 자아야 할 때면 짜증이 나서 아마(亞麻)가 조금만 뭉쳐 있어도 덩어리째 바닥에 내버리곤 했습니다. 그런데 이 공주에게 부지런한 하녀가 있었어요. 하녀는 처녀가 팽개친 아마들을 모으고 손질해서 실을 자은 뒤 예쁜 옷들을 만들었습니다.

한 청년이 게으른 공주에게 청혼을 해서 결혼식이 열렸지요. 결혼 전날 밤에 부지런한 하녀가 자기가 만든 예쁜 옷을 입고서 즐겁게 춤을 추었어요. 그때 공주가 말했습니다. "버려진 것들로 만든 걸 입고 저렇게 춤을 출 수 있다니!"

신랑이 그 말을 듣고 공주에게 무슨 말이냐고 물었지요. 공주는 하녀가 자기가 팽개친 아마로 만든 옷을 입고 있다고 했어요. 그 말을 들은 신랑은 공주의 게으름과 하녀의 부지런함을 알아차렸지요. 그는 공주를 서 있게 놔두고 저편으로 가서 하녀를 아내로 택했습니다.(KHM B.2, p.156)

단순하고 교훈적이지만, 마음에 쏙 와닿는 이야기입니다. 누가 공주이고 하녀인지, 누가 진짜이고 가짜인지 잘 보여주지요. 신분에서 재산까지 많은 것을 가진 이는 예쁜 공주지만 그는 가짜이고 거품입니다. 그에 비하면 부지런한 하녀는 속이 꽉 찬 사람이지요. 부지런한 점도 그렇지만 버려진 옷감으로 만든 옷을 입고 즐겁게 춤을 추는 건

강한 에너지가 마음을 환하게 합니다. 이야기에서 하녀가 공주가 되었다는 말은 없지만, 이 사람이야말로 진짜 공주가 아닐까요? 설령 공주가 아닌들 뭐 어때요. 이미 그 자체로 충분한데요. 게다가 자신의 진가를 알아주는 사람까지 만나서 짝을 이뤘으니 더할 나위 없습니다.

이 이야기에서 '게으름 대 부지런함'보다 더 인상적인 것은 '폐기 대 재생' 또는 '파괴 대 창조'의 대립입니다. 부지런하고 성실한 것은 중요한 미덕이지만, 그것만으로 세상의 주인공이 되기는 어렵지요. 이것은 자칫 '하녀의 미덕'이 될 수 있습니다. 그런데 이 하녀는 그런 수동적인 존재가 아니에요. 쓸모없다고 폐기된 것에서 재생의 가치를, 뜯겨서 파괴된 것에서 새로운 창조의 가능성을 찾아내지요. 그녀가 입은 옷은 아름다울 뿐만 아니라 고귀합니다.

요즘으로 치면 하녀는 친환경 재활용 능력자입니다. 그녀는 어떤 상황에서도 남을 탓하거나 운명을 원망하지 않고 자기만의 창조 비법을 찾아내 행복을 누렸을 테니 존재 자체가 성공입니다. 그녀가 만들어 입었다는 옷을 꼭 한번 보고 싶네요. 여러 가지 아마 조각에서 뽑은 실로 만들었으니 자연스러운 조화가 무척 아름다웠을 것 같습니다. 아마 예술적 감각도 뛰어났을 것 같아요. 교과서적인 말이지만, 성공 앞에서 조건을 탓할 필요가 없다는 사실을 새삼 되새기게 됩니다.

그림형제 민담집에 실려 있는 실 잣는 사람의 이야기를 하나 더 볼게요. 제목은 〈실 잣는 세 여인〉(Die drei Spinnerinnen; KHM 14)입니다. 주인공은 실 잣기를 꽤나 싫어하는 여성입니다.

저마다 다르지만 모두에게 같은 성공의 서사

옛날에 실 잣기를 정말로 싫어하는 처녀가 살았다. 엄마가 아무리 말해도 아랑곳하지 않았다. 어느 날 엄마는 화가 나서 딸을 때렸고, 딸은 큰 소리로 울었다. 때마침 왕비가 지나가다가 울음소리를 듣고 무슨 일이냐고 물었다. 엄마는 창피한 마음에 둘러댔다. "애가 아무리 그만두라고 해도 자꾸 실을 자으려고 해서요. 우리 집은 가난해서 아마를 마련할 수 없는데 말이지요." "세상에 물레 도는 소리처럼 좋은 게 또 있을까! 그대 딸이 성에서 마음껏 실을 잣게 하겠어요." 왕비는 이렇게 말하면서 처녀를 성으로 데리고 갔다. 엄마는 내심 기뻐했다.

성에 도착한 왕비는 최고급 아마가 가득 찬 세 개의 방으로 처녀를 데리고 갔다. "이 아마들을 자으렴. 일을 잘 마치면 우리 맏아들과 결혼을 시켜주마. 부지런함이야말로 최고의 혼수 아니겠니!" 처녀는 잔뜩 겁이 났다. 실을 잣는 방법조차 몰랐으니 아무 일도 할 수 없었다. 처녀는 사흘 동안 아무것도 하지 않은 채 앉아서 울기만 했다.

어느 날, 창 밖을 내다보던 처녀는 이상하게 생긴 세 여인이 걸어오는 것을 발견했다. 첫째 여인은 발이 넓고 평평했고, 둘째 여인은 아랫입술이 턱까지 내려왔고, 셋째 여인은 엄지손가락이 잔뜩 벌어져 있었다. 처녀가 그들을 불러서 자기 처지를 하소연하자 그들이 말했다. "만약 우리를 부끄럽게 여기지 않고 결혼식에 초대해서 아주머니라고 부르며 한 식탁에 앉게 해준다면 실을 자아주리다." "그러고말고요. 당장 일을 시작해주세요."

이상한 세 여인은 방에 들어앉아 일을 하기 시작했다. 첫째 여인이 물레를 밟으며 실을 뽑았고, 둘째 여인이 그 실을 입으로 적셨으며, 셋째 여인이 실을 꼬아서 손가락으로 작업대에 쳤다. 곱게 자아진 실이 착착 쌓였다. 처녀가 그 실을 왕비에게 보여주자 왕비는 입이 닳도록 칭찬했다. 마침내 세 방에 가득 찬 아마가 모두 고운 실로 바뀌었고, 세 여인은 약속을 상기시키며 그곳을 떠났다.

일이 훌륭히 마무리된 것을 확인한 왕비는 결혼 준비를 시켰다. 신랑도 부지런한 처녀를 좋아하게 됐다. 그때 신부가 말했다. "저에게는 세 분의 친척 아주머니가 계십니다. 고마운 분들이라 좋은 자리에 모시고 싶어요. 그분들이 오셔서 한 식탁에 앉도록 해주세요." 왕비와 신랑은 당연히 허락했다.

잔치가 열리고 세 여인이 괴상한 모습으로 와서 식탁에 앉았다. 이상하게 여긴 신랑이 세 여인에게 왜 그런 모습을 갖게 됐냐고 묻자 세 여인이 차례로 답했다. "물레를 하도 밟아서 발이 넓적해졌어요." "실을 계속 핥다 보니 입술이 축 처졌답니다." "실을 계속 꼬으니까 엄지손가락이 이렇게 커져버렸어요." 그러자 신랑이 깜짝 놀라서 말했다. "이제부터 내 아름다운 신부가 절대 물레를 못 만지게 하겠어!" 그렇게 해서 신부는 독한 실 잣기로부터 해방되었다.

이 이야기는 어떻게 다가오는지 궁금합니다. 앞의 〈부지런한 하녀〉와 완전히 결이 다르지요. 처녀는 실 잣기를 싫어하는데다 제대로 할 줄도 모르는데 일이 잘 풀려서 왕자와 결혼합니다. 이런 전개는 어떤 의미를 전해줄까요? 뒤죽박죽인 세상사를 풍자하는 걸까요?

저는 이 이야기가 세상 이치와 잘 맞다고 생각합니다. 이야기 속의

저마다 다르지만 모두에게 같은 성공의 서사

처녀는 왕자의 아내가 될 만하다고 믿고 있지요. 단지 세 여인과의 약속을 지킨 미덕 때문이 아닙니다. 처녀는 그 이상의 뭔가를 가지고 있습니다.

이야기에서 처녀는 실 잣기를 거부합니다. 엄마부터 왕비와 왕자까지, 온 세상이 그 일을 하도록 재촉하는데도 말이지요. 억지이고 게으름일 수 있지만, 꼭 그렇게 봐야 할까요? 실 잣는 일이 자신과 맞지 않는 사람도, 그와는 다른 일을 하면서 살고 싶은 사람도 있지 않을까요? 모든 사람이 실을 잣는다고 세상이 잘 돌아간다는 법도 없지요. 저마다의 생각과 역량이 있고, 그것을 세대로 발현할 때 더 좋은 세상이 된다고 할 수 있습니다. 어쩌면 처녀는 방에 들어앉아 실이나 잣고 있을 사람이 아니었다고 할 수도 있습니다.

그렇다면 처녀는 어떤 사람이고 그에게 맞는 일은 뭘까요? 이야기에서 처녀는 창밖을 보다가 세 여인을 발견하고 실 잣는 일을 부탁합니다. 세 여인은 그것을 훌륭히 해내지요. 이 장면은 처녀가 '사람들을 찾아서 직무를 맡기는 일'에 어울리는 사람임을 말해줍니다. 실무 능력이 있는 사람을 적재적소에 배치해서 업무를 완수하는 일 말이죠. 세 여인의 역할이 딱 그렇습니다. 각자의 영역에서 효율적으로 일을 처리하지요. 그러니까 많은 실을 훌륭하게 자은 일은 실제로 처녀가 한 것이라 할 수 있습니다. 이만하면 왕비가 될 만하지 않은가요?

처녀가 능력자라는 사실은 세 여인을 믿고 존중함으로써 그들을 원조자로 만드는 모습에서도 볼 수 있습니다. 궁전의 화려한 결혼식에 누추하고 괴상한 여인들을 초청해서 나란히 앉는다는 게 쉬운 일은 아니었을 텐데 그 일을 해내지요. 약속을 지킨 일이기도 하지만, 자신을 위해 일해준 은인이자 능력자들에 대한 존중이라고 볼 수도 있습니다. 그러자 또 한 번의 반전이 일어납니다. 세 여인이 나서서 다시 한번 주인공을 돕지요. 세 여인이 왕자에게 한 말은 이렇게 바꿀 수 있습니다. "실 잣는 일은 우리에게나 어울립니다. 신부는 이런 일을 할 분이 아니에요. 이분이 골방에 아닌 드넓은 자리에서 능력을 발휘하게 해주세요." 왕자가 그렇게 함으로써 처녀는 마침내 '독한 일'에서 해방됩니다. 그녀의 미래가 어떨지 대략 그림이 그려질 것입니다.

그냥 갖다붙인 해석이 아닙니다. 이런 설정을 민담에서 자주 볼 수 있지요. 〈줄줄이 꿴 호랑이〉라는 동화로 널리 알려진 한국 민담 〈세상에서 제일 큰 참깨나무〉의 주인공은 집에서 게으르고 무능하다고 타박받는 아이였지만, 그가 한번 나가서 움직이자 세상이 크게 들썩입니다. 〈새끼 서발〉의 주인공도 마찬가지입니다. 남들이 생각도 못한 자기만의 방식으로 큰 성공을 거두지요. 젖소를 완두콩과 바꾸는 모험을 통해 대성공을 거두는 〈잭과 콩나무〉의 잭도 마찬가지입니다. 집에서는 아내에게 타박만 받던 허름한 선비 허생(許生)도 실은 세계 경영에 어울리는 국가 인재였지요. 일반적인 평가와 달리 이들은 마음속에 원대한 뜻을 품고 있었던 큰 인물입니다. 새로운 방식으로 큰 성공을 거둘 '리더의 DNA'가 그들 안에 숨 쉬고 있었지요.

〈실 잣는 세 여인〉의 처녀도 리더의 그룹에 포함시킬 수 있지 않을까요? 누가 뭐래도 자기 방식, 자기 고집대로 해서 특별한 성공을 거두었으니 만만하게 볼 일이 아닙니다. 빛나는 성공을 거두는 비결은

저마다 다르지만 모두에게 같은 성공의 서사

하나가 아니라는 것, 사람들마다 자기만의 길이 있다는 것, 이것이 우리의 결론입니다.

두 이야기로 조금 아쉬운 감이 있어서 하나 더 보탭니다. 서로 다르면서도 같은 성공을 거둔 삼형제 이야기입니다.

아들 셋을 둔 사내가 있었는데 가진 것이라곤 집 하나뿐이었다. 생각해 보니 자기가 죽으면 삼형제가 모두 그 집을 원할 것 같았다. 생각 끝에 그는 세 아들에게 이렇게 말했다. "나가서 기술을 배워라. 최고의 기술을 가진 사람에게 집을 주겠다." 아들들은 기꺼이 그 말을 받아들였다. 맏아들은 대장장이 편자공을 원했고 둘째는 이발사, 셋째는 검술 전문가가 되고자 했다. 셋은 다시 모일 날짜를 정하고 각자 길을 떠났다. 좋은 스승을 만나 훌륭한 기술을 배운 세 사람은 아버지 집이 자기 차지라고 여겼다.

때가 되어 세 형제는 아버지의 집에 모였다. 기술을 어떻게 선보일까 할 때 토끼 한 마리가 달려왔다. 그러자 둘째가 나서서 재빨리 비누거품을 만든 뒤 토끼와 똑같은 속도로 뛰면서 그 얼굴에 거품을 칠하고 수염을 깎았다. 한 군데도 베지 않고 털끝 하나 다치지 않았다.

그때 한 신사가 마차를 타고 달려왔다. 이번에는 맏아들이 나섰다. 마차를 쫓아가서 말의 네 발에서 편자를 떼내고 새 것을 박았다. 둘째 못지않은 재주에 감탄한 아버지는 고민에 빠졌다.

그때 하늘에서 빗방울이 떨어졌다. 셋째가 나설 차례였다. 그가 일어나서 머리 위로 칼을 휘두르자 몸에 물이 한 방울도 닿지 않았다. 빗줄기가 퍼붓듯 굵어졌지만 옷깃 하나도 젖지 않았다. 마치 방 안에 있는 것 같았다. 그 모습을 본 아버지가 말했다. "네 솜씨가 제일이구나. 집은 네 것이야." 형들은 약속대로 그 말을 받아들였다.

세 형제는 서로 사랑했기 때문에 한 집에 모여 살면서 자기 직업에 종사했다. 솜씨가 훌륭했기 때문에 돈도 많이 벌었다. 늙도록 행복하게 살던 삼형제는 한 명이 병들어 죽자 나머지 둘도 슬퍼하다가 병들어 죽었다. 모두 훌륭한 기술자였고 서로 사랑했기 때문에 세 형제는 한 무덤에 묻혔다.

그림형제 민담 〈세 형제〉(Die drei Brüder; KHM 124)입니다. 유머와 과장이 넘쳐나는 재미있는 이야기지요. 세 형제가 저마다 익힌 기술을 즉석에서 시연하는 모습이 유쾌한 웃음을 자아냅니다. 아버지는 셋째의 손을 들어주었는데 여러분의 판단은 어떤지 궁금합니다. 셋 중 누가 1등을 해도 상관없을 것 같아요. 무승부라 할 수도 있겠지만, 우승자를 정하고 다른 형제들이 기꺼이 결과를 받아들이는 모습도 멋있습니다. 승부에 상관없이 그 집에 함께 살게 됐다는 전개도 마음을 환하게 합니다. 다들 최고의 기술을 가지고 있으니 집 주인이 누구인가는 그다지 중요하지 않겠지요.

이 이야기를 소개한 이유는 '성공의 길은 다양하다'는 것을 말하기 위해서지만, 주목할 요소들이 더 있습니다. 먼저 볼 것은 전문성입니다. 세 사람이 성공한 것은 그 분야에 전문가가 됐기 때문이지요. 좋은

저마다 다르지만 모두에게 같은 성공의 서사

스승을 만나 열심히 기술을 갈고닦은 결과입니다. 다음으로 눈여겨볼 사항은 세 형제가 자기 일을 무척 좋아하고 즐긴다는 점입니다. 저 정도 기술을 가지려면 스스로 즐기지 않고는 불가능했을 거예요. 각자 자발적으로 선택한 직종이니 본래 하고 싶었던 일이라 할 수 있습니다. 아버지 앞에서 재주를 발휘할 때의 세 사람은 짜증이나 억지와 거리가 멉니다. 완전히 몰입해서 무아지경인 모습이지요. 이 또한 진정한 성공을 위한 핵심 요소라 할 수 있습니다.

이 이야기에서 세 형제가 선택한 직종이 머리를 쓰는 일이 아니라 기술직이라는 사실도 고개를 끄덕이게 합니다. 기술을 중시하는 독일의 힘을 되돌아보게 되지요. 독일에서 마이스터(Meister)는 최고의 존경과 부를 누리는 호칭입니다. 세 형제는 각자의 분야에서 마이스터가 되었고 그렇게 성공과 행복을 찾았다고 볼 수 있습니다. 참고로, 기술 경연에서 1등을 차지한 셋째 아들의 호칭이 '검술 마이스터(Fechtmeister)'입니다.

자기 일에 몰두하는 세 마이스터들이 한 지붕 아래에서 즐겁게 살고 저승에까지 공생을 이어가는 일, 정말 멋지지 않나요? '꿈의 성공'이 있다면 바로 이러한 삶일 것입니다.

인생은 자고로 정공법으로

그림형제 민담집을 읽다가 한 대목에서 마음이 쿵 하고 울린 이야기가 있습니다. 탄식하듯 한마디를 내뱉을 수밖에 없었지요. "그래. 이게 인생이야. 이런 사람이 성공하는 거지." 그 이야기는 〈생명의 물〉(Das Wasser des Lebens; KHM 97)입니다. 어느 대목에서 제 마음이 울렸는지 찾아보시면 좋겠습니다. 물론 정답은 없습니다. 여러분은 저와 다른 곳에서 한방 맞을지도 모르지요.

옛날에 어느 왕이 병이 들어서 죽게 되었다. 세 아들이 울고 있을 때 웬 할아버지가 나타나서 생명의 물을 찾아오면 병을 고칠 수 있다고 했다. 세 아들은 아버지의 걱정을 무릅쓰고 생명의 물을 찾기로 했다.

저마다 다르지만 모두에게 같은 성공의 서사

먼저 큰아들이 나서서 길을 가는데 한 난쟁이가 어디를 그리 바쁘게 가느냐고 물었다. 맏아들은 멍청한 꼬맹이는 알 필요가 없다면서 그대로 말을 달렸다. 화가 난 난쟁이는 저주를 퍼부었다. 얼마 뒤 왕자가 한 골짜기에 접어들자 골이 점점 좁아지더니 한 걸음도 나갈 수 없게 됐다. 그는 꼼짝없이 거기 갇히고 말았다.

이어서 둘째 아들이 나서서 말을 타고 갈 때 또 난쟁이가 나타나 어디를 가느냐고 물었다. 왕자는 알 필요가 없다면서 지나쳤고, 난쟁이는 그에게도 저주를 내렸다. 그도 형과 같이 골짜기에 갇혀서 오도 가도 못하게 되었다.

다음은 막내아들 차례였다. 다시 난쟁이가 나타나 어디를 가느냐고 묻자 왕자가 말했다. "아버지가 죽을병이 들어서 생명의 물을 구하러 가는 중입니다." "어디에 가야 찾을 수 있는지는 아는 게요?" "아니, 모릅니다." "그대는 좋은 사람이니 알려주지요. 그것은 어느 저주받은 성의 샘 속에 있다오. 내가 쇠막대기와 빵 두 덩어리를 주리다. 막대기를 세 번 두드려 문을 연 다음, 입을 벌리고 있는 두 마리 사자에게 빵을 던져주구려. 물을 긷되 열두 시가 되기 전에 나와야 해요. 안 그러면 성에 갇히게 되지."

왕자는 막대기와 빵을 받아 길을 떠났다. 성에 도착해서 보니 모든 것이 난쟁이 말대로였다. 막대기로 세 번 두드리자 문이 열렸고 빵을 던져주자 사자들이 잠잠해졌다. 성 안으로 들어간 왕자는 반지와 칼과 빵을 집어든 뒤 성 안을 살폈다. 어느 방에 이르자 아름다운 공주가 달려와 입을 맞추었다. 공주는 그가 자기 나라를 구했다면서 1년 뒤 결혼식을 올리자고 했다. 생명의 물이 있는 샘도 알려주었다.

왕자는 또 다른 방에 들어가게 됐는데 문득 피곤해져서 침대에 누웠다가 그대로 잠이 들었다. 그가 깼을 때 시계가 열두 시의 세 번째 종을 울리고 있었다. 그는 급히 샘으로 가서 물을 뜬 뒤 성 밖으로 내달렸다. 쇠문을 막 빠져나올 때 열두 번째 종이 울리며 문이 닫혔다. 그 바람에 발뒤꿈치가 조금 잘려나갔다.

왕자는 돌아오는 길에 다시 난쟁이를 만났다. 난쟁이는 그가 가진 것이 군대를 다 벨 수 있는 칼과 줄어들지 않는 빵임을 알려주었다. 왕자는 난쟁이에게 형들의 행방을 묻고 그들을 풀어달라고 간청했다. 형들을 풀어준 난쟁이는 그들의 마음이 고약하니까 조심하라고 했다. 하지만 형들을 만난 막내는 기뻐하면서 생명의 물을 찾은 일과 공주와 결혼하게 된 일을 다 말해주었다.

세 사람은 말을 타고 돌아오는 길에 굶주림과 전쟁에 허덕이는 나라를 지나게 됐다. 막내왕자는 왕을 찾아가서 마법의 빵으로 온 백성이 먹게 하고 마법의 칼로 적군을 물리치게 한 뒤 그것을 돌려받았다. 그런 식으로 왕자는 세 개의 나라를 구했다.

그때 형들은 은밀한 계획을 세우고 있었다. 그들은 동생이 잠들었을 때 생명의 물을 자기 병에 따르고 동생의 병에는 바닷물을 부었다. 집에 돌아온 막내왕자가 그 물을 바치자 아버지 병세는 더 악화되었다. 그때 형들이 물을 바치자 왕은 그것을 먹고 금세 건강을 되찾았다. 이상하게 여기는 동생에게 형들이 말했다. "우리가 바꿔치기했지! 그러게 더 똑똑히 굴지 그랬니? 1년 뒤에 우리 중 한 사람이 공주를 데려올 거다. 명

저마다 다르지만 모두에게 같은 성공의 서사

심해. 괜히 말했다가는 목숨을 잃게 될 거야!"

막내아들이 자기를 죽이려 했다고 생각한 왕은 화가 나서 그를 죽이라고 명했다. 왕자는 그를 숲으로 데려간 사냥꾼의 호의로 겨우 죽음을 면할 수 있었다. 왕은 얼마 뒤 세 나라에서 막내왕자의 은혜에 대한 보답으로 귀한 선물을 보내오자 자기가 일을 잘못 처리했음을 깨달았다. 사냥꾼으로부터 왕자가 살아 있다는 말을 들은 왕은 그가 돌아오면 성대하게 맞을 것이라고 선포했다.

막내왕자와 결혼을 약속했던 공주는 때가 되자 멋진 황금 길을 닦아놓고 신랑을 기다렸다. 그때 첫째 왕자가 나라에 이르렀다. 황금 길을 본 왕자는 말을 타고 그리 지나갈 수 없다는 생각에 오른쪽으로 비켜서 말을 달렸다. 그러자 사람들이 진짜 왕자가 아니라면서 돌아가게 했다. 다음은 둘째 왕자였다. 그 또한 황금 길로 올라가지 못하고 왼쪽 길로 비켜서 말을 달렸다. 사람들은 그도 가짜라면서 돌려보냈다. 공주가 그렇게 시킨 것이었다.

이윽고 숲에서 나온 셋째 왕자가 그 나라에 이르렀다. 그는 다른 생각 없이 황금 길 위를 달렸고, 사람들은 성문을 활짝 열어주었다. 공주가 그를 맞이하면서 자기의 은인이자 나라의 주인이 왔다고 말했다. 성대한 결혼식이 열렸다. 그리고 왕자의 아버지로부터 막내아들을 용서한다는 기별이 도착했다. 본국으로 돌아온 막내왕자가 형들이 자기를 속인 사실을 알렸고, 왕은 그들을 벌주려 했으나 그들은 이미 멀리 떠난 뒤였다. 그들은 평생 돌아오지 못했다.

옛이야기의 힘

여러분에게 인상적으로 다가온 구절은 어디인지 궁금합니다. 먼저, 삼형제와 난쟁이가 만나는 대목이 눈길을 끕니다. 자기를 무시한 두 왕자를 산골짜기에 가두고 따뜻하게 응대한 왕자에게 큰 축복을 내리는 난쟁이의 능력이 꽤나 대단하지요. 작고 보잘것없는 외모지만 큰 힘을 가지고 있고 그 힘이 양면적으로 발현된다는 것은 난쟁이 서사의 전형적인 특징입니다. 한편, 사람을 살리는 생명의 물도 눈길을 끕니다. 한국의 구전신화 〈바리데기〉를 연상시키는 신화적 화소지요. 아무리 먹어도 줄어들지 않는 빵과 군대를 전멸시킬 수 있는 칼도 인상적인 화소입니다. 주인공이 잠깐 졸다가 뒤꿈치를 베이는 것도요.

개인적으로 이 이야기에서 마음을 얻어맞은 곳은 '황금의 길'입니다. 이야기는 두 형이 황금이 깔린 가운뎃길을 피해서 오른쪽 길과 왼쪽 길로 움직였다고 합니다. 주인공은 별다른 생각 없이 황금 길 위로 말을 움직이지요. 영민한 공주가 미리 짐작한 대로 진짜 왕자는 황금 길 한가운데를 밟으며 오게 돼 있었던 것입니다. 이런 설정, 놀랍지 않나요?

형들은 마음속의 비겁함과 거리낌 때문에 스스로 떳떳할 수 없었고 세상 앞에 당당히 나설 수도 없었습니다. '권도(權道)'가 그들의 길이었지요. 정공법이 아닌 편법 말입니다. 반면 동생은 죄인으로 몰려 내쫓긴 상황에서도 가운뎃길로 표현된 '정도(正道)'로 서슴없이 나아갑니다. 스스로 당당했기에 그럴 수 있었겠지요. 그가 행동하는 방식은 '성공하는 사람의 서사'라 할 만합니다. 특히 '최후에 성공하는 사람의 서사'가 어울립니다. 술수를 쓰는 사람들에게 눌려 어려움을 겪지만 결국 모든 진실이 드러나면서 최후의 승자가 되니까요.

개인적으로 이 내용이 와닿았던 것은 내면에 숨어 있는 비루함에 대한 깨우침 때문이었습니다. 이리저리 눈치를 보면서 변두리 길을 찾아 움직여온 모습이 크고 밝은 거울 앞에서 그대로 비춰지고 말았지요. 앞으로 어떤 길을 어떻게 가야 하는지 아프게 절감하는 순간이었습니다. 좀 우스운 이야기지만, 이 이야기를 접한 뒤로 가능하면 가운데 길로 가고 가운데 자리에 앉으려고 하는 중입니다.

멀리 바라보면서 정도를 걷은 결과로 큰 성공을 이룬 주인공에 대한 이야기를 하나 더 봅니다. 대만의 구전설화 〈성황신이 된 물귀신〉입니다. 대만에서 온 여성이 한국어로 들려준 이야기예요.[6]

옛날에 대만 서부의 짜이셴이라는 마을에 어떤 부자가 살았는데 마음씨가 좋아서 가난한 사람들에게 많이 베풀었다. 그런데 어느 날 길을 갈 때 도적이 나타나 돈을 뺏은 뒤 그를 죽여서 강물에 던져버렸다.
부자가 정신을 차려보니 염라대왕 앞이었다. 염라대왕은 그렇게 죽는 것이 그의 운명이라고 알려주면서 환생할 수 있는 방법을 말해주었다. 강에 머물러 있다가 자기를 대신할 사람을 찾으면 된다는 것이었다. 그래서 부자는 강에서 물귀신으로 살게 되었다.
그 강은 외딴 곳에 있었는데 물고기를 잡으러 오는 어부가 한 명 있었다. 물귀신은 어부를 강물 속으로 끌어들여 죽이려 했다. 물귀신은 어부가 고개를 숙이고 그물을 살피는 때를 노려서 그 머리를 움켜쥐고 물속으로 잡아당겼다. 얼마 뒤 어부의 몸이 굳어지자 물귀신은 기뻐하면서 그 명찰을 떼어 염라왕에게 가져갔다. 하지만 그의 환생은 불가능했다. 잠수에 익숙했던 어부가 죽은 척하고 있다가 빠져나간 것이었다.

물귀신은 할 수 없이 강으로 돌아왔는데, 자기 명찰을 어부가 가져간 상태였다. 어부를 만난 물귀신은 명찰을 돌려달라고 애원했다. 어부는 물귀신이 자기 그물에 물고기를 몰아주는 조건으로 명찰을 돌려주었다. 이후 어부는 물귀신 덕분에 물고기를 많이 잡을 수 있었다.

강에서 혼자 사는 물귀신은 외로웠다. 그 사실을 안 어부는 그를 종종 집에 초대해서 함께 밥을 먹었다. 그러던 어느 날 물귀신이 집에 오더니 자기를 대신할 사람을 찾았다며 좋아했다. 다음 날 어느 할머니가 강에 올 텐데 그를 잡겠다는 것이었다. 그러자 어부는 어떻게 불쌍한 할머니를 해칠 수 있냐며 그 일을 말렸다. 어부의 설득에 물귀신은 마음을 바꾸고 좀 더 기다리기로 했다.

몇 년이 지난 어느 날, 다시 물귀신이 어부에게 말했다. 다음 날 마을 아이들이 물에 놀러올 텐데 아이를 잡아서 대신할 생각이라는 것이었다. 어부는 불쌍하고 귀여운 아이한테 어찌 몹쓸 짓을 하느냐며 만류했다. 어부에게 설득당한 물귀신은 형님 말씀이 맞다며 그 일을 포기했다.

다시 몇 년이 지난 어느 날 물귀신이 와서 말했다. "됐어요, 형님! 내일 장씨의 부인이 와서 스스로 물에 뛰어들 거예요. 남편이랑 대판 싸웠거든요." 그 부인은 어부의 이웃사촌이었다. 다음 날 어부는 물가로 뛰어가서 막 강물에 뛰어든 장씨 부인을 건져왔다.

물귀신에게 미안한 마음이 든 어부는 맛있는 음식을 준비하고 물귀신을 기다렸다. 어부가 사과하려고 하자 물귀신이 말했다. "형님! 그냥 사람을 안 해치려고요. 형님이랑 이렇게 살아도 좋은 것 같아요." 그러자 어부가 반기면서 말했다. "그래. 우리 그냥 이렇게 살자."

그렇게 둘이 사이좋게 지내던 어느 날 물귀신이 어부에게 찾아오더니 이렇게 말했다. "형님, 저는 이제 정말 떠나요. 옥황상제께서 제가 그동안 사람들을 해치지 않고 제 몫을 잘했다고 저를 성황신으로 만든대요. 오늘이 물귀신으로 하는 마지막 식사입니다."

어부가 다음 날 아침에 근처 성황묘에 가보니 정말 물귀신이 성황신이 돼 있었다. 어부는 성황신과 즐겁게 이것저것 이야기를 나눈 뒤 춤을 추면서 집으로 돌아왔다.

반전이 있는 미담입니다. 어부가 춤추며 돌아왔다는 결말에서 마음이 밝아집니다. 물귀신을 좋은 친구로 삼아서 지내다가 그가 성황신이 되는 것을 지켜보게 되었으니 이 정도면 대단한 성취 아닐까요? 그 뒤로 잘 살았다 어땠다 하는 말이 따로 필요없을 정도입니다. 성황신이 친구인데 뭐가 아쉽겠어요! 아마도 저 어부는 강물에 새로 자리 잡게 된 물귀신과도 좋은 친구가 됐을 것입니다.

어부의 서사 외에 물귀신의 서사에도 주목하게 됩니다. 그는 본래 멀쩡한 사람이었지요. 부족함 없는 부자인데다 세상에 널리 덕을 베풀었으니 더할 나위 없는 삶이라 할 만합니다. 그런데 어느 날 재산을 노린 도둑에게 살해당해서 강에 던져집니다. 어떻게 그가 물귀신이 되지 않을 수 있을까요. "내가 대체 왜 이런 일을 당해야 하지?" 억울함과 원통함, 그리고 복수심이 솟구쳤을 것입니다. 다른 누군가가 대신 죽어야 물귀신에서 벗어날 수 있다는 것은 심리적으로 볼 때 완연한 진실입니다. 누군가를 희생양 삼아 분노를 해소함으로써 귀신 상태에서 벗어나는 식이지요.

하지만 그건 제대로 벗어나는 방법이 아니었습니다. 그렇게 누군가를 희생시키면 또 다른 원망과 고통이 생겨나기 마련이지요. 할머니든 아이든 스스로 자결하려 하는 여성이든 말이에요. 결국 물귀신은 그런 방법을 포기한 채 귀신인 상태로 행복과 가치를 찾는 길을 택합니다. 어부를 형님으로 모시고 즐거운 시간을 가진 일이 바로 그것이지요.

이런 맥락에서 보면 물귀신이 성황신이 된 것은 스스로 그렇게 변한 것이라고 할 수 있습니다. 그는 자기 안의 부정적인 감정을 다스려 이긴 덕분에 신령한 존재가 되어가고 있었던 것입니다. 존재의 변환이자 서사의 변환이지요. 어느새 자신이 빛의 존재가 되었음을 발견한 순간, 그는 얼마나 감격했을까요? 자신이 얼마나 대견하고 세상이 얼마나 고마웠을까요?

이와 같은 서사의 극적 변화는 어부라는 훌륭한 치료사가 있어서 가능했다는 점과 함께 오랜 시간이 걸린 일이라는 점을 말하고 싶습니다. 물귀신이 기회를 놓칠 때마다 몇 년이 흐르고 또 흘렀지요. 그의 변화는 오랜 시간에 걸쳐 이루어진 것이었습니다. 눈앞의 성과에 매달리는 대신 멀리 바라보면서 찬찬히 걸은 결과, 삶을 역전시키고 영

저마다 다르지만 모두에게 같은 성공의 서사

원히 지속되는 성공을 이루지요.

이 이야기는 최후에 성공하는 사람의 서사란 어떤 것인지를 사람이 아닌 신의 목소리로 말해줍니다. 물귀신이 어부를 "형님!"이라고 부르는 말이 어쩜 이렇게 살가운지요! 성황신의 형님이 된 어부는 지역신쯤 됐을까요? 마을 노인과 아이와 이웃사촌까지 구한 사람이자 물귀신을 성황신으로 만든 사람이니 그럴 만한 자격이 충분할 것입니다.

마지막에 성공하는 사람의 힘,
역행(力行)

바른 마음을 먹고 바른 길로 나아가는 것, 그것이 마지막에 성공하는 길이라 했습니다. 하지만 그 길을 걷는 건 저절로 되는 일이 아니지요. 바른 길로 나아가기 위해서는 체력이 필요하고 의지가 필요합니다. 중단하지 않는 끈기도 몸에 배어 있어야죠. 그렇게 꾸준하게 나아가는 자세는 성공의 또 하나의 조건이라 할 수 있습니다. 바로 '역행'이지요. 거꾸로 나아간다는 역행(逆行)이 아니라 힘써 나아간다는 뜻을 가진 역행(力行)입니다.

이렇게 보면 아주 교과서적인 말이 되지만 옛이야기를 통해서 깨닫고 나면 느낌이 사뭇 다르지요. 이야기의 놀라운 마법입니다. 그럼 역행의 가치를 되새기게 해주는 마법의 이야기들을 만나볼까요? 먼

저마다 다르지만 모두에게 같은 성공의 서사

저 볼 이야기는 그림 민담 〈물렛가락과 북과 바늘〉(Spindel, Weberschiff-chen und Nadel; KHM 188)입니다.

옛날에 어린 나이에 부모를 여읜 소녀가 있었다. 마을 구석 작은 집에서 베를 짜고 바느질을 하면서 혼자 살던 할머니가 소녀를 데려다가 일을 가르치고 믿음이 깊은 아이로 키웠다. 소녀가 열다섯 살이 됐을 때 할머니는 살던 집과 물레와 북과 바늘을 물려주고 세상을 떠났다. 늘 마음속에 신을 간직하고 살라는 것이 할머니의 유언이었다.

할머니를 떠나보낸 소녀는 혼자 살면서 부지런히 실을 잣고 베를 짜고 바느질을 했다. 할머니의 축복 덕분인지 소녀는 생계에 어려움을 겪지 않고 살 수 있었다. 다른 사람에게도 조금 나누어줄 수 있었다.

그때 왕자가 신붓감을 구하려고 돌아다니고 있었다. 왕자는 "제일 가난하면서도 부자인 여인을 아내로 맞이할 거야." 하고 말했다. 소녀가 사는 마을에 들어선 왕자는 먼저 가장 부유한 집을 찾아갔다. 그 집 딸이 잘 차려입고 절을 했지만 왕자는 관심 없이 지나쳤다. 그리고 마을에서 가장 가난하다는 소녀의 집으로 찾아갔다. 소녀는 방에 앉아서 일을 하고 있었다. 열심히 실을 잣다가 왕자를 보고 얼굴이 빨개졌지만 하던 일을 계속했다.

자기를 지켜보던 왕자가 사라지자 소녀는 왕자의 뒷모습을 바라본 뒤 다시 물레를 돌리면서 실을 잣았다. 그러면서 이렇게 노래를 했다. "물레야 물레야, 밖으로 나가서 신붓감을 찾는 저분을 우리 집으로 데려오렴." 그러자 갑자기 물렛가락이 문밖으로 튀어 나갔다. 물레는 황금실 가닥을 늘어뜨리면서 춤을 추듯 사라졌다.

물레가 나가자 소녀는 북을 움직여서 옷감을 짜면서 다시 노래를 불렀다. "북아, 북아. 곱게 곱게 움직여서 신붓감을 찾는 저분을 나에게로 오게 하렴." 그러자 북이 문밖으로 튀어 나가서 양탄자를 짜기 시작했다. 아주 아름다운 양탄자였다. 주변에 꽃들이 피어나고 토끼와 사슴이 모여들었다. 노래하는 새만 있으면 완벽할 정도였다.

소녀는 바늘을 들고 옷을 만들면서 다시 노래를 불렀다. "바늘아, 바늘아. 한땀 한땀 촘촘히 떠서, 신붓감을 찾는 저분이 집 안으로 들어오게 하렴." 그러자 바늘이 손에서 튀어 나가더니 번개처럼 방 안을 날아다니기 시작했다. 탁자와 의자에 예쁜 천이 씌워지고 창에 비단 커튼이 드리워졌다.

바늘이 마지막 한 땀을 마쳤을 때, 왕자가 집에 도착했다. 물레가 드리운 황금 실을 따라서 온 것이었다. 왕자가 말에서 내려 양탄자를 밟고 안으로 들어가보니 조촐한 옷을 입은 소녀가 덤불 속에 피어난 장미처럼 서 있었다.

"그대는 가장 가난하면서도 부유한 여인입니다. 나의 신부가 되어주세요." 소녀는 말없이 손을 내밀었고 왕자는 입을 맞추었다. 곧 이어 모두의 기쁨 속에 결혼식이 열렸다. 물론 물레와 북과 바늘도 함께했다.

편안하게 읽을 수 있는 아름다운 이야기입니다. 혼자 힘들게 살아왔던 소녀에게 펼쳐진 아름다운 미래가 흐뭇할 따름입니다. 성공보다 행복이란 말이 더 어울리는 것 같아요. 가장 가난하면서도 부유한 사

저마다 다르지만 모두에게 같은 성공의 서사

람을 찾아다닌 끝에 소녀를 발견하고 정중하게 청혼한 왕자는 멋진 사람이었을 테니 소녀는 더없이 행복했을 것입니다.

소녀가 어릴 때부터 매일 꾸준히 해온 일은 노동입니다. 물레질을 하고 옷감을 짜고 바느질을 하고…… 그야말로 한 가닥 한 가닥, 한땀 한땀 온 정성으로 일하며 살아온 삶이지요.

돌아보면 이것은 소녀 혼자만의 서사가 아닙니다. 그녀의 물레와 북과 바늘은 할머니로부터 이어져온 것이니 유구한 역사라고 할 수 있지요. 그 힘이 왕자를 불러왔다고 할 수 있습니다. 물레와 북과 바늘이 저절로 움직이면서 왕자를 맞이하는 모습은 상상만 해도 미소가 지어집니다. 그것들이 소녀의 분신임은 두말할 필요도 없지요. 가만히 앉아서 기다리기보다 직접 움직여서 왕자를 데려왔다는 점이 더욱 멋집니다.

이 소녀에 대해서 이렇게 말하고 싶습니다. 왕자가 찾아와서 손 내밀어 청혼하기 전에도 이미 성공한 삶, 행복한 삶을 살고 있었다고요. 분신과도 같은 오랜 친구들과 한몸이 되어 실을 잣고 베를 짜고 옷을 만들 때 소녀는 큰 모자람 없이 행복했을 것입니다. 사람들은 마을에서 가장 가난한 사람으로 소녀를 지목했지만, 이야기는 그가 살아가는 데 부족함이 없었고 누군가에게 가진 것을 나누기도 했다고 말합니다. 그리고 왕자는 그녀가 세상에서 가장 가난하면서도 가장 부유하다고 말하고 있지요.

하루하루 정성을 다해 살아가는 역행의 과정 자체가 성공이라는 것, 와닿지 않나요? 어찌 꼭 왕자가 있어야 할까요! 소녀 곁에 물레와 북과 바늘 외에도 온갖 꽃들과 풀들과 어여쁜 동물들이 함께하고 있는데 말이에요. 이야기에서 하나만 더 있으면 완벽했을 거라는 '노래하는 새'는 무엇이었을까요? 답은 이야기에 나와 있습니다. 예쁜 목소리로 아름다운 노래를 부르는 누군가가 안에 있잖아요!

이어서 볼 것은 태국의 옛이야기입니다. 역시 신실한 소녀가 등장하는 이야기로, 제목은 〈진흙 공양〉이에요.[7]

옛날 어느 산기슭에 수라판이라는 처녀가 부모님을 모시고 살았다. 수라판은 산에서 땔나무를 해 팔면서 근근이 살림을 꾸려갔다. 어느 날 그녀가 보니까 집 곳곳에 금이 가서 벌어져 있었다. 그녀는 뱀이 들어와서 부모님을 해칠까 봐 산으로 가서 틈을 메울 것을 찾기 시작했다. 수라판이 붉은 꽃이 만발한 나무가 있는 곳에 왔을 때 개미떼가 작은 진흙 덩어리를 물고 나무 아래로 줄지어 기어가고 있었다. 마치 하나의 검은 줄 같았다. 뭘 하는지 살펴보니 개미들은 그 흙으로 나뭇가지 틈을 메우고 있었다. "나도 저 진흙을 가져다가 담을 고쳐야겠어." 수라판은 개미가 온 늪지 쪽으로 가서 진흙 덩어리를 만든 다음 바나나 잎으로 쌓아 바구니에 담았다.

일을 마치고 집으로 향하던 수라판은 한 스님을 만났다. "어찌 사람도 없는 밀림으로 탁발을 오셨나요?" "그냥 동물을 사랑하는 마음에서 온 거라오." 스님의 말에 존경심을 느낀 수라판은 진흙 두 덩어리를 스님에게 바쳤다. "저는 가난해서 보시할 만한 음식이 없어요. 이거라도 받

저마다 다르지만 모두에게 같은 성공의 서사

아주세요. 그리고 누구든 남자가 제 손끝에 닿으면 저를 사랑하게 해주세요." 스님은 진흙을 고맙게 받아가지고 가서 처소에 생긴 틈을 메웠다.

그때 왕이 백성들 사는 모습을 보려고 평복을 입은 채 그 근처로 왔다가, 말이 잘못 움직이는 바람에 웅덩이에 빠졌다. 살려달라고 외치는 소리를 들은 수라판은 급히 달려가서 왕의 손을 잡고 끌어올렸다. 손을 잡는 순간 수라판을 사랑하게 된 왕은 그 곁에 반지를 빼놓고 돌아갔다. 반지를 발견한 수라판은 감사의 표시로 여기고 손가락에 꼈다.

궁궐로 돌아온 왕은 반지를 잃어버렸다면서 온 나라를 뒤져 반지를 가진 사람을 잡아 오라고 명령했다. 궁궐로 잡혀 온 수라판이 그 반지는 한 남자가 두고 간 것이라고 하자 왕은 도둑의 얼굴을 기억하느냐고 물었다. "그가 밤에 왔다가 새벽에 떠났기 때문에 알지 못합니다. 하지만 손을 만져보면 기억할 수 있어요."

왕은 온 왕국의 남자들로 하여금 차례로 구멍에 손을 내밀게 해서 그녀가 만져보게 했다. 도둑은 통 나타나지 않았다. 모든 남자가 사라진 뒤 왕이 손을 내밀자 수라판이 외쳤다. "이 사람이 도둑이에요!"

왕은 수라판이 자기를 알아본 것을 기뻐하면서 모든 사실을 말해주었다. 왕은 그녀를 왕비로 삼고 부모에게도 벼슬과 재산을 내려주었다. 왕비가 된 수라판은 행복하게 잘 살았다.

홀로 부모님을 모시면서 끼니조차 제대로 때우기 힘들었던 여성이 한 나라의 왕비가 되어 행복을 누립니다. 진흙을 공양한 결과였지요.

반전이고 비약이라 할 수 있지만 자세히 보면 그 안에 필연적인 서사적 논리가 작동하고 있습니다.

이 이야기에서 중요한 포인트는 '진흙'입니다. 아무 쓸모가 없어 보이는 진흙은 생명과 안전을 지켜주는 물건이었지요. 그러니 큰 보물입니다. 인간은 흙 없이 살 수 없는 존재이기도 하지요. 주목할 것은 진흙을 매개로 개미의 서사와 수라판의 서사가 연결된다는 점입니다. 개미들이 멀리서부터 진흙을 한 덩어리씩 들고 줄지어 이동하는 모습은 바로 역행 그 자체입니다. 이야기는 행렬이 마치 하나의 긴 줄 같았다고 해요. 그 줄은 곧 서사이고 역사입니다. 피와 땀으로 이어온 불굴의 역사지요. 홀로 땔나무를 하면서 부모님을 모시고 살아온 수라판의 삶이 바로 그랬다고 할 수 있습니다. 진흙 덩어리를 들고 움직이는 그녀는 한 명의 '큰 개미'인 셈입니다.

수라판이 스님에게 진흙을 공양하면서 했던, 손이 닿는 모든 남자가 자기를 사랑하게 해달라는 말이 맹랑하면서도 흥미롭습니다. 생각해보면 참 뭉클하고 감동적이에요. 사람들의 사랑이 얼마나 그리웠을까 안쓰럽기도 하지만, 그보다는 자신의 '손'이 남자들의 사랑을 받을 만하다고 느끼는 당당한 자존감의 표현이라고 풀이하고 싶습니다. 땔나무를 하고 진흙 덩어리를 만드는 손이 비록 거칠었을지 몰라도, 가장 아름답고 사랑스러운 손 아닐까요? 그 손을 잡고 그녀를 사랑하는 남자라면 배우자가 될 자격을 지니지요. 신분의 차이를 떠나서 수라판을 사랑하게 된 왕이 바로 그런 사람이라 할 수 있습니다. 어쩌면 왕은 수라판보다 자존감이 부족했던 것 같아요. 그녀가 자기 손을 잡고

저마다 다르지만 모두에게 같은 성공의 서사

알아봐주기를 기대하고 있는 것을 보면요.

수많은 남자들의 손 가운데 자기 손을 알아보게 한 남자, 마침내 그녀가 자기 손을 알아봤을 때 떨듯이 기뻐했던 남자, 그런데 그가 한 가지 놓친 것이 있습니다. 그녀가 남자의 손을 잡을 때마다 그 남자들이 모두 수라판을 사랑하게 됐으리라는 사실이죠. 세상 남자들이 다 그녀를 사랑하게 된 것을 왕은 알았을까요?

수라판이 모든 남자들의 사랑을 받게 된 것은 따지고 보면 이치에 딱 맞는 일입니다. 세상에서 가장 아름답고 사랑스러운 손을 가진 사람, 피땀으로 노력하며 아름답고 사랑스러운 삶을 이어온 사람을 어떻게 사랑하지 않을 수 있겠어요! 왕 입장에서는 좀 떨떠름할 수 있지만, 나라로서는 아주 잘된 일입니다. 온 백성이 사랑하는 왕비를 가진 나라가 됐으니까요.

태국과 더불어 대표적인 불교 국가인 미얀마의 바간 지역을 여행했던 일이 생각납니다. 수천 개의 불탑 사이를 돌아다니면서 정말 행복했어요. 그곳 사람들의 표정이 어찌나 편안하고 그윽하던지요! 다들 보살 같았습니다. 개인적으로 금빛 불탑보다 붉은 벽돌로 만든 작은 불탑들이 더 마음에 와닿았지요. 맨발로 안에 들어가서 절도 많이 했습니다. 한편으로 이 많은 불탑을 짓는 데 얼마나 돈이 들고 고생했을까 하는 생각도 했지요. 그러던 중에 따로 공양할 것이 없는 사람들은 불탑 공사에 자발적으로 참여하는 것을 공양으로 삼는다는 사실을 알게 됐어요. 그거야말로 진짜 공양이지요. 그 지역 사람들에게서 보살님 부처님이 보이는 것이 우연이 아니었습니다. 그래요. 〈진흙 공양〉 같은 이야기가 저절로 나왔을 리 없지요. 보석보다 귀한 진흙의 삶에서 쌓아올려진 무엇일 것입니다.

불교 이야기를 하다 보니 생각난 설화가 있습니다. 제 수업을 듣는 학생이 과제로 제출한 이야기로 제목은 〈저승길의 독 세기〉입니다. 짤막하지만 울림이 깊은 이야기예요. 방언과 군더더기만 가다듬어서 원문 그대로 소개합니다.[8]

나 살던 데에, 해남에 대흥사라는 큰 절이 있는디, 자식을 낳게 공을 들이러 간 사람들이 많고, 사람이 죽어서도 저승길 가는 데에 지나가는 데야, 거기가. 그 절로 들어가면은 장독이 하여튼 수백 개 있을 거야. 아주 말도 못해. 장독. 그 큰 항아리 있잖아? 이렇게 큰 거. 그러니께 그 저승길 가면은, 사람이 살다가 돌아가시면 그거 세어보고 왔는가 안 왔는가 그것도 물어본대.

그러니께 옛날에 한 선비가 살었어. 사는데 평시에 행동이 바르고 마음도 참하게 먹고 그랬대. 가난하게 살아도 절에서 스님이 시주를 하러 오면 살림 죄 긁어서 주는 거야. 인제 그 선비가 늙어서 죽으니깐 저승길에 가다가 해남 대흥사 그거를 지나. 장독을, 그거 독을 본 거지. 그러니께 그놈을 세는데, 세다가 잊어버리고 세다가 잊어버리고 그래. 하도 많으니까.

그걸 세다가 잊어버렸어. 그러고 그것을 계속 세고 있으니깐 저승사자가 와서, "아소. 그것을 언제 다 세고 있나?" 그러고 잘 데려갔대, 그 선

저마다 다르지만 모두에게 같은 성공의 서사

비를.

근데 또 부자도 살아. 그 동리에 같이. 아주 큰 부자고, 인제 벼슬도 하고. 그런데 품행이 나빠. 거지가 와도 발로 탁 차버리고, 스님이 시주를 하러 와도 그것을 뺏어버리고 이랬대. 하여튼 부자도 나중에 죽어서 가는데, 근데 이놈이 신경을 안 써. 장독대를 본 척도 안 하고 가다가 저승 사자를 만난 거지.

그러니께 물어봤어. 사자가 부자에게. "오는 길에 독은 세어보고 왔소?" 그러니께 이놈이 뒷짐 지고, "나는 그거 다 세보고 왔소." 인제 다 거짓말하는 것이지. 부자가 세어보고 왔다고 그래 말하니까 아주 벌을 받았다고, 그란다고 옛날에 내려오는 그 말이 있어.

그런 건 인제 노인들이 내 할 일을 다 하고 뭐든지 다 보고 잘 생각해갖고 살았는가, 그런 것을 생각해서 인자 물어본 거지. 저승길에 그랬다고 말이 있었어. 그 소릴 나도 들었어.

짧지만 무척 계시적인 이야기입니다. 사람들의 생전의 선과 악, 또는 진실과 거짓이 저승길에서 인과응보로 나타난다는 설정이 눈길을 끕니다. 불교의 세계관인 동시에 설화 특유의 원형적 세계관이라 할 수 있지요. 살았을 때의 행보가 저승에서라도 보답을 받는다는 내용은 최후에 성공하는 쪽은 누구인가 하는 화두와 관련해 많은 것을 생각하게 합니다. 이때 저승은 꼭 사후 세계만 뜻하지는 않을 것입니다. 한 사람이 떠나간 뒤에도 그의 삶의 자취는 어떤 식으로든 세상에 남아 이어지는 법이니까요.

옛이야기의 힘

이야기에서 특별히 관심이 가는 것은 수많은 독의 개수를 세는 일입니다. 독을 세는 일은 어떤 의미를 지닐까요? 왜 그 일을 했는지 여부에 따라서 저승에서 받는 보답이 달라지는 걸까요? 힌트는 이야기를 구술한 할머니께서 제시합니다. "내 할 일을 다 하고 뭐든지 다 보고 잘 생각해갖고 살았는가." 하는 말이 그것입니다. 자기 할 일을 꾸준히 하면서 살아온 삶과, 편하게 누리기만 한 삶은 하늘과 땅, 또는 극락과 지옥만큼이나 차이가 납니다. 인생을 제대로 산 것과 인생을 낭비한 것의 차이라고 보면 딱 맞습니다.

인생길을 걷는 사람이 그 많은 독을 정확하게 다 세는 것은 불가능합니다. 불완전한 인간으로서 삶의 모든 과제를 다 해결할 수는 없지요. 중요한 것은 할 수 있는 데까지 얼마나 열심히 하는가입니다. 오늘 하루, 나는 독을 얼마나 열심히 셌는지 돌아봅니다.

저마다 다르지만 모두에게 같은 성공의 서사

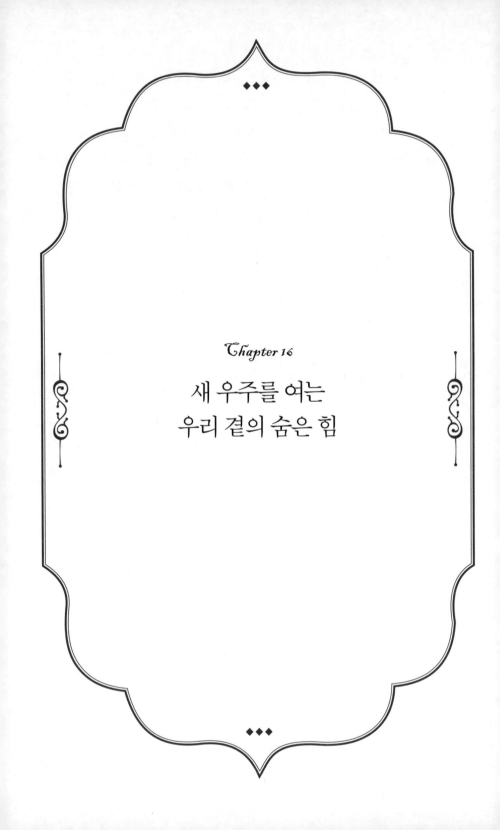

Chapter 16

새 우주를 여는
우리 곁의 숨은 힘

밑바닥 인생들과의
동행이 선사하는 것

성공하는 삶으로 가는 길에 대해서 이야기하고 있습니다. 세속적 성공이 아닌 진정한 성공에 대해서요. 이야기를 읽다 보면 그 길이 참 다양하다는 사실을 실감합니다. 우리가 이 많은 길을 못 보고 있었구나 하는 사실도요.

수많은 이야기들이 이전에 몰랐던 새로운 세상의 문을 열 때 그 길이 보인다고 말하는 점을 주목할 만합니다. 많은 주인공이 길을 떠나고, 새롭고 낯선 세계를 만나고, 거기서 인생을 바꿀 전환점을 발견하지요. 하지만 이야기는 성공한 삶으로 통하는 문이 꼭 먼 곳에 있는 것은 아니라고도 말합니다. 가까운 곳에 그 문이 있을 수 있다고 말하지요.

새 우주를 여는 우리 곁의 숨은 힘

옛날에 어느 왕에게 세 아들이 있었다. 위의 두 아들은 똑똑했지만 막내는 말도 없고 어리숙해서 얼간이로 불렸다. 나이가 들었던 왕은 누구에게 나라를 물려줄까 고민하다가 세 아들에게 과제를 주었다. 세상에서 제일 고운 양탄자를 가져오는 사람에게 왕위를 넘기겠다고 했다.

왕은 세 개의 깃털을 허공에 날리면서 그 깃털이 떨어지는 방향으로 각자 길을 가라고 했다. 한 개는 동쪽으로, 한 개는 서쪽으로 날아갔는데 셋째 깃털은 잠깐 허공에 있다가 바로 밑으로 떨어졌다. 위의 두 아들은 각기 동쪽과 서쪽으로 떠나면서 제자리에 머물러 있어야 하는 셋째를 비웃었다.

슬픈 마음으로 앉아 있던 얼간이 왕자가 잘 살펴보니 깃털 옆에 웬 문이 보였다. 그 문을 열자 계단이 나왔고, 계단을 내려가니 다른 문이 나왔다. 그가 문을 두드리자 안에서 무슨 소리가 들렸다. 문이 열렸을 때 그의 눈에 들어온 것은 크고 뚱뚱한 두꺼비가 무수히 많은 두꺼비들에 둘러싸인 채 앉아 있는 모습이었다. 왕자가 세상에서 제일 고운 양탄자를 구하러 왔다고 하자 젊은 두꺼비 하나가 상자를 가지고 와서 양탄자를 꺼내주었다. 지상의 누구도 짤 수 없을 만큼 아름다운 양탄자였다.

두 형은 막내가 양탄자를 구하지 못하리라고 생각하고 길에서 만난 양치기 아내의 숄을 벗겨서 돌아왔다. 당연히 시합은 막내의 승리였다. 왕이 막내에게 나라를 물려주려고 하자 형들이 강하게 반발하면서 새로운 과제를 달라고 했다. 왕이 새로 낸 시험은 제일 아름다운 반지를 가져오는 것이었다. 다시 깃털을 날렸고 두 형은 동쪽과 서쪽으로 떠났다. 얼간이 왕자의 깃털은 아래로 떨어졌고, 그는 땅속으로 들어갔다.

거기서 다시 두꺼비들을 만난 그는 보석이 찬란히 빛나는 반지를 얻을 수 있었다. 이번 시합도 막내의 승리였다.

형들은 이번에도 결과를 받아들이지 않고 한 번 더 시합을 하자고 우겼다. 그래서 주어진 과제는 제일 아름다운 여인을 데려오는 일이었다. 세 왕자는 전과 같이 길을 떠났다. 땅속으로 들어간 얼간이 왕자는 두꺼비들에게 아름다운 여인을 구하러 왔다고 했다. 하지만 거기 있는 것은 두꺼비들뿐이었다. 왕자는 뚱뚱한 두꺼비가 시키는 대로 속을 파낸 당근 안쪽에 작은 두꺼비 하나를 앉혔다. 그러자 당근은 수레로 변했고, 두꺼비는 아름다운 아가씨가 되었다.

막내 왕자가 아가씨와 함께 나갔을 때 형들이 데려온 것은 아무렇게나 고른 여자들이었다. 왕이 나라는 막내의 것이라고 선언했지만 형들은 다시 세 여자에게 시험을 시켜야 한다고 우겼다. 방에 걸려 있는 고리를 뛰어서 통과하는 시험이었다. 형들이 데려온 여자들은 고리를 겨우 통과했으나 팔다리가 부러지고 말았다. 막내가 데려온 여자는 사슴처럼 사뿐히 고리를 통과했다. 이제 아무도 반대할 수 없었고, 얼간이 왕자는 왕관을 물려받았다. 그는 오랫동안 나라를 슬기롭게 다스렸다.

그림형제 민담 〈세 개의 깃털〉(Die drei Federn; KHM 63)의 사연입니다. 말 그대로 발밑에서 성공의 길을 찾은 주인공에 대한 이야기예요. '답은 멀리 있지 않다'는 사실을 흥미롭게 표현하고 있지요. 어찌 굳이 동쪽, 서쪽으로 멀리 떠나야 방법이 생기는 걸까요. 내 주변을 유심히 살피는 데서도 좋은 답을 찾을 수 있지요.

이야기는 얼간이 왕자가 땅속으로 통하는 문을 열고 내려갔다고 합니다. 거기 두꺼비들이 옹기종기 모여서 살고 있었다고 해요. 땅속 두꺼비들은 어떤 존재일까요? 현실적으로 상상해보면 왕이나 귀족들의 발 아래에서 살고 있는 평민을 의미한다고 볼 만합니다. 권력과 영화를 누리면서 '저 위의 세상'을 사는 이들에게 그들은 사람으로 보이지도 않았겠지요. 말 그대로 두꺼비 같았을 거예요. 이야기 속의 두 형이 그런 부류였을 것입니다. 말수가 적고 어리숙하다는 이유로 동생조차 무시하는 이들이니 오죽할까요!

하지만 두꺼비처럼 비천한 존재들이 사실은 진정한 능력자였습니다. 이들은 일을 하는 사람이잖아요? 그러니 고운 양탄자와 찬란한 반지를 만들 수 있었던 것입니다. 보통 어떤 물건을 구할 때는 그것을 파는 사람이나 쓰고 있는 사람을 찾기 마련인데 얼간이 왕자는 그것을 만드는 이들을 찾아간 셈이니 생각의 전환이자 역발상이었지요. 그런 그가 성공하는 것은 이치에 잘 맞는 일입니다. 두꺼비들 가운데 아름다운 여자가 있었다는 것이 좀 엉뚱해 보이지만, 눈에 띄지 않는 곳에서 열심히 일하면서 살아가는 이들이야말로 정말 아름다운 사람들 아니겠어요? '캐슬'에 사는 이들은 쉽게 인정하지 않겠지만요.

그러니 얼간이 왕자가 왕위에 오르는 것은 순리입니다. 왕은 한 나라를 다스리는 사람이잖아요? 그 나라를 이루는 대다수는 땅속 두꺼비들처럼 밑바닥에서 일을 하며 평범하게 살아가는 사람들입니다. 그들과 연결되고 그들에게 손을 내밀어 그 힘을 자기 것으로 삼는 사람, 그들을 귀한 동반자로 받아들이는 사람이 나라를 맡는 것이 마땅하지

옛이야기의 힘

요. 왕이 되어 나라를 슬기롭게 다스렸다는 막내 왕자의 지혜는 8할 이상이 두꺼비들에게서 나왔을 거라고 생각해봅니다. 그가 발밑에서 만난 새로운 존재들에게서요.

민주주의 사회라고 하는 오늘날에는 당연한 일일지 모르지만, 아직 봉건 체제가 남아 있던 시절에 이런 이야기가 나왔다는 사실이 놀랍습니다. 우리가 상기할 것은 이 이야기가 민간에서 전해지던 구전설화였다는 사실이에요. 그 안에 민중의 주체적 세계관이 담기는 것은 자연스러운 일이지요.

비슷한 이야기를 하나 더 봅니다. 같은 설화의 다른 버전이라고 해도 될 만한 이야기예요. 핀란드 민담 〈숲속의 신부〉입니다.[9]

옛날에 세 아들을 둔 농부가 있었다. 농부는 아들들이 장성하자 신부감을 찾아 떠나라고 하면서, 각자 나무를 하나씩 베어서 나무가 쓰러지는 방향으로 가도록 했다. 장남의 나무는 북쪽으로 쓰러지고 차남의 나무는 남쪽으로 쓰러졌다. 그 방향에 마음에 둔 처녀가 있었던 둘은 내심 잘됐다고 여겼다. 막내인 베이코가 문제였다. 그가 벤 나무는 숲을 정면으로 가리켰다. 형들은 그를 보면서 "너는 늑대 소녀나 여우 소녀에게 장가들겠구나!" 하고 놀렸다. 하지만 베이코는 숲으로 가서 기회를 잡겠다고 말했다.

즐거운 마음으로 떠난 장남과 차남은 각자 생각했던 집으로 찾아가서 청혼을 했다. 베이코도 씩씩하게 숲으로 향했지만 숲으로 한참을 들어가다 보니 기가 꺾이면서 한탄이 나왔다. 그때 그의 눈에 작은 오두막이 들어왔다. 안으로 들어가보니 사람은 없고 쥐 한 마리가 식탁에서 수염을 빗고 있었다.

"역시 아무도 없군!" 베이코가 이렇게 탄식하자 쥐가 단장을 멈추고 말했다. "왜요? 내가 있잖아요." "네가 무슨 소용이 있니? 쥐일 뿐인데." "아뇨. 소용 있어요. 뭘 찾는데요?" 쥐의 재촉에 베이코가 사연을 말하자 쥐가 말했다. "베이코, 나를 신붓감으로 데려가면 어때요?" 베이코가 코웃음을 치면서 말도 안 되는 일이라고 하자 쥐가 말했다. "나를 아내로 맞는 것보다 나쁜 일이 생길 수도 있잖아요. 내가 쥐에 불과하지만 당신에게 잘할 수 있어요."

자세히 보니 쥐는 귀엽고 우아했다. 앙증맞은 발을 턱에 괴고 눈을 반짝이며 자기를 바라보는 모습을 보고 있으니 베이코는 쥐가 점점 좋아졌다. 쥐가 노래까지 불러주자 더 기분이 좋아진 베이코는 집으로 돌아가면서 이렇게 말했다. "그래, 작은 쥐야. 너를 내 신붓감으로 삼을게." 그러자 쥐는 무척 좋아하면서 그가 돌아올 때까지 기다리겠다고 했다.

집으로 돌아온 두 형이 자기 신붓감에 대해 자랑을 늘어놓으면서 동생을 놀리자 베이코가 말했다. "나도 신붓감을 찾았어. 벨벳 가운을 걸친 작고 우아한 여인이라고! 그녀가 노래를 불러줄 때 얼마나 행복했는데." 동생이 공주 같은 신붓감을 구했다는 말에 형들은 마음이 상해서 꿍얼거렸다.

며칠 후 아버지는 세 아들의 신붓감을 시험한다며 빵을 구워 오게 했다. 베이코는 풀이 죽은 채 숲으로 갔다. 그를 다시 만난 쥐는 기뻐하면서 수백 마리 쥐들을 불러 모아 빵을 굽게 했다. 완성된 것은 최고급 하얀 밀빵이었다. 그것을 본 아버지와 형들은 베이코가 정말 공주를 만났다면서 놀랐다.

다음으로 아버지가 시킨 것은 천을 짜는 일이었다. 베이코는 다시 걱정했지만 쥐는 그 일도 훌륭하게 해냈다. 쥐가 짠 천은 어찌나 얇은지 호두껍데기 속에 쏙 집어넣을 수 있을 정도였다. 이번 과제도 형제들 중 베이코의 신부가 최고였다.

아버지는 세 아들에게 이제 각자의 신붓감을 집으로 데려오라고 말했다. 자기 신부가 쥐라는 사실이 드러나면 놀림감이 될 것을 알았지만, 베이코는 자기에게 소중한 존재가 된 쥐를 집으로 데려오겠다고 결심했다. 그 말을 들은 쥐는 뛸 듯이 기뻐하며 떠날 준비를 했다. 신부는 검은 쥐들이 끄는 땅콩 껍질 마차에 올라탄 채 길을 나섰다. 베이코는 걱정스러운 마음을 다잡고 마차 옆으로 걸어갔다.

숲에서 나온 일행이 다리가 놓인 강에 이르렀을 때였다. 땅콩 마차가 중간쯤 왔을 때 건너편에서 오던 남자가 괴상한 모양을 한 일행을 발견하고 안을 들여다보더니 웃으면서 발로 마차를 차버렸다. 공주와 하인들은 모두 물에 가라앉고 말았다. 베이코는 화를 내면서 남자를 쫓아낸 뒤 슬퍼하며 탄식했다. "아, 당신이 빠져 죽다니! 그토록 헌신적이고 사랑스러운 연인이었는데! 당신이 가고 나니 내가 얼마나 당신을 사랑했는지 알겠어!"

그때 다섯 마리 말이 끄는 황금 마차가 강둑으로 올라왔다. 안에는 벨벳으로 만든 옷을 입은 아름다운 처녀가 앉아 있었다. 처녀는 베이코를 불러서 자기 옆자리에 앉으라고 했다. 놀라는 그에게 그녀가 말했다. "당신은 쥐였던 나를 신부로 삼는 것을 부끄러워하지 않았어요. 내가 지금 공주라고 해서 버리지는 않겠지요?" 알고 보니 쥐는 마법에 걸린 공주였고, 물에 빠진 탓에 마법이 풀린 것이었다.

베이코는 공주와 함께 마차를 타고 집에 와서 아버지에게 인사를 올렸다. 숲에서 구한 신부라는 말에 아버지가 고개를 끄덕였다. 베이코와 공주는 아버지의 축복을 받은 뒤 공주의 왕국으로 가서 결혼하고 행복하게 살았다.

〈세 개의 깃털〉에서는 두꺼비인데 이번에는 작은 쥐입니다. 발아래 땅속은 건너편 숲으로 달라졌고요. 막내아들이 귀한 물건과 아름다운 신부를 데려오는 일은 같습니다. 결혼해서 행복하게 사는 것도요.

〈세 개의 깃털〉에 비하면 〈숲속의 신부〉는 동화 느낌이 짙은 사랑 이야기로 다가옵니다. 마법에 걸렸던 공주가 진실한 사랑의 힘으로 본래 모습을 되찾아 찬란한 미모를 드러내는 일은 판타지 로맨스물의 성격을 지니고 있지요. 베이코는 남자 신데렐라 같은 행운을 얻었다고 생각되기도 합니다.

그럼에도 이 이야기를 〈세 개의 깃털〉과 나란히 놓은 것은 이 이야기에서 사회적 상징이 강하게 느껴져서입니다. 숲은 거칠고 험하고 낯선 세상이지요. 깊이 들어갈수록 더 그렇습니다. 거기서 만난 작은 쥐는 얼간이 왕자가 만난 두꺼비처럼 다른 종족이라는 이미지를 강하게 풍깁니다. 땅속의 두꺼비가 서민 쪽이라면 숲속의 쥐는 이민족에 잘 어울리지요. 아래쪽이 아닌 '저쪽'에 있고 그사이에 강물이 있다는 것도 '다름'을 암시합니다. 쥐의 이미지를 생각하면 이쪽 사람들보다 작고 까무잡잡하면서 영민하고 재주가 많은 사람들이라 할 수 있지요.

문제는 그들이 선입견과 편견 때문에 외면당하고 비하된다는 점입니다. 베이코부터 그와 인연을 맺기를 주저하고 있지요. 상대를 좋아하고 존중하게 됐으면서도 선뜻 세상에 내보이기를 어려워합니다. 사람들이 다른 나라의 배우자를 맞는 일을, 예컨대 한국 남자가 동남아 약소국의 여성과 결혼하는 일을 꺼리고 주저하는 모습과 겹치지 않나요? 능력과 자질을 떠나 오로지 선입견 때문이지요.

이야기에서 이런 편견을 결정적으로 확인시켜주는 대목은 다리를 건너는 행렬을 남자가 비웃으면서 발로 걷어찬 일입니다. 같은 부류로 인정하지 않는 태도지요. 이민족에 대해서, 하물며 해외 동포에게도 비하의 시선을 보내면서 배척하는 우리의 모습을 여기서 볼 수 있다고 하면 지나친 일일까요?

쥐 일행은 물에 빠진 덕분에 마법에서 풀려납니다. 하지만 마법이 풀린 진짜 이유는 그들이 물에 빠졌을 때 베이코가 보인 태도 때문이라고 할 수 있습니다. 그는 진심으로 슬퍼하면서 물에 빠진 사람들에 대한 '사랑'을 표현하지요. 그 진심이야말로 모든 외적인 차이와 그로 인한 편견을 푸는 마법이라는 생각을 해봅니다. 진심으로 마음을 열고 사랑을 고백하는 사람 앞에서, 저들은 온전한 공주이고 어엿한 사람으로 존재할 수 있었다는 말입니다. 그들과 오롯이 연결된 남자는 세상에서 가장 행복한 사람이 되고요.

3년간 다문화 설화를 조사하면서 많은 이주민 여성을 만났습니다. 그분들은 훌륭한 능력자였어요. 한국어 능력이나 생활능력은 물론이고 스스로에 대한 당당함과 존중, 사람을 대하는 진심과 예의까지 갖춘 분들이 대다수였습니다. 그분들을 보면서 많은 걸 깨달았지요.

그분들을 정말 사랑하고 존중하는 또 한 가지 이유는 옛날이야기를 훌륭히 잘 구연한다는 사실입니다. 할머니와 어머니에게 들은 이야기를 차근차근 풀어내는 모습은 그 자체로 큰 감동이었지요. 이 세상의 편견을 무릅쓰고 기꺼이 동반자가 되어준 그분들께 감사할 따름입니다. 당신의 베이코에게, 그리고 그 가족과 친지들에게 부족함이 있더라도 잘 이끌어주시기를!

우리 곁에 숨어 있는 우주에 대한 이야기를 하나만 더 하지요. 한국에서 전해온 업(業) 설화에 대한 이야기입니다. 이야기 제목은 〈업 들여서 부자 된 사람〉으로 할게요.

옛날에 강원도 한 마을에 원씨 성을 가진 가난한 사람이 살았다. 빚을 내서 곡식을 사다가 끼니를 때우면서 품팔이를 해서 갚곤 했다. 어느 해에 벼 한 가마니를 얻어서 짊어지고 고개를 넘는데 전보다 훨씬 무거웠다. 돌멩이가 들었나 싶어서 살펴보니까 안에 구렁이가 한 마리 들어앉아 있었다.

원씨는 가마니를 그대로 짊어지고 와서 광에 내려놓은 뒤 그 앞에 밥을 갖다놓으면서, "네가 내 복이면 이걸 먹어라." 하고 말했다. 얼마 뒤에 와서 보니 밥이 사라지고 없었다. 또 밥을 갖다놓으니까 그 밥도 곧 없어졌다.

그렇게 구렁이를 집에 들인 뒤로 원씨는 일이 술술 잘 풀려서 살림이 불어나기 시작했다. 며느리를 얻은 뒤 살림이 더 불어서 손꼽히는 부자가 되었다. 그 집안은 대대로 재산을 유지하며 잘 살았다.[10]

강원도에서 등짐 장사를 하는 사람이 있었다. 숯을 짊어지고 열두 고개를 이쪽저쪽으로 넘으면서 오랫동안 장사를 했는데 고단한 처지를 면할 수 없었다. 수십 년을 살아도 그와 같으니 죽어야겠다고 생각한 등짐 장수는 고기와 술을 사서 지게에 올려놓은 뒤 이별차로 잔을 주고받았다.

그가 세상을 떠날 장소로 택한 것은 열두 고개 꼭대기였다. 그곳 서낭당에 앉아서 얼어죽기로 했다. 그런데 거기 이르러 보니 세 살 먹은 어린아이가 빼빼 마른 채로 쪼그려 앉아 있었다. 그는 아이가 불쌍해서 죽지 못하고 아이를 업고 주막으로 갔다. 그런데 사람들이 아무도 아이 업은 일에 대해 묻지 않았다. 자기가 업은 것이 업임을 깨달은 등짐 장수는 용기를 내서 인근의 부자를 찾아갔다. 어느 곳 바다에 그물을 놓으면 큰돈을 벌 텐데 자본이 없다고 하자 부자가 선뜻 돈을 대주었다. 그 돈으로 어장을 만든 남자는 큰 부자가 됐다.[11]

이야기 속의 구렁이와 아이는 민간 신앙에서 말하는 '업(業)'입니다. 집에 깃들어 사는 구렁이와 족제비, 두꺼비 등을 업이라고 하지요. '인

새 우주를 여는 우리 곁의 숨은 힘

업'이라고 해서 사람을 업으로 치기도 합니다. 업은 집안의 나쁜 일을 막아주고 부를 가져다준다고 여겨지지요.

업은 있으나마나한 취급을 받거나 기피와 배척의 대상이 되는 존재들입니다. 구렁이와 버려진 아이라니, 꺼릴 만하잖아요? 그런데 그들에게 손을 내밀고 받아들이자 반전이 생깁니다. 집안의 힘이 되어 살림을 일으키고 성공과 행복을 가져다주지요. 얼핏 보면 뜻밖의 비약이고 우연한 행운처럼 보이지만, 여기에는 삶의 비의가 깃들어 있습니다. 나보다 더 아래에 있는 사람들에게 손을 내밀 때 나는 더 이상 밑바닥 실패자가 아니지요. 귀한 생명을 보살피고 피워낼 수 있는 크고 귀한 존재가 됩니다. 한 사람의 서사는 그렇게 질적으로 바뀌지요.

많은 사람들이 꿈꾸는 성공은 위를 향해 움직여서 크고 화려한 무언가를 쟁취하는 것입니다. 이루기 힘든 일이지요. 이에 비하면 아래를 향해서, 또는 내 주변을 향해서 마음을 열고 손을 내미는 일은 누구라도 쉽게 할 수 있습니다. 놀라운 사실은 그렇게 다가간 내 아래 내 주변의 우주가 높은 곳의 신기루 같은 우주보다 더 값질 수 있다는 것입니다. 피부에 와닿는 실질적인 변화를 가져오기도 하지요.

혹시 주변에 무심코 지나치고 있는 귀한 문들이 없는지 찬찬히 돌아볼 일입니다. 그 문은 마음을 비우고 나를 내려놓을 때 더 잘 보이지요. 옛이야기 속의 주인공들이 그랬던 것처럼요.

산속에 감춰진
보물 창고의 정체

이번 이야기는 〈아라비안 나이트〉로 시작해볼게요. 그림형제 민담집보다 훨씬 오래된 이야기 모음집이지요. 그 책에 실려 있는 이야기들 중에 혹시 기억나는 게 있으신가요? 디즈니의 영향으로 〈알라딘과 요술램프〉나 〈신밧드〉가 많이 알려졌지만, 〈알리바바와 40인의 도적〉을 빼놓을 수 없습니다. '열려라 참깨'라는 주문과 함께 세계적으로 사랑받아온 이야기지요. 주문을 외우면 거짓말처럼 덜컹 열리는 바위 문이라니, 환상적인 상상력이 빛나는 이야기가 아닐 수 없습니다. 이러한 보물 창고를 하나 찾아낸다면 얼마나 멋지고 신날까요!

합리적 관점에서 보면 허구적 환상에 불과한 일입니다. 바위 동굴이 열리고 빛나는 보물더미가 눈앞에 나타나는 일이 어떻게 가능하겠어요. 그런데 어느 순간, 이것이 실제로 가능한 일이라는 사실을 홀연히 깨닫게 되었습니다. 〈알리바바와 40인의 도적〉을 읽으면서가 아니라, 그림형제 민담집에 실린 〈지멜리 산〉(Simeliberg; KHM 142)을 읽으면서였습니다.

두 형제가 살았는데 형은 부자였고 동생은 가난했다. 부자 형이 아무 도움도 주지 않는 가운데 동생은 곡식 장사를 하면서 힘들게 생계를 이어갔다. 장사가 잘 안 될 때면 처자식이 굶기 일쑤였다.

어느 날 동생이 수레를 끌고 숲을 지나가는데 옆에 커다란 민둥산이 보였다. 처음 보는 산이라 멈춰 서서 쳐다보고 있는데, 험상궂은 사내 열둘이 나타나더니 민둥산을 향해서 "젬지 산아, 열려라!" 하고 소리쳤다. 그러자 민둥산이 양쪽으로 쩍 갈라졌다. 사내들이 안으로 들어가는가 싶더니 다시 문이 닫혔다. 잠시 뒤 다시 산이 열리면서 사내들이 무거운 짐을 짊어지고 나오더니 "젬지 산아, 닫혀라!" 하고 소리쳤다. 그러자 산은 감쪽같이 닫혔다.

사내들이 멀리 사라진 뒤 동생은 산으로 다가갔다. 아무리 살펴봐도 입구는 보이지 않았다. 그는 사내들이 한 것처럼 "젬지 산아, 열려라!" 하고 외쳐보았다. 그러자 정말로 산이 훌쩍 열렸다. 그 안에는 금, 은, 진주 같은 보석이 가득했다. 그는 진주와 보석을 놔두고 금을 주머니에 채운 뒤 문을 열고 밖으로 나왔다. "젬지 산아, 닫혀라!" 하고 소리쳐서 산을 닫는 일을 잊지 않았다.

그후 동생은 아무 걱정 없이 먹고살 수 있었다. 즐겁고 정직하게 살면서 가난한 이웃을 도와주고 널리 선행을 베풀었다. 그러던 중 다시 돈이 떨어지자 그는 형에게 됫박을 빌려가지고 젬지 산으로 들어가서 금한 됫박을 가지고 왔다. 이번에도 보석은 건드리지 않았다. 그 뒤 다시 돈이 떨어져서 됫박을 빌리러 갔을 때 형은 거기 몰래 송진을 발라두었다. 동생이 돌려준 됫박에 금화가 붙어 있었다.

형은 관가에 고발하겠다고 동생을 위협하면서 비밀을 말하게 했다. 그렇게 민둥산에 얽힌 사연을 알아낸 형은 당장 마차를 몰고 그곳으로 향했다. "젬지 산아, 열려라!" 하고 외쳐서 안으로 들어간 형은 다시 문을 닫았다. 안에 있는 보석을 정신없이 바라보던 형은 나를 수 있을 만큼 욕심껏 보석을 주워 담았다. 그가 밖으로 나가려 할 때, 보물에 마음을 빼앗긴 그는 산 이름을 까맣게 잊고 말았다. 한참을 생각한 끝에 "지멜리 산아, 열려라!" 하고 소리쳤지만 산은 꼼짝도 하지 않았다.

저녁이 되자 열두 명의 도적이 들어와 그를 발견했다. "생쥐 같은 녀석! 벌써 두 번이나 왔다 갔겠다!" "그건 제가 아니라 동생이었어요!" 형이 애걸복걸했지만 통하지 않았다. 도둑들은 그의 목을 댕강 잘라버렸다.

이야기는 이것으로 끝입니다. 〈알리바바와 40인의 도적〉에는 있는 뒷이야기가 없어요. 알리바바 이야기에 익숙한 독자라면 허전하겠지만, 〈지멜리 산〉의 서사는 그 자체로 완전합니다. 한 사람이 잘된 일을 보고 다른 사람이 흉내 내다가 망한다는 모방담 구조를 잘 갖추고 있지요.

살펴보면 〈알리바바와 40인의 도적〉의 서사가 오히려 좀 이상합니다. 본래 착하고 가난하며 소심했던 서민인 알리바바가 후반부에서 용사나 영웅처럼 행동하는 모습이 어색하지요. 죽은 형의 하녀인 모리지아나가 홀쩍 나타나 대활약을 하는 것도 엉뚱합니다. 그들과 도적 대장의 목숨을 건 대결담이 이어지다 보니 알리바바 이야기는 전체적으로 하나의 활극 같은 느낌이 짙어요. 원작에서 내용이 덧붙여지고 윤색되었다는 느낌을 지우기 어렵습니다.

〈지멜리 산〉은 알리바바 이야기 앞부분과도 다른 점이 있습니다. 알리바바에서는 바위 문이 열리면서 보물 창고가 나타나는데 〈지멜리 산〉에서는 민둥산이 갈라지면서 안에 감춰져 있던 보물이 드러납니다. 알리바바가 부자가 되기에 충분한 보물을 꺼내 오는 데 비해 〈지멜리 산〉의 동생은 다른 보석을 놔두고 금만 한 주머니 가져오지요. 맥락상 금은 '가장 귀한 것'이라기보다 '생활에 필요한 것'으로 다가옵니다. 사치품인 보석에는 손을 안 대고 생활에 필요한 물건을, 그것도 자기에게 필요한 만큼만 가져왔다는 말이지요. 그가 보물 창고를 발견한 이후에도 본래의 착하고 소박한 성품을 유지하면서 살았다는 사실과 자연스럽게 어울립니다.

엄청난 보물 창고를 발견하고도 필요한 재화만 적당히 가져다 쓴다니 너무 교훈적인 설정이라고 할 수도 있어요. 충분히 가져와서 큰 부자가 되는 것이 본성에 더 가까울 수 있으니까요. 착한 동생과 달리 심보 사나운 형이 쓸데없는 욕심을 내다가 산에 갇혀 죽는 것은 권선징악을 부각시키기 위한 상투적 설정이라는 말에 거의 반박할 여지가 없어 보입니다.

옛이야기의 힘

하지만 산속 보물 창고의 서사적 상징을 이해하고 나면 이야기가 달라집니다. 바위산 속, 또는 민둥산 속에 숨어 있다는 보물 창고는 무엇을 의미할까요?

〈알리바바와 40인의 도적〉만 해도 그것은 정말 도적들이 산속에 만들어놓은 비밀창고 정도로 여겨졌습니다. 하지만 〈지멜리 산〉을 보면서 새로운 생각이 '젬지 산 열리듯' 열렸지요. 민둥산 속에 깃들어 있는 귀한 보물……. 어떤가요? 산이라는 게 본래 보물 창고 아닌가요? 사람들이 먹고살 것들을 가득 간직하고 있으면서 때가 되면 어김없이 사람들이 필요로 하는 바를 제공해주는 존재가 산이고 자연입니다. 산이 인간에게 전해주는 온갖 것들, 예컨대 나물과 열매, 목재와 석재, 맑은 물 같은 것들이 모두 보물이 아니면 무엇일까요! 산은 실제로 금과 은, 철과 구리 같은 광석을 품고 있기도 합니다. 다이아몬드나 루비 같은 화려한 보석도요. 그러니 보물 창고지요. 참고로 이 산이 민둥산이라는 것은 산이나 자연이 그 안에 겉보기와 다른 거대한 가치를 품고 있음을 의미합니다. 황량한 사막 깊은 곳에 석유가 흐르는 것이 자연의 이치지요.

자연이 곧 보물 창고라는 사실을 깨닫고 나니 〈지멜리 산〉에서 동생과 형의 서사가 전하는 의미가 한 치의 어긋남도 없이 꼭 맞아떨어졌습니다. 둘의 모습에는 자연을 대하는 인간의 상반된 태도가 함축되어 있어요. 동생은 자연을 존중하고 두려워하면서 자기가 살아가는 데 필요한 바를 적절히 취하는 사람입니다. 자연은 그에게 지속적이고 안정적으로 먹고살 것들을 제공하지요. 자연과의 조화 속에서 그

새 우주를 여는 우리 곁의 숨은 힘

의 삶은 평화롭고 행복하게 이어집니다. 반면, 형은 자연을 파괴와 약탈의 대상으로 삼는 사람입니다. 그는 자연으로부터 필요한 것보다 훨씬 많은 것을 한꺼번에 취하려 하지요. 타인이나 미래를 위한 몫은 안중에 없습니다. 그 결과는 엄중한 보복이자 멸망이지요. 그의 목이 댕강 잘렸다는 것이 과장이 아닙니다. 난개발로 인한 산사태나 홍수로 사람들이 수십, 수백 명씩 죽어나가는 것이 현실이니까요.

혹시 '화수분'이라는 말을 들어보셨나요? 전영택의 소설 〈화수분〉으로 유명해진 말인데, '재물이 계속 나오는 보물 그릇'을 뜻합니다. 옛이야기에는 이 화수분이 다양한 화소로 등장합니다. 한국의 경우 요술 항아리나 도깨비 방망이, 소금 나오는 맷돌 등이 여기 해당합니다. 흥부가 탄 박 속에 들어 있던, 돈과 쌀이 계속 나오는 궤도 널리 알려진 화수분이지요.

이야기에 따라 조금씩 다르지만, 이 화소들은 기본적으로 자연이 인간에게 주는 무한한 베풂을 나타냅니다. 흥부가 얻은 화수분이 어디서 왔는지 생각하면 쉽게 알 수 있지요. 박씨를 심어서 수확한 박에서 나온 것이잖아요. 작은 씨앗이 커다란 열매가 되어 사람들이 먹고 쓸 수 있도록 하는 자연이야말로 진정한 화수분 아닐까요? 우리 속담에 '땅이 화수분이다'라는 말이 있는데 봄에 갖가지 나물이 돋아나는 들판을 걷다 보면 그 말을 대번 실감하게 됩니다.

화수분 이야기를 하는 이유는, 〈지멜리 산〉에 등장하는 민둥산이 곧 화수분임을 말하기 위해서입니다. 사람들이 먹고살 것들을 무한히 제공하는 보물 창고이자 화수분이지요. 대자연은 그 자체로 하나의 크나큰 화수분이지만, 무조건적이지는 않습니다. 그것을 파괴하고 침탈하려는 이들에게는 선물 대신 큰 화를 주지요.

이야기의 제목이 왜 '젬지 산'이 아니라 '지멜리 산'일까 궁금했어요. 보물 창고가 있는 곳은 젬지 산이고 '지멜리 산'은 있지도 않은 곳인데 제목이 되어 있어서요. 저의 풀이는 이것이 인간의 헛된 미망을 강조하기 위한 선택이라는 것입니다. 배타적이고 파괴적인 욕망이 만들어낸 미망의 산인 지멜리 산은, 우리에게 저 형과 같이 욕망의 신기루에 갇힐 것인지를 엄중하게 묻고 있습니다. 보이는 모든 것을 금으로 만들고자 하는 '미다스'의 욕망에 휩싸여 있는 오늘날의 우리에게 날카로운 일침이 아닐 수 없습니다.

자연과의 우주적 어울림을 화두로 하는 이야기를 하나 더 볼게요. 역시 그림형제 민담집에 실려 있는 〈은화가 된 별〉(Die Sterntaler; KHM 153)입니다.

옛날에 한 소녀가 있었어요. 어머니, 아버지가 돌아가신데다 너무나 가난해서 잠잘 곳이 없었지요. 남은 것이라곤 몸에 걸친 옷과 손에 든 한 조각 빵뿐이었어요. 누군가 동정심에서 준 빵이었습니다.

소녀는 마음이 착하고 믿음이 깊었습니다. 세상에서 버림받은 소녀는 하느님을 의지하며 들판으로 나갔지요. 그러다 어떤 불쌍한 남자를 만났는데 먹을 것이 없다는 거예요. 소녀는 가진 빵을 다 주면서 그 사람을 축복했습니다. 또 걸어가는데 한 아이가 머리가 너무 추워서 얼 것

새 우주를 여는 우리 곁의 숨은 힘

같다는 거예요. 소녀는 쓰고 있던 모자를 벗어주었지요. 또 가다가 덜 덜 떨고 있는 아이에게 조끼를 벗어주고, 또 다른 아이에게 치마를 벗어주었어요.

날이 캄캄해졌을 때 소녀는 어느 숲속에 이르렀습니다. 그때 한 아이가 와서 속옷을 달라고 청하는 거예요. 밤이니까 아무도 보지 못할 거라고 생각한 소녀는 속옷마저 벗어주었습니다. 이제는 정말 가진 것이 하나도 없었지요.

그때였습니다. 갑자기 하늘에서 별들이 땅으로 쏟아져내리기 시작했어요. 보니까 반짝반짝 빛나는 은화들이었습니다. 몸은 어느새 고운 옷감으로 짠 속옷이 감싸고 있었지요. 소녀는 그 은화를 모아서 한평생을 넉넉하게 살았답니다.

교훈성이 짙은 동화 같은 이야기입니다. 요즘 부모님들은 아이들에게 이런 이야기를 기꺼이 들려줄지 모르겠습니다. 어른들로서는 "저렇게 살다간 망하기 딱 좋지!" 하고 생각하지 않을까 싶어요.

그래도 저는 이 이야기가 참 좋습니다. 소녀의 조건 없는 나눔이 너무나 기특하지요. 실제로도 '없는 사람들'이 다른 사람을 돕는다고 하잖아요? 소녀에게서 그런 모습을 봅니다. 자신도 배가 고프고 추우니 다른 배고프고 추운 사람을 그냥 지나치지 못하는 것이지요.

아무리 그래도 저렇게 다 주면 어떡하냐고 할 수 있어요. 그런데 소녀는 아무것도 없는 게 아닙니다. 속옷까지 벗어주었지만, 자기 자신이 있잖아요. 하늘 아래 별처럼 빛나는 소녀 자신 말이에요. 살아 있는

별과 같은 이 소녀를 하늘이 무심히 지나칠 리가 없습니다. 그 별에게 하늘의 별이 은화가 되어서 내립니다. 앞에서 말했던 이치, 자연은 어떻게든 사람이 먹고살 것을 주게 돼 있다는 사실을 잘 보여주는 대목입니다. 현실이 아무리 냉정하다 해도, 저렇게 착하고 불쌍한 아이를 세상이 그냥 내버려둘 리 없지요. 만약 아이가 굶주린 채 쪼그리고 있었다면 등짐 장수 같은 사람이 업고 내려왔을 것입니다.

이야기 속의 소녀는 타인의 도움이 없어도 스스로를 지키고 버틸 만한 생활력을 가진 아이였다고 보고 싶습니다. 스스로 상황을 감당할 수 있다고 믿었기에 저렇게 행동했다고 생각하고 싶어요. "그래. 난 괜찮아. 하늘의 별들이 저렇게 나를 환하게 비추면서 지켜주잖아!"

이러한 믿음은 실제로 삶을 버티고 이겨내는 데 힘이 되어줍니다. 자기를 둘러싼 세상을 크나큰 보화로 여기는 사람은 그 보화를 얻어서 쓰게 마련이지요. 만에 하나, 소녀가 저 상태로 세상을 떠났다 해도 빛나는 영혼은 그대로 스러지지 않았을 것입니다. 별이 되었거나 천사가 되었을 거예요.

우주 자연이라는 화수분이 결국은 나를 살릴 것이라는 근원적 믿음은 우리가 살아가는 동안 잊을 수 없는 한 가지입니다. 행복한 삶을 위한 원동력이지요. 가슴이 따뜻해지고 마음이 아려오는 이야기를 읽으면서, 베풀고 또 베푸는 소녀를 보면서 스스로를 돌아봅니다. 나는 얼마나 베풀면서 살고 있는지, 얼마나 신의 섭리를 따르면서 살고 있는지를요.

새 우주를 여는 우리 곁의 숨은 힘

자연이라는 공포?
아니, 성공의 나침반!

〈지멜리 산〉과 〈은화가 된 별〉을 이야기하다 보니 자연스레 떠오른 민담이 있습니다. 우주의 숨은 힘과 관련되는 이야기예요. 제목은 〈야만인 한스〉(Der Eisenhans; KHM 136)입니다. '철의 사나이 한스'라고도 하는데 맥락상 '야만인'이 좀 더 어울리는 것 같아요.[12] 1850년에 간행된 그림형제 민담집 제6판에 처음 수록된 이야기인데, 내용이 무척 길고 역동적입니다. 인상적인 화소들도 많이 포함돼 있지요. 얼핏 보면 뒤죽박죽 좌충우돌 같은데, 맥락을 잘 따라가다 보면 놀라운 의미와 만날 수 있습니다.

옛날에 온갖 동물이 뛰노는 큰 숲을 가진 왕이 있었다. 어느 날 그 숲으로 한 사냥꾼이 사슴을 잡으러 들어갔다가 다시는 나오지 않았다. 왕이 다시 두 명의 사냥꾼을 보냈는데 그들도 돌아오지 않았다. 다음 날 왕은 모든 사냥꾼을 보냈으나 돌아온 사람이 없었다. 그 후로 그 숲에 들어가려는 사람은 아무도 없었다. 숲은 인적이 끊긴 채 깊은 적막에 싸였다.

그렇게 여러 해가 흐르고 어느 날, 한 사냥꾼이 찾아와서 그 숲에 들어가겠다고 했다. 왕의 만류에도 불구하고 그는 개를 데리고 숲으로 들어갔다. 개가 뭔가를 따라서 갈 때 깊은 연못에서 팔이 쑥 나오더니 개를 붙잡아서 끌고 들어갔다. 그것을 본 사냥꾼은 사람들을 몰고 가서 연못 물을 퍼냈다. 연못 바닥에는 야만인 같은 사내가 누워 있었다. 몸은 녹슨 쇠 같았고 머리털은 무릎까지 닿았다.

그들은 이 야만인을 밧줄로 묶어서 성으로 데려왔다. 왕은 그를 쇠로 만든 우리에 가둔 다음, 문을 열어주는 사람에게 사형을 내리겠다고 했다. 열쇠는 왕비에게 맡겼다. 그 뒤로 누구나 안전하게 숲에 들어갈 수 있었다.

〈야만인 한스〉는 이렇게 시작합니다. 꽤 독특한 느낌이지요. 수많은 사냥꾼을 삼켜버린 죽음의 숲. 세상을 휘감은 공포의 정체는 한 야만인으로 드러납니다. 연못 깊은 곳에서 잠자는 야만인의 정체는 무엇일까요? 그가 사람들에게 잡혀서 우리에 갇힌 일은 어떻게 봐야 할까요?

왕에게는 여덟 살 먹은 아들이 하나 있었다. 어느 날 그가 놓친 황금 공이 우리 안으로 들어가자 소년은 야만인에게 그걸 돌려달라고 했다. 야만인은 소년을 달래서 열쇠를 가져와 문을 열면 공을 주겠다고 했다. 문이 열리자 야만인은 공을 돌려준 뒤 도망쳤다. 겁이 난 소년이 그를 부르면서 가면 안 된다고 하자, 야만인은 소년을 번쩍 안아서 목 위에 태우고 숲으로 들어갔다. 그들이 사라진 것을 뒤늦게 발견한 왕이 뒤를 쫓았으나 허사였다. 온 성은 슬픔에 잠겼다.

어두운 숲으로 돌아간 야만인은 소년에게 말했다. "이제 부모님하고는 끝이다. 하지만 나를 풀어주었으니 네가 살 수 있도록 하마. 나에게는 세상 누구보다 많은 보물과 금이 있지." 그는 이끼로 잠자리를 만들어 소년이 잠을 잘 수 있게 해주었다.

다음 날 야만인이 소년을 데려간 곳은 수정처럼 맑은 황금 샘이었다. 그는 소년에게 그곳을 지키되 무엇 하나도 떨어뜨려서는 안 된다고 했다. 소년이 지켜보니 샘에 황금 물고기도 보이고 황금 뱀도 나타났다. 조심스레 샘을 지키던 소년은 문득 손가락이 아파서 손가락을 물에 담갔다. 급히 꺼냈으나 손가락이 황금으로 변해 있었다. 아무리 닦아도 금은 지워지지 않았다. 돌아온 사내가 그것을 보고 또다시 이런 일이 있으면 안 된다고 했다. 하지만 소년은 다음 날 실수로 머리카락 한 올을 떨어뜨렸고, 다음 날은 샘물을 들여다보다가 머리를 통째로 물에 빠뜨렸다. 그의 머리카락은 완전히 황금으로 변했다. 소년은 수건으로 머리를 동여맸으나 사내의 눈을 피할 수 없었다.

사내가 소년에게 말했다. "너는 여기 더 이상 머물 수 없다. 세상에 나

옛이야기의 힘

가서 가난을 겪어보거라. 그래도 착한 아이니 한 가지는 허락하마. 곤경에 빠지면 숲으로 와서 '철의 한스'를 찾거라. 그러면 내가 도우러 가마. 내 힘은 생각보다 굉장하거든."

조금은 뜻밖의 전개입니다. 야만인이 세상으로 잡혀온 상황이 왕자가 숲으로 잡혀간 상황으로 뒤집히고, 야만인의 정체가 서서히 드러납니다. 그는 자연적 야생성 내지 자연의 힘을 상징하는 존재로 보는 것이 맞습니다. 숲속의 연못에 누워 있었던 것도 그렇고 소년에게 이끼로 잠자리를 만들어준 것을 봐도 그렇습니다.

주목할 것은 자연적 힘의 양면성입니다. 인간의 눈에 그것은 커다란 야만으로 다가와 공포의 대상이 됩니다. 개를 잡아서 연못 속으로 끌고 들어가는 팔, 무섭지 않나요? 연못 밑바닥에 누워 있는 녹슨 쇠와 같은 몸도 그렇고요. 마치 괴물 같은 모습입니다. 수많은 사냥꾼이 숲에서 사라졌다는 것 또한 자연에 도사리고 있는 죽음의 공포를 나타내지요. 인간은 이러한 자연을 포획해 우리에 가둠으로써 두려움에서 벗어나려고 합니다. 한 가지 흥미로운 점은 사람들이 그를 쇠로 만든 우리에 가뒀다는 사실입니다. 쇠는 자연에서 온 것이고, 야만인의 속성이기도 하지요. 자연에서 온 것으로 자연을 가두는 모순적 상황이 여기 함축돼 있습니다.

하지만 이런 공포스러운 형상은 인간의 눈에 비친 모습일 따름입니다. 소년이 대면한 자연의 진짜 모습은 야만적이거나 폭력적이지 않아요. 오히려 은혜를 아는 큰 존재일 따름이지요. 그리고 인간이 야만적으로 취급했던 야생의 자연은 더없이 맑고 투명하게 빛나는 곳이 었습니다. 머리카락 한 올도 용납하지 않을 정도로요. 또한 자연은 엄청나게 풍요로운 존재이기도 하지요. 수많은 보물과 금을 가지고 있다는 데서 알 수 있습니다. 자연이 하나의 거대한 보물 창고임을 새삼 확인시켜주는 내용입니다. 사람들이 거친 쇠라고 여겼던 사물에 금빛 광채가 내재한다는 것은 검고 더러워 보이는 광물 속에 귀한 보석이 있다는 사실과 통해서 흥미롭습니다.

눈여겨볼 사항은 이 야만의 존재가 스스로를 칠의 한스(Eisenhans) 라고 부른다는 사실입니다. 그림형제 민담에서 한스는 '보통 사람'의 대명사지요. 어수룩하고 우직한 사람인 경우도 많습니다. 그런데 저 자연의 존재가 스스로를 한스라고 칭한다는 것은 자연의 우직함을 나타낸다고 볼 수 있습니다. 그리고 한스는 엄연히 사람 이름이잖아요? 자연의 존재가 이런 이름을 자칭하는 것은 자연이 인간에 준하는 생명력을 지니고 있음을 암시합니다.

그럼, 숲에서 나가게 된 소년은 어떻게 되었을까요? 그는 철의 한스로부터 도움을 받게 될까요?

숲을 떠나 앞으로 계속 나아간 소년은 큰 도시에 이르렀다. 이리저리 일자리를 찾은 끝에 그가 구한 일은 부엌의 허드레꾼 자리였다. 장작과 물을 나르고 재를 치우는 것이 그의 일이었다. 어느 날 요리사가 소년을 시켜서 왕에게 음식을 가져가게 했다. 모자를 쓴 채로 들어간 소년에게 왕이 모자를 벗으라 했으나 소년은 부스럼을 핑계로 벗지 않았다.

그는 이 일 때문에 부엌일을 못하게 됐고, 대신 정원사를 돕는 일을 하게 됐다. 비가 오든 바람이 불든 땅을 파서 나무를 심고 물을 주는 것이 그의 일이었다.

어느 여름날 젊은이는 날이 뜨거워 바람을 쐬려고 모자를 벗었다. 그의 머리가 햇살을 받아 빛나자 공주가 그 모습을 발견했다. 공주가 젊은이에게 꽃을 한다발 가져다달라고 하자 젊은이는 들꽃으로 꽃다발을 만들어서 가지고 갔다. 정원사는 이런 꽃을 어떻게 공주에게 드리냐며 예쁘고 귀한 꽃으로 가져가라고 했다. "들꽃의 향기가 더 강합니다. 공주님도 좋아하실 거예요." 소년이 이렇게 말하고 안으로 들어갔을 때 공주가 그의 모자를 벗겼다. 황금 머리카락이 빛났고, 공주는 그에게 금화를 주었다. 소년은 나오면서 그 금화를 정원사에게 건넸다. 다음 날도, 그 다음 날도 비슷한 일이 이어졌다.

얼마 뒤 나라에 전쟁이 일어났다. 적의 수가 많고 강해서 감당하기 어려웠다. 젊은이가 전쟁에 나가겠다며 말을 달라고 했으나 그에게 주어진 것은 절름발이 말이었다. 소년이 그 말을 타고 숲으로 가서 큰 소리로 '철의 한스'를 불렀다. 철의 한스는 소년이 원한 좋은 말과 철갑으로 무장한 군사들을 주었다. 왕의 군사가 패배 직전에 있을 때 소년의 철갑부대가 폭풍처럼 진격해서 적군을 휩쓸었다. 적을 물리친 소년은 다시 숲으로 가서 본래의 절름발이 말을 타고 성으로 돌아왔다. 왕은 적을 물리친 기사를 찾았으나 종적을 알 수 없었다. 공주가 정원사에게 소년에 대해 물었으나 돌아온 것은 그를 조롱하는 대답이었다.

왕은 사흘간 잔치를 베푼 뒤 공주로 하여금 황금 사과를 던지게 했다.

새 우주를 여는 우리 곁의 숨은 힘

그 기사가 와서 받을지도 모른다고 생각한 것이었다. 첫날 공주가 황금 사과를 던졌을 때 그 기사가 붉은 말을 타고 바람처럼 나타나서 사과를 받고 사라졌다. 다음 날은 하얀 말을 타고서 사과를 받아갔으며, 그 다음 날은 검은 말을 타고서 사과를 받아갔다. 그 기사는 소년이었고, 말과 갑옷은 철의 한스가 준 것이었다. 그는 사과를 받고 곧바로 사라졌으나, 마지막 날은 왕이 미리 준비해둔 군사에 의해 투구가 벗겨지고 다리에 상처가 났다.

공주는 정원사에게 소년에 대해 물었고, 왕은 소년을 안으로 불러들였다. 공주가 그에게 가서 모자를 벗기자 아름다운 황금 머리카락이 나타났다. 왕의 물음에 소년은 자기가 기사였음을 밝히고 세 개의 사과를 내보였다. 그는 자기가 다른 나라 왕의 아들임을 밝히면서 공주를 아내로 달라고 청했다. "아무 거리낌 없는 분이군요. 그대의 황금 머리카락을 보고 이미 단순한 정원사가 아님을 알고 있었지요." 이렇게 말하며 공주가 그에게 입을 맞추었다.

결혼식에는 왕자의 아버지와 어머니도 참석했다. 아들을 만날 거라는 희망을 포기하고 있었던 두 사람의 기쁨은 이루 말할 수 없었다.

이야기는 이렇게 전개됩니다. 소년은 부엌일과 정원사 보조 일을 하면서 오랜 시간을 보내지요. 하지만 모자 아래에는 언제나 황금 머리카락이 빛나고 있었어요. 자연의 신성과 접속한 남다른 존재감을 확인시켜주는 증거물로요. 마침내 때가 되자 그는 철의 한스를 찾아가 거대한 힘을 빌립니다. 그의 힘으로 세상을 평정하고 주인공으로 우뚝 서지요.

이야기에서 한 가지 인상적인 대목은 그가 공주에게 꽃을 전해주는 부분입니다. 소년은 정원의 화초가 아닌 들꽃으로 꽃다발을 만들지요. 이는 소년이 자연의 생명력과 접속하고 그것을 발현하는 존재임을 보여줍니다. 숲속의 야만인, 아니 '자연의 신'과 만나면서 갖게된 존재감이지요. 그에게 인위적으로 정원을 다듬는 정원사의 일이란 얼마나 한심했을까요? 또 금화 따위는 얼마나 하찮았을까요!

도시에서 그의 가치를 알아본 사람은 딱 한 명, 공주뿐이었습니다. 완전한 접속은 아니고 눈치를 챈 정도였지만 그의 짝이 될 만한 자격은 되지요. 그렇게 맺어진 두 사람의 결혼은 단순한 남녀의 결합으로 볼 게 아닙니다. 자연의 신성을 가진 자와 그 신성을 알아본 도시인의 만남이니 자연과 문명의 결합이라 할 수 있지요. 그렇게 이 커플은 세상을 변혁하는 주체로 우뚝 섭니다. 두 사람이 만들어갈 세상은 자연의 신성을 적대시하고 공격할 리 없겠지요.

그런데 이야기는 여기서 끝나지 않습니다. '철의 한스'가 나와야지요. 이 부분은 원문 그대로 옮겨보겠습니다.

그들이 결혼 축하연에 참석했을 때 갑자기 음악이 그쳤다. 문이 활짝 열리더니 한 늠름한 왕이 많은 하인들을 거느리고 들어왔다. 그는 젊은 이에게 다가가서 그를 얼싸안고 말했다. "내가 철의 한스다. 저주를 받아서 야만인으로 살아왔는데 네가 나를 구했다. 내가 가진 모든 보배는 마땅히 너의 것이 될 것이다." (KHM B.2, p.230)

야만인으로 치부되던 이가 늠름한 왕으로 당당히 등장하는 모습이 하나의 반전으로 다가옵니다. 갑자기 왕이라니 얼떨떨하기도 하지만, 어찌 왕이 아닐까요? 세상에서 가장 대단한 왕이지요! 더 정확히 말하면 신입니다. 우주적 신성이 집약된 존재니까요.

그 신은 사람들의 저주 때문에 야만인이 되었다고 말합니다. 사람들의 편견과 적대, 그에 따른 공격과 침탈이 우주적 신성을 한갓 야만으로 몰아붙인 것이지요. 이런 편견이야말로 턱없는 야만이 아닐 수 없습니다. 그런 세인들과 달리 왕자는 우주적 신성을 믿고 존중했고, 그 믿음 덕분에 신은 본래의 자리로 돌아온 상황입니다. 왕신(王神)의 자리로요. 이 이야기, 아주 멋지지 않나요? 원형적인 신화(神話)의 향기까지 피어납니다.

우여곡절 끝에 숲으로 들어가서 우주적 신성과 접속했던 소년은 이렇듯 세계의 변혁이라는 아름다운 성취를 이끌어냅니다. 갇혀 있던 자연의 신성을 풀어주고 그 거대한 힘을 자기 것으로 삼은 결과였지요. 소년이 간 이 길은 근원적이고도 영속적인 성공으로 향하는 귀한 통로가 아닐까요?

우주의 신성을 중시하는 것은 한국의 오랜 전통으로 설화의 기본적인 세계관을 이뤄왔습니다. 예컨대 산신령이 나오는 모든 이야기는 자연의 신성과 관련된다고 볼 수 있어요. 이제 나무 한 그루를 통해 자연의 신성과 섭리를 그려낸 민담을 보려고 합니다. 제목은 〈이상한 은행나무〉입니다.[13]

옛날에 한 사람이 홍수가 나서 강물에 커다란 은행나무가 떠내려오는 것을 보고 건져내어 그걸로 벽장문을 만들어 달았다. 그런데 어느 날 그의 꿈에 은행나무가 나타나서 이렇게 말했다. "벽장문을 불태워 재로 만든 다음 자루에 넣어서 본래 자라던 곳으로 갖다주어라. 그러지 않으면 큰일이 날 것이다."

그 사람은 꿈에서 들은 대로 그 문을 떼어 불태워 재로 만들고 자루에 넣었다. 그러자 자루가 그 사람에게 "이제 가자!" 하고 말했다. 그는 자루의 안내를 받으며 길을 나섰다.

길을 가던 중 어느 마을이 나타나자 자루가 그에게 말했다. "저 마을은 큰 동네인데 우물이 없어서 먼 곳에서 물을 길어 먹는다. 우물을 파서 물을 먹게 하면 큰 보답을 할 거야. 동네 앞에 있는 정자나무를 뽑으면 그 밑에서 물이 솟을 테니 그렇게 해라."

아니나 다를까, 그가 마을에 들어가서 물을 청하자 멀리서 물을 사다 먹는 형편이라며 한 방울도 주지 않았다. "제가 우물을 찾아서 물이 많이 나오게 해줄 수 있는데 하라는 대로 할 수 있습니까?" 마을 사람들은 무슨 일이든 할 수 있다고 했고 나그네는 정자나무 뿌리 아래를 지목했다. 사람들이 나무를 베어내고 뿌리를 뽑자 정말로 물이 콸콸 솟아났다. 사람들은 아주 기뻐하면서 큰돈을 주어 보답했다.

그가 또 다른 동네에 다다랐을 때 다시 자루가 말했다. "이 동네에 큰 부자가 사는데 그 딸이 병들어서 아무도 못 고치고 있다. 지붕 기왓장 밑에 사는 큰 지네가 피를 빨아먹기 때문이야." 그가 마을로 가서 알아보니 부자의 딸이 정말로 병들어 누워 있었다. 나그네는 자기가 고칠

새 우주를 여는 우리 곁의 숨은 힘

수 있다며, 기왓장을 뜯어내고 지네를 잡아서 가마솥에 끓여서 죽였다.
처녀의 병은 금세 깨끗이 나았고 부자는 큰 상을 주었다.

다시 자루가 이끄는 대로 길을 떠난 나그네가 어느 곳에 도착하자 자루
가 말했다. "여기가 내가 자라던 곳이니 재를 꺼내서 여기에 뿌려라."
그가 시키는 대로 재를 뿌리자 신기한 일이 벌어졌다. 재가 땅에 떨어
지자 큰 은행나무가 생겨난 것이었다.

그 사람은 은행나무와 작별한 뒤 고향으로 가는 도중에 부자 영감의 집
에 들렀다. 그러자 딸이 반갑게 맞아주었다. 처녀는 그가 떠날 때 같이
따라 나왔고, 둘은 결혼해서 잘 살았다.

말 그대로 이상한 은행나무입니다. '신비한 은행나무'라는 표현이
더 맞을 수도 있겠네요. 재가 된 상태에서 세상의 비밀을 알려준다거
나 다시 본래의 은행나무로 돌아온다는 것은 현실을 뛰어넘는 일이지
요. 하지만 서사적 상징으로 보면 고개를 끄덕일 만한 의미가 담겨 있
습니다. 우주의 오묘한 이치를 나타내지요.

먼저, 재가 살아서 말을 한다는 내용이 눈길을 끕니다. 재라는 것
은 불에 타 죽은 상태인데 그것이 새롭고 거대한 생명으로 탈바꿈하
니 반전이지요. 이 지점에서 만해 한용운 선생의 시를 떠올리게 됩니
다. 〈알 수 없어요〉의 유명한 구절인 "타고 남은 재가 다시 기름이 됩
니다"는 죽음 속에 생명이 깃들어 있음을 잘 보여주지요. 얼핏 모순인
것 같지만, 실제로 재가 거름이 된다는 사실을 생각하면 맞는 말이 됩
니다. 생명은 죽어서 사라지는 것이 아니라 모습을 달리하면서 순환

하니까요. 이 이야기 속의 나무가 '살아 있는 화석'이라 불리는 은행나무라는 점은 무심히 넘길 일이 아닙니다.

　이야기에서 주인공이 성공한 것은 우연이 아닙니다. 그는 중대한 갈림길에 서지요. 꿈에 나타난 은행나무가 벽장문을 불태우라고 한 것이 그것입니다. 강물에서 나무를 건져서 문을 만들기까지 많은 시간과 공을 들였을 거예요. 그런데 꿈에서 누가 그것을 불태우라고 합니다. 아무리 이야기라 해도 그렇게 하기란 쉽지 않지요. 그런데 이 사람은 계시를 무겁게 받아들이고 그대로 실행합니다. 그는 우주의 소리를 무시하거나 외면하지 않고 존중한 사람이라 할 수 있습니다. 재가 들려주는 말을 듣게 되는 것도 그 때문이지요. 마음의 귀를 열자 신령한 자연의 목소리가 들리는 상황입니다.

　정자나무를 뽑고 우물을 찾은 일은 어떻게 보아야 할까요? 나무를 베어서 뿌리를 뽑는다는 건 자연을 훼손하는 일처럼 보여 조금 의아하기도 합니다. 이는 겉으로 드러난 자연을 이용하는 대신 그 이면에 숨은 생명력을 발견하고 그것을 발현하는 일로 보는 것이 어울립니다. 어쩌면 땅속에서 물길이 막혀 있었거나, 나무가 물길을 독차지하고 있었을지도 모르지요. 대다수 사람들이 그 사실을 모르고 겉으로 드러난 것만 보고 있을 때 이 사람은 숨어 있는 이면을 본 것입니다. 그 결과 마을 사람들이 물을 얻게 되었으니 세상을 위해 좋은 일을 한 셈이지요. 뽑힌 나무는 아깝지만, 우물을 통해 더 많은 나무를 키울 수 있었으리라 생각해봅니다.

　이야기에서 기왓장 밑에 사는 지네를 잡은 일 또한 자연과 인간의

새 우주를 여는 우리 곁의 숨은 힘

순환이라는 차원에서 이해할 수 있습니다. 기와집은 문명의 상징이면서 자연으로부터 온 존재이기도 합니다. 그러니 은행나무가 거기 얽힌 비밀을 알려줄 수 있었지요. 상상력을 조금 발휘해보면 오래된 기와집은 '고착된 낡은 문명'의 은유가 아닐까 합니다. 기왓장 속이 낡고 썩었기 때문에 지네가 살았겠지요. 이야기에서 지네는 젊은 생명을 빨아먹고 있는데 사회의 봉건적이고 폭력적인 권위와 억압, 윤리의식 등을 떠올리게 합니다. 변화와 혁신이 필요한 상황이지요.

이야기 마지막에 딸이 남자를 따라 나서 잘 살게 됐다는 것 또한 비슷한 이치로 풀이할 수 있습니다. 생명력의 갱신과 회복으로요. 그녀는 부모 집을 떠남으로써 새로운 삶으로 나아가게 되지요. 생명 능력자와 함께하는 특별한 삶으로요. 인간 세상에도 생명의 순환은 필수적이지요. 인간도 결국 자연의 일부니까요.

'꺼진 불도 다시 보자'라는 말이 있는데 이 이야기대로라면 '불에 탄 재도 다시 보자'라고 바꾸어볼 수 있습니다. 실패가 아닌 성공에 초점을 맞추는 관점이지요. 어디 재뿐일까요? 우리를 둘러싼 세상 모든 것에는 신비로운 생명력과 조화가 가득 담겨 있습니다. 몸과 마음을 열고 광활하고 신비로운 자연을 마주할 때, 자연은 우리에게 참 많은 것을 전해주지요. 꼭꼭 닫혀 있던 마음속 벽장문을 뜯어 활활 태우고 새로운 서사의 가능성을 찾아볼 일입니다. 그 결말은 아마 다음과 같을 것입니다.

"그들은 오래오래 행복하게 잘 살았습니다."

신비로운 세계 공통어로
펼쳐내는 삶의 신세계

이야기 여행이 생각보다 많이 길어졌습니다. 즐거운 마음으로 여러 이야기를 소개하다 보니 내용이 많아졌어요. 여러분에게도 행복한 여행이었다면 바랄 게 없겠습니다.

여행의 마무리는 이야기에 대한 이야기로 하는 게 어울리겠지요. 정말 좋아해서 아껴두었던 이야기를 꺼내려 합니다. 그림형제 민담 〈세 가지 언어〉(Die drei Sprachen; KHM 33)입니다. 제목에서도 알 수 있듯 '언어'에 관한 이야기지요.

옛날에 스위스의 어느 백작에게 아들이 하나 있었는데 아무것도 배울 줄 모르는 바보였다. 아들을 가르치다 포기한 백작은 그를 낯선 도시의 스승에게 보내서 공부를 하게 했다. 아들이 1년 동안 공부를 하고 와서는 그동안 개가 짖는 소리를 알아내는 법을 배웠다고 했다. 실망한 백작이 아들을 다른 도시로 보내 1년간 공부를 시켰더니 이번에는 새들의 말을 알아듣는 법을 배웠다고 했다. 화가 난 백작이 다시 다른 스승에게 보냈으나 이번에는 개구리 소리를 알아듣는 법을 배웠을 따름이었다. 화가 난 백작은 사람을 시켜 아들을 숲으로 데려가 죽이라고 했다.

자기를 불쌍히 여긴 사람들 덕분에 겨우 목숨을 건진 아들은 낯선 세상으로 길을 나섰다. 어느 성에 이른 아들은 끊임없이 무섭게 짖어대는 사나운 개들이 있는 낡은 탑에서 자게 되었다. 사람들은 그가 개에게 물려 죽을 거라 생각했으나 젊은이는 잘 자고 나와서 탑 아래에 보물이 묻혀 있으니 파내라고 했다. 성주가 금이 가득 든 궤짝을 파내자 그것을 지킬 책임을 지고 있던 개들은 비로소 짖기를 멈추었다. 그 비밀은 물론 개들에게서 들은 것이었다.

다시 길을 떠나 로마로 향하던 아들은 개구리가 우는 소리를 듣고 깊은 생각에 잠기며 우울한 표정이 되었다. 그가 심각한 모습으로 로마에 도착해서 보니 추기경들이 세상을 떠난 교황의 후계자를 찾기 위해 분주히 움직이고 있었다. 아들이 교회로 들어섰을 때, 눈처럼 하얀 비둘기들이 그의 어깨에 내려앉아 떠나지 않았다. 그러자 성직자들은 그것을 신의 계시로 여기고 그에게 교황이 되겠느냐고 물었다. 아들은 잠시 고민하다가 비둘기의 말을 듣고 그러겠다고 대답했다. 그는 교황으로 즉위하게 되었다.

옛이야기의 힘

그가 로마로 오는 길에 개구리 소리를 듣고 우울해진 것은 개구리들이 그가 교황이 될 거라고 말했기 때문이었다. 그는 교황이 담당해야 할 미사에 대해 아무것도 몰랐지만 아무 문제가 없었다. 두 마리의 비둘기가 항상 어깨에 앉아 무엇을 어떻게 해야 하는지 속삭여주었기 때문이다.

주인공은 사람의 언어가 아닌 동물의 언어를 배웁니다. 자연의 언어이자 우주의 언어지요. 우주의 언어를 익힌 덕분에 그는 큰 성공을 이룹니다. 왕을 넘어 교황이 되었으니 온 세상의 주재자가 되었다고 할 만하지요. 갑작스러운 비약처럼 여겨지지만 그렇지 않습니다. 늘 그렇듯이 옛이야기는 깊은 비의를 지니고 있지요.

이야기에서 주인공이 동물들의 언어를 익힌 것이 어떤 뜻을 지니는지는 다 아실 것입니다. 우리를 둘러싼 수많은 '다른 세상'과 소통할 수 있음을 뜻하지요. 곁에 있으면서도 내막을 알 수 없었던 그 세상에는 현실에만 속해 있는 이들은 가늠할 수 없는 놀라운 비밀이 가득 숨어 있습니다. 완전한 삶의 신세계라 할 수 있지요.

그 언어를 익힌 주인공은 교황이 됩니다. 교황은 신과 소통하며 그 뜻을 세상에 구현하는 존재지요. 주인공은 그와 같은 역할을 하게 되었다고 볼 수 있습니다. 개와 새, 그리고 개구리의 언어를 알아듣는 일은 신(神)의 언어를 듣는 일이기도 하지요.

세 가지 언어 가운데 신의 언어와 직접적으로 연결되는 것은 새의 언어입니다. 새는 하늘과 지상을 연결하는 메신저 같은 존재지요. 새가 주인공을 교황으로 선택했다는 것은 그를 신의 매개자로 삼았다는 뜻입니다. 두 마리의 비둘기가 그의 어깨에 앉아 속삭여준 말들은 신이 인간에게 전하는 계시라고 볼 수 있고요. 책에 씌어 있는 것보다 더 진실하고 생생한 계시이지요.

개의 언어는 어떨까요? 그것은 '이웃의 언어'로 볼 수 있습니다. 개는 인간과 가장 가까이에 있는 반려동물이지요. 그렇지만 그 말을 제대로 알아듣는 이들은 적습니다. 그냥 자기 기준으로 판단하는 것이 보통이지요. 시끄럽다고 짜증을 내기도 하고요. 그러고 보면 사람들이 이웃을 대하는 태도가 이와 비슷합니다. 늘 곁에 있지만 통하지 않는 벽이 있지요. 그들이 뭔가를 간절히 외쳐도 남의 일로 여기기 십상입니다. 그런데 주인공은 개의 말을 알아듣고 그들과 대화할 수 있는 존재가 됩니다. 내 이웃들이 무엇을 고민하고 아파하고 필요로 하는지를 알게 된 것이지요.

주인공이 배운 또 다른 언어는 개구리의 언어입니다. 맨 마지막에 놓인 걸 보면 가장 중요하다고 볼 수 있지요. 아마도 배우기가 가장 어려웠을 개구리의 언어는 '소외되고 비천한 이들의 언어'라 할 수 있습니다. 개구리는 사람들이 무시하고 귀찮아하는 작고 비루한 동물이지요. 거기에 진지하게 관심을 기울이는 이들은 거의 없습니다. 그냥 있으나 마나 한 존재로 여기고 와글대는 울음소리를 귀찮게 여길 따름이지요.

주인공은 그런 이들의 언어를 알아듣고 그들의 깊은 애환을 알게 된 사람입니다. 이 언어야말로 그가 배운 여러 언어 가운데도 가장 귀한 게 아닐까요? 그가 교황의 자리에 오를 거라고 예언한 것이 개구리였다는 사실은 무심히 넘길 일이 아닙니다. 그건 예언이라기보다 '신탁'이라고 할 수 있습니다. 주인공은 소외된 이들의 부름을 외면할 수 없어서 사제의 직분을 소명으로 받아들인 것이겠지요.

존귀한 귀족의 아들이면서 이웃과 비천한 이들의 목소리에 눈과 귀를 열었던 사람. 의례의 절차나 용어는 알지 못했지만 그게 어찌 대수일까요. 중요한 건 격식이 아니라 신의 뜻을 온전히 이해하고 펼치는 일입니다. 분명 주인공은 최고의 교황이 되었을 거예요. 세상의 모든 이가 부당한 차별이나 장벽 없이 평화와 행복을 누리는 세상은, 불가능한 꿈이 아니라고 믿어봅니다. 서로의 언어가 오롯이 통할 수만 있다면요.

〈세 가지 언어〉의 주인공은 1년씩 총 3년에 걸쳐 세 개의 언어를 배웠습니다. 열 개, 스무 개 언어를 배우려면 더 많은 시간과 노력이 필요하겠지요. 만약 모든 사람과 한번에 소통할 수 있는 만국 공통어가 있다면 얼마나 좋을까요? 그런데, 그런 공통어가 있습니다. 모든 경계를 넘어 세상 모든 사람들, 심지어 자연하고도 두루 통하는 신비의 언어지요. 바로 지금까지 함께 읽은 '옛이야기'가 그것입니다.

세계 각국에서 전해내려오는 이야기는 세부 내용은 조금씩 다르지만 그 안에 담겨 있는 서사는 다르지 않습니다. 단번에 의미가 통해서 재미와 공감을 전해주지요. 그러니 옛이야기야말로 인류가 만들어낸 최고의 언어라 할 수 있지 않을까요? 아니, 만들어낸 것이라고 할 바가 아닙니다. 우리 안에 내재되어 있는 것들이 자연스럽게 드러난 것이지요.

탑골공원에서 만났던 어느 이야기꾼이 떠오릅니다. '검은 모자의 사나이 금자탑'이라는 별명으로 유명했던 김한유 어르신입니다. 청중 수백 명의 눈과 귀를 사로잡으며 일세를 풍미했던 최고의 이야기꾼이지요. 그분은 이야기를 풀어내면서 스스로 28개 국어를 한다고 큰소리치곤 하셨어요. "한국말, 일본말, 독일어, 프랑스어, 이태리어, 만어(滿語), 스페인어, 세계 공통어 에스페란토어, 네팔어, 히랍어, 라틴어……" 이런 식이었는데 돌이켜보니 그분이 하신 '세계 공통어'라는 말이 가슴을 탁 때립니다. 괜한 너스레가 아니었어요. 세계 공통어인 '이야기'를 자유자재로 펼쳐내셨던 분이니까요.

십여 년 전, 대학원 수업에서 학생 20여 명을 대상으로 '내 삶의 롤모델'을 풀어내는 논의를 한 적이 있습니다. 선배 연구자부터 세계적인 과학자에 이르기까지 많은 이들이 거론됐지요. 학생들의 발표를 들으면서 '나의 롤모델은 누굴까?' 하고 자문해봤는데 선뜻 답이 떠오르지 않았습니다. 조금 외로운 느낌이었어요.

지금은 그 질문에 답할 수 있습니다. 제가 사랑하는 신비로운 세계 공통어의 최고 능력자였던 사람, 수백 년에 걸쳐 그 언어의 축복을 전 세계에 전하고 있는 사람, 바로 야콥 그림과 빌헬름 그림 형제입니다. 그들이 남겨놓은 보물들을 매만지고 있는 지금의 저는, 더 이상 외롭지 않습니다.

그들 자신 최고의 이야기꾼이었음이 틀림없는 그림 형제가 민담집 맨 마지막에 실은 이야기는 〈황금 열쇠〉(Der goldene Schlüssel; KHM 200) 입니다. 전문을 옮겨봅니다.

어느 겨울날, 눈이 깊게 쌓여 있을 때 어느 가난한 소년이 밖으로 나가서 썰매 위에 땔감을 싣고 와야 했습니다. 땔감을 모아서 썰매에 실었을 때 몸이 너무나 얼어붙었지요. 소년은 집으로 가는 대신 불을 피워서 몸을 조금 녹이려 했어요. 눈을 치우고 땅바닥을 정리하던 그는 작은 황금 열쇠 한 개를 발견했습니다. 소년은 열쇠가 있는 걸 보고 자물쇠도 있을 거라고 생각했지요. 그는 땅을 파기 시작했고 쇠로 만든 작은 상자를 찾았습니다. "아, 열쇠가 맞기를! 상자 안에 값진 물건이 있을 거야." 하지만 자물쇠에는 열쇠 구멍이 없었습니다. 마침내 하나를 발견했지만, 너무 작아서 눈에 보이지 않을 정도였지요. 그가 한번 시험을 해보니, 다행히 열쇠는 잘 맞았습니다. 소년은 한번 열쇠를 돌렸어요. 이제 우리는 소년이 열쇠를 끝까지 돌리고 뚜껑을 열 때까지 기다려야 합니다. 그때 우리는 상자 안에 얼마나 멋진 물건이 들어 있는지 발견하게 될 것입니다.(KHM B.2, p.405)

짧고 쿨한 이야기입니다. 다른 이야기들과 달리 열린 결말인 것도 눈에 띄는 특징이에요. 맨 마지막 이야기라서 일부러 열어두었을 것입니다. '이야기는 이것으로 끝이 아니다'라는 뜻으로요.

과연 상자 안에는 무엇이 들어 있을까요? 답은 아무도 알지 못합니다. 뒷이야기가 없으니까요. 아니, 누구나 답을 압니다. 왜냐하면 각자가 상상하는 그것이 바로 답이니까요. 아니, 역시 아무도 모른다는 게 맞을 것 같습니다. 거기 들어 있는 것은 우리가 무엇을 상상하든 그 이상일 테니까요!

저는 〈황금 열쇠〉가 명백히 '이야기에 대한 이야기'라고 믿고 있습니다. 눈을 쓸어내고 땅을 파서 찾아낸 오래된 상자, 뭔지 몰라도 놀랍고 값진 것이 들어 있을 마법의 상자. 그것은 바로 옛이야기입니다. 새롭게 찾아내어 안을 들여다볼 때마다 놀라움으로 마음을 환히 비춰주는 비의의 언어들! 지금 소년은 가득한 설렘을 안고 그 언어의 빗장을 열고 있는 중입니다.

이 소년에게서 그림형제 본인의 모습을 본다면 조금 무리일까요? 자꾸 그런 쪽으로 생각이 갑니다. 다른 이야기는 몰라도 이 이야기는 그들이 직접 만든 것이라 생각합니다. 그림형제는 어린 시절 아버지가 갑자기 세상을 떠나면서 힘든 어린 시절을 보냈습니다. 학창 시절 그들의 삶은 매우 어려웠다고 해요. 눈이 잔뜩 쌓인 날, 언 몸으로 땔감을 구하는 소년의 모습에서 가혹한 현실을 힘들게 헤쳐 나갔을 형제의 모습을 봅니다. 그들은 힘들던 시절에 옛이야기라는 평생의 보물을 만났던 것이 아닐까요?

이야기에서 자물쇠 구멍을 찾는 장면이 인상적입니다. 힘들게 땅을 파서 상자를 찾는데 정작 자물쇠에는 구멍이 없었어요. 그때 포기하고 돌아섰으면 상자는 열리지 않았겠지요. 그런데 찬찬히 살펴보니 자그마한 구멍이 보입니다. 열쇠가 안 들어갈 것처럼 작은 구멍이요.

거기서 포기했다면 또 끝이었겠지요. 하지만 소년은 구멍을 이리저리 살피면서 열쇠를 넣어봅니다. 그러자 거짓말처럼 열쇠가 들어가고 문이 열립니다.

이야기라는 보물 상자를 여는 과정이 꼭 이와 같습니다. 처음엔 아무 구멍도 안 보이지요. 엉뚱하고 기이하고 말이 안 되는 것처럼 여겨집니다. 그런데 자세히 보면 작은 단서가 나타납니다. 그것을 흘려버리지 않고 이리저리 매만지다 보면, 거짓말처럼 달그락 돌아가면서 잠겼던 것이 찰칵 풀리지요. 그리고 상상도 못했던 뭔가가 모습을 드러냅니다. 수십 년간 거듭 경험해온, 그래서 감히 '진리'라고 말할 수 있는 놀라운 마법입니다.

상자가 이야기일 것이라고 했지만, 다시 생각해보면 황금 열쇠가 곧 이야기라고 볼 수도 있습니다. 그렇다면 상자는 무엇일까요? 아마 '인생'일 것입니다. 아직 열리지 않은 미지의 인생이지요. 그 안에 무엇이 들어 있을지 모르지만 분명 값진 뭔가가 있을 미래의 인생! 꽁꽁 간힌 미지의 세계지만 우리에게는 열쇠가 있습니다. 옛이야기라고 하는 열쇠가요. 오랜 세월에 거쳐 벼려진 지혜의 열쇠를 통해 우리는 인생을 가늠하고 펼칠 수 있습니다. 그러니 황금 열쇠가 맞지 않나요!

그림형제가 남겨놓은 황금 열쇠 이야기에 뭐라도 화답해야 할 것 같은 마음입니다. 세상에 없던 새로운 이야기로요. 무모한 도전이 되겠지만 한번 해보렵니다. 제목은 〈이상한 지도〉입니다.

길을 가다가 숲속에 갇힌 한 소녀가 있었습니다. 분명 길을 따라서 갔는데 문득 돌아보니 사방 어디에도 길이 없었지요. 한쪽은 바위벽, 한쪽은 낭떠러지, 그리고 가시덤불과 검은 늪, 어디로도 나아갈 수가 없었어요. 이쪽 저쪽으로 움직여보려 했지만 헛수고였습니다. 사방의 장애물이 점점 가까이 다가와서 옴짝달싹하기 어려웠지요.

온몸에 상처가 나고 힘이 빠져버린 소녀가 주저앉으려 할 때, 어디선가 이름을 부르는 소리가 들려왔습니다. 가만히 귀 기울이니 돌아가신 할머니 목소리였습니다.

"얘야. 두 마리 토끼를 쫓으면 안 된다고 했지? 한 우물을 파야 물을 얻을 수 있다는 걸 잊지 말거라."

소녀가 뭔가를 물어보려 했지만 목소리는 더 이상 들리지 않았습니다. 한참을 곰곰이 생각하던 소녀는 자리에서 일어나 한쪽 방향을 향해 걷기 시작했지요. 어느 쪽인지는 모릅니다. 다만 그 방향으로 계속 나아갔다는 것만은 알고 있어요. 온힘을 다해서, 길이 나올 때까지요.

자기를 가두었던 함정으로부터 벗어나 새로운 길 위에 선 소녀는 자기가 지나온 곳을 돌아봤습니다. 그러자 하나의 길이 보였지요. 나온 길은 물론이고 들어간 길까지 시야에 들어왔어요. 그리 멀거나 힘든 길도 아니었어요.

소녀가 다시 길을 향해 돌아섰을 때, '띠링!' 소리가 나더니 눈앞에 반투명 화면이 떠올랐습니다. 자세히 들여다보니 문장이 눈에 들어왔습니다.

"새로운 길을 만드는 데 성공했습니다. 이제 서사 지도를 얻어 이야기

여행을 할 수 있습니다. 수락하면 'YES'를, 거부하면 'NO'를 눌러주세요."

소녀는 'YES' 버튼을 눌렀습니다. 그러자 다른 화면이 열리면서 새로운 문장이 나타났습니다.

"당신은 이제 이야기 여행자가 되었습니다. 레벨은 1입니다. 정해진 지점까지 길을 가거나 새로운 길을 만들면 레벨이 올라갑니다. 그럼 즐거운 여행하시길."

문장 뒤로는 지도가 나타났습니다. 무수하게 펼쳐진 길들이 각자 이쪽으로 오라는 듯 빛나고 있었지요. 하늘과 땅속, 물속으로 향하는 길도 있었습니다. 깜빡이는 붉은 점은 자기가 서 있는 위치를 나타내는 게 분명했지요.

한참 동안 지도를 바라보던 소녀는 그중 한쪽 길을 향해서 걷기 시작했습니다. 미련은 없었습니다. 어차피 두 갈래 길을 동시에 걸을 수는 없으니까요. 그리고 길은 어디선가 다시 만날 테니까요.

이제 열쇠와 지도는 주어졌습니다. 열쇠를 들고 상자를 찾아 나설지, YES를 선택하고 여행자가 되어 나아갈지는 여러분의 몫입니다. 확실히 말할 수 있는 한 가지는, 어떤 선택을 하는가에 따라 '인생'이라는 이야기가 크게 달라지리라는 사실입니다.

긴 여행을 동행해주셔서 감사합니다.

Epilogue

주

프롤로그 ───────────

1. 이유경, 〈설화를 통해 본 자기서사 및 자기의 이야기 표출 가능성-치매 환자를 중심으로〉, 《문학치료연구》 제48집, 2018, 119~120쪽

1부 ───────────

1. 문학치료학은 건국대 교수로 재직하다 작고한 정운채 교수님이 창안하신 우리 고유의 학문입니다. 옛이야기를 기본 통로로 사용하는 학문으로, 한국문학치료학회에서 발전시켜 나가고 있습니다. 문학치료사의 활동이 본격화되는 시점이지요. 2020년 현재 제가 회장을 맡고 있습니다.
2. 제주도 남제주군 안덕면 윤추월 구연, 〈말 안 듣는 청개구리〉, 《한국구비문학대계》 9-3, 656쪽
3. 《세상에서 가장 사랑받는 200가지 이야기 2》, 조안나 코올 편, 서미석 옮김, 현대지성사, 639~642쪽
4. 《세상에서 가장 사랑받는 200가지 이야기 2》, 조안나 코올 편, 서미석 옮김, 현대지성사, 494~496쪽
5. 《러시아 민화집》, 알렉산드르 아파나세프 편집, 서미석 옮김, 현대지성사, 897~901쪽
6. 《한국구비문학대계》 2-4, 〈노름 끊은 이야기〉, 정병하 구연, 627~628쪽

7. 이 설화에 대한 해석은 《구비문학연구》 제43집의 '분노 표출과 부정적 자기인식의 계기로서 호랑이 상징-설화 〈노름 끊은 이야기〉를 중심으로-김현희'에 자세히 소개되어 있습니다. 제가 주관하는 설화 세미나에서 기본 줄기를 세운 해석입니다.

8. 《한국구비문학대계》 7-17, 〈여우가 된 누이를 물리친 올아버니〉, 유병순 구연, 394쪽

9. 김정희, 〈남녀관계의 위기와 지속에 대한 서사지도 구축과 문학치료 활용 연구〉, 건국대학교 박사학위 논문, 2018

2부 ────────

1. 《국어시간에 설화읽기 2》, 〈내 복에 산다〉, 신동흔 엮음, 휴머니스트, 31~32쪽

2. 《세계 민담 전집 09 이탈리아 편》, 이기철 엮음, 황금가지, 29~33쪽

3. 《세상에서 가장 사랑받는 200가지 이야기 1》, 조안나 코울 편, 서미석 옮김, 현대지성사, 40~62쪽

4. 2018년 3월 경남 통영 중앙시장 근처에서 신원 미상 할머니 구연, 김시원, 서한결 조사 채록

5. 《한국구비문학대계》 7-14, 〈계모에게 쫓겨난 손 없는 처녀〉, 경북 달성군 하빈면 김옥련 구연, 684~697쪽

6. 《한국 고전문학 작품론 6 구비문학》, 〈손 없는 각시: 처녀의 잘린 손은 어떻게 다시 생겨났나〉, 민족문학사연구소 편, 신동흔, 휴머니스트

7. 《한국구비문학대계》7-14, 〈계모에게 쫓겨난 손 없는 처녀〉, 경북 달성군 하빈면 김옥련 구연, 692쪽

8. 《세계 민담 전집 18 중국 소수민족 편》, 이영구 엮음, 황금가지, 246~264쪽

9. 《살아있는 한국신화》, 〈거북이와 남생이의 금빛 발걸음〉, 신동흔, 한겨례출판, 623~630쪽

3부 ───────────

1. gelb und mager: große rote Augen, krumme Nase, die mit der Spitze ans Kinn reichte_KHM B.1, pp.348~349

2. 이 내용은 1983년 강원도 횡성군 서원면 이재옥이 구연한 〈왕이 된 새샙이〉, 《한국구비문학대계》2-7, 524~528쪽의 요약입니다. 한국구비문학대계 디지털 아카이브에서 원문을 확인할 수 있고 구술도 들을 수 있습니다. http://yoksa.aks.ac.kr/jsp/ur/TextView.jsp?ur10no=tsu_0512&ur20no=Q_0512_1_F_003)

3. 《한국구전설화 전라북도편Ⅱ》, 〈재주 있는 여자〉, 1969년 전북 진안군 상전면 고용석 구연, 임석재전집 8, 평민사, 204~206쪽

4. 《한국구비문학대계》8-8, 〈콩쥐 팥쥐〉, 1981년 경남 밀양군 삼랑진읍 설삼출 구연, 107~111쪽

5. 《그림 형제 민담집》, 김경연 옮김, 현암사, 5쪽

6. 《세계 민담 전집 09 이탈리아 편》, 이기철 엮음, 황금가지, 52~59쪽

7. 《세계 민담 전집 09 이탈리아 편》, 이기철 엮음, 황금가지, 216~228쪽

8. 《세상에서 가장 사랑받는 200가지 이야기 3》, 조안나 코울 편, 서미석 옮김, 현대지성사, 733~739쪽

4부

1. 《그림형제 민담집》, 그림형제 지음, 김경연 옮김, 현암사, 35~38쪽

2. 《세계 민담 전집 10 폴란드·유고 편》, 오경근·김지향 엮음, 황금가지, 219~225쪽

3. 2017년 10월 경기도 안산시 단원구 박영숙 구연, 김정은 황승업 조사, 출간 예정

4. 《한국구비문학대계》 5-7, 〈머리에 쓰면 둔갑하는 해골〉, 1982년 전북 정읍군 북면 김판례 구연, 193-195쪽. 이해를 돕기 위해 방언을 많이 줄이고 군더더기를 덜었습니다.

5. 《문학치료연구》 제54집, 〈문학치료를 위한 자기서사 진단과 해석 연구-MMSS 진단지의 성격과 구성, 해석과 활용〉, 신동흔, 한국문학치료학회, 2020

6. 《세계 민담 전집 08 프랑스 편》, 김덕희 엮음, 황금가지, 57~67쪽

7. 그림형제의 주석에 의하면 'Fitcher'는 아이슬란드어 'fitfuglar'에 해당합니다. KHM B.3, p.80. 백조처럼 흰 깃을 지닌 물새인데요. 이 이야기에 등장하는, 흰 깃털에 싸인 낯선 물체의 괴상함을 나타내기 위해 이 단어를 가져온 것으로 추정됩니다.

8. 위키백과의 '괴팅겐 7교수 사건' 항목을 참조했습니다.

5부 ─────────────

1. 《국어시간에 설화 읽기 2》, 〈굶어죽을 관상을 가진 아이〉, 2006년 1월 대구 경상 감영공원 박종문 구연, 신동흔 엮음, 휴머니스트, 91~97쪽
2. 《세상에서 가장 사랑받는 200가지 이야기 2》, 조안나 코울 편, 서미석 옮김, 현대 지성사, 628~633쪽
3. 《세상에서 가장 사랑받는 200가지 이야기 1》, 조안나 코울 편, 서미석 옮김, 현대 지성사, 338~343쪽
4. 《한국구비문학대계》 1-9, 〈여우 잡는 몽둥이〉, 1983년 경기 용인군 내사면 권녕 원 구연, 574~580쪽
5. 《영국 옛이야기》, 조지프 제이콥스 지음, 서미석 옮김, 현대지성사, 15~22쪽
6. 2017년 12월 강원도 춘천시 효자동 사의진 구연, 〈성황신이 된 물귀신〉, 박현숙 외 조사 채록. 출간 예정
7. 《세계 민담 전집 06 태국·미얀마 편》, 김영애·최재현 엮음, 황금가지, 28~32쪽
8. 2017년 4월 서울에서 황형심 구연, '해남 대흥사와 저승길 독 세기,' 김민지 조사 채록
9. 《세상에서 가장 사랑받는 200가지 이야기 2》, 조안나 코울 편, 서미석 옮김, 현대 지성사, 628~633쪽
10. 《강원의 설화 2》, 〈구렁이를 모셔 부자 된 원세덕〉, 강원대 인문과학연구소, 2005
11. 《한국구비문학대계》 7-5, 〈등금장사가 업은 업〉, 경북 성주군 벽진면 김상태 구 연, 307~308쪽

12. 김경연 번역본의 제목은 '철의 사나이 한스'인데 여기서는 김열규 번역본(김열규 옮김,《그림형제동화전집》, 현대지성사, 1998)의 제목인 '야만인 한스'를 따릅니다.

13. 《한국 구전설화 4》,〈이상한 은행나무〉, 1927년 강원도 평창 임재봉 구연, 평민사, 117~119쪽

옛이야기의 힘

1판 1쇄 발행 2020년 11월 15일
2판 2쇄 발행 2023년 11월 10일

지은이 신동흔
발행인 오영진 김진갑
발행처 나무의철학
기획편집 박수진 박민희 유인경 박은화
디자인팀 안윤민 김현주 강재준
표지·본문 디자인 [★]규
마케팅 박시현 박준서 조성은 김수연
경영지원 이혜선
출판등록 2006년 1월 11일 제313-2006-15호
주소 서울시 마포구 월드컵북로5가길 12 서교빌딩 2층
원고 투고 및 독자 문의 midnightbookstore@naver.com
전화 02-332-3310 **팩스** 02-332-7741
블로그 blog.naver.com/midnightbookstore
페이스북 www.facebook.com/tornadobook
ISBN 979-11-5851-267-5 03100